MIRRORING THE PAST: THE WRITING AND USE OF HISTORY IN IMPERIAL CHINA

海外中国研究文库

[美] 伍安祖 王晴佳 著
孙卫国 秦　丽 译

世鉴：
中国传统史学

中国人民大学出版社
· 北京 ·

中文版序言

本书的写作，缘于我与宾州州立大学伍安祖教授的相识。他从小在香港受过良好的教育，然后赴英留学，最后在美国夏威夷大学获得博士学位，专攻中国思想史，特别是明清思想史。我们的研究兴趣有些相似，又都在美国东岸，所以结识和交谊，也就自然而然地发生了。不过，我们最后决定写作本书，还是1990年代后期在台湾大学参加一次学术会议的时候。当时会议中间休息，我与伍教授闲谈，感叹西方学界对中国史学史欠缺研究、论著零碎，因此我们决定合作写作本书，为华夏文化的延续和走向海外略尽绵薄之力。

鉴于西方学界对中国史学传统了解不深，因此我们写作本书的目的，只是想为西方读者提供一个浏览，因此本书就有这样一个类似“通史”的结构。但与中国当今的史学史通史著作略有不同的是，我们的写作，比较注重在论述中与西方史学界所关心的问题进行互动和交流。举例而言，西方史学家一般认为，中国的历史记载虽然汗牛充栋，可是中国传统史家没有对历史的进程和演变做出思辨性的解释和论证。如近代德国史家兰克(Leopold von Ranke)，就指出中国传统史学是一种“自然的历史”。兰克的同胞黑格尔，也对中国的史学抱持一种类似的态度。自近代以来，中国不少史家也多多少少接受了西方史家对中国传统史学的这种认识。比如胡适、何炳松注意章学诚、洪业研究刘知幾，其实都是想从中国的史学传统中发现和找出几位比较具有思辨色彩的人士，以与西方史家比较或匹敌。

从历史认识论的角度看，西方史家又认为中国传统史家太着力于史学的鉴戒作用，因此就不免忽视历史研究的客观性和真实性。杨联陞曾经就此问题写过一篇长文，其大致内容便是探讨中国传统史家出于政治的立场或为了道德训诫，如何在写作中“尊贤避讳”。换言之，杨先生也基本同意西方史家对于中国传统史家的批评。

我们写作本书的目的之一，就是对西方史家对于中国史学的这些成见，做出一些新的抑或不同的回应。当然，我们并不想全盘否认上述这些批评，因为它们并非全都是无稽之谈。但我们认为，西方史家之所以产生这样的认识，主要还是由于他们对中国历史和文化的传统缺乏深入的了解，他们从自身的传统出发来审视和总结中国传统史学，因此就有偏颇和片面之处。我们的写作目的，就是希望帮助他们了解中国史学的思想、政治和文化背景，让他们能对中国人颇引以为豪的史学传统，更多一层“温情和敬意”（钱穆语）。

读者或许能在阅读本书的导言和结论时，体会到我们的苦心和努力。譬如我们在导言中指出，中国的传统历史观可以用“崇古的、怀古的和信古的”（classicity，caducity，continuity）三种态度来概括。这三个方面体现和反映了传统中国人对历史进程的看法和历史著述的认识论。具体而言，所谓“崇古的”态度，就是指中国古人对于远古的尊重，这一点是历史研究的基础，也是古人之所以记载和保存历史的基本动因。然而中国史学传统之源远流长，又与“信古的”态度有密切之关系。所谓“信古”，就是认定鉴往能知来，前世为后世之师。于是古代史家不惮辛劳，为保留史实殚精竭虑，鞠躬尽瘁。不过有趣的是，中国传统史家还有“怀古的”态度。早在孔子时代，便有“子在川上曰：‘逝者如斯夫’”的感叹。换言之，中国士人虽然力求保存历史，甚至“言必称三代”，但其实他们也知道，光阴易逝，时不再来，这都是历史变动的常态。因此这一认识其实是近代历史主义思维的雏形，反映出中国史家对于过去与现在终究不可同日而语的态度。当然，认识到过去与现在的不同，并不一定认为现在胜于过去，也即具有历史进步的观念。如所周知，进化论观念的普及，即使在西方，也是近代之后的事情。

因为强调历史著述的借鉴作用，所以中国的传统史学便有较强的实用色彩，为近代西方史家所诟病。但其实，历史研究自然有必要与社会现实沟通，这在近现代西方并无二致，因此我们并不认为这是中国史学不如西方史学之处。原书的标题直译为"往事之镜：帝制中国的历史写作和功用"（*Mirroring the Past: The Writing and Use of History in Imperial China*），就体现出我们的态度。其中原因，就是近代西方的客观史学，如同现代史家所揭橥的那样，只是"一个高尚的梦想"，早已为当今史家所抛弃。不过应该指出的是，我们虽然认可古为今用，但并不认可影射史学，让史学沦为政治权力或者宗教教义的工具。已经有学者指出，所谓历史研究的客观性，并不一定指史家应该如何克服主观因素，不带任何立场地写作历史（这本身也很难做到）。更切实的做法是在历史著述中克服片面性，即在阐述某种历史观点的同时，又注意到与之不同甚至相反的观点和史实，并提醒读者注意。① 换言之，史家治史，需要有一种公允、公道的态度。中国的传统史学，在这方面有不少实践，值得我们借鉴。

我们虽然有这些设想，但本书的出版是否达到了我们的预期，还有待时间的考验。不过本书出版不久，便获得了美国图书馆协会 *Choice* 杂志所评的"最佳学术著作奖"，而且还进入了2006年度有关中国的学术畅销书的前十名。因此，本书在海外还是产生了一定的影响，我们为此颇感欣慰。需要指出的是，这些荣誉的获得与伍教授的努力关系更大，因为本书最后的统稿都由他负责，而他精湛的英文表述，显然为本书增色不少。更需要指出的是，我们在写作的过程中向余英时先生多有请益。原书完成以后，许倬云先生又是夏威夷大学出版社聘请的书稿审读者之一。最后封面的设计，又蒙余英时先生亲笔题签中文书名。前辈学者对我们的关爱和支持，让我们深感荣幸，感激不尽。

最后，我们要对南开大学历史学院的孙卫国教授和他的合作者秦丽的翻译，表示由衷的谢意。孙教授为南开史学史研究的前辈杨翼骧先生的高足，后来又获得香港科技大学的第二个博士学位。他能拨冗翻译本书，实在是我们的荣幸。译稿完成以后，又承蒙孙教授不弃，让我通读一遍，并与我讨论了一些译法的问题，让我从中也有不少获益。总之，本书能与中

---

① 参见 Thomas L. Haskell, *Objectivity Is Not Neutrality: Explanatory Schemes in History*（Baltimore: The Johns Hopkins University Press, 1998）。

文读者见面，必须感谢孙教授的辛劳。我们同时也热切期待中国史学界同行的批评和指正。

王晴佳

2013年7月4日草于北大中关新园

8月31日改于美国新泽西州樱桃丘寓所

目 录

导　言

写作此书，并非要解决中国传统史学中的学术问题，亦非呈现一个具体、细致的考证，我们所提供的只是有关中国传统史学适时而可靠的知识陈述。我们相信，对以尊重历史而闻名于世的中华文明来说，这将是对其史学研究成果的精心提炼与真实再建，因为现在这样的综合叙述，十分必要。

中华文明的史书编撰传统，悠久而绵长，举世闻名。自先秦时代开始，史书编撰就成为中国人阐述和形塑文化的典型方式。随着中华统一帝国的形成，历代王朝统治者将史书编撰逐步定为朝廷日常事务。公元7世纪开始，朝廷任命专职史官，朝中常设史馆，成为历朝定制，即为典型表现。实际上，从公元前3世纪开始，编撰前朝史就已成为惯例。新朝编修前朝历史，成为一项责无旁贷的任务。正史是新朝统治正统性的文字表述，而通过帝国诏令重塑过去，成为新朝权威的象征。据有关统计显示，要把编修超过一千多年的各朝正史译为英文，大约需要四千五百万字（德效蹇，1946，23～43页）。这还不包括与正史数量相当的私修史书和其他非官方史书，这些历史著述更能充分证明中国人对通过历史叙述来梳理过去的偏好。

英语世界对中国史学的研究从未真正繁荣过，关注者甚少，持之以恒地研究中国史学的学者更少之又少。据我们所知，1938年嘉德纳出版的美国第一本关于中国史学通史的著作《中国传统史学》，只是一本仅百来页的小册子。随后，韩玉珊在1955年出版了《中国史学纲要》，比斯利和蒲立本于1961年编辑出版了《中日史家》一书。后来，蒲立本撰写了一篇长文《（中国）史学传统》，收入雷蒙·道森的论文集《中国之遗产》，该书出版于1964年。之后从20世纪60年代到90年代的三十年中，西方学界对中国史学的研究陷入低谷期。这一时期值得注意的著作是，唐纳德·莱斯利、科林·马克拉斯、王赓武共同主编的《中国历史资料论文集》，其中论及了中国传统史学的某些层面。此外，并无其他英文专著问世。尽管上述研究有着巨大的学术价值，但这些开创性成果如今早已绝版且略显陈旧。1992年，杜希德出版了《唐代官修史书》，该书是经过长久沉寂后，西方学界所出版的第一本论述中国传统史学的专著。随后，杜润德和格兰特·哈代各自发表了关于汉代伟大史家司马迁的专题论文。但所有这些研究都只局限于某个特定领域和论题，杜希德集中于唐代，杜润德和哈代则只关注司马迁一位史家而已——尽管司马迁也非常重要。这些研究尽管非常有价值，但都只论及中国史学某方面或某个人，难以代替有关中国史学的整体性论述。因此，至今尚缺乏一本独立的、全面系统反映中国传统史学最新成果的英文评述性专著。

对中国传统史学研究的相对贫乏，不仅暴露出西方中国研究领域的学术空白，同时也不利于我们对中华文明全面而深入的理解，因为史学是中华文明不可或缺的部分，史书作为载录道德教训和政治经验的宝库，是中国文人的良师益友，忽视了中国史学传统的研究，就意味着对中国文化观察视野的狭隘化。因此，出版一本反映过去二十年中西学术界对中国传统史学研究状况的综合性著作，切近时需，极为必要。

或许，我们可以认为这种需求并不只局限于中国研究领域。当下后结构主义、解构主义、后现代主义、后殖民主义以及人文科学中的诸种后启蒙运动理论给我们带来了巨大的冲击，向人们强调了真理可以有多种表述的特性。暂不论这些理论的说服力与解释力有多大，它们已经有效地削弱了自欧洲启蒙运动以来所形成的西方价值观与世界观凌驾其他地区的霸权地位，因为大量历史观念被证实乃思想建构而非文化公理。例如，现在学术界已经形成了这样一种共识，即打破了许多以欧洲为中心所建构起来的观念，诸如现代性，甚至文化概念本身。随着西方传统史学所公认的普世性逐渐退出历史舞台，似乎越来越需要史学家和历史编纂者接受非西方的研究视角。在某种程度上，每个民族都有其合理的历史解释。从宏观上说，历史学科需要更深入的发展，或许要从其他文化的史学传统中寻找洞见与灵感。例如，在最近出版的一部由一批西方史学家（伍尔夫等，1998）主编的《全球历史著述百科全书》中，许多条目就是关于非西方传统史学的。因此，尽管这本关于中国传统史学的书是面向中国学者与学生的，它同时也应该赢得世界其他地区学者的关注，哪怕仅仅是出于教学的需要。因为虽然用于欧洲和美国史学教学的著作多种多样，但教师们时常感到难以找到合适的有关中国史学的书籍。许多人不得不采用几十年前出版的史书。因此，我们的工作是，在勾勒出中国传统史学基本轮廓的同时，也提供一本关于这一主题最新的前沿性和专门性综合研究的著作。

为便于介绍中国传统史学，本书以年代为依据、以朝代为顺序加以编排。上起先秦时期，当时原始形态的历史意识开始萌芽；下迄19世纪中叶，乃是中国遭到西方冲击后历史面貌出现大变局的时期。这一分期，与现存许多西方学术文献中有关中国历史的传统分期是一致的。其长处在于，它能引起人们对现存有关中国历史其他方面书籍的共鸣，读者可以很容易地将从本书中所发现的材料，与从他处所发现的其他历史信息相整合。本书各章节将对中国史学传统演变过程中的复杂性与细微变化予以详细阐明，并揭示史学及史学家在中国历史上的角色与地位。就每个时期而言，我们将从两方面来探究中国传统史学的特色：首先，史学是原始材料的汇编及历史叙述的写作，以如实描述过去所发生之事为目的，也就是历史编纂；其次，史学乃是对过去意义与模式的思考与反思，也就是历史哲学。

以宏观形式考察，进行间断性阐述常常陷入“见木不见林”的困境。对各朝史学诸多联系的关键要素进行详述之时，可能会使其首要主题变得模糊不清。它可能掩盖历史的元叙述，同时，在某种程度上可能忽略隐藏于历史表象之下的逻辑与假设的深层原因。拘泥于叙述每个朝代的史学事业，强调其彪炳千古的史学成就，最终可能无法阐明中国传统史学的特有本质。沉溺于细节的调查并加以描述，史学故事或许会如同手册、百科全书的情形一样，呈现为一个接一个的糟糕的事实堆砌。那么，全部王朝历史图景构成了怎样的整体面貌呢？超越单个发展阶段能够建立怎样的整体轮廓呢？在新旧时代分明的断裂处又贯穿着怎样的连续性呢？从部分的积累中能够感知到怎样的整体呢？我们的工作旨在回答这些问题，从而阐明中国史学发展的主线与主题。试图阐明作为整体的中国史学，并不是要以固有连贯性的名义，抹杀古往今来中国史学的多样变化。也不像如今许多评论家所说的，中华帝国的历史是千篇一律、毫无变化的。我们在这里所寻求的是一种中国史学的宏观视野，它能够揭示贯穿于不同历史时期史学的连续性。

早期中国的史学意识，萌芽于一种独特的世界观，也就是天人合一的宇宙观。在这种世界观中，人类事务及其机构同时也是上天意志与行为的反映与体现。一般公认为《春秋》编纂者的孔子，就有意识地把历史书写作为教育题材。他把《春秋》这样一部枯燥的编年体著作，当做寓道德于史书编撰的有力工具。这样一种"春秋笔法"，用历史书写来传达上天所赐予的道德启示的教化行为，对中国史学产生了深远影响。历史编撰开始沉浸于道德教化中。正是由于这种史学笔法与对往昔人物、事件进行褒贬的实践，历史才获得了它无可争辩的魅力与权威。

汉代两位备受推崇的史学家司马迁（约公元前145—前85）和班固（卒于92），在开创史学写作的新方向上扮演了重要角色。从此以后，历史编撰的伟大事业在范围及风格上，开始与孔子所确立的古老的编年模式渐行渐远。尽管他们的创新形成了史书编撰的纪传体新传统，拓展了史学写作的视野，但无论是司马迁试图通过历史书写探究天人关系，还是班固对王朝断代史和过去知识呈现方式的重视，都明显保留着早期史学认识的痕迹。他们两人都宣称人类知识的历史和过去意识本质上是经世致用的，以惩恶劝善的方式得以体现。历史的实用经验教训通过典型人物的书写，能够更充分地传达下来。事实上，自司马迁开始，纪传体就成为中国史家记录史实的主要叙述方式。本质上，历史是记录以往杰出人物道德力量的作用与影响，反过来，这些人物的行为与活动又作用于现实国家与社会福祉。因此，历史是规范的；在惩恶劝善这一主要教化职能指导下，历史展开道德铺陈（浦立本，1961，143～144页；杨联陞，1961，52页；倪来恩，1992，1～7页）。历史不仅具有道德教化功能，同时它还被认为能够提供可靠的社会经济和政治经验教训。因此，历史成为指导当下人们治国安邦最可靠的指导。中国历史上，人们对历史有这样一种持久信念，所谓观今宜鉴古，无古不成今，即认为通过对比研究古今的相似事件，将会产生无可估量的实用洞见，而这对国家与社会的改良是极为重要的（郝若贝，1971，694～699页）。这也难怪艾蒂安·白乐日对中国史学的著名论断，即中国史书“由官吏来写，为官吏而作”，在某种程度上成了概括中国传统史著本质与意义的不刊之论（白乐日，1964，132、135页）。

这里需要提及一个有趣的问题或潜台词，这个问题已吸引了越来越多致力于文艺复兴时期及近现代欧洲知识分子文化研究学者们的注意，这便是读者层面的问题。我们有理由推测，如果司马迁与班固对历史的教化立场——就此而言，中国后来的史学家及史学亦复如是——反映了他们作为作者的特权和自以为是的立场，那么我们可以设想，也存在着大量按照历史所期待的某种特定方式进行解读的读者。换言之，中国史学家以特定的方式创作历史，因为他们假定历史将会也应该以某种方式进行解读。正如书写历史旨在教育百姓、国家、社会，那么阅读历史也是学习如何达到实用目标的有意行为。例如，在宋朝，御前经筵日讲逐渐制度化，皇帝和官员们借此来习得统治之术。事实上，在科举考试中考查历史知识，即为一典型事例，说明了历史阅读的专门性与目标的导向性（格莱夫顿，2001，13～14页；嘉鼎和格莱夫顿，1990，30～78页；郝若贝，1971，696～698、703～709页）。从作者与读者双赢的角度来理解，历史便是规范而进步的，且又极富魅力，千变万化。

除去治国之道与道德教化功用之外，历史还有其论证政治合法性与政治宣传的作用。在中华帝制时代，断代史的编修，乃是为了证明新政权合法性的政治目的。王朝更替被解释为由一个成功实现“大一统”（即“统”）的“正当”统治者（即“正”），按照权力与权威的延续来实现，因此“正统”观念也就是权力的正统和系统性延续的观念。新王朝凭借其德行，其优良品德，其自不待言的政治、军事优势，获取天命和实际权威，以取代日薄西山的前朝。历史之服务于正统，乃是以确认权力转换的正统性来呈现事实（杨联陞，1961，46～48页；陈学霖，1984，19～48页）。

这种不加掩饰地公开将历史视作意识形态、政治正统性及道德教化工具的观念，尽管被视作中国人重视历史的一种明显迹象，但许多西方评论者将此视作中国人记录史实与诠释过去的彻底反历史性的典型力证。西方评论家时常以现代西方史学标准来论断中国传统史学，常常忽视中国传统史家的丰硕成果，其结论往往过于简单化且有失公允。在最近一篇文章里，汪荣祖（2001）对西方某些完全漠视中国史学成就的观点深表不满，他在文章中充分展示了中国的史学成就，并以为任重道远。如以史学的褒贬原则为例，尽管历史说教与类比通常被看做是为道德和政治信念服务的，但它们绝不是不顾历史真相而一味进行道德兜售与意识形态狂热宣传的偏执而古板的形式。褒贬事实上是为了表彰该表彰者，贬斥该贬斥者，乃是为忠实呈现历史而做出的努力。通过真实再现过去，历史有效地扮演着人生良师益友的伟大角色；也正是在如实记录过去的实践中，道德教训才得以彰显，千古铭记。同样，关于权力正统性与合法性，中国不同时代的史学家有不同的认识，并没有一种古今一致的共识。对此，经常发生激烈的论辩，每位史学家都基于其对历史事件的严谨研究与客观理解，从而做出独立论断（汪荣祖，2001，128～131页；杨联陞，1961，32页；许冠三，1983，435～436页）。

事实上，我们应该知道，试图探究过去的真相本身这种认识，西方国家也是相当晚近才出现的。客观追求过去的知识与史学认知而不带任何实用意图，这种史学方法的形成，与欧洲现代性的发轫密切相关。在16和17世纪以前，西方与中国一样，也是专注于把过去作为实用知识而加以研究的（伊格尔斯、王晴佳，2001，21～35页）。实际上，我们可以这样认为，对于体现重大意义的历史观念，任何尊重历史的文化都在不断地酝酿和维系，如人类行为的典范、宇宙运动的模式以及上天的意志。即便到了今天，对隐藏于历史深处的重要意义的领悟，依旧还能赋予我们理解现实、构想未来的力量。换言之，历史如同一个实用的过去（格拉翰，1997，1～2、201～202页）。从这一跨文化的角度来看，传统中国亦是如此，并非例外。

此外，启蒙运动之后，或者现代社会建立以后，西方早已肯定并视为当然的，就是历史的重建与当下密切相关。兰克的客观现实主义与科学史学主张由历史本身再现历史，即据事直书，剥离现实中文化与个人的负担，只不过是一个神话而已。同样，儒家主张现在只是过去的重演，亦是神话。在我们的史学实践中，我们已经接受了这样一个事实，即史学家的着眼点始终是现实关怀和时事动态，或者更确切地说是现实当下，我们可以称之为现在主义。法国杰出史学家吕西安·费弗尔曾公开主张现在主义是重建过去的特有基石："过去是对存在于当下人类现实网络中的人与社会的重建。"（德·塞尔托，1988，11页）幸而有诸如爱德华·萨义德这样的文学评论家和海登·怀特这样的史学理论家的许多作品，在此无需赘述，缘此史学家已经变得对史学论说的内在建构主义与表现性质有相当程度的认知。对过去的叙述与解读不可能完全真实地再现过去，它们必然只是"一种再现，或是一种描述"（萨义德，1979，21页）。同时，历史叙述"不仅是一个中性话语形式，可能会或可能不会被用来表示真实事件"，因为它需要了解叙述者的意识形态与政治立场（怀特，1987，9页）。换句话说，历史真相的信念已被撕碎，因为这种所谓的真相是建立在历史事实本身与史学研究的重现和史学叙述的重演二者之一致性的前提之上，而这一前提根本就是不成立的。当然，我们论及当代西方学术的发展与热点，并不是为了表明中国传统史学同样自觉地意识到了描绘或重建过去的本体论与认识论的条件。相反，中国人将历史视作为当下与未来行动服务的知识宝库，这种观念，正是其在发掘历史的努力中作为坚定的现在主义者的例证。

然而，这是否意味着对历史外在力量的信念淹没了对怎样建立真实历史的深切关照？中国史学家仅将过去看做是可应用于当下社会经验教训的宝库吗？历史仅仅是以信念来铭记、以死记硬背来记忆，而非以热情来检视、以想象来重建吗？

此外，评论者经常将传统中国皇权对历史写作的干预与控制，视作如实反映历史的障碍。的确，大多数王朝史都是由任职于官方机构的史官完成的。从3世纪汉帝国的灭亡，到6世纪后期隋王朝的建立，王朝史的编撰逐渐获得了官方认可，并日益成为人所共知的"正史"。随着官方史学地位的巩固，诚如白乐日（1961，78～94页）所言，历史编撰仿佛就是由官吏而编，为官吏而写。在唐代，随着史馆的设立，官方修史制度化了。史馆为史学家研究与撰写史书提供支持与帮助，同时也使他们受到来自皇帝与监修官的指示与命令的制约。随着历史编撰的制度化并成为官僚机器的一部分，不难想见，史学的批判力与创造精神日渐迟滞。例如，比尔·詹纳尔就对中国传统史学尤其是官方史学进行了严厉批判，他将官方史学视作以死板与僵化的语言来措辞的行政经验的层层积累，目的乃在于向官僚集团灌输正确的价值观。由此，得到皇权认可的虚构历史，成为名副其实的文化牢笼，其显著体现在于专制的史书乃是作为人们价值观与行为的最终裁判者（詹纳尔，1992，5～12 页）。十分有趣的是，詹纳尔对中国史学做出了这样的评价，其原意是想探究 1989 年天安门事件发生的原因和共产党统治的性质。所以，具有讽刺意味的是，他对中国传统史学的观点也正表明其课题研究乃发端于现在主义，即以今律古。

詹纳尔的描述有何不妥？关键在于，中国历史上对如实直书有着一以贯之的坚持，他却极端漠视这种精神。中国史学家历来受到一种精神的激励，这就是被柳诒徵（1969，19～35 页）称为“史权”的理想，这一理想的特有力量与说服力，正是来自于其对过去发生之事的如实记载。孔子本人亦十分重视史料的可用性。他对弟子们说，他能够讨论夏与商朝的礼仪，却不能借助杞与宋的礼仪，因为那里找不到足够的文献、实物和口头资料。（“夏礼吾能言之，杞不足征也。殷礼吾能言之，宋不足征也。文献不足故也。”）孔子的杰出弟子子贡，曾就史书中对商朝亡国之君纣王的一般描述提出了合理质疑，并推断纣王的腐朽与堕落或许被夸大了。孟子（约公元前 372—前 298）曾警告说，假如完全相信《尚书》上所说的，那还不如不读它（“尽信《书》，则不如无《书》”）。韩非（公元前 280—前 233）对尧、舜传奇故事始终抱着一种含混的态度，而尧、舜一直被视为儒家的文化英雄与圣人。或许支撑如实直书这一原则，最重要的证据来自于《左传》（为孔子《春秋》所作的注解）。公元前 568 年，身为史官的齐国三兄弟因为坚持如实记录史实，违背了当权者的意愿，相继被杀。这一故事完整而如实地记录了下来，这清楚地表明，在古代中国就已存在着这样一个广为人所接受的信念，即不惜任何代价，即便是坦然接受死亡，也要坚守历史真相（许冠三，1983，432 页）。

值得注意的是，中国人自身十分清楚在朝廷的主导与监督下官修史书中所存在的潜在缺陷。由此，历史编撰的制度化同样意味着史官必须具备捍卫历史真相的本领，以防止腐败与妥协。唐代设立史馆之后，出于对皇家干预历史写作的防范与恐惧，朝制规定皇帝不得观看史馆内的实录记载。事实上，为了确保各位史官的独立性，免受外在不良影响与压力的干扰，他们彼此之间并不分享写作内容。官方史家勇敢地为真相而战，不惜冒着被君主所疏远甚至是丢失性命的危险，这样的案例在中国历史上不乏其数。当然，由于帝国的干预与政治的强制，也存在着不少违背史学传统与编写规则的情形。如果认为所有的官方史家都是坚守原则之人，官修史书在经历帝国意志的暴风骤雨与官僚政治内耗的洗礼之后，依旧能够毫发无损，那就太天真了，但我们也绝不能忽略中国官方为确保和鼓励如实直书而设计的严密机制。等到清修《明史》之际，全面收集史料、公正叙述过去的原则，已经成为官方史学领域的标准。这其中包括广泛收集材料，精心审核史料，编修者之间严密的分工合作，记录规则严格、标准，坚决记录史实真相，评价公允，编修过程中史官的耐心与勤勉，以及文字的简洁明了（杨联陞，1961，55 页；陈锦忠，1981，38 ~47 页）。

此外，我们也不能无视成果丰硕、生机勃勃的私家史学领域，它不受朝廷控制，也没有官方修史的限制。这些私修史书中之创新与想象，令人无法忽视（汪荣祖，2001，133 ~137 页；陈锦忠，1981，56 ~68 页）。而且，我们应该注意到，中国史学家对官方史学的可靠性提出过诸多质疑与警告。以唐代杰出历史学家及历史哲学家刘知幾（661—721）为例，他就将对史馆的批评扩展到了史学研究的其他重要领域。他孜孜不倦地强调史家要公正地采择史料、如实直书，自觉避免曲笔、讳饰、歪曲的恶习。与此同时，他坚持以褒贬为历史的首要功能，他提醒读者，这一功能首先取决于历史材料的真实性。只有当历史叙述辨明真伪、兼书善恶时，历史才能当之无愧地扮演其道德裁判的角色（许冠三，1983，435 ~438 页；陈锦忠，1981，47 ~56 页）。

除去历史叙述的真实性问题，西方观察者与评论家对中国传统史学的本质与研究方法亦深表怀疑。尽管他们中许多人折服于中国史学丰富而从未间断的记录，且毫不怀疑这些记录为理解中国历史提供了重要线索。但是，他们依然乐于借用柯林伍德的话，将中国传统史著概括为“剪刀加浆糊”式的作品，认为其缺少对历史本质与意义的思考。换言之，在许多西方观察者看来，大部分中国史学著作只是对历史事件与故事的机械堆积，是事实与史料的简单排列。

事实上，我们或许能够很容易地分辨出主导中国传统史学写作的某些标准化体例，首先是为绝大多数王朝正史所采用的纪传体。如上所述，传记性文章构成了传统史学书写的核心部分，因为典范人物被视为古典著作中所包含的永恒原则与价值的直观体现。王朝的兴衰与历史的复杂演变，直接渗透在重要历史人物的生命之中，而通过他们，我们能够对过去时代加以深刻洞察。此外，史官经常以“赞”的形式对传记材料与叙述进行补充说明，并有意识地突出所述人物的重要性。帝王本纪和显要人物的列传，通过揭橥历史上个人行为的优劣，来阐明那些久经考验而又值得遵循的原则。这些典范人物与楷模成为后世子孙日常行为及伦理道德的生动向导（倪来恩，1992，1～13页）。然而，值得注意的是，早在司马迁、班固时代，他们就已意识到了纪传本身的不足。因此，在此种复合体例之内，同时对某些特定主题兼之以“表”与“书”、“志”体裁。“表”乃历史大事记，“书”、“志”体裁，则对超出传记之外的问题略作补充，涵盖了诸如地理、天文、动植物等主题，范围相当广泛。总之，中国史学家潜心研究人类活动的方方面面，但却以人物的生平作为叙述的主要方式。

与这种复合体例截然相反的是编年体叙述形式。它按照时间顺序记录历史，并通过有序编排，使之呈现为一系列的连续性事件。这种叙述方式的一个明显不足在于，历史事件被孤立地记载，而缺少一种广义上的具体情境与间接关联。尽管编年体能够展现时间连续性的清晰图景，但它却常常缺乏对事件空间连贯性的描述。于是，第三种编写体例，即纪事本末体，应运而生。此类体裁，史学家的目的在于重新编排和整合撷取于编年史著作中的材料，并将其归入新的主题之下。关于某一特定主题或事件的材料，常常散见于编年史著作之中，通过再次编排这些材料能够达到描绘、追溯与重建历史事件轨迹的目的。在这种记录方式中，孤立的部分得以聚合并构成一个整体，从而提供关于事件本末始终的完整历史叙述。

这三种主要体裁之外，还有许多其他体裁，尤其是在私家史学领域。一些史家重点采用“书”和“志”体；另外一些史家则专注于按主题来编排高度专题类著作，如关于典章制度发展史的典制体著作；还有一些史家倾向于史料笔记。此处问题的关键在于，尽管显然存在着为正史所垂青的单一叙述体裁，但事实上却存在着许多风格各异的史书体裁。另外，史书体裁决不是如此之僵化，以至于淡化了事件本身所固有的复杂性，它们不只是枯燥的人类历史百科目录中乏味的事实条目而已（汪荣祖，2001，138～144 页）。

体裁形式是否妨碍史实内容的表达？程式化的史书体裁是否意味着史书内容的因袭？事实上，如果中国史学仅仅出自“剪刀加浆糊”的方法，且这一形式束缚了史学内容的表达，那么史学批评就不会成为历代史家们的不懈追求，又谈何激励如此多的史学家投身其中！更进一步讲，这些历史批评并非单单立足于孤立的细枝末节，也并非以历史的一事一物为目标。许多史学家试图通过大量严谨的史学批评，来重建和重振古代史学的事实根基。例如，刘知幾不只是要解决个别经典或文献的问题，更是要致力于对整个古代史学传统的重新审视，因为古史对他来说是一个包裹在模糊中的神话和传说。他对《春秋》中许多记录的准确性提出了质疑，同时亦对司马迁、班固所构建的中国古史的真实性深表怀疑。甚至远古传说中的图腾故事，即备受后人称颂的尧舜禹禅让的故事——尧无私地将其王位让于品德高尚的舜，舜无私地将其王位让于贤良的禹——亦被刘知幾视作怀疑的对象。

金石学研究在宋朝的发展进一步刺激了中国史学内部的批评与怀疑精神。欧阳修（1007—1072）通过对古器物的深入研究，补充了其史学研究中的文献材料。更为重要的是，他的这一研究表明，《十翼》（阐述《易经》诸卦重要性的附录）中至少有三篇不是孔子所写，而是由后世学者附会而成。郑樵（1104—1162）同样长于金石学与古典学术的研究，他细致考察了汉代对儒家经典的注解传统，并对其描述与解读的准确性提出了质疑。司马光（1019—1086）在史料分析、考异的基础上，建立了探究史实真相的严格标准，并绝不使用包含想象、怪诞、神话色彩的各类文学作品中的材料。

清朝时期，在追求精确、严谨的考证学方法论的带动之下，考据学家与史学家开始批判地解读圣人之言，并审慎地判断古代文献与器物的来源与真实性。这一时期学者们开始重新审视儒家经典与上古先秦史，缘此，上古史愈发被剥去中国文化中的神圣光环，而成为一个历史时段，儒家经典亦成为学术研究的对象。因此，二者在中国文化中的角色日益史学化。随着儒家经典与上古史的史学化，它们不再被视作是跨时空的、普世的，因而也不是永恒的，而是历史发展及历史本身的产物。这一努力推动了史学的两项发展：首先，它促进了史料阅读与考订方法的极大改善，反过来它又促进了对以往学术的全新理解；其次，它催生了一种历史主义的意识和观念，即对时代推移的意识、对时代差异的认知，以及对过去与当下质的差异性的认识。例如，王夫之（1619—1692）主张对史料进行审慎地核查与考订，同时他强调史学家应该培养一种“时代不同”观念，并认识到过去与现在都“自有其时代背景，其具体情境和情感、价值观及理由”（许冠三，1983，443 页）。顾炎武（1613—1682），如同他埋首于古史与文化的研究，包括文字、音韵、典章制度等，他同时立志于完全依托强有力的事实与史料来客观地重建过去。18 世纪，戴震（1724—1777）要求学者们“以过去之意解释过去，不把个人见解或后人思想强加其中”（许冠三，1983，445 页）。章学诚“六经皆史”的大胆论断，使这种认识论立场达到了顶峰（许冠三，1983，435 ~ 446 页）。

中国史学家不仅坚持以严谨的方法来考订史料、构建叙述、形成解读，从而探求历史的真相，同时，他们也十分热衷于历史观念模式，力图重建过去。换句话说，中国思想家大都有其宏大而包罗万象的历史哲学理论。大体而言，中国史家关于历史流变的理论主要体现为三种主要态度，即崇古的、怀古的和信古的，但三者在表达方式上相互关联。崇古的态度是指这样一种信念，它认为上古时期已确立了一种出色的价值判断的标准，并使之成为衡量后世与文化的标尺。因此，作为黄金时代的上古时期成了道德与实践教训的源泉与宝库。崇古的态度促进了以史为鉴观念的形成，这种观念认为历史是现实生活的全能导师（佛莱根贝，1996，149 ~ 152 页）。怀古的态度引出了与此相关联的另一观点，即今不如昔、往事一去不复返，而信古的态度则称颂永恒的普遍性，反对偶然的特殊性。这样，现在与过去被等而视之，因其二者在本质上是一致的。因为没有时代差异感，对古今差异的认识就是通过崇古与怀古之镜的过滤而得来的，亦即古今之不同源自辉煌古典时代的一去不复返（伯克，1969，1 ~ 2 页；

洛根，1977，18页）。

因为这种普遍的历史主义观念，即崇古的、怀古的和信古的态度，使得帝制中国的主要价值标准皆来自于过去，而非现实经验或对未来理想的预期（牟复礼，1976，3～8页）。不过，尽管人们缅怀古典时代，但这并不意味着对过去的盲目效仿与迷信，而对上古典范的追寻也并不意味着后世及当下被这样一种恶疾所笼罩，即随着时间的推移，人类文化每况愈下、万劫不复。其实，以史为鉴的观点，已经暗示出古今之间内在的连续性。现在虽然有所衰退，但却可以通过回归古典而得到改善，因为二者之间存在着质的一致性。随着程朱理学将宇宙与社会、文化、政治融为一体，这种审视过去的视角大为巩固。永恒的"道"及其表现形式"天"、"理"，作为最高权威而存在于宇宙与人类社会中。它们体现了超越时间的普遍标准与价值观。因为其唯一功能便是赋予总体模式与最高原则以有效性，而特殊性被视为偶然的和次要的（伍安祖，1993b，564～567页）。由于当下被看做是过去时代的堕落版本而非独特的历史时段，因此，事实上，古今之间并不存在现代意义上的重大分化。

不过，崇古的、怀古的和信古的态度毕竟勾勒了中国史学思维的三种主要模式。受此影响，中国思想家各自系统阐述了其时代观，以求通过历史学说来理解过去。遵循今文经学的传统，董仲舒（公元前179？—前140？）提出了"三正"说。这里他指的是三个政权的合法承继，即商朝、周朝及以孔子为素王的鲁国。同时，董仲舒提出了"质"、"文"循环学说，认为王朝之兴与简单而虔诚的典礼仪式密切相关，而王朝之衰则潜藏于过度放纵与虚伪的行为中，这些行为埋下了其最终灭亡的种子。东汉经学家何休（129—182）提出了一种改良型的更迭形式，即"存三统"或"通三统"，它们依次与"三世"相联系。在18世纪，今文经学的继承者，诸如庄存与（1719—1788）等人，提出了他们自己对朝代更迭的理解及具体的更迭形式。但是所有这些时代建构与时期划分都只涉及古史问题（伍安祖，1994，1～32页），本质上他们持有崇古的历史观点。

19世纪初期，其他今文经学家如龚自珍（1792—1841）与魏源（1794—1856）纷纷提出了他们自己的"三世"说。龚自珍事实上提出了几个版本，旨在阐释历史演变的普遍原理与方式，而且这些原理与方式不再仅仅适用于上古时代。但是，正如龚自珍自己所言，现世的三分法不过是古代“三世”说的重复，其终点为太平世，一个可与上古黄金时代相媲美的阶段。换言之，崇古的范式仍存在于龚自珍的历史主义中。魏源的“三世”说也超越了古史的界限，但大体来说，它在本质上是倒退的，它以此来支撑怀古的范式。此外，他将永恒性原则（或称为“一”，或称“无为”之理想）及展现其一致性的“道”，嵌入到传统的信古范式中（伍安祖，1996，82～85 页）。

此外，还有一些划分历史时期的其他方法。以程朱理学道统递变的观点来看，从上古圣王时代到孟子所处的时代，是道统产生与繁荣的黄金时期。随着孟子的去世，道统日渐式微，且伴随佛教、道教以及其他异端思想在中国的盛行，道统进入了一个长时段的衰退期。随后，韩愈（768—824）恢复儒家道统，成为时代重建的新起点。儒学宗师们从周敦颐（1017—1073）到朱熹（1130—1200），继之而起，最终实现了道统的复兴。

在宋朝，另一种历史分期方法逐渐为人们所认可，即以特定时段内学术研究的主导类型为依据来划分历史时期。近古的汉朝，一些学者认为尚未遭到佛教侵袭之前的汉朝，是语言学时代。自此至唐代，为文学时代。宋朝由于其卓越的思辨性而成为哲学时代（巴瑞特，1998，80、87～88 页）。另一个值得注意的重要分期方法是佛教的方法，它源自于佛教千禧年观念的“末法论”。根据这一划分法，在佛陀涅槃之后，世界经历了三个阶段，即正法时期、像法时期、末法时期。随着人们对佛陀教法信仰的衰减，世界会出现暂时的动乱与变迁，直到最后，由于人们彻底背弃佛法，世界会淹没在混乱与废墟中。就像中世纪的欧洲恐慌于千禧年的结束，在中国的佛教徒中间，同样存在对末法时期发端的广泛关注。事实上，在中国的中古时代，这一时期被认为开始于公元 552 年（佐藤正幸，1991，287 页；巴瑞特，1998，75～78 页；伯克，1976，137～152 页）。

也许对中国历史最常见的分期方式，是与干支历法相结合的年号制度，这一方式首创于西汉武帝时期的公元前 114 年。汉武帝宣布其新年号开始之年（公元前 116）为元鼎元年（三足鼎的开始，登基的一个比喻说法）。这一做法逐渐制度化，自此以后，每有皇帝即位，必会宣布一个新的年号。然而，有时一些特殊的事件也会促成年号的改易。毋庸置疑，这一纪年体系是以政治目的为出发点的，它能够为统治者提供统治合法性、尊严、权威以及每个新统治者的行政理想。实际上，这一分期方式的支配地位或多或少地妨碍了人们以其他形式对历史进行时代划分（佐藤正幸，1991，275～301 页；芮玛丽，1958，103～106 页）。

就现代意义上的历史性而言，以上所有的分期方式，最终都未能形成全面的时代差异感，即一个时代区别于另一时代的独特性与唯一性。不过，在中国传统史学领域，存在着这样一种史学视角，它能展现对历史长河中的特殊性与偶然性的深切关注。在宋代，一些史学家如欧阳修、司马光就深刻意识到了史料的时代属性，因为他们从王朝兴亡中探寻治乱兴衰之因果联系。特别是在 17、18 世纪，伴随儒家经典研究与古史研究的日渐兴盛，上古史愈来愈被视为一个历史时段。例如，顾炎武极力反对固守旧制度，主张顺应时代的具体需求进行制度改革，并严厉斥责那种认为古代经典能够解决一切现实问题的论调。同样，王夫之认为，随着新情况与新形势（“势”）的不断涌现，变革是必然的趋势（邓嗣禹，1968，111～123 页；彼得森，1979，12 页；伍安祖，1993b，567～578 页）。18 世纪，章学诚提出“六经皆史”的论断，为这一历史观念做了总结，在此意义上，儒家经典不过是古代统治者治国经验的记录。而且，章学诚还认为，上古时代是有时间断限的，它并不能预示在其之后将会发生什么（倪德卫，1966，141～142 页）。同样，戴震认为“道”不过是“人伦日用”，由此对理学的普适性原则的总体主张加以驳斥（伍安祖，1993b，572～578 页）。19 世纪，龚自珍和魏源更倾向于把握变动历史环境中的特殊性：人类成就与行为既非天意所成，又非古典模型的生硬定义，而与人类世界的时空变化休戚相关。

因此，中国史学也用历史主义的观点形塑和重构过去。这些做法挑战了“道”的超越性、普遍性和永恒性，从而修正了传统史学的崇古、怀古和信古的特性。在一定程度上，当下开始与远古渐行渐远，因而就逃脱了历史上“道”的幽灵的控制。

到此为止，我们已从三个维度对中国传统史学进行了阐述：历史的功用、历史叙述的体例与形式、历史形塑与历史分期。中国传统史家以历史来指导道德行为，并利用历史比附作为社会政治的指南，由此而宣告了历史与文化之间的密切而有机的联系。历史因其英雄般的魅力并作为道德改造的工具及文化的化身而备受推崇。历史是集体文化的记忆，通过它，哲学（是追求的首要原则）与政治（理想统治的建立与管理的实现）不再深奥难解。历史叙述（呈现为种种形式与体例）与历史哲学（给显然无序的时间以秩序和形塑）生动地刻画了宇宙（天地之运作）与人类（人类事件与行为的发生与演变）的持久原则。

在之后的章节里，我们将详细考察中国史学在不同历史时期的创新与变化，以凸显中国史学动态发展的本质。我们将说明传统中国的历史书写决不仅仅是众多的书目或缺乏批判力的史料的堆积，而且其并未因对旧传统的崇敬而陷入重复旧传统的怪圈。通过对大量历史学家与历史文献的考察，其中包括官方正史与私修史书，我们希望能够描绘出中国传统史学领域的多样性与异质性。尽管我们试图重建一个连续的、综合性的叙述，但我们所构建的中国史学的框架并不完整，而必然有所遗漏。通过本书的写作，我们旨在阐发解读与看待过去之方式的变化，并进一步说明这些变化与历史写作产生了怎样的关联，而这些变化又是如何影响历史写作本身的。

然而，在综合叙述之外，我们还期望确定某一特定时代历史思想的主导模型或时代精神，并从当时的社会政治与知识背景中阐释其起源及其影响。值得注意的是，中国史学家倾其毕生精力，梳理人类历史的多样性，详细注解王朝兴衰史，这是因为他们对“道”、对“理”的信念——精神、思想尤其是文化的启发性、导向性力量。从这个角度来讲，人的死亡、政权垮台、制度覆灭、事物消亡、物质分解、颜色褪去，是必然的结果。然而，“道”、文化、人类历史的模式却会持久延续下去。他们深知事实确实如此，因为历史作为一面镜子，反映并展示了“道”与古老而悠久的文化模式的永恒价值。归根结底，出自传统中国丰富而严谨的史学著作反映了中华文明的基本轮廓，这并不是为了将理解过去视为枯燥的、教条化的学习，而是为了通过毫无保留地借鉴过去，以实现指导世界宏伟而现实的目的。

因为我们已经认识到，历史并不只是载录过去所发生之事的纯粹实证学科，而且，目前学术界的各种新思潮和关注热点也促使我们对历史进行反思。也许在当下，我们能在精神上对中国历史学家们探究历史实用性的不懈探求产生更多知音之感。

第一章　孔子时代
——史学的起源

"太史书曰：'崔杼弑其君。'崔子杀之，其弟嗣书，而死者二人，其弟又书，乃舍之。南史氏闻太史尽死，执简以往，闻既书矣，乃还。"(华兹生，1989，147页①)②

此事发生在公元前548年，史官为忠于史职而从容赴死，这个戏剧性的感人故事载录于《左传》中，那是一部战国（公元前475—前221）早期的史书。据《左传》所载，周朝时期（公元前1100—前256），齐国占据着中原大片土地，崔杼是这个强国的权臣，残忍而又野心勃勃。他谋杀了齐国国君并取而代之，将所有权力集于一身。换言之，他发动了一场血腥的宫廷政变。尽管政变取得了成功，但崔杼弑君篡权之举却没能逃脱"史"的法眼。太史不畏刀俎，借用今日新闻界的说法，即坚持"如实记录真相"。尽管《左传》对这一事件以平实而客观的语言加以描绘，但它却向我们传达了这样一个感人的道德启示——"史"不计个人代价，秉笔直书，献身职责，终于取得最后胜利。那么，这些执着于对历史事件进行真实叙述的"史"又是些什么人呢？

一、史之起源

现代汉语中，"史"字就是指历史。但在古代，它是指具有官方职衔

---

① 为保持本书整体的一致性，在引用其他学者论著时，对人物名称我们不加直译，而按照英文习惯予以调整。

② 《春秋左氏传》襄公二十五年夏五月条，见杨伯峻：《春秋左传注》，北京，中华书局，1990。本书所据《春秋左氏传》皆出自此本。——译者注

的特定人群，他们通常来自同一家族。我们可称之为史官，或书记官，因为在一定程度上，他们的工作即录入资料，整理编排，并加以保存。然而，无论是史官还是书记官，都无法准确描述古代“史”所担负的全部职责。事实上，随着时间流逝，“史”字的含义发生了很大变化，从一个具体的官衔发展为一个抽象的概念（《史学史》①，1983，111 页；金毓黻，［1944］2000，29～31 页；瞿林东，1999b，2～7 页）。是什么导致了这一变化？“史”的起源是什么？他们的职责又是怎样随着时间的变化而变化呢？

正如一些学者早已注意到的（王树民，1997，211～214 页；稻叶一郎，1999，30～31 页），“史”或者“瞽史”（就是盲人史官），甚至早在中国文字产生之前就已存在。由于他们具有非凡的记忆力，“史”负责记忆重要事件，以故事和诗歌的形式对其加以背诵。“史”的这一形象，或许能让我们联想到古希腊盲诗人荷马，他用诗歌反复吟诵着过去的重大事件。然而，文字一旦被发明出来后，“史”就变成了一种官方职位，它为那些受过教育且有适当禀赋与能力的人而设。十分有趣的是，据某些史料记载，左丘明，传说是《左传》与《国语》的作者，也是个盲人（《史记》，1988，945 页）。左丘明大约生活于春秋时期（公元前 770—前 476），那时史官已非常普遍。随着史官数量的增加，“史”的内部分工也逐渐出现。现存许多资料表明，“史”很少只是由一个人担当。恰恰相反，它是一个家族内部的世袭职衔，职位一旦被授予，便可传给家族中的弟兄或子孙。当这一现象发生之际，史官很可能就是贵族阶层的成员（李宗侗，1953，5 页）。然而，史官在中国古代贵族阶层中究竟是否享有极高的地位，却是个悬而未决、无从考究的问题。尽管如此，这一职位到了汉朝时期（公元前 202—公元 220）仍是世袭制，且成为政府官僚机构的重要组成部分。由于任命史官不是凭借其军功战绩，而是依靠其文化素养与知识专长，因此，现代中国一些学者，如 20 世纪初一位极有影响力的知识分子刘师培（1884—1919），就强调史官担负着古代中国的一切学

① 吴泽、杨翼骧主编：《中国历史大辞典·史学史卷》，上海，上海辞书出版社，1983。——译者注

术活动（陈桐生，1993，7页）。这一主张尽管听起来可能言过其实，但在历史上似乎确有其事。当西汉王朝招募史官时，朝廷要求应征者至少掌握9 000个汉字，面对这一测试要求，可能今天中国的许多大学生都很难合格（《汉书》，1962，1721页）。

西周时期（公元前1100—前771）是中华文明的形成阶段，日趋复杂的礼乐文化渐渐形成，“史”的人数开始大量增加。这一时期的历史文献表明，当时“史”的数量急剧扩张，几达百人左右。大部分“史”的官衔，在“史”字前加一字以示区分，如左史、右史、太史、大史、小史、御史等等。① 然而，这些前置字并没有告诉我们其具体职责的更多信息。例如，我们无法确定究竟是左史记言右史记事，抑或相反，因为这两种说法在早期文献中都曾出现过。② 尽管他们职责各异，但史官们似乎共同恪守着对其职责的承诺，即不计政治与个人代价，如实直书。他们最重要的职责就是记录君王的言行举止。“君主有过”，正如一个古代文献所规定的那样，“史官有责，如实直书……如若渎职，其罪至死”（华兹生，1958，73页）。

也许正是因为史官忠于职守的美誉，才有基于其典范而正直的形象对“史”字所进行的词源学解释。例如，在东汉许慎（58？—147？）所著《说文解字》中，我们发现“史”字不仅指书记官，同时还带有其职责所应体现的公正（中）含义。由于《说文解字》被公认为权威辞典，浓缩

---

① 金毓黻在《中国史学史》（16～22页）列出过一个古代史官表，罗列了从古代文献中发现的30多个史官头衔。刘节在其《中国史学史》书中（1982，28～32页）对此表加以补充。近来研究表明，甲骨卜辞中记载了70多个不同的史官名（陈桐生，1993，5～6页）。加上青铜铭文中所记载的史官，史官总数将达百人以上（杜维运，1993，41～42页）。英语世界对史官的最佳描述是许倬云与林嘉琳的相关著述（1988，242～247页）。

② 《礼记·玉藻》中记载：“动则左史书之，言则右史书之。”（《礼记》，1993，271页）然而，班固在《汉书》中的表述却与其截然相反：“左史记言，右史记事。”（华兹生，1958，73页）后世学者诸如清代黄以周对此进行了专门研究。他赞成班固的说法并进一步指出，左史又称内史，右史又称外史，前者负责为君王起草文告与法令，后者负责记录重要事件以及异常的自然现象（仓修良、魏得良，1983，8～9页）。

了汉代对古代文化学术研究的精华，因此许慎的解释一直占据主导地位。直至 17、18 世纪出现研究古代经学文化尤其是经学与史学文献的热潮之后，这一状况才最终改变。此即后世称之为考据学的历史研究方法，它综合运用文字学、音韵学、历史学的方法来阐释古代文献的准确含义，是当时学术研究的主导方法。当时，一些学者开始怀疑许慎对“史”字词源的解释。例如，江永（1681—1762）认为“史”字的含义很大程度上与书记官的记录工具有关，而与公正记载的观念无关。晚清学者吴大澂（1835—1902）在对《说文解字》的评论注解中赞同江永的观点，由于在已经发现的商王朝（公元前 1600—前 1100）青铜铭文中“史”字大量出现，据此，吴大澂认为“中”（“史”之语义基础）是指“史”书写所用的简册。

吴大澂的研究预示了 20 世纪初经学研究的新趋势，学者们将研究范围从书面文献扩展到了历史文物，尤其是商代甲骨文。当然，在此期间，学者们为解读甲骨上“史”字的最初含义做出了不懈努力。罗振玉（1866—1940）和王国维（1877—1927）是两位杰出的甲骨卜辞研究者，他们的研究发现，“史”是古代保管典籍的官吏，从而为吴大澂的观点提供了新证据。王国维（1997）大胆地提出了一个更具体的理论，认为“史”在王室仪式中扮演着特定的仪式角色。与此同时，日本著名汉学家内藤湖南（即内藤虎次郎）在对中国史学传统的综合考察中肯定了罗振玉与王国维的研究，并提出了自己的独到见解。与王国维一样，内藤注意到史官在礼仪场合中的角色。他认为，在上古时代，军事事务往往比内部事务更为重要，他相信“史”的最初职责包括在某种仪式上记录射箭数目。因此，不管怎样，在罗振玉、王国维和内藤湖南看来，“史”是在重要仪式上掌管礼仪的书记官。内藤（1949，3～7 页）和金毓黻（[1944] 2000，12 页）一样——金毓黼写了 20 世纪中国第一部完整的中国史学史著作——都明确地指出，许慎将“史”字与抽象的公正观念联系起来的做法难以令人信服。

内藤对军事事务在上古时代重要性的观察，显得颇为有趣。从词源上讲，“知”字——它经常与“史”的工作相联系——由“矢”和“口”两部分组成。右边的“口”表示字的发音，这在汉字构造中很常见，左边的“矢”表示字的含义，它可以指“投掷”，也可以指“方向性”（郝大维、安乐哲，1987，50页）。如果知识的概念源自射箭的比喻，那么我们可以猜测，“史”、书记官或史学家这些通常是古代社会最博学的人，将会掌管记录射箭数目的职责。近年来，中国学者与日本学者继续推进“史”字的词源学研究，尽管他们的发现并没有从根本上突破20世纪初学者的观点。① 如果“史”是被授命掌管和辅助国家及宗教仪式的官吏，这就解释了其官衔多样性的原因，因为这些仪式往往伴随着复杂的程序，包括占卜问徵、献祭仪式、征兆解读以及将仪式载入册簿。

这些仪式不仅需要史官的存在，同时还要求祝（祭司）、巫（萨满）以及后来的儒（掌管仪式舞乐，即原始儒家）的参与。由于他们的共同参与，整个仪式包含了祈祷、咒语以及仪式舞乐几个环节。巫祝在中国古代文化与社会中的确非常流行。古代统治者或许就是巫祝，他们进行占卜，并获得有关统治的卜辞，这已为许多甲骨卜辞所证明（张光直，1984，46~47页）。这些拥有宗教权力的君王由助手辅助完成整个占卜过程，其中的助手多为“祝”，他们构成了当时祭司阶层的中坚力量（马伯乐，1978，112页）。有证据表明，周公（约生活于公元前1094），这位以无与伦比的道德典范鼓舞了孔子（公元前551—前479）的圣贤，正是周朝的大祝（秦家懿，1997，10~11、16~17页）。

巫祝文化②并不是中国独有的现象，它普遍存在于古代世界的宗教生活中（秦家懿，1997，14页）。我们感兴趣的是，巫祝式的宗教生活是怎样与中国古代历史意识的形成产生联系的。在追溯“史”起源的过程中，许多学者发现，在早期文献中，“史”、“巫”、“祝”同时出现在宗教仪式中，担负着类似的职责。例如，据《易经》记载，“巫”和“史”就占卜问徵过程而言，并无太大区别（刘节，1982，32~33页）。《左传》曾多次提及“祝”和“史”，如鲁襄公二十七年，昭公十七年、十八年、二

---

① 尽管这些学者提出了对“史”字的不同解读，但他们似乎都将“史”置于仪式场合中。陈桐生（1993，3~4页）简要探讨了近代以来一些学者对“史”的解读，而稻叶一郎（1999，32~33页）则概述了日本学者的最新研究，许倬云与林嘉琳（1998，244~247页）为西方史学界做了同样的工作。

② 原文为shamanism，此处意译为“巫祝文化”。——译者注

十年、二十六年，皆出自描述他们祈祷与朗诵本领的相同情境下（《左传》，1993，524、574、576、580、593 页）。此外，还有一些例子表明，“史”也独立地为王公贵族进行占卜并解读兆辞（华兹生，1989，210 页）。司马迁（公元前145—前87）提供了更为有力的证据，我们在下一章节将对这位中国早期最著名的史学家加以专门论述。在描述他的祖先在朝廷中所承担的职责时，司马迁公开承认他们所做之事“近乎卜祝之间”（《汉书》，1962，2732 页）。

尽管在宗教事务中，“史”的角色类似“祝”、“巫”，但正如西周青铜铭文所示，“史”的主要职责是记录重要事件（许倬云、林嘉琳，1988，246 页）。如下铭文描述了一个名叫颂的人，收到国王任命他负责掌管各类仓库的文书：

> 隹（唯）三年五月既死霸甲戌，王才（在）周康卲（昭）宫，旦，王各大（格太）室，即立（位），宰引右（佑）颂入门，立中廷，尹氏受（授）王令（命）书，王乎（呼）史虢生册令（命）颂……（夏含夷，1997，3 ~4 页）①

重要事件包括官方授职仪式以及军事活动，甚至是自然灾害。在另一段青铜铭文中，我们发现国王参加了审讯叛军的大会，他要求“史”将其记录在案（同上书，5 页），这些铭文与书面文献中的类似记录互为佐证。《尚书》中记载了许多有关“史”的具体职务的事例，如“史”准备祈祷辞、掌管档案，为各种政治与宗教仪式起草公告（同上书，5 ~6 页）。一些学者认为，在这些场合掌管档案的“史”的形象，为我们提供了探索“史”的原初含义的词源学线索（王国维，1997；内藤湖南，1949，5 ~7 页）。青铜铭文与中国最早的成文文献《尚书》都清楚地表明，“史”负责保存记录，与此同时，他们在宫廷中也承担着其他多重职责，这一现象始自西周时期，且一直延续到汉朝（李宗侗，1953，3 ~4 页）。事实上，随着民间识字率与民间文化的日益增长，“史”是其中不

① 中国社会科学院考古研究所编：《殷周金文集成释文》第 2 卷第 5 册《颂鼎释文》，393 页，香港，香港中文大学出版社，2001。

可或缺的部分，“史”已变得“无所不在；朝廷上所做的每件事情，都需诉诸史官记录：授职仪式本身自是如此（其副本既会给予受职者，当然也会保存在皇家档案中），除此之外还包括法律案件的裁决、地图等等”（鲁惟一、夏含夷，1999，326页）。孔子曾热诚地表达他对周朝文化成就的敬仰之情说：“周监于二代，郁郁乎文哉！吾从周。”（《论语》，1997，62页）实际上，他所称颂的文化，很大程度上是由“史”所缔造的。同样，顾立雅后来对此做出了敏锐的观察：“我们不得不承认，周人是一个热爱书写的民族。”（1937，255页）他因此而对“史”的工作表示敬意。

我们很容易理解孔子对西周礼乐文化的赞颂。由于“史”与祝、巫共同掌管政治、宗教仪式，因此他们也逐渐与儒，或者是原始儒家产生了联系，而孔子也被看做是儒。据汉朝刘歆（公元前46？—公元23）的说法，儒的起源可以追溯至某个朝廷职位。20世纪初，对于孔子之前儒的职位究竟为何，学术界兴起了更为深入细致的探索热潮。例如，胡适（1891—1962）研究了儒的社会起源。他和批评者争论的焦点是，儒是否像巫、祝一样，凭借其对典礼仪式的专门知识和仪式舞乐的技能构成了一个社会阶层（伊诺，1990，190～191页；姚新中，2000，18～19页）。由于儒的主要职责是掌管典礼与仪式舞蹈的表演，因此他们一定与巫、祝、史共同工作。祈雨仪式就是其中一项非常重要的仪式，当然，它对“靠天吃饭的农业社会来说，至关重要”，因此，“最有名的舞蹈便是祈雨舞”（秦家懿，1997，18～19页）。尽管祈雨过程中的中心人物是巫、祝，但最近对儒（“天上”之“云”）的词源学研究也将儒置于此场景中，表明他们在宗教仪式中发挥着同样重要的作用（姚新中，2000，19～20页）。儒在负责为赢得上天眷顾而祈祷的仪式时，一定是由“史”辅助来完成工作的。“史”在宫廷活动中无所不在，不可或缺，因为他们通晓占星术，这使他们能够为占卜问徵提供关键的协助与信息。他们能够解释天象，解读卜兆，提出预言。而且，最为重要的是，他们能够根据天体运行制定历法。例如，据《礼记·月令》记载，大史负责记录太阳、月亮、星辰运动的变化，国君在大史的建议下，举办典礼仪式，标志着春天的到来（《礼记》，1993，241页）。《左传》中提到，“史”基于对天象异常运动的观察做出了对政治灾难的预言（《左传》，1993，428、601页）。由于

"史"负责记录周围世界发生的一切，天体现象也在其中，因此"史"具备占星术知识，也就不足为奇。一些学者甚至建议在"书记官"、"史官"之外，将"史"翻译为"占星家"（鲍尔，1976，73页；陈桐生，1993，5~14页；仓修良、魏得良，1983，10~11页）。"史"的职责必定包括观察天体运行、编订并维持一个准确的历法系统。这项职责一直延续到西汉时期，司马迁继承其家族传统而成为太史令，据有关司马迁的最新研究成果，太史令这一职衔或许译为"大占星家"更为准确（哈代，1999，11、18页）。

二、史学的产生

尽管"史"有着类似巫、祝的宗教与礼仪角色，他们同时也担任书记官与宫廷史家（许倬云、林嘉琳，1988，244~247页）。这一双重职责意味着，"史"不仅要记录重要的人事活动，同时还要记录自然界的异常现象。在商朝和西周时期，人们尚没有敏锐地意识到，对于在这两个不同且毫无关联的领域内所发生的事件加以区分的必要性。因此，同样有十足的理由促使我们将"史"译作占星家或史学家（韩玉珊，1955，2~3页；史华兹，1985，353页）。在商、周世界观的指导下，"史"履行其责，而这种世界观将宇宙看做一个整体而彼此相关的世界。某种程度上，宇宙中的万事万物都彼此对应，统治者和人类政治领域密切追随宇宙秩序，并与之互动。因此，当评价"史"在中国史学起源过程中的作用之时，我们应该谨记指导其工作的宇宙论观点与信念。他们所承担的多重职责正是天、地、人有机统一的特有功能与写照。"史"的宗教职责要求他们掌握占星术与宇宙学知识，借此，他们力图理解并解读宇宙传达给人类世界的预兆启示。另一方面，作为宫廷史家，"史"准备并保存与中央政府的有效运行息息相关的文件与档案，其中尤以帝国法令与条例为最。因此，区分"史"是占星家还是史学家毫无必要。

《尚书》乃是第一部有关西周及更早时期的"史"之工作实例的古典文献，其中许多材料印证了"天人合一"的基本观念。由天所代表的自然，是与地上的人世完全结合的宇宙，因而形成了一种密切的天人关系。

在这一关系中，天是主导的存在，天命与天意表现在各种自然现象中，它们对人类生活有着直接的影响。因此，人类必须观察这些现象，解读其含义，从而揣度天意。他们必须遵循天命。例如，《尚书·盘庚》中记载，商王盘庚曾为遵循甲骨文所示天命而五度迁都。《尚书·汤誓》与《尚书·泰誓》屡次被过去的中国学者引用，以解释商朝之承继夏朝（约公元前2205—前1600）及周朝之承继商朝，顺应天命成为后继统治者合法性的主要依据，而天命乖违则为挑战既存政权的统治权威提供了正当理由（《尚书》，1993，120、123～124、126～127页）。《尚书·大诰》记载，正是在天意的支持下，年轻的周成王尽管面临大臣们的警告，最终却在周公的辅弼下粉碎了三监之乱。周成王通过龟甲的神谕洞悉了天命，并以天命的名义惩处渎职的臣僚们：

> 已，予惟小子，不敢替上帝命。天休于宁王，兴我小邦周，宁王惟卜用，克绥受兹命。今天其相民，矧亦惟卜用！呜呼！天明畏，弼我丕丕基。（鲁惟一、夏含夷，1999，314页）①

显然，周成王不仅运用通过龟甲获得的天命来为其作战及动员民众提供依据，同时还借用历史事实来支撑其行动号召。因此，对历史的解读有力地补充了对天命的揣度，关于二者的重要结合，我们将在下文着重探讨。我们在这里想说的是，历史与神性的结合构成了当时天人相应世界观的核心。随着人事领域与自然领域之间一致性的牢固确立，人们愈来愈以一种拟人化②的视角来解读自然世界。

这种天人相应的思维模式主导着古代中国人对世界的感知，以最根本的方式影响着他们的宇宙观。借用约翰·亨德森的话，“天人相应思想是构成中国人宇宙观的最基本要素”，它“在各种现实秩序或宇宙领域中的许多方面之间建立起了系统的一致性，比如人体、政体与天体之间的一致性”（亨德森，1984，1页）。在西周时期的诗歌总集《诗经》中，许多

① 《尚书·大诰》，见嘉庆初刻本《十三经注疏》之《尚书正义》，北京，中华书局，2009。本书中所据《尚书》皆出自此本。——译者注

② 原文为anthropomorphic，原意为“神人同形同性的”，为描述希腊神话的专业用语，但在中文语境中译为“拟人化”似更恰切。——译者注

诗歌表现了人类不幸与自然异常之间的一致性。举例来说，在描述一次毁灭性的旱灾时，诗歌《云汉》表达了这样的悲伤情绪：

> 旱既大甚，则不可沮。赫赫炎炎，云我无所。大命近止，靡瞻靡顾。群公先正，则不我助。父母先祖，胡宁忍予。（鲁惟一、夏含夷，1999，336 页）①

那么，这种天人相应的思维模式是如何与中国古代史学意识产生关联的呢？我们已经注意到周成王曾运用历史事实来支撑其对天命的解读，这让我们联想到，他或许是通过那些宫廷史家而获得这些历史事例的。到西周中期，宫廷书记官与史学家，或已大大扩展了其在社会政治领域所发挥的作用。或许他们中许多人实际上创作了《诗经》中那些渗透着浓厚天人相应观念的哀伤诗歌（稻叶一郎，1999，30 页）。这些诗歌的作者来自"史"官群体，他们"由歌颂祖先的礼仪转向歌颂祖先本身的功绩"（鲁惟一、夏含夷，1999，333 页）。在歌颂祖先功绩即过去发生之事的过程中，史学家兼书记官同时宣扬了天人互动及二者之间一致性的人类宇宙观念，这样的例子在其作品中比比皆是（史华兹，1985，352 ~ 353 页）。

到西周王朝中期，"史"在朝中更扮演了多重角色。他们不仅扮演着歌唱献给祖先的仪式歌曲的宗教角色，同时还承担着另一个更为世俗的角色，即歌唱关于祖先功绩的颂歌。对于这一转变究竟如何发生，学界尚无定论。人们怀疑，流行于商朝与周朝前期的宗教与巫祝活动和西周中期之后显著形成的天人相应思维模式之间存在直接的关联。比如，借鉴列维·斯特劳斯的观点，本杰明·史华兹（1985，351 ~ 352 页）认为，在进行占卜问徵的宗教仪式中，人类和超自然力量在意识层面处于两个不同的领域，但就天人相应观念而言，宇宙却被认为且也呈现为一个有机的整体。不过，史华兹同时也承认了天命信条对于创造性地、有机地连接神和人的重要性，且这一信条在《尚书》与《诗经》中随处可见，而这两部书皆应归功于"史"。

---

① 《诗经·大雅·云汉》，见嘉庆初刻本《十三经注疏》之《毛诗正义》，北京，中华书局，2009。本书中所据《诗经》皆出自此本。——译者注

作为中国最早的成文文献，有关这两部著作的真实性与作者问题，历来不乏问津者。传统观点认为，它们虽出自众人的努力，但最终由孔子删订而成，并呈现为如今的面貌。司马迁写道："孔子之时，周室微而礼乐废，《诗》、《书》缺。"① 有鉴于此，孔子整理历史文献并对《尚书》中的历史事件进行分类。与此同时，"三百五篇，孔子皆弦歌之"（它们就是现存《诗经》的篇章）（冯友兰，1952，1、44 页）。此处，孔子被视为一个主要从事"史"的工作即保存历史记录的人。由于"史"与儒在早期中国的宗教仪式中扮演着同样的角色，因而此处的相似性也就不难理解。我们所关注的是孔子展开编撰与整理工作的方式。我们知道，根据传统史料，孔子编辑这些文集目的在于歌颂其至为崇拜并意欲恢复的西周礼乐文化。例如，在整理与编纂《尚书》文献资料的过程中，孔子尤其钟情于那些能够传播古代礼仪特别是周代礼仪文化的资料。在《诗经》的编纂过程中，据说孔子删除了那些重复和他认为不需要的部分，而只留下能够彰显远古时代礼仪规范的歌曲与诗句（同上）。在《论语》中，孔子声称，尽管《诗经》由三百篇诗歌组成，但"一言以蔽之，曰：'思无邪。'"（《论语》，1997，52 页）② 即他认为它们没有偏离古代永恒而普遍的理念。换言之，孔子既依赖由"史"所创造并保存的现存礼乐文化，同时也以"史"的角色来整理、修改、整合这一文化。

如果孔子是一个文化传承者，那么他所传承的大体来说是"史"的著作，孔子对"史"基本上持赞赏态度。事实上，《论语》中曾多次提及"史"。但是，在如下这段著名的文字中，孔子相当苛刻地评论了"史"的著作：

> 质胜文则野，文胜质则史。文质彬彬，然后君子。（《论语》，1997，83 页）③

在此处，孔子对"史"的撰述并不十分满意，因为他认为"史"重视

---

① 《史记》卷 47《孔子世家》，北京，中华书局，1974。——译者注

② 《论语·为政》，见［清］刘宝楠：《论语正义》，高流水点校，北京，中华书局，1990。本书中所据《论语》皆出自此本。——译者注

③ 《论语·雍也》。——译者注

“文”胜过“质”。显然，使孔子不安的是“史”作中对文采的过分追求，以及由此带来的对人类成就的华丽雕饰。这个问题可能源自“史”在宗教仪式、献祭及节日庆典中的礼仪角色，因为“史”必须准备祈祷辞，设计占卜问徵，并宣布占卜结果。自然也不排除这种可能，即“史”不得不采用委婉的托词和迂腐的文字。与此相反，孔子更倾向于运用简单而明快的语言来记录过去，从而维护历史的真实性。在《论语》中，每当孔子赞美“史”时，他通常指的是“史”不顾外界环境变化对直书历史原则的忠诚与坚守。孔子十分敬仰史鱼，因为他像箭一样直：“邦有道，如矢；邦无道，如矢。”（《论语》，1997，153 页）① “直”意味着坚守原则，“史”在撰述过程中，必须坚守道德原则或政治原则。在孔子自己的史学实践，即编撰《尚书》与《诗经》的过程中，他以是否能够支持无可争议的政治与文化原则为标准，来选择或删削材料。尽管如此，孔子非常关注史料的丰富与否，正如以下名言所示：

> 夏礼吾能言之，杞不足征也。殷礼吾能言之，宋不足征也。文献不足故也。足，则吾能征之矣。（《论语》，1997，61 页）②

显然，尽管孔子在材料处理与取舍上十分自觉、审慎，但他仍感叹于材料的不足。由此，面对周朝辉煌灿烂的礼乐文化，孔子流露出了深深的崇敬之情。对他而言，史料是对过去的史实进行全面汇编的基本构成要素。同样值得注意的是，虽然孔子无疑非常关注“史”著的表面文采，他也不至于抵制这种文采。他明显偏好“质”。但对他来说，最重要的是如何在这二者之间保持平衡：叙述之文采与如实描述过去的适当比例。孔子弟子子贡与棘子成的一番对话，表明了孔子的立场。棘子成说：“君子质而已矣，何以文为？”子贡不赞成，道：“文犹质也，质犹文也。”（《论语》，1997，127 页）③ 子贡的回答反映了他从孔子那里受到的教诲，它明确包括文采、德行、真心诚意与坦率（同上书，91 页）。

孔子将其文化事业建立在“史”所保存的礼乐文化上，同时，在很

---

① 《论语·卫灵公》。——译者注

② 《论语·八佾》。——译者注

③ 《论语·颜渊》。——译者注

大程度上，这也是其继承自“儒”的传统文化遗产，但他仍然对“史”文化诸多方面表示不满。那么，他又是如何重构与丰富“史”文化的呢？要回答这个问题，我们需要再次回到天人合一的观念上，关注其在影响中国早期历史观念及历史编撰中的作用。根据天人相应宇宙论，中国古人认为在天体、人体、政体之间存在着一致性，并最终形成了天命观。正如《尚书》所示，统治者如周成王在足智多谋的周公辅弼下，利用天人关系作为其政治优势，通过获得天命来标榜其政治财富，就像他可敬的先辈们曾经做过的那样。天命不再是源自人类无法企及的超然领域的抽象而反复无常的观念。相反，天是一个鲜活而友善的存在，它赋予了周部族实实在在的祝福，以奖励其善行，尤其是对他们的杰出统治者周文王这样的人。天命的授予与周王朝及其部族的善行相一致，它也与商王朝及其部族的恶行相一致。它见证了人类历史的发展，并使之合法化。《诗经·周颂·维天之命》中有这样一段清晰的描述：

> 维天之命，於穆不已。於乎不显，文王之德之纯。假以溢我，我其收之。骏惠我文王，曾孙笃之。（陈荣捷，1963，6页）

正如周部族因其德行赢得了天命，商部族因其昭彰罪行失去了天命，这具体表现在商代末代君王纣王的残暴罪行上。

然而，获得胜利并得到上天眷顾的周朝，将来也可能像商朝一样覆灭——周或许会因其腐化堕落而失去天命的佑护。另一首诗歌中强调“天命靡常”。曾作为周成王摄政大臣的周公对此非常清楚，他告诫成王说：“我不敢知曰，厥基永孚于休。”① 他认为，周朝必须谨遵为周朝赢得天命的文王之典范：“我道惟宁王德延，天不庸释于文王受命。”② 周公清楚地意识到，最终失去天命的是那些“弗克经历，嗣前人，恭明德”之徒（陈荣捷，1963，6~7页）。此处，周公在既有的天命观中，注入了历史与人事的新内容，作为对先辈善行的重温与延续。凌驾于人类世界之上的天，赋予政治与社会合法性。人类的未来是实在而易变的，对它的控制始于对特定重要人物的祖先崇拜（派恩斯，2002，55~88页）。

---

①② 《尚书·君奭》。——译者注

周公的所作所为，或许能反映出他为保护自身在周朝的政治利益而运用的精明策略（夏含夷，1997，101～125 页）。但由崇拜“天”到崇拜“祖先”的转变，标志着中国古代思想发展的重大转折，而且解释了西周时期史学实践出现与发展的原因所在。诚然，在天人统一体中，“天”占据主导地位，它毕竟是天命的来源。但“天”一定要通过人类行为才能反映出来，因为宇宙与人类相一致。由于人们只能从目的论上察觉这种一致性，即只能在事后意识到这种一致性，因此又促成人们对祖先的崇拜，因为他们曾经亲历过并获得了天命。在这一时期的文献中，我们发现周人曾有过这样的抱怨，即担忧天是否会像佑护其先辈一样佑护他们。毛公鼎铭文记载了周宣王（公元前 827—前 782 在位）的一则怨言：

> 肆皇天亡斁，临保我有周，丕巩先王配命，旻天疾威，司余小子弗彶，邦将曷吉？（伊诺，1990，25 页）①

即使是一位颇具权势的国王，也不能确定其与“天”的关系，由此也就不难理解周部族为何热衷于祖先崇拜。借用格兰特·哈代的话来说，在祖先崇拜这一形式中，“人们想象先祖们在现实中活动，并通过具体的形式来感知他们的存在，即在仪式宴会与家族献祭中以表演者来代表他们”（1999，5 页）。这里我们可能会回想起周成王和周公在占卜与解读天命的过程中提及周文王的例子。对祖先兴趣的日益增长，意味着“史”不得不由歌颂祖先的祭礼转向歌颂祖先的功业（鲁惟一、夏含夷，1999，333 页）。在这一重要形式中，祖先崇拜刺激了西周时期历史研究与实践的兴起。继承祖先遗产，意味着记录、保存并重建过去。那么，这一时期“史”职位的大量增加，太史、大史的出现也就不足为奇，更不用说左史、右史以及许多其他官衔了（金毓黻，［1944］2000，16～23 页；内藤湖南，1949，8～30 页）。第一部早期历史文献《尚书》也随之问世。在《尚书》中，史官记载了周部族及其邻邦、先民所取得的许多成就，同时对于他们所经历的磨难与考验也多有叙述。

---

① 中国社会科学院考古研究所编：《殷周金文集成释文》第 2 卷第 5 册《毛公鼎释文》，432 页。——译者注

因为孔子自视为周朝传统的继承者，他弘扬了记录与铭记人类过去事迹的光荣传统。在这一过程中，他将“理性的崛起”或者是“人文主义的成长”引入到中国古代世界观中，一些学者明确称其为中国思想史上的重大发展（冯友兰，1952，30～42页；陈荣捷，1963，3～48页）。在孔子本人的著作中，他经常提到天命。比如，他对上古圣王尧的称颂，与周部族所表达的对文王的崇拜极其相似。孔子赞叹道：“大哉，尧之为君也！巍巍乎！唯天为大，唯尧则之。荡荡乎！民无能名焉。巍巍乎！其有成功也。焕乎！其有文章。”（《论语》，1997，99页）① 他将尧等同于“天”，表明他坚决赞同天人相应的宇宙论。与周公一样，孔子也看到了天命在人类善行中的实现。但是，正如陈荣捷所指出的，对孔子来说：“天作为神界的最高主宰，不再亲自干预人事，而是通过由它制定道德律令来治理人世。”（1963，16页）换句话说，孔子在其继承自周朝的传统与遗产中增添了一些新的内容。“天”作为赐予或剥夺人类运数的至高存在，不再像之前那样变化无常与不可捉摸，它能够很容易地被孔子这类道德修养极高的人所理解。在一段经常被引述的自传性文字中，孔子这样讲道：

> 吾十有五而志于学，三十而立，四十而不惑，五十而知天命，六十而耳顺，七十而从心所欲，不逾矩。（《论语》，1997，52页）②

孔子不仅相信自己知晓天命，同时还暗示他掌握了天命。当孔子被宋国的军国重臣桓魋追赶时，他大胆地问道：“天生德于予，桓魋其如予何？”（《论语》，1997，91页）③ 而当孔子被困匡地时，他自信地宣称：

> 文王既没，文不在兹乎？天之将丧斯文也，后死者不得与于斯文也；天之未丧斯文也，匡人其如予何？（《论语》，1997，102页）④

孔子在这里十分明确“天”赋予他的使命，就是传承周朝文化。

---

① 《论语·泰伯》。——译者注
② 《论语·为政》。——译者注
③ 《论语·述而》。——译者注
④ 《论语·子罕》。——译者注

孔子为何要赋予自己这样的使命，是一个有趣而异常复杂的问题，但这并不在本研究的范围之内。就我们的目的而言，值得关注的是，与西周时期的先辈相比，孔子在保持其对天人关系的坚定信念的同时，对人事表现出了更大的信心，而且更为重视人事。为此，现代学者把孔子誉为中国古代思想中人文主义转折的开拓者（陈荣捷，1963，3～48 页）。不过，也有不少学者注意到了这样一个显著事实，即“《论语》中很少提及‘天’”（伊诺，1990，96 页）。当然，孔子并非不关注或者不畏惧“天”，正如《论语》所展现的那样，孔子异常敬畏“天”。他曾经这样说：“君子有三畏：畏天命，畏大人，畏圣人之言。”（《论语》，1997，163 页）①然而，耐人寻味之处在于，孔子不仅将“天”与“大人”相并列，更将“天”与“圣人之言”相提并论。从这个角度看，在孔子的哲学体系中，“天”并不是一种主导性的力量（伊诺，1990，98 页）。更准确地说，并不是“天”在孔子那里变得微不足道，而是“天道必须寓于个人经历与社会更替中”（姚新中，2000，154 页）。简言之，“天”通过人类行为与活动而被理解并得以实现。

如果说孔子弱化了“天”无所不能、卓越超凡的作用，那么他是通过强调内在的人事而实现的。他认为，借助教育，人们能够获得认识世界的能力，而习得知识，又能帮助人们认知天命，天命则是包含并反映在人类行为之中的。把天命视作反映在人类行为中的观念，自然古已有之，但孔子所强调的人类认识自身和“天”的理性能力却具有其创新性。当他的弟子子张问道：“十世可知也?”孔子的回答极富启发性：

> 殷因于夏礼，所损益可知也。周因于殷礼，所损益可知也。其或继周者，虽百世可知也。（《论语》，1997，57 页）②

这里的“可知”一词，可译作“可以认识的”。孔子的回答至少从两方面来说是饶有趣味的。首先，它表现出孔子对教育的极大信心，因为他向学生保证，人一旦学习，就能够认知事物。而且，孔子在其他地方也强调学

① 《论语·季氏》。——译者注

② 《论语·为政》。——译者注

习是一个有趣的共同追求，拥有能与自己分享知识和学问的伙伴是一种快乐（《论语》，1997，47 页）。其次，孔子认为，为了了解未来，即“十世”，人们不得不研究过去，因为随着时代的前进，人们需要从过去的经验中汲取营养，并对其进行补充。未来一定能从过去得到反映。总而言之，孔子对历史经验教训的信念强化了他对人事的信心。

三、史书体裁与史学观念

孔子对人事的信心与信念，在《春秋》中得到了淋漓尽致的展现。《春秋》是“六经”中的一部，与之并列的还有《诗经》、《尚书》、《礼记》①、《易经》，以及在公元前 3 世纪就已失传的《乐经》。《春秋》是孔子史学实践的产物。对他而言，构成历史的真实事件阐明了他热诚信奉的那种观念：“我欲载之空言，不如见之于行事之深切著明也。”（华兹生，1958，51 页）② 这一名言让我们联想到了哈利卡纳苏斯的狄奥尼修斯（约公元前 65—前 1）同样著名的论断，历史是“以实例进行教学的哲学”。孔子不仅认为历史具有教化功能，而且他还从历史中寻找文化归属感。春秋时期，据他所处时代不远，周王室地位一落千丈，孔子所敬畏的礼仪传统也逐渐走向崩溃，作为从事仪式活动的儒士群体中的一员，孔子掌握着礼仪方面的专门知识。尽管孔子作为儒的身份确实为他争得了一些政府职位，有时甚至是高级职位，但他从未长久任职。他把自己职业的失败归咎于周朝文化与价值观念的沦丧。周朝分封制度下的许多诸侯国日益强大，相互征战，争夺霸权。随着周王室的日渐衰微及政治话语权的丧失，为维系分封制而存在的礼仪与文化也遭到严重破坏。

孔子曾长期坚持其对周朝文化体系的信念，并试图通过道德说教与思想启蒙来恢复周朝礼乐制度。他坚信天赋予了他这一神圣使命。起初，他的手段是历史的，这主要是指他通过教育和写作来努力保存周朝的礼仪文化，其工作完全可以与早期“史”的工作相比拟。孔子认为他所处的时

---

① 《五经》中的“礼”，汉时指《仪礼》，后世指《礼记》。——译者注

② 《史记》卷 130《太史公自序》。——译者注

代，“史”文化出现了急剧衰退，许多古代文献与历史记录相继散佚与失传，这构成了他编撰《春秋》的动机之一（金毓黻，［1944］2000，40页）。然而，与“史”不同，孔子坚信保存对古代文化与制度记忆的最佳方法，不单单是保存记录，更重要的是培养人的道德品格，从而使之成为一个君子。孔子反问道：“人而不仁，如礼何？人而不仁，如乐何？”(《论语》，1997，58页)① 对人们道德价值观念的培养，能够促进礼仪的恢复。孔子认为，这些道德价值观念包括仁、义、正、诚、孝、信，但其核心是仁。何为仁？在《论语》中，孔子对仁有多种定义，当问及是否能用一个词来概括其含义时，他回答道：“其恕乎！己所不欲，勿施于人。”(《论语》，1997，156页)② 为践行这种道德品质，人需要同时了解自身与他人。于是，学习成为孔子学说不可或缺的组成部分。历史知识又成为学习的重要内容，因为孔子认为了解过去能帮助人们预测未来（《论语》，1997，50页）。

但光靠学习是不够的。孔子说：“学而不思则罔，思而不学则殆。”(同上书，55页）这让我们回想起他对“史”的著作的批评。换言之，尽管孔子从事着对历史的探索与研究工作，在这一过程中，他收集了许多有关理想的周文化的珍贵材料，但他决不会满足于做个“史”官，尤其是在他那个时期，“史”的成就与地位都极度恶化的情形下。孔子哀叹道：“吾犹及史之阙文也，有马者借人乘之。今亡矣夫！”（同上书，156页)③ 他所说的“阙文”，是指“史”由于对史料不确定而没有加以记录之处，这表明在孔子看来，当时的“史”已不再像他们的前辈那样认真、负责、谨慎地记载历史。他们与之前的“史”形成了鲜明对比，那些诸如史鱼之类的早期“史”像箭一般正直，因而孔子对他们深表敬意（同上书，153页）。

然而，促使孔子转向史学的原因，不仅在于他对“史”者作品的不满，与此同时，他也痛苦地意识到自己无法完成上天赋予的使命，即恢复曾在西周时期已日臻完美的礼仪文化与政治制度。《春秋》载事，止于哀

---

① 《论语·八佾》。——译者注

②③ 《论语·卫灵公》。——译者注

公十四年春之获麟。听到获麟的消息后，孔子非常伤心，他最终意识到，他的人生使命将永远无法完成。战国时期问世的解读《春秋》的《公羊传》，对此做了如下解释：

> 何以书？记异也。何异尔？非中国之兽也……麟者，仁兽也。有王者则至，无王者则不至。有以告者曰："有麕而角者。"孔子曰："孰为来哉！孰为来哉！"反袂拭面涕沾袍……西狩获麟，孔子曰："吾道穷矣！"（华兹生，1958，84页）①

《公羊传》以其对《春秋》的深入解读及间或晦涩的诠释而闻名。据其解释，获麟迫使孔子认识到，他已经失去了在有生之年完成使命的机会，会有其他人来代替他履行使命。于是，他所应做和所能做的便是写作一部历史书，即《春秋》，通过它，将其智慧与经验呈献给世界和后人。更确切地说，因为有《春秋》这部文献存世，孔子意欲"制《春秋》之义以俟后圣，以君子之为，亦有乐乎此也"（《公羊传》，1993，747页）。今文经学《公羊传》的这一解释，强调孔子编撰《春秋》的预言性质和意图，对此说法人们历来争议不休。但是，在《论语》中确有迹象表明，孔子相信特定动物的出现带有某种特定的预兆意味。在一个更早的场合，他曾抱怨没有看到凤凰，这是一种预示着帝国太平的圣鸟。"吾已矣夫"，他说话时，带着一种略显讽刺的微笑，这更透露出他的失望情绪（《论语》，1997，103页）。孔子早年所能欣然接受的，正是他晚年的痛苦失望之所在。尽管他很难过，但还是迅速地形成了一种解释自我存在原因的新观念。他开始着手从事那项宏大工程，即为世界提供一部饱含道德寓意与政治意味的历史文本。汉代伟大史学家司马迁在对儒家学派的论述中，赞同《公羊传》所做的解释："西狩获麟。孔子曰：'吾道穷矣！'故因史记作《春秋》。"（华兹生，1958，85页）②

对孔子而言，"作"《春秋》不是一个轻松的任务，而是上天赋予的一种新使命。他或许也会被显然深奥莫测的上天弄得手足无措，甚至痛苦

---

① 《春秋公羊传注疏》哀公十四年春条，见嘉庆初刻本《十三经注疏》，北京，中华书局，2009。本文所据《春秋公羊传》皆出自此本。——译者注

② 《史记》卷121《儒林列传》。——译者注

不堪，但他一直不停地享受这一乐趣，即参与上天所赐予的道德使命，其承载者应为谦恭、卓越和高尚之人，也就是君子（史华兹，1985，127页）。孔子十分清楚，这一上天使命的实现有赖于人事。尽管他可能不再是那个能够恢复和平与秩序的人，但他能够通过促进和培养人们的道德价值观，推动新时代的到来。实现这一目标的最好方法，便是通过书写与教授历史，唤起人们对过去的记忆，回想起那些能够代表中国珍贵价值观的昔时圣王。总而言之，孔子之“作”《春秋》，反映了他在这个世界上对自我终极作用的理解，即通过历史书写以再现过去。

为了解孔子在史学上所取得的成就，我们有必要考察春秋时期“史”之史学实践的特点。正如我们所知，孔子并非凭空编造历史。相反，他在其祖国鲁国之“史”先前所作《春秋》的基础上，进行详细阐述和增补。正如一些古代史料所示，“春秋”一词是个广义的概念，它泛指当时所有国家的历史记录。但也存在一些其他名称，如孟子（公元前372—前289）所提到的晋国之《乘》、楚国之《梼杌》等（王树民，1997，24页；《孟子》，1970，327页）。尽管如此，“春秋”在当时似乎最为流行。例如，稍后于孔子的哲学家墨子（约公元前479—前438），宣称“吾见百国春秋”（王树民，1997，24页）。尽管许多编年体史籍都已失传，但公元3世纪被发掘出来的《竹书纪年》为我们提供了许多宝贵线索，借助该书我们得以了解那些堪与《春秋》相媲美的史籍的基本特征与大致结构。

为什么要用“春秋”一词来为史学著作命名呢？答案就在于史之记事方法。由于天人相应世界观的深远影响，“史”密切关注着人类与自然界所发生现象之间的相互联系。“史”所掌握的天文知识，使他们能够制订历法，而且他们依据占星术与历法推算为王公贵族提供预言建议。举例来说，《左传》载，文公十四年，周内史叔服根据“有星孛入于北斗”，预言“不出七年，宋、齐、晋之君皆将死乱”（《左传》，1993，428页）。

“史”的天文知识不仅有助于他们进行预言，同时还有利于他们表达和规范时间观念。在制订历法体系的过程中，他们把时间的推移，与建立在有关月份的数字十二和关于季节的数字四之上的命理学联系起来，从而分割、划分甚至预测时间的流动。月球环绕地球运行形成了月份的概念，而年的概念则出自对四季周期性变化的观察。四季的观念在商人的宇宙观中非常重要，因为它与商人对世界的空间认识相一致，后者以四方观念及其与中心的关系为特征（李学勤，1985）。在中国早期宇宙观中，存在一种天圆地方的核心观念，它很可能源自主张“天似盖笠，地法覆盘”的盖天说（李约瑟，1959，第3卷，210～216页）。“四方”的概念表明这个“盘”不仅是方的，而且是四方的。

正如四季的变化有助于塑造商人对世界的空间认识，它也使“史”能够在一个时间框架内编排记录。四季的完整周期为“史”提供了年的单位，他们又把年划分为四个季节和十二个月份。随着记载更多事件，月份也随之增多，这就需要一个更为具体的时间观念。季节变化同样昭示着一年的开始。尽管夏、殷、周新年的起始月份各不相同，但他们都把冬至作为一个重要的转折点（鲁惟一、夏含夷，1999，20页）。换言之，尽管每年的起始月份随着时间的推移而变化，但春季一直被视作每年的第一个季节。如果春季为一年之始，那么秋季则标志着一整年周期的中点。因此，春、秋比之夏、冬更有助于编排历史记录。

此外，“史”被任命为官职，因而形成了一种社会时间观念，并被应用于历法之中。君主登基通常标志着一年的开始。在《春秋》中，君主往往在一年之初或春季登基，因此每年的第一个月，即“正月”，通常在春天。这进一步证明春季在标记时间中的重要性。曾研究过《春秋》经传的西晋学者杜预（222—284）（1982，11页）认为“春秋”一词，正是由于这个原因而被许多国家的史学家用来命名其所保存的历史文献。对《春秋》的粗浅研究明确告诉我们，更多的历史事件被安排在春、秋两季。

中国早期这种将自然与政治相结合的时间观念，与西方的经验与实践形成了鲜明对比。在西方，历史写作是作为“对时间的反控”而出现的，在某种程度上，时间有种累加的力量，扬言要吞没所有的往事，因此，它能摧毁历史事件所拥有的独特性。正是出于保存那些值得纪念的过去事件的目的，历史写作才应运而生（莫米里亚诺，1966，15页）。为了保护历史记忆，希罗多德（公元前485？—前425？）等古希腊历史学家发明了一种根据历史事件的因果联系展开叙述的史学体例。在古代中国，尽管历史实践中也不乏对历史事件因果关系的探究，但史学家们通常按照以阴历年为标志、穿插有季节变化的时间观念来载录史事。因此，以《春秋》为典范的编年史，自然成为中国早期史学的主导形式。而它们的作者，“史”，通常肩负着记录自然时间及人类历史变化的双重职责（王晴佳，1995，70～71页）。事实上，编年史成为中国史学家的最佳选择，因为他们希望揭示天（自然）人（历史）关系。但运用编年史并不妨碍史学家描述历史时代的变化，这是中国史学意识发展中的一个关键因素。在总结编年史体裁的优点时，杜预评论说：“记事者，以事系日，以日系月，以月系时，以时系年，所以记远近，别同异也。”（1982，11页）①

由于“史”的工作综括历法与历史，因此，他们承担起了培育并强化中国早期天人相应世界观的重任，这至少从春秋时期一直延续到司马迁写就其皇皇巨著《史记》的西汉时期。在“史”官撰写的档案中，有充分的证据证明他们对天象与人事之间复杂关系所做的解读。本杰明·史华兹认为：

> “史”似乎集天文学家、占星术家、历法专家以及编年史家等职能于一身，在现存被称做“史”的专门官员和智者谈话中，的确发现了关于人类事件与天体运行相关的证据。这促使人们推测，至少在高层文化之中，原始占星学之类的学问为相关性宇宙论在中国提供了最初的极其重要的运用机会。（史华兹，1985，353页）②

正如我们在下一章将看到的，“史”不仅为了阐释天人关系而保存记录，同时他们对诸如五行说等宇宙观的形成和发展也提供帮助，从而来解释自公元前5世纪至公元1世纪，即从战国到秦汉时期中国政治历史的演变（王爱和，2000，80页）。

当孔子决定编写《春秋》时，他再也无法从当时“史”的著述中看

---

① 编年史为史官记载历史记录提供了时间范围，但在不同时期其时间顺序不尽一致。例如，稻叶一郎（1999，34～37页）研究发现，在殷商的甲骨卜辞中，史官先记日期，随后是月份与年份。但在西周时期，顺序正好颠倒过来：年份、月份，然后才是日期。

② 史华兹：《古代中国的思想世界》，程钢译，365页，南京，江苏人民出版社，2004。——译者注

到太多复杂的叙述。相反，由于“史”过于重视文辞、文采，史学著作水平大大下降。因此，孔子在自己的撰述中集中于“约其辞文，去其烦重，以制义法”（《史记》，1988，145页）。他着力追求“文”、“质”间的平衡。对他而言，“文辞”不只是指简单的滥用修辞和夸张手法，它还有着广泛的含义。听说宋国举行的弭兵大会仪式很隆重，孔子称之为“多文辞”，意在说明政治与政府已被虚饰与浮夸所主导，因而缺乏实际的内容（王树民，1997，15页）。

减少历史著作中过多采用文学修辞的一个方法，是提倡和遵循“书法不隐”、秉笔直书的原则，而这正是孔子编写《春秋》的意旨所在。然而，我们不应把“秉笔直书”的美德与现代史学中的客观性观念混为一谈，尽管前者似乎暗含着后者的意味（王晴佳，2000b）。孔子强调秉笔直书的必要性，实质上指的是史学家的道德勇气。具备了这种勇气，史学家将临危不惧，勇敢地记录下那些他们认为重要和必要的事件，从而完成他们的崇高使命。“书法不隐”并不要求史学家把所有的事情记录下来，因为这会导致他们的工作与之前“史”的工作没有什么区别。相反，他希望史学家确立并阐明历史的道德意义（义）。为此，史学家应当审慎选取史料。所以，在编修《春秋》及编纂《诗经》的过程中，孔子删去了很多他认为不重要的史料。而且，他选取了从隐公元年到哀公十四年（公元前722—前481）这么一个特定历史时期，他认为这一阶段最能说明历史的道德意义（王树民，1997，24页）。被称为“亚圣”的战国时期儒家代表人物孟子（公元前371—前289？）就肯定了孔子作《春秋》的道德本质。

> 晋之《乘》，楚之《梼杌》，鲁之《春秋》，一也。其事则齐桓、晋文，其文则史。孔子曰：“其义则丘窃取之矣。”（《孟子》，1970，327页）①

换言之，孔子刻意将一种道德教化观念注入到历史著述之中，从而实

① 《孟子·离娄下》，见嘉庆初刻本《十三经注疏》之《孟子注疏》，北京，中华书局，2009。本书所据《孟子》皆出自此本。——译者注

现了对“史”官传统的改革。孔子作《春秋》，标志着中国史学进入了一个新阶段。他不仅保存和扩展了编年史及其他典籍，还将一种新的道德意图加入到对历史知识的追求之中。

尽管孔子坚持以道德价值与意义来书写历史的做法招致了许多批评，尤其是来自现代学者的批判，但不可否认的是，孔子所取得的史学成就在当时具有重大意义。他改变了史学文化，将“史”官变为史学家。正如许多现代学者已注意到的（杜维运，1993，86 页；李宗侗，1953，14～18 页；陈其泰，1999，46～48 页），尽管孔子本人并非“史”官，但他却完成了一部独立的史学著作，从而为后世许多有志于研究历史的学者树立了一个令人鼓舞的榜样，这无疑是非常重要的。虽然，如艾蒂安·白乐日的著名论断所言，中国史学传统中，史书“由官吏来写，为官吏而作”（哈代，1999，10 页），但有充分的证据表明，私人撰著史书的积极性绝非微不足道（傅海波，1961），而且，其中许多史家有意识地效法了这种由孔子所开创的、受道德驱动的史学规范。

当然，关于《春秋》是否为孔子所作仍有争议，但即使是某些声称孔子与《春秋》的编修毫无关系的人，也认为在公元前 5 世纪和公元前 4 世纪期间，即从春秋晚期到战国时代，中国的史学意识经历了一次转变（刘节，1982，39～42 页；陈桐生，1993，38～47 页）。这在很大程度上与周王室的衰微有关。周王室的衰落导致政治与社会领域的严重破坏，使当时的知识分子产生了极大的焦虑，其中就有以孟子为代表的儒家知识分子。他们从过去历史中寻求一种秩序观念，同时希望形成一种历史哲学，从而能够帮助他们实现恢复天下太平的目标。正如我们在下一章将会看到的，当时许多思想家为重建秩序与和平而热诚地探索历史，并形成了百家争鸣的繁荣景象。强调政治等级制度与道德修养的儒家历史观在当时决不占据主导地位。然而，其影响却要比其众多对手更为久远，最终为中国传统史学提供了理论基础与道德前提。

孟子认为，促使孔子编写《春秋》的，是他对周朝政治、道德秩序遭到严重破坏的深切焦虑：

> 世衰道微，邪说暴行有作，臣弑其君者有之，子弑其父者有之。

> 孔子惧，作《春秋》。《春秋》，天子之事也，是故孔子曰：“知我者其惟《春秋》乎！罪我者其惟《春秋》乎！”（《孟子》，1970，281～282页）①

在《论语》中，孔子已经表达了他对西周王室衰微的重大关切与悲伤，对他来说，这意味着古代理想政治制度的毁灭。由古代圣王所确立的“王道”或者说“道”已经开始土崩瓦解。

> 天下有道，则礼乐征伐自天子出；天下无道，则礼乐征伐自诸侯出。……天下有道，则政不在大夫；天下有道，则庶人不议。（《论语》，1997，160页）②

对孔子而言，“王道”的存在与否，取决于政治等级制的维系与否。他为自己的所见所闻感到痛苦不堪，因为现时的“道”已日趋混乱。作为一个礼制文化的专家，孔子很容易辨别出他所处时代的僭越行为。例如，他发现贵族季氏竟然在府中用八佾舞进行表演。这显然违背了礼制，因为只有天子才能享受此等礼仪规格，而像季氏这样等级的人，最多只能用两佾舞。因此，孔子质问道：“是可忍，孰不可忍也?”（《论语》，1997，58页）③ 孔子感叹封建领主对他们的君主如此不敬，其恶劣程度甚至比未开化的夷狄邻邦更为严重（同上书，59页）。因为孔子的社会政治等级秩序，很大程度上建立在华夷的文化差异上，因而此处他的抨击异常尖锐，几近于咒骂。就孟子的观点而言，他认为孔子有充分的理由创作一部尊奉古代传统观念与价值的史书，它将有助于复兴古代政治与道德理想终极目标的实现。

探究孔子究竟是如何编撰《春秋》的，其最佳方法是对孔子的写作方法与原始《春秋》进行比较分析。然而，原始《春秋》的完整文本早已失传，而其他提及它的文献也多出现在孔子《春秋》之后。尽管如此，我们可以有把握地推测，原始《春秋》是由鲁国“史”官所保存的历史

---

① 《孟子·滕文公下》。——译者注

② 《论语·季氏》。——译者注

③ 《论语·八佾》。——译者注

记录，它涵盖的时间范围比孔子所编《春秋》更长。此外，如果将孔子的文本与同时代的《竹书纪年》相比较，有证据表明孔子对《春秋》原书做了大量的删削（张素卿，1998，147～148页；赵生群，2000，8～20页）。但同时需要指出的是，孔子着实在增加原书所没有记载的事件上做出了努力。他曾要求弟子们搜集一百多种编年史料，作为备用材料（《史通》，1978，第1册，9页）。孔子希望《春秋》成为全中国范围内的历史文献，而不仅仅是鲁国的史书。不过，孔子在《春秋》中并没有做到不偏不倚地对待所有诸侯国，大国以及他周游过的国家自然占了更多的篇幅（肯尼迪，1942，48页）。无论如何，我们可以十分确定的是，我们今天所看到的《春秋》应该是由孔子传下来的。尽管诚如《公羊传》中所论，孔子是否真正视教学为其新职责，仍是一个复杂而有趣的问题，也是我们在这里所无法解决的，但孔子很可能的确编撰了《春秋》，以便把它和其他经典共同作为教学之用（王树民，1997，15～17页）。

然而，改编并不等于创作，而创作也绝非孔子的目的。他说："吾非生而知之者，好古，敏以求之者也。"① 在另一处，他明确讲道："述而不作，信而好古……"（《论语》，1997，90、87页）② 孔子在历史实践中渗透着浓厚的"好古"倾向，并严格遵循为自己树立的原则，这事实上进一步发扬而非摒弃了由"史"官所确立的史学传统。在《春秋》的史学特征中，最显著者莫过于"属辞"、"比事"。这两个最典型的特征最早载于《礼记》中，它们被古今学者公认为是孔子作《春秋》的最具代表性的手法（杜维运，1993，88～89页；瞿林东，1999b，137～138页；张素卿，1998，109～135页），因此有必要对其进行深入考察。

"属辞"指的是孔子在权衡各种适用的同义词的含义后，最终选定一个最能准确描述事件性质的词语。"比事"表明，孔子不仅旨在按照正确的时间顺序排列事实，同时还希望通过并列史事促进比较。使用不同的文辞，是为了对历史事件与人物做出恰当的评判。借助"褒贬"之词，不同历史事件与行为的道德意义得以彰显。由于孔子非常关注当时普遍的政治混乱，因此我们也就不难理解孔子为什么要通过"文字游戏"来提出

①② 《论语·述而》。——译者注

批判。在中国史学中，这被称作“春秋笔法”。也就是说，通过一种特定的方式，利用最精当的语言来陈述历史，使过去的道德意义可以作用于当下。正如孟子所指出的，最让孔子感到不安的，是当时司空见惯的“臣弑其君”的事例，因为这是对孔子执着坚守的等级制政治秩序的粗暴侵犯。因此，在《春秋》中，孔子用“弑”字记载这类事件，借此表达对它们的谴责与愤怒之情。相比之下，其他编年史书通常仅用“杀”字。显然，“弑”字暗含着更强烈的道德谴责意味。《春秋》记载了26个臣子杀害君主的事例，其中“弑”字出现了25次。只有一个事例用的是“杀”字，但有趣的是，《公羊传》和《穀梁传》却都将它解释为“弑”（赵生群，2000，31~33页）。

“属辞”并非孔子的发明。尽管其他编年史家在文辞选择上不如孔子那样细致入微，但他们在进行历史记录时，也十分谨慎。举例来说，《春秋》记载，僖公二十八年，晋文公召周襄王到温地参加会盟仪式。周襄王到达后，晋文公会同在场的其他诸侯王与他进行了会晤。晋文公还让周襄王到河阳狩猎。但《春秋》只字未提双方的会面，也没有提晋文公召会周襄王，而仅仅记录为“天王狩于河阳”。《左传》解释了孔子略去这一史实的原因：

> 以臣召君，不可以训，故书曰“天王狩于河阳”，言非其地也，且明德也。（《左传》，1993，410页）①

这个事例，以其刻意隐讳及歪曲的解释，常常被用来阐释据说是孔子在《春秋》中首创的“笔法”的经典范例。但也有史料表明，孔子并不是如此记载历史的第一人。撰写原始《春秋》的鲁国“史”官就是这样做的。孔子只是沿袭了他们的记录方法。我们可以有把握地推测，孔子之前的“史”就已在运用“属辞”的手法。例如，《竹书纪年》关于这一事件的记载也非常简略，它只告诉我们“周襄王会诸侯于河阳”，因此，它同样隐去了周襄王被晋文公召会的事实（王树民，1997，15页）。两处省略，都试图通过有意识地隐去王权急剧衰落的事实，从而保留周王室的尊严与

① 《春秋左氏传》僖公二十八年冬条。——译者注

权威。

但是，如果说孔子没有发明“属辞”，他着实在其基础上有所创新，我们可以从下面例子中窥得一二。公元前7世纪初，晋国统治者为晋文公之孙晋灵公，他在能臣赵盾及其堂弟赵穿的辅佐下进行统治。晋灵公并非一个贤良之君。在位期间，由于荒淫无道，他日渐失去了臣民的信任。他作恶多端，甚至为寻欢作乐而在高台上随意射杀行人。赵盾屡屡进谏，但都无果而终。晋灵公十分反感赵盾的规劝，他甚至试图杀害赵盾。赵盾逃过了晋灵公的暗杀企图，但晋灵公在桃园却被赵穿杀害。事情发生时，赵盾还没有越过国境。当他听到晋灵公被杀的消息后，就返回了国都。太史董狐以“赵盾弑其君”记载此事，并宣示于朝堂之上。赵盾说：“不然!”但是，正如《左传》所载，董狐这样回答道：“子为正卿，亡不越竟，反不讨贼，非子而谁?”整个事情似乎并不复杂，孔子对此做出了如下评论：“董狐，古之良史也，书法不隐。赵宣子①，古之良大夫也，为法受恶。惜也，越竟乃免。”（华兹生，1989，79页）②

过去两千多年来，董狐的记载和孔子的评论造成了极大困惑，并引发了激烈争议（张素卿，1998，155~162页）。为什么董狐要为一件赵盾并没有做的事情而责备赵盾？为什么热情歌颂史家如实直书的孔子，会认可董狐明显歪曲事实的行为？为什么孔子称赞赵盾勇于担当职责，却又为他感到惋惜？尽管这里并不适合罗列所有的解释理论，但如果我们试图阐明孔子在史学中的道德立场，理应对其中的一些理论给予关注。根据《春秋》三传，董狐指责赵盾是因为他回到国都后并没有讨伐弑君的赵穿，这是赵盾作为执政大臣的失职。而且，虽然董狐没有证据证明赵盾参与谋划了弑君行动，但他不愿意讨伐堂弟赵穿的做法，也使之受到牵连。因此，董狐记载赵盾而不是赵穿弑君，他不仅在史书中合理地记录了这一僭越行为，同时还告诉我们哪些人应遭受谴责。换言之，通过这样记录历史，董狐达到了一箭双雕的目的：既记录了历史事件，同时也对其做出了

① 赵宣子，即赵盾。赵盾，名盾，谥号宣，史籍中称之为赵宣子。——译者注

② 《春秋左氏传》宣公二年春条。——译者注

道德评判。这就解释了孔子为何称赞董狐为良史的原因：虽然董狐歪曲了事实且超出了史家的一般职责，但他实现了历史写作的终极目的，即对过去事件与行为赋予道德意义。至于孔子赞扬赵盾，是因为孔子认为尽管赵盾有过错，但他确实没有篡夺君位的野心，而当时这种弑君篡位的僭越行为非常普遍。相反，赵盾依然作为晋国的王室大臣，不顾君主的错误而兢兢业业地履行职责。

孔子对董狐的赞美再次表明：虽然他欣赏史学家“秉笔直书”的品质，但他却没有倡导我们所理解的客观性观念。“秉笔直书”意味着史学家要不顾政治压力辨明善恶，严肃地承担起其道德责任。它是一种截然不同于客观性观念的价值评判的视角。所谓客观性，不涉及价值判断，用兰克的话说就是“如实直书”。儒家将历史写作视为一种行为规范，而兰克主义者却把它看做一种描述实践（王晴佳，2000b，163～164 页）。在儒家史学中，历史的职责与其说是告诉我们过去真实发生的事情，还不如说是由史学家阐明过去本应发生的事情。史学家的责任“不仅在于描述业已发生的事情，还要在一切恰当的时候，提出可能存在的其他可能性，以及何以认识不到它们会导致不幸的后果”（杜维明，1993，7～8 页）①。时刻担负起作为“史”的责任与保持“秉笔直书”，并非我们想象的那么简单。由于“史”的最主要职责是准备文件与保存记录，如《左传》所载，在孔子时代，有许多这样的情形，即某些人贿赂“史”以达到掩盖史实的目的。董狐不仅没有掩盖事实，而且他努力地去揭示更多事实。董狐宣称赵盾弑君，不仅将这一事件载入史册，同时也为后世树立了道德楷模。这也正是孔子希望史学家应具备的品质。一如南宋（1127—1279）儒学家叶适（1150—1223）所评论的那样，由于弑君罪行的严重性，在当时众所周知赵穿是罪魁祸首。但董狐希望史家要原原本本地记录历史事件，因为后人不仅需要了解事件本身，更重要的是弄清楚谁最终为这一事件负责（张素卿，1998，160～161 页）。“史”官拥有双重职责，借用史嘉柏的话说就是：“他们希望获得准确无误的事实，同时又试图洞悉事实

① 杜维明：《道、学、政：论儒家知识分子》，钱文忠、盛勤译，8 页，上海，上海人民出版社，2000。——译者注

背后的公义所在。”（2001，18 页）

然而，我们也许仍对董狐未记录完整故事的做法备感疑惑。要解答这个问题，我们必须重新审视编年史的体例。编年史体例能够呈现时间与历史的连续性，却无法提供更加详细的细节。《春秋》的典型记载往往只包括一些简洁的陈述，即如下面关于隐公三年的记录，就是例证：

> 三年春王二月，己巳，日有食之。三月庚戌，天王崩。
> 夏四月辛卯，君氏卒。秋，武氏子来求赙。
> 八月庚辰，宋公和卒。
> 冬十有二月，齐侯、郑伯盟于石门。
> 癸未，葬宋穆①公。（《左传》，1993，345 页）②

尽管编年史家对这一年的叙述十分简略，却记录了许多非常重要且相互关联的事件。举例来说，日食预示着周平王的驾崩，论证了天人相应。虽然君氏死在春天，却没有得到及时的安葬，因为到秋天武氏的儿子还在鲁国索要陪葬品。然而，这种情形可能极为寻常，因为宋穆公的葬礼也是在其去世数月之后才举行的。正如我们所见，死亡是这一年历史记载的核心主题。不过，作者对死亡的表达方式却不尽相同。比如，载录天子之死，用词为“崩”，记载君氏之死，用词为“卒”，尽管文中没有提及君氏的身份，事实上她是隐公的母亲。宋穆公之死同样用的是“卒”。我们无须关注这两个词在含义上的细微差别。我们只需注意，史学家如此记录，是为了依据其道德评判来传达业已发生的事件。由于编年史体例的篇幅限制，编年史家发明了这种严密的史学笔法和精妙的诠释艺术。

尽管受到篇幅限制，《春秋》所涵盖的记事范围相当广泛，从自然灾异到错综复杂的政治生活皆囊括其中，并按照事件的发生时间与年代顺序依次记述。《春秋》记载各种人物死亡时，皆会标明死亡时间。正如乔治·肯尼迪的研究表明：“105 条记录有确切的死亡日期，23 条记录仅有死亡月份，16 条记录只显示了季节信息。”（1942，43 页）对事件确切日

---

① 《春秋公羊传》与《史记》中“穆”作“缪”，二者通。——译者注
② 《春秋左氏传》隐公三年春条。——译者注

期进行记载的惯例，可以追溯到商朝时期的占卜问徵。但是，当时包括“史”官在内的占卜者，并不像《春秋》一样按照明确的年代顺序进行记录（稻叶一郎，1999，34～35 页；陈其泰，1999，56 页）。在《春秋》中，有这样一种“机械的编排”，即以特定年份的季节和更通常地以月份甚至是精确日期来标记历史事件，并伴之以干支纪年法（肯尼迪，1942，41 页）。如果我们假设孔子追求用词的一致性，那么他同样可能发明了这种统一的纪年方法。孔子力图通过“比事”将发生在鲁国之外其他国家的事件编入《春秋》中，正是这一推断的绝佳证明。加入他国史事需要更为系统化的编年方法。

尽管《春秋》有其文辞的一致性与纪年的准确性，但是，正如古往今来人们所评论的那样，它无疑是一部枯燥无味的文献。对叙述一致性的追求，导致事件描述缺乏想象力，这又进一步削减了其魅力。我们还应注意到，《春秋》问世之时，中国人还在用丝帛与竹简进行书写。书写材料的限制，可能导致了言语的简约。然而，更有可能的原因或许隐藏在古代中国史学传统本身之中，因为在古代史学传统中，“史”官在保存记录的总体工作中有专门分工。《礼记》告诉我们：“动则左史书之，言则右史书之。”（华兹生，1958，73 页）或许，如同汉代史学家班固（32—92）所解释的那样，真正的情形是《春秋》记事，《尚书》记言，因此后者包含较多的描述性与解释性文字（华兹生，1958，73 页）。我们将看到，这两种记录过去的方法会逐渐融为一体。

第二章　从战国到两汉时期的史学
——史学的形成与成熟

唐代杰出史学家与史学理论家刘知幾（661—721）在其著作《史通》中，对以往史学家所采用的史学体裁与叙述形式加以总结，他将史籍分为六家，《春秋》家即为其一。

> 逮仲尼之修《春秋》也，乃观周礼之旧法，遵鲁史之遗文；据行事，仍人道；就败以明罚，因兴以立功；假日月而定历数，籍朝聘而正礼乐；微婉其说，志晦其文；为不刊之言，著将来之法，故能弥历千载，而其书独行。(《史通》，1978，第1册，7页)①

一、叙述与诠释

作为硕果仅存的几部编年史书之一，《春秋》为我们提供了了解中国早期史学文化尤其是史官文化的许多宝贵资料。虽然这一经学文献可能在文体上枯燥无味，但孔门后学深信它蕴含着“微言大义”，甚或是预言。早在汉朝时期，《春秋》就已成为“经学研究的核心”。大约十个世纪之后，到宋代时（960—1279），对《春秋》的研究仍然是“当时经学研究的主流”（亨德森，1991，13页）。14世纪中期以后，《春秋》更备受推崇。例如，18世纪的经学家刘逢禄（1776—1829）将《春秋》视为理解一切经典的关键。晚清改革家康有为（1858—1927）赞同刘逢禄的主张，认为“六经粲然深美，浩然繁博，将何统乎？统一于《春秋》”②。吸引

---

① ［唐］刘知幾著，［清］浦起龙通释，王煦华整理：《史通通释》卷1《六家》第一，7页，上海，上海古籍出版社，2009。——译者注

② 康有为：《春秋董氏学》，1页，北京，中华书局，1982。

他们关注《春秋》的原因在于，与其他经典相比，《春秋》无论在笔法还是内容上都更具历史意味。而且，它提供了一种建立在以历史事例加以教化原则之上的历史哲学。宋代邵雍（1011—1077）解释说："《春秋》录实事，而善恶形于其中矣。"① 另一位杰出的宋代儒学思想家程颐（1033—1107）以这样一个有力的比喻来描述和称颂《春秋》的功用：如果六经是药方，那么，《春秋》就是治恶疾的药方（亨德森，1991，16～17 页）。

但是，或许这些赞誉并没有如实反映《春秋》的本质与内容。对许多读者而言，包括王安石（1021—1086）在内，《春秋》不过是"断烂朝报"。它既没有提供关于所涵盖历史时期的充分史料，也未能就挖掘文字背后隐含的道德含义与政治启示给出有益的线索。要弄清《春秋》如何在众多儒家经典中脱颖而出，升至独尊地位，我们就必须在文献本身之外寻找原因。即，我们必须考察刘知幾所提到的史书编撰的其他形式，尤其是《尚书》与《左传》所采用的形式。

《尚书》包含中国上古时代的最早历史记录。刘知幾认为它代表了以记言为主的话语形式，因此保存了君主的法令与文告，以及他们与臣民的对话记录。这种以记言为主的形式，明显区别于以记事为中心内容的编年史（《史通》，1978，第 1 册，2～3 页）。但《尚书》并非完全为记言之书（杜维运，1993，80～81 页），除去口头议论和文告，其中许多篇章对历史事件给予了极为详细的叙述。举例来说，《尚书·尧典》篇描述了传说中圣王尧的事迹，《尚书·禹贡》篇则记载了传说中的另一位圣王大禹治水的故事，《尚书·顾命》篇中生动刻画了周成王驾崩前后的相关史事。它们明显背离了记言的一般规范，这已引起了古往今来许多学者对其真实性的质疑。有些学者认为这些篇章很可能写于春秋或战国时期。事实上，自汉代以降，《尚书》真伪问题就成为许多儒家学者争论的焦点，尤以两大经学学派即所谓今文学派和古文学派的对立为明证。两大学派关于《尚书》的论辩对历史编撰产生了重要影响，在以考订史料与原始材料的学风占主导地位的清代，其影响尤巨。值得注意的是，学者们认为属记事而非记言的大多数篇章，通常是以叙事形式编排的。如果这些篇章确实为

① 《皇极经世书·观物外篇》，文渊阁四库全书本。——译者注

后世之作，那么我们有理由推断，历史写作的记言与记事传统在东周晚期逐渐走向融合。以编年体为表现形式的这种融合，很显然发生在战国时期（陆威仪，1999，131～132页）。

传统观点认为，《春秋》与《尚书》作为两部最早的历史文献，开创了两种不同的历史编撰的文类，即记事类与记言类。刘知幾（《史通》，1978，第1册，1～25页）认为，直到战国时期，即《春秋》及《左传》编撰之时，这种分工仍非常清晰。正如《左传》是对《春秋》记事的扩展，《国语》则延续了记言的传统——它通常被认为与《左传》出现于同一时期，且出自同一作者，即左丘明之手。最近有研究表明，《左传》与《国语》在历史描述中采用了相似的叙事手法（史嘉柏，2001，6～7页）。直到战国时期，人们仍在尝试通过加入更多真实故事的叙述，来丰富和完善编年史体例。

《左传》就是一个很好的例子。大体而言，《左传》是编年史，它可以被视作中国第一部叙事体史书（华兹生，1989，绪论，11页）。尽管其叙述常常孤立散乱，缺乏明显的凝聚力，但艾朗诺（1977，324页）认为，它们"始终如一地向读者灌输着这样一种意识，即把握特定事件的宏观背景与因果联系"。为说明《左传》的叙事风格及其固有的、内在的历史连贯性，我们不得不考察其写作原因与写作方法。

过去长期认为，《左传》是与孔子同时代的鲁国史官左丘明所作。他编著《左传》的原因在于，孔子去世后，其门徒对他所传授的思想理解各异，因为当时他们主要以口述方式来传道授业，这就不可避免地造成了许多困惑、分歧与矛盾。司马迁这样解释左丘明作《左传》的动机：

> 鲁君子左丘明，惧弟子人人异端，各安其意，失其真，故因孔子史记，具论其语，成《左氏春秋》。（史嘉柏，2001，318页）①

司马迁对《左传》起源及其作者身份的看法，一直是学术论争之所在。近来的学术研究质疑左丘明独自完成了《左传》的说法，相反认为《左传》成于众人之手，因此，它体现了一种传统的传承而非某位作者的成

① 《史记》卷14《十二诸侯年表》。——译者注

果（镰田正，1993）。具体而言，这些评论家认为，这一传统的形成涉及两大并行发展传统的融合：孔子学说的口耳相传与对史官成文历史记录的保存（华兹生，1989，绪论，14～15页；史嘉柏，2001，315～324页；陆威仪，1999，132页）。等到《左传》及其姐妹篇《国语》成书时，传统史学对记事与记言的划分，已不被人关注。

这一变化有两方面的含义。一方面，它表明了“史”地位的下降。从广义上讲，它反映了曾在西周盛极一时的，或可描述为“史”的官方史学文化的衰落。另一方面，它又预示了中国史学发展新阶段的到来，即以司马迁与班固的权威性、开创性的著作而达到顶峰的汉朝史学。官方史学文化的衰落，有如下几方面原因：

首先，周朝政治秩序的衰亡，在史官中产生了一种强烈的文化失落感，因为其职责建立在周朝稳定而强有力的政治秩序上，与天命互为一致。史官记载历史事件，同时涉及政治社会时间和自然时间，但周朝统治权的瓦解，意味着相应的国家秩序的丧失。在《春秋》中，孔子煞费苦心地唤起他的同代人对周代政治历法的记忆，例如，他通常将“王正月”置于年首，以示尊崇。到战国时期，由于周王室与政治无关变得昭然若揭，这种政治社会时间不复存在。

其次，周朝统治者权力的丧失，意味着巫祝政治文化的衰落，这反过来又促成了“史”的职责的改变。古代的君主可以看做是进行占卜、解读神谕的巫祝之首，而这些宗教活动正是由“史”负责和主持展开的。在战国时期，频繁的战乱与复杂的外交博弈要求人们最大限度地发挥聪明智慧，这就使得人事比既遥不可及又反复无常的天命神意更为可靠。人们仍进行宗教活动以求得心灵慰藉，但宗教活动业已失去了其在宫廷与政府中的实用价值。因此，“史”的职责也进行了调整。虽然他们仍秉持天人相应宇宙论的基本信念，且继续根据占星术对宇宙进行观察、预测和预言，但他们已不再将活动的重心仅限于确立君主统治的合法性及其个人福祉之上。相反，我们在《左传》中发现，史官运用他们所掌握的知识来预测战争结果，并就国家将要发生的灾难提出预言。同时，与其他哲学家一道，他们也开始思考历史的本质，并对《春秋》的义理加以阐发。“从总体来说，战国史官在天人方面不表现于司天的宗教活动，而是表现为理

论的创造。”（陈桐生，1993，12页）

《左传》记载了这一转变。它以详细的叙事，丰富并扩展了由“史”所创造的编年史体裁。但是，它同时也继承了一种典型的儒家历史观念，即借助叙事阐明道德规范，从而达到完善个人、社会与国家的实用目的。当然，学界对于《左传》仍存在一些疑问，尤其像尊奉《公羊传》的今文学者所主张的那样，即《左传》最初是否是作为《春秋》的传注而出现的。然而，即使《左传》并非《春秋》之传，我们也不可否认这两个文本之间确实存在着紧密的哲学与思想联系（赵生群，2000；张素卿，1998；史嘉柏，2001）。对于那些相信左丘明是《左传》作者的人而言，《论语》提供了孔子与左丘明密切关系的确凿证据：

> 巧言、令色、足恭，左丘明耻之，丘亦耻之。匿怨而友其人，左丘明耻之，丘亦耻之。（《论语》，1997，78页）①

在某种程度上，孔子视左丘明为志趣相投之人，因此也就不难理解《左传》与孔子在道德立场上的一致性。然而，如果我们认为《左传》不是由左丘明或其他人独立写就，那么就必须对文本本身展开深入的分析，看它究竟是如何体现儒家道德准则的。由此，我们或可提出关于其起源的另一主张，即《左传》是作为独立的史书而非《春秋》之传出现的。赞同这种说法的人通常质疑左丘明的作者身份。原因在于，如果左丘明是《左传》的作者且与孔子生活于同一时代，那么他就不可能记载那些晚于《春秋》绝笔之年（公元前481）将近70年的历史事件，他也不可能证实预言，并运用直到战国晚期才开始使用的文辞（赵生群，2000，73页）。《左传》中记载的许多史事，《春秋》中并没有与之对应的内容，反之亦然。

尽管二者之间的不一致性似乎力证了《左传》是独立于《春秋》之外的史书，但仍有大量证据支持相反的论点。对左丘明作者身份的质疑印证了这样一个事实，即《左传》包含在儒家释经传统之内，这一传统在孔子去世之后逐渐出现，并以阐发《春秋》的义理为中心（亨德森，

① 《论语·公冶长》。——译者注

1991，11～19页）。如果《左传》由某个作者完成，且其目的是为创造一部独立的史书，那他完全没有必要反复申明《春秋》中所蕴含的大义与规则。在《左传》所有的条目中，其中有1 300条是对《春秋》记载的直接解释，有100条甚至更多记录与《春秋》中的记载密切相关。《左传》中独立于《春秋》之外的记录大约有300条，少于全书篇幅的20%（赵生群，2000，59～60页）。值得注意的是，即使是这些独立的条目也倾向于阐述《春秋》中曾论及的道德问题（艾朗诺，1977，340～352页），这也是我们将要进一步详细考察的重要事实。

《左传》中的条目分为三类：文、义、事。如前所述，《春秋》以“属辞”而著称，这不仅证明了编年史的篇幅限制，同时也表明孔子借用“属辞”微妙地揭示了他对历史事件的道德与政治立场。《左传》涵盖的时间范围比《春秋》更长，但它与《春秋》的起始年份一样，都始于鲁隐公元年，即公元前722年。《春秋》中如此记载：“元年春，王正月。”《左传》的记载与之略有不同：“元年春，王周正月。”此处之“元年”指的是鲁隐公在位的第一年，《左传》对他的即位做出了解释（《左传》，1993，343页）。更有趣的是，它提到了周王。《左传》强调《春秋》使用的是周历而非之前的夏历、殷历，因为“正月”在不同的历法中表现为不同的月份（张素卿，1998，43～44页；鲁惟一、夏含夷，1999，20页）。尽管这似乎只是一个无足轻重的细节，但它着实表明《左传》继承了孔子尊周的理念。

事实上，《左传》不仅在政治立场与道德判断上与《春秋》相一致，它似乎也完全理解了《春秋》的微言大义。《春秋》略去某些文字与事件，不是因为篇幅有限，而是出于道德谴责的考虑。唯其如此，《左传》与其他注释文献所给出的解释才成为我们理解《春秋》必不可少的参考资料。让我们再来看看“隐公元年”这条记载。为什么《春秋》不书鲁隐公“即位”呢？《左传》这样解释：“不书即位，摄也。”历史告诉我们，前任统治者惠公死后，隐公的幼弟桓公成为鲁国国君，而隐公成为摄政者（《左传》，1993，343页）。换言之，尽管当时隐公是鲁国事实上的统治者，但他并不是正式的国君。不书隐公即位，孔子坚持了“正名”的原则，这表明“文辞是如何与道德行为和统治现实保持一致的”（史嘉柏，2001，50页）。实际上，到公元前682年庄公成年并执掌大权后，他的“即位”被适时记录在《春秋》中（《左传》，1993，353页）。

尽管孔子强调“正名”，但这一省略并没有表现出他对隐公执掌大权的强烈道德谴责，相反，它暗示了孔子对隐公的期望，即希望他最终将权力归还给合法的统治者，其同父异母的兄弟桓公。但在另一些事例中，对名分的省略着实饱含道德谴责的意味。《春秋》记载，公元前597年，即宣公十二年，来自晋国、宋国、卫国、曹国的大臣会盟于清丘，结成了军事同盟。但它既没有交代结盟的目的，也没有写参加者的姓名。这并不符合孔子的“春秋笔法”，因为若依“春秋笔法”，这些大臣的名字理应载诸史册。《左传》解释这次结盟的目的是“恤病讨贰”。但在这一联盟中，几乎没有国家真正采取实际行动，因此《春秋》略去了这些大臣的名字，不仅旨在批评会盟的失败，同时还谴责那些起初发起会盟国家的虚伪（《左传》，1993，443、447页）。此种手法在别处也可见到。鲁成公二年（公元前589），来自各诸侯国的大臣齐聚蜀地结成联盟。同样，《春秋》没有载录他们的名字，按照《左传》的解释，这是因为该联盟的结成并无诚意，而是出于权宜之计。此外，《春秋》也没有记载蔡侯和许男参加会盟的事实。这样做，不仅表明孔子对他们参加会盟的不满，同时还表达了谴责他们乘坐楚国战车之意——在孔子看来，蔡侯和许男未能遵循合乎其身份地位的礼制（同上书，456页）。

同时，《左传》指出《春秋》有意回避了某些事实，因为它试图淡化与事件相关的消极道德与政治含义。比如，宣公七年（公元前602），鲁宣公赴黑壤参加与其他诸侯国的会盟。但是，他却被晋国扣留，因为一年前晋文公即位时，鲁宣公既没有参加即位仪式，也未派使臣前往祝贺。[①] 在向晋国交纳一些财物后，鲁宣公最终被释放。为了挽回国君的颜面，《春秋》只字未提黑壤会盟（同上书，439页）。几十年后，在成公十年（公元前581），鲁成公到晋国参加晋景公的葬礼。然而，他发现没有任何其他诸侯到场向死者表达敬意。鲁国人认为这是他们国家的耻辱，所以，《春秋》略去了鲁成公参加晋景公葬礼的事实（同上书，465页）。这种

---

① 原文为“晋文公”，疑有误。应为晋文公之子晋成公。——译者注

省略是由违礼引起的，而礼，正是孔子撰著《春秋》所苦心坚持与倡导的信条。正如蔡侯与许男应该自己准备战车，鲁成公也一样，他与晋景公地位平等，因此本不该参加晋景公的葬礼。但令人悲哀的事实是，这类事情在春秋时期司空见惯，屡屡发生，因为西周时期所建立起来的政治等级制此时已日趋瓦解。不仅鲁国之类的小邦会遭受如晋国一般强国的凌辱，甚至连周王室也难以幸免。如前所述，涉及周王室的最著名事件发生在公元前632年，这年晋文公召周襄王会盟于河阳。为了淡化这一事件的负面影响，即周天子被诸侯王召会，《春秋》代之以“天王狩于河阳”（《左传》，1993，410页）。《春秋》采用这种“适当隐讳”的笔法，来维护三种历史人物的形象与地位：尊者、亲者、贤者（杨联陞，1961，51页）。这种有意识的隐讳，对《春秋》中许多省略与委婉的说法做了解释。周天子属“尊者”，鲁国君主属“亲者”，因为《春秋》的作者与他们同属一国。孔子认为这二者都应区别对待。

值得注意的是，《左传》不仅对《春秋》蕴含的道德含义做出了阐释，同时还力图确定《春秋》的历史性，这主要体现在《左传》对孔子或《春秋》原作者在书中的矛盾与错误之处的解释上。现存的另外两部《春秋》之传为《公羊传》和《穀梁传》，其主要目的是阐释隐含于《春秋》中的道德原则与政治典范，《左传》与它们不同，注重历史背景并加以描述。举例来说，《左传》向我们揭示了这样一个事实，虽然《春秋》试图记载周天子、诸侯王以及其他显要人物的死讯，但它经常难以做到准确或完整的记录。按照《左传》的解释，这是因为《春秋》根据宣告死亡的日期和时间来进行记载（从讣或从诰），而非死亡真正发生的日期与时间（赵生群，2000，115～120页）。如果某人的死讯未被记载，往往是因为起初没有发布讣告。对于《春秋》依赖这些报告或公告进行历史记录的原因，《左传》认为是由于《春秋》对礼节的强调，即当一位显要人物去世之后，他的死讯应该适时发布。未能适时发布讣告是一种违背礼制的过失行为，没有记载或未能准确记载这些死讯，是对这些人物忽视自身职责的警告（《左传》，1993，427页）。这种解释表明《左传》明显支持孔子的倾向，因为孔子被公认是《春秋》的作者和圣人，即便有史实错误与遗漏，也应当被谅解。但《左传》也是一部意在如实直书的史书，因此，它不得不指出《春秋》书中的矛盾之处，同时又为这种错谬的原因加以辩解。同样，当《左传》载录《春秋》所遗漏的日食时，它并未指责孔子，而认为这是鲁史原作者的疏忽（《左传》，1993，364、394 页）。

《左传》不像其他传注，它能够辨别并纠正《春秋》的错误与疏漏，因为它善于利用同时代史料（尽管它们几乎都早已失传）。同时，《左传》还旨在补充丰富史料，从而完善《春秋》过于简略的叙述。《左传》所补充的大量历史叙事，正是其对儒家经注文化所做出的重要贡献（张素卿，1998，17～19 页）。《春秋》过于简约的文字，常常难以充分阐释其所欲表达的意旨，因此，诸如《左传》之类的历史文献，就承担起了“发微探幽”的大任（亨德森，1991，143 页）。与《春秋》相反，《左传》的叙事丰富多彩而错综复杂。其行文完全摆脱了之前史学传统的束缚，如梁启超（1873—1929）（[1922] 1980，58 页）所论，它开启了一场“史学革命”。事实上，它为后世历史著作创设了一套新标准。当司马迁开始着手撰写其史学巨著时，他所效法的正是《左传》的体例与实质（哈代，1999，122～123 页）。

毋庸置疑，《左传》中的叙事，不论详略，都旨在阐发儒家道德规范。例如，隐公元年（公元前 722），《春秋》中有这样一则简略的记载：“夏，五月，郑伯克段于鄢。”这条简短记载掩盖了一场两兄弟间复杂而血腥的宫廷斗争，《左传》则提供了关于这一事件的详细经过。这一斗争始于庄公即郑伯降生之时：

> 初，郑武公娶于申，曰武姜。生庄公及共叔段。庄公寤生，惊姜氏，故名曰寤生，遂恶之。爱共叔段，欲立之，亟请于武公，公弗许。（华兹生，1989，1～2 页）①

武公死后，庄公继位成为郑伯。在母亲的一再请求下，他把京邑封给弟弟段，因此段又称京城太叔。在母亲的鼓动下，太叔萌生了从兄长手中夺取王位的野心。首先，他违反先王规制，扩建京邑城墙。尽管大臣们劝谏庄公惩戒共叔段，但庄公没有采取任何行动，说：“姜氏欲之，焉辟害？”

---

① 《春秋左氏传》隐公元年夏条。——译者注

但是，一位大臣警告他说：

> “姜氏何厌之有？不如早为之所，无使滋蔓。蔓，难图也。蔓草犹不可除，况君之宠弟乎？”公曰：“多行不义，必自毙，子姑待之。”（华兹生，1989，2 页）①

见庄公没有反应，太叔气焰更为嚣张。他要求国中其他都邑在效忠庄公之同时，也要效忠于他。庄公仍然没有阻止他。随后，太叔控制了这些区域，大大扩展了自己的封邑，他几乎将整个国家一分为二。庄公仍未采取任何行动。

> 大叔完聚，缮甲兵，具卒乘，将袭郑。夫人将启之。公闻其期，曰：“可矣。”命子封帅车二百乘以伐京。京叛大叔段，段入于鄢，公伐诸鄢。五月辛丑，大叔出奔共。（同上书，3 页）②

通过对历史背景的详细介绍，《左传》大大扩展了《春秋》中的简略记载，因为《春秋》只提到在鄢地发生了一场战争，而未说明这事实上是一场两兄弟间的内战。按照《左传》所说，这种隐瞒属有意为之，因为孔子意欲让人们记住的是，这是两个国家之间的战争，而非一国的内部冲突。孔子确实没有说明共叔段是郑伯的弟弟，因为他认为共叔段的行为是不可接受的。同样，他也没有称郑伯为“庄公”，因为郑伯没有及时挫败共叔段的阴谋，也没有履行好作为国君的职责。孔子改称他为带有兄长含义的“伯”，借以嘲讽他未能教导好自己的弟弟，最终酿成了内战的苦果（《左传》，1993，344 页）。事实上，通过以这种特定的方式进行记载，孔子也在暗讽庄公处心积虑地想要杀害或驱逐其弟共叔段的不良居心。《左传》领悟了《春秋》中所蕴含的讽刺意味，因此对于战争前奏的描述尤为细致，即对庄公三番五次拒绝大臣劝诫大加刻画。

《左传》采用精心设计的叙述来解释寻常之事，实现了它作为《春秋》之传所承载的功能。与此同时，它还对《春秋》所载史事展开了因果分析。如果没有《左传》的阐释，我们几乎不可能察觉到孔子对庄公

---

① 《春秋左氏传》隐公元年夏条。——译者注

② 同上。“大叔”一词《左传》如是，“大”同“太”。——译者注

及其弟共叔段的含蓄批判。诚如史嘉柏（2001，174页）所论，阅读《春秋》："有赖于《左传》收集的各类叙事材料，没有这些叙事材料，我们既无从知晓书中历史人物的名字，也无法了解那些能够彰显他们道德地位的历史事件。"因此，《左传》与《春秋》确实紧密相连（张素卿，1998；赵生群，2000；亨德森，1991）。

在阐释《春秋》的过程中，《左传》以道德原则"报"为根据，建立起了历史因果关系（史嘉柏，2001，170页）。正如艾朗诺所说，"《左传》通过大量历史事例，阐明了一个永恒的经验教训，即致力于百姓安居乐业的明君会取得成功，而邪恶愚蠢的君主必食恶果。"（1977，326页）《左传》还说明了《春秋》所载史事的影响与效果。诚如司马迁所论，孔子编写《春秋》的目的，在于"善善恶恶，贤贤贱不肖"（华兹生，1958，51页）①。《左传》按照"报"的道德原则，运用历史事实说明了行为的后果，即善行将会得到善报，而恶行必将受到惩罚。这一观念是礼制思想的延续，但其含义要更具包容性（史嘉柏，2001，170页）。弟弟共叔段未能遵守做弟弟的本分，这致使他在战争中失败，失去了封邑以及在国家中的一切。然而，故事并未到此结束。如果说共叔段有过失，那么他的兄长甚至他的母亲同样难辞其咎。由于"报"涵摄一切，《左传》也把其他人物的遭遇告诉了我们。赶走弟弟共叔段后，庄公将矛头对准他母亲，他拘禁了母亲并向她发毒誓："不及黄泉，无相见也！"但不久之后，他就后悔了：

> 颍考叔为颍谷封人，闻之，有献于公。公赐之食。食舍肉。公问之，对曰："小人有母，皆尝小人之食矣，未尝君之羹，请以遗之。"公曰："尔有母遗，繄我独无！"颍考叔曰："敢问何谓也？"公语之故，且告之悔。对曰："君何患焉！若阙地及泉，隧而相见，其谁曰不然？"（华兹生，1989，3～4页）②

于是，母亲与儿子就在隧道中相见，重归于好。《左传》这样做结论：

---

① 《史记》卷130《太史公自序》。——译者注

② 《春秋左氏传》隐公元年夏条。——译者注

“颍考叔，纯孝也，爱其母，施及庄公。《诗》曰：‘孝子不匮，永锡尔类。’其是之谓乎！”（华兹生，1989，4页）①

在描述这一故事的过程中，《左传》运用了三种史学手法：其一，利用对话推进叙述；其二，在叙述中穿插历史上无足轻重的单个故事，如在上述引文中穿插颍考叔与其母亲关系的叙述，以增强故事的戏剧性，并以此来凸显事件所蕴含的意义（艾朗诺，1977，332~333页）；其三，使用征引孔子言论及“君子曰”、“子曰”这类词语进行历史评论。这三种技法为后世史学家所继承，对中国史学产生了深远影响。

《左传》采用对话的方式，让我们回想起早期史学实践中《尚书》与《国语》（其作者也被认为是左丘明）记载政治人物言论的做法。如史嘉柏所论：“在这两部文集中，唯独在涉及遗闻轶事的情形下才记录言论，而两部文集中多数趣闻轶事的核心正是演讲和对话。”（2001，6页）战国时期，记言与记事的明确分工已不复存在，当时的主要趋势是将记言寓于记事之中。《左传》体现了这一融合的趋势，在司马迁的《史记》中，这一趋势得到了更彻底的反映。如《左传》中诸写作手法所示，人物言论本身的重要性已大为降低。刘知幾认为，到公元3世纪左右，记言形式不再盛行（《史通》，1978，第1册，1~7、14~16页）。《左传》创造了多层叙述手法，此种手法经司马迁发展，更臻完善，司马迁善于将遗闻轶事穿插于叙述之中，因此，他构建了“多重叙述”的手法（哈代，1999，61~85页）。《左传》中的“戏剧化事件”增强了历史记载的审美趣味与真实成分（艾朗诺，1977，332~333页），从而有助于作者（们）完善叙述并阐明事件所包含的教诲意义。同时，它们还能帮助读者预测正在展开事件的最终结局。文中插入颍考叔描述他孝敬母亲的小插曲，为庄公与其母的和解埋下了伏笔。

颍考叔的故事代表了《左传》中反复出现的一个主题，即被称为“孝顺食客”的主题（华兹生，1989，序言，33页）。举例来说，公元前607年，晋国大臣赵盾几乎丧命于一次国君所策划的阴谋中。在叙述赵盾逃脱险境时，《左传》以倒叙的形式插入一段“孝顺食客”的故事。故事

---

① 《春秋左氏传》隐公元年夏条。——译者注

是这样的，赵盾曾接济过一个饥饿乞讨之人，像颍考叔一样，拿到赵盾所给的食物后，这个人想回家把食物先给母亲吃。如今，赵盾身处险境，这位从前的食客以解救赵盾来报答当年他对自己的恩情，这正是“报”的典型例证（艾朗诺，1977，344～346页；华兹生，1989，78页）。通过插入这个小故事，《左传》不仅为读者理解这一事件的结局做了铺垫，即善行终究会有善报，同时还重申了儒家的孝道主题，因为它是儒家道德与社会学说的基石。尽管这些小故事是独立的，有时甚至与主叙述相背离，它们却有助于解释包含于《左传》道德史学中的规范目的。

《左传》创造性地运用正式、独立的“论赞”来评论历史事件的做法，在中国史学的发展中具有重大意义，以至于“论赞”几乎成为所有王朝史的标准特征。使用孔子言论加以评论，是《左传》及《春秋》其他经注的创造。直到战国时期，中国所有的历史著作包括《左传》在内，都没有明确的作者，这与希腊史学传统形成了鲜明对比（史嘉柏，2001，258页）。然而，《左传》通过运用“子曰”、“君子曰”，在揭示史书作者身份的道路上更进了一步。尽管作者（们）身份仍不确定，他（们）至少能借孔子之口做评论。事实上，书中引用孔子的评论多达84处（华兹生，1989，4页，注释9）。到司马迁写《史记》时，他不再认为需要借用孔子或他人的言论，他只写“太史公曰”。司马迁的做法为后世史学家所效仿，并成为王朝史及其他史书的重要组成部分。

二、历史预知与政治合法性

古代历史文化在战国时期开始转型，许多文献对此给予了阐明，《左传》就是其中之一。公元前5世纪至公元前4世纪，通常被称作中国哲学的黄金时代，当时百花齐放，百家争鸣。在这个“哲学突破的轴心期”，孔子是先驱人物（许倬云，1999，583页）。就史学而言，他的成就在于对《春秋》进行了创造性改造。思想文化的兴起，与一种新兴社会阶层或群体即士（知识分子、学者）的崛起并加入“史”（史学家、书记官）所属的阶层密切相关。这些士人或“学者”（陆威仪，1999）起源于周贵族，但随着时间的推移，有不少才华横溢、受过良好教育的平民也融入了士的行列。"士"一词，越来越指智慧与美德出众之人，更多地体现着文化地位而非社会出身（许倬云，1999，584页）。在西周及更早时期，作为世袭官吏的史（书记官）构成文化精英的核心，与此不同的是，新兴的士（知识分子）阶层，其人员则来自社会生活的各行各业。有两大原因导致了精英阶层的扩展。一方面，周王朝再也无法吸收所有受过教育的人入职做官，以实现对思想文化的垄断，许多受过教育的才华之士不得不在封国中谋求生计。另一方面，受教育的机会与向社会上层流动的可能性也与日俱增。可以说，孔子在教育普及化的过程中发挥了重要作用。不论社会出身，他一视同仁地教导所有学生。孔子是位思想的先行者，但他并不是唯一的先行者，当时许多学者都建立了自己的思想流派。历史知识成为众多学派思想的重要组成部分。《左传》记载的大量案例表明，包括史官（史学家、书记官）在内的众多士人（知识分子）热衷于借用历史事例来阐述和增强其观点的说服力。许多不同的历史观点与著作的出现，使得这个时期成为中国历史思想与历史写作最具创造力的时期之一。

孔子死后，对其思想与理想的解读众说纷纭，对《春秋》所蕴含意旨的解读分歧犹大。毋庸置疑，这样的学术努力有助于孔子学说整体的发展。正如华兹生所提醒的那样："当中国学者谈及《春秋》时，他们指的不是简短、乏味的鲁国编年史，而是根据儒家传统进行解读的那个文本。"（1958，78～79页）事实上，我们也可以把"传"译作"传统"，而非常用的"传注"，由此，该书可译作《左传统》而非《左传》，这样更能传达其字面含义。[①] 如上所述，在《左传》之外，另有两种《春秋》的注疏，即流传至今的《公羊传》与《穀梁传》（或称之为《公羊传统》、《穀梁传统》）。三者都旨在阐释、推广和传播孔子的思想与学说。与《左传》不同，《公羊传》与《穀梁传》更着重于解读孔子寓于《春秋》原著中的道德含义与政治启示。《春秋》及其三传，都始于鲁隐公元年（公元前722），《左传》解释孔子未提隐公即位，是因为隐公只是摄政

---

① 原文中《左传》英文为 *Zuo Commentary*，作者把"传"译为"传统"，作《左传统》，即 *Zuo Tradition*。下文中《公羊传》、《穀梁传》同之。——译者注

者而非正式的国君，随后对郑庄公与太叔段手足相残的故事进行了详尽叙述。与此相反，《公羊传》与《穀梁传》详细阐释了孔子略去隐公即位背后所隐藏的深层原因。《公羊传》这样论道：

> 公何以不言即位？成公意也。何成乎公之意？公将平国而反之桓。曷为反之桓？桓幼而贵，隐长而卑，其为尊卑也微，国人莫知。隐长又贤，诸大夫扳隐而立之。隐于是焉而辞立，则未知桓之将必得立也。且如桓立，则恐诸大夫之不能相幼君也，故凡隐之立为桓立也。隐长又贤，何以不宜立？立嫡以长不以贤，立子以贵不以长。桓何以贵？母贵也。母贵则子何以贵？子以母贵，母以子贵。(《公羊传》，1993，646 页)①

如上详尽的论述，以一种独特方式阐释了儒家的孝道原则。《公羊传》绕过繁冗的历史叙述，直击主题，解释为何孝道更具优先性。即使父母有过失，子女也没有理由违抗父母之命，因为“子以母贵，母以子贵”。这一论断，让我们理解了套在父母与子女关系之上的理想社会秩序。在这种关系中，子女必须服从父母的安排。

服从与尊重家庭内部的等级关系固然十分必要，子女同样需要明辨善恶之别。这就是《穀梁传》在同一条目中所阐释的孝道，但人们对此鲜有关注。《穀梁传》采用类似《公羊传》的手法，向我们提供了深度阐述而非单纯叙事。它没有将注意力局限于母亲的偏爱上，而是探讨了已故鲁国国君作为父亲的角色，指出隐公也有过错，这就解释了孔子未提隐公即位的原因。孝道之外，还有评断是非的“道”。桓公由于得到父亲的宠爱而尊贵（《穀梁传》并没有提到他的母亲），但这是不公正的。《穀梁传》评论说：“孝子扬父之美，不扬父之恶。先君之欲与桓，非正也，邪也。虽然，既胜其邪心以与隐矣，已探先君之邪志而遂以与桓，则是成父之恶也。”《穀梁传》最后得出结论，隐公准备将王位还给弟弟桓公的行为，既没有实现“道”的深远价值，也未能理解孝的真正含义（《穀梁传》，1993，748 页）。在此处，我们不仅获得了对隐公执掌权柄的不同解读，

① 《春秋公羊传》隐公元年春条。——译者注

也获得了对孝道原则的另一种阐释。

《左传》与另外两传的不同，不仅在于它叙事有一定的随意性，而且在解读经典方面也颇有差异。虽然《左传》大体继承了孔子对日益蔓延的政治混乱与社会动荡的担忧，但它实际上肯定了某些正在发生的变化。例如，它嘲讽宋襄公在公元前638年的一场战争中的迂腐行动。在这场战争中，宋襄公偏执地固守礼法，坚持等敌方布阵完毕后才进行攻击，这一行动最终导致他在战争中失败，并丧失了刚刚取得的霸主地位（《左传》，1993，400页）。这里的问题在于其举动不合时代潮流。到《春秋》三传出现时，周王室根本上已无力回天，它再也无法像几十年前孔子所希望的那样恢复王室的统治权。由于当时大多数历史文献都非周朝史官所写，所以也就不难理解，为何一些人对周朝礼仪文化产生了不同看法。事实上，在当时的士人（知识分子）中间存有这样一种共识，即对他们而言，真正的挑战不在于如何保存和恢复周朝礼仪文化，而在于如何提取旧文化的精髓。《公羊传》对获麟的解释反映了这一共识：周王朝的统治体系已经走到了尽头（这曾使孔子万分沮丧），但在周王朝的废墟之上，一位新的统治者即将诞生（《公羊传》，1993，747页）。

毫无疑问，士人（知识分子）提出了解释现实变化与建立新秩序的不同方法，他们所追求的新秩序能够反映并适应变化的现实。但他们的一切努力似乎陷入了这样一种境地："历史地跨越到想象的远古时期，那时具有两大好处，即'极度脱离现实而可随意臧否；文献极度不足徵，以致任何人都可随心所欲地书写历史'。"（陆威仪，1999，123页）简而言之，过去，遥远的过去，变得越来越精确，因而成为士人探讨的热门话题。对古代的叙述众说纷纭，因而对古代与现实关系的解读同样见仁见智。比如，孟子似乎赞成《公羊传》中的观点，即在孔子时代存在一个至关重要的历史时刻。他进一步认为，他所生活的时代就如同圣王根据天意进行统治的过去时代。但是，当统治者不得民心时，这些重要的历史时刻之间存有五百年的间隔。孟子这样描述这一历史发展模式：

由尧舜至于汤，五百有余岁。若禹、皋陶，则见而知之；若汤，则闻而知之。由汤至于文王，五百有余岁。若伊尹、莱朱，则见而知之；若文王，则闻而知之。由文王至于孔子，五百有余岁。若太公望、散宜生，则见而知之；若孔子，则闻而知之。由孔子而来至于今，百有余岁。去圣人之世若此其未远也，近圣人之居若此其甚也，然而无有乎尔，则亦无有乎尔？（《孟子》，1970，502页）①

此处，孟子提出了一种历史运动循环论观点（古代典范周期性地复兴与更替），圣王已经确立了统治原则并将其传之后代。每隔五百年左右，新的圣王就会出现，复兴古代的信条与价值。但是，孟子的理论存在这样一个问题：孔子并不是一个统治者，而如果没有孔子，五百年一循环的理论又无法生效。因此，孟子必须找到一个方法，使孔子堪与其他英明的统治者相比肩。他的解决方案是在天人关系的基础上，建立一种新的统治规范。弟子万章向他提问，尧是否将王位禅让给了舜，孟子的回答令人惊讶：

"否。天子不能以天下与人。"

"然则舜有天下也，孰与之？"

"天与之"……（谈话继续着，万章显得很困惑，问天是否给予特殊的教令。孟子给予否定回答，说天意体现在人的行为上。）"天子能荐人于天，不能使天与之天下……昔者，尧荐舜于天，而天受之，暴之于民，而民受之，故曰：天不言，以行与事示之而已矣。"（《孟子》，1970，354～356页）②

此处，天人变得可互换。天借助其行动表明它对统治者的认可，但其行动事实上表现在民众行为之中。孟子指出，尧死后，人们拥戴舜为统治者而不是尧的儿子。所以，是民众的行动让天接纳舜作为统治者。孟子引用了《尚书》中的说法："天视自我民视，天听自我民听。"（同上书，357页）天和人都要求统治者具有"仁"的品质。因为孔子在其学说中推崇"仁"，并将"仁"付诸实践，他表示自己已经获得了天命，因此，孔子是"素王"。事实上，孟子认为孔子的地位要更高，因为他不是普通的君

---

① 《孟子·尽心下》。——译者注

② 《孟子·万章上》。——译者注

王，而是如尧、周文王一般的圣王。

孟子发展了一种政治合法化理论，这一理论重塑了天命观。对他来说，天命不是抽象的观念，更不是当权者拥有权力的一个方便理由。相反，它只实现于施行仁政的政府中："三代之得天下也以仁，其失天下也以不仁。国之所以废兴存亡者亦然。"（《孟子》，1970，293～294页）从本质上讲，仁就是人，如孟子所说："仁也者，人也。"换言之，如果君主以善待百姓为第一要务，那么他就施行了仁政。如果统治者施行的是仁政，那么政权就能长治久安："不仁而得国者，有之矣；不仁而得天下者，未之有也。"孟子认为民众比君主更重要："民为贵，社稷次之，君为轻。"（同上书，483～485页）

孟子对仁慈、宽厚统治的强调，在战乱频仍的战国时期，似乎极其不切实际，因为当时至少上百个国家为争夺支配地位而相互争战，其他的一些小国则为生存而挣扎。然而，他的理想主义仍具有极大的吸引力。《左传》中的许多阐释性叙述支持孟子的"民本"思想（陈其泰，1999，65～71页）。例如，公元前520年，齐国使者晏子在访问晋国的时候曾与东道主有一段对话。当被问及齐国的情形时，晏子坦诚地回答说情况并不好，因为统治者没有向臣民施行仁政。相反，邻近的陈国，统治者施行仁政，因此，它不久就会吞并齐国。晏子说："其（指统治者——译者注）爱之如父母，而归之如流水。"（《左传》，1993，544页）孟子使用了相同的比喻："民归之（指统治者——译者注），犹水之就下。"（《孟子》，1970，300页）

因为民众在统治中更具优先性，所以《左传》肯定了当时正在发生的一些政治变化的合理性。鲁昭公当政时，他觉得权臣季氏威胁到了自身的统治。昭公密谋杀害季氏，最后却未成功，因为季氏在鲁国深得人心。相反，昭公不得不逃离自己的国家，最终竟在流亡中死去。昭公离国后，季氏执掌权柄，对民众施行仁政。结果，史墨称颂季氏是上天对鲁国的恩赐，因为有季氏鲁国才得以享受仁政。尽管季氏并非王族，但他在鲁国的地位不可撼动，因为他获得了民众的支持。史墨得出结论："社稷无常奉，君臣无常位，自古以然。"（《左传》，1993，602页）换句话说，如果权宜的变化有益于民众，那么它就是可以接受的。尽管评论出自个人之口，它却表明《左传》认可了当时的某些政治变化，而不像孔子那样执着于恢复周朝礼制体系。同孟子一样，《左传》的作者（们）所关心的是，变化是否真正有益于百姓。对他们而言，历史将会包容有益的变化，只要它符合某些永恒的原则。

荀子（公元前318—前238）同样主张民本思想。他是战国时期儒家的另一位代表人物，但他反对孟子对儒家学说的解读（瞿林东，1999b，162～163页）。荀子在同情民众方面与孟子的观点类似，但荀子似乎并不留恋过去。孟子的历史循环论十分强调恢复过去，荀子则更关注近世的经验："欲观圣王之迹，则于其粲然者矣，后王是也。"（杜维运，1993，143～144页）同样，他主张更为现实的历史变易观。他认为，时代愈早，其记载就越模糊，因而其价值也就越小。荀子的观察，让我们想起孔子的论述，他说他可以研究夏礼和殷礼，但却不能研究宋礼，因为史料不足（《论语》，1997，61页）。然而，荀子的言论绝非悲观之辞。孔子希望掌握充足的史料，以便探讨所有的古代礼制。荀子的主张带有历史进化色彩，而孔子对古代礼制体系和规范传统"礼"的极度推崇，暗示了其倒退的历史变易观。在《礼记》这部周代礼仪文化的资料汇编中，孔子引入"大同"与"小康"这样两个概念来描述礼的起源。孔子设想过去曾存在一个理想的大同社会，人人和睦相处，根本不需要礼。然而，到后来的小康时代，圣王不得不创建礼制来维持社会、政治秩序。可悲的是，礼在后世逐渐被人们遗忘（《礼记》，1993，256～257页）。尽管孔子的历史变易观是倒退的，但他对"大同"与"小康"时代的历史分期，鼓舞了后世许多儒者，点燃了他们构想未来理想社会的热情。通过转换孔子设想的方向，大同时代与大同理想可以作为一种迷人的乌托邦投射到未来。

除儒家对历史变迁的阐释之外，当时还存在一些其他的理论。墨子（公元前468—前376）作为儒家学说的主要批判者，抨击了儒家历史观中的决定论抑或自然主义论调（普鸣，2001，55～56页）。他淡化了天在人事中的作用，驳斥了儒家思想，尤其是孟子的循环论观点，那些内容"也许鼓励人们对未来抱有一种希望，而这又是建基于历史样式中天的显现之上的"（史华兹，1985，162页）。

法家代表人物韩非子（公元前279—前233）明确表达了一种更为积

极的历史观。韩非子虽然尊重孔子，但他认为儒家学说非但是不合时宜的，甚至是有害的。韩非子认为，变化不仅不可避免，更是历史的必然趋势。为阐述他的论点，韩非子将历史划分为四个阶段：上古之世、中古之世、近古之世、当今之世。他认为，每个时代各有其独特的需求与问题，因此，特定的英雄与圣贤便应运而生。在上古之世，人民与禽兽虫蛇做斗争，需要圣人构木为巢，避免禽兽虫蛇的伤害。另一位圣人发明了钻燧取火，改善了人民的饮食质量与健康状况。在中古之世，洪水泛滥，圣人禹治水成功，解决了这一难题。由于每个时代面临不同的挑战，因此，不同的圣人便应时代的特定需求而出现。韩非子这样总结："然则今有美尧、舜、汤、武、禹之道于当今之世者，必为新圣笑矣。是以圣人不期修古，不法常可，论世之事，因为之备。"①（陆威仪，1999，39页）由于以往圣人的经验已经过时，不再适用，因此，在当今之世，必定会有具备通变眼光的圣人出现，以顺应时代的变化。

韩非子深信历史是向前发展的，因此他认为新时代必然取代旧时代，尽管他并没有确切地阐释新秩序何以形成。然而，处在战争兼并与政治冲突此起彼伏的时代，人们十分渴望确保对未来的控制。因而，能够预测历史变迁的人在当时很受欢迎。在传统上，史（书记官）曾长期承担预言未来的职责，如今士人（知识分子）阶层中许多其他人也开始从事这一职业，其中包括神职人员、政府官吏、军事家甚至医生等各类人才（王爱和，2000，78～81页）。孟子、墨子、荀子和韩非子以及所谓"阴阳五行"学说的创始人邹衍（公元前305—前249）都不是史官，但他们无一例外地都以其对未来之构想来预测历史和历史变迁。

邹衍提出了最系统、最复杂的历史变迁理论，后来秦王朝（公元前221—前206）以此来确证其政权的合法性及统一中国的合法权力。邹衍在当时是一个炙手可热的人物，他最受统治者欢迎，同时也是最为成功的顾问，无论去哪国游历，都极受统治者和王公贵族的尊敬（史华兹，

① 原文作"尧、舜、汤、禹"。据《韩非子》校注组编、周勋初修订之《韩非子校注》（南京，凤凰出版集团，2009），应作"尧、舜、汤、武、禹"，原文脱"武"字。语出《韩非子·五蠹》。——译者注

1985，356页）。尽管他在当时非常受欢迎，但到秦朝时，其著作（如果他曾写过的话）已全部失传。我们所知的零星资料来自司马迁的记述。邹衍将其自身之备受追捧与巨大影响归于两点：其一，他以五行学说来阐释天人相应的宇宙论；其二，他创造性地运用这一理论来解释和预测历史变迁。通过将自然阶段与历史模式相结合，他创造了一种因其潜在的预测价值而极富吸引力的社会变迁理论（同上书，362~363页）。

这一理论的预测力源自五行运作的规律性与精确性。土、木、金、火、水五行（元素或因子）① 相生相克，如火克金、金克木、木生火、水克火、土克水等。在某种程度上，五行的相互作用遵循一种预设的模式，宇宙中的一切皆可预测。邹衍将每一历史时期与一种特定元素相对应，然后构建出一套从古至今再到未来的更替模式，最终将自然与宇宙运作体系融入了历史之中。根据邹衍的理论，中国人传说中的祖先黄帝代表土德，继之而起的夏朝自然与木德相对应，因为木克土。从这种一致性中，我们了解了夏朝继承王权的合法性，因为它符合宇宙变化的模式。后来夏朝被与金德相对应的商朝所取代。代表火德的周朝最终取代商朝（史华兹，1985，362页）。这一理论的有效性依赖于一种元素与一个朝代的先验联系，它推动了朝代更替链条的运转。邹衍及其门徒创建了一个严密的体系，其中，服色、礼仪行为和各种器具都在标榜和宣示政权合法性的过程中发挥着重要作用。将政治变迁与宇宙—自然运动相联系的整套繁琐礼制，成为标志新君即位的决定性仪式，同时，它也象征着新政权统治的合法性。

应该指出的是，无论是五行学说还是天人相应思想，都不是邹衍的发明。《尚书》中就曾言及这两个概念，并探讨了二者的相互关系（亨德森，1984，7~8页）。同样，邹衍也不是运用这些元素（elements）或阶段（phases）进行预测的第一人。《左传》记载了许多由史（史学家、书记官）做出的预言。比如，昭公九年（公元前533），陈国发生了一场火灾，于是裨灶据此预言，陈国将重新因楚国所封而复国，因为前者属水，后者属火，而水胜火（《左传》，1993，559页）。我们无法确定裨灶的职

① 这里的因子、元素相当于五德终始说的“德”或“德运”。——译者注

位，但他极有可能是一位史官。几十年后，哀公九年（公元前486），为了帮助郑国，三位史官劝谏晋国统治者不要攻打宋国，而应攻打齐国。

> 盈，水名也。子，水位也。名位敌，不可干也。炎帝为火师，姜姓其后也。水胜火，伐姜则可。（王爱和，2000，84页）①

如上案例，生动地描绘了五行各元素间是如何相互联系的。在这一案例中，元素与事件涉及者的名字相联系。值得注意的是，并不是五个元素都参与其中，因为数字命理学中，五的模式只是几个常用的序列之一（亨德森，1984，7页）。此外，还有三、四、六、八等其他数字命理学模式。然而，到汉代，五行命理学模式已超越了其他对手（同上书，9~10页）。从四方观念所蕴含的数字四的命理学模式向数字五的命理学模式的转变，反映出了政治领域的变化。五行学说的兴起，"改变了古代的四方—中心的宇宙论，摧毁了原先与政治权力相结合的宇宙论模式"（王爱和，2000，92页）。在四方理论中，人们认为宇宙拥有四个方向，且存在一个推定的中心，权力由中心向四极辐射。在五行体系中，权力中心消失，历史变易完全成为周期性活动。权力中心的消失，清晰地反映出战国时期的政治形势。更确切地说，它反映了这样一个事实，即到战国时期，统治者已经丧失了对宗教性占卜的垄断。他们不得不依靠士人（知识分子）的建议，以此作为行动的向导（同上书，75页以下）。所有这些都推动了邹衍五行学说的盛行。

邹衍的智慧在于，他将系统化的五行宇宙论，融入到能够对人类历史施加影响的复杂的天人相应理论之中（史华兹，1985，366页）。他不仅将历史时期与不同的"行"相联系，同时还将政治兴衰与自然异象相关联，他将这些自然异象解释为重要事件的预兆。黄帝的兴起与土德有关，以"大螾大蝼"的出现为先兆。夏朝统治地位的确立体现在木德上，以"草木秋冬不杀"为标志。商朝的崛起代表了金德，以"金刃生于水"为前兆。②

---

① 《春秋左氏传》哀公九年。——译者注

② 参见《吕氏春秋·应同》，见许维遹：《吕氏春秋新校释》，北京，中国书店，1985。——译者注

所有的王朝都应使用与其元素相对应的标志性颜色，如黄帝是黄色，夏朝是绿色，商朝是白色，周朝是红色（王爱和，2000，138～139页）。赤鸟的异常出现，预示了周之代商。尽管这些巧妙的关联是对王朝更替的事后解释，但邹衍的理论，凭借其对动态的宇宙—历史模式的理解与控制，表现出强大的解释力与说服力。

战国晚期，吕不韦（？—公元前235）极为推崇邹衍的五行学说。吕不韦是秦国王子、后来中国第一位皇帝嬴政的丞相。在《吕氏春秋》这部由吕不韦门下的众学者编修的著作中，愈来愈以一种政治的口吻描述邹衍的理论。它不仅被用来解释过去的王朝更替，同时还被用来预测未来的王朝承继，即为秦朝统治地位的确立奠定基础。尽管邹衍远在秦朝（公元前221—前206）建立之前就已去世，但根据《吕氏春秋》的论断，他早已对继周而起的王朝做出了预测，为与五行的自然宇宙模式相一致，后起者将与水德及黑色相联系。秦朝建立后，所要做的就是将新王朝与预设的标志性颜色及德运相对应，以此来证明其历史承继与政治地位的合法性。在秦朝建立后的最初几年中，新任统治者与其政治顾问，以极大的热情承担起了巩固政治合法性的工作，其主要实现途径，就是运用一切宇宙符号，并强调对自然力量的象征性控制。

三、司马迁与《史记》

公元前221年，战国时代走向终结。通过军事征服与外交博弈崛起于西北的秦国，最终击败与之争雄的其他六国，占据了中国的权力中心。秦的统一标志着中国历史的新开端，其所开创的统治与政治制度也对后世产生了深远影响（黄俊杰，2002）。事实上，秦王朝短祚而亡，尽管秦始皇梦想着建立一个永久的政权，这一目标尤其体现在其严酷的政策中。在推行书同文、车同轨、加强思想控制（以臭名昭著的焚书坑儒达到顶峰）等统一政策之外，秦朝统治者还积极运用邹衍的五行学说论证其统治的合法性。为使自身的统治符合邹衍的宇宙假说，秦始皇以水为统治元素，并将黑色作为王朝标志色。由于水代表五行中的第五个元素和最后一个阶段，因此秦朝终结了统治权力的更替，这更彰显了秦始皇意欲开创历史新纪元的雄心壮志（普鸣，2001，144 页）。邹衍的理论还论证了秦始皇推崇法家思想的合理性。法家思想在战国晚期曾风靡一时。通过对法律机器的严格运用，秦始皇建立起了一个与水德相联系的高压的社会政治秩序，水德与“以冬天及黑暗的严酷性”为特征的“阴”相关联（史华兹，1985，363 页）。因此，邹衍的宇宙论为其提供了谋求统治世界的政策基础。但是这一神话宇宙论却无法解释这样一个事实，在秦朝统治下，百姓生活在水深火热之中。秦始皇去世不久，日益蔓延的叛乱活动迅速摧毁了这个老大帝国，真可谓“其兴也勃焉，其亡也忽焉”。在秦帝国的废墟之上，汉朝建立，其历史与史学成就达到了一个前所未有的高度。

汉朝在许多方面都承继了秦朝的制度架构，但秦朝的速兴骤亡，却给汉朝统治者提出了这样一个难题：汉朝应如何处理与秦朝的历史关系？更准确地说，如何将秦、汉两王朝置于邹衍的朝代更替理论中？这个问题的解决关系到汉政权的合法性。由于汉最初作为反抗秦王朝的叛乱力量而兴起，早期统治者如刘邦（公元前 256/247—前 195）——他后来成为汉朝创始者汉高祖，简单地将汉朝看做秦朝的合法替代者。汉朝建立后，汉高祖立即决定摒除秦朝的标志颜色与元素，即黑色与水德，从而使汉朝成为周朝（火）的合法继承者。汉朝拒绝承认秦朝在王朝历史中的合法地位，而将它变为因非法篡位者而导致的权力空歇期。同时，汉高祖转变了秦朝严酷的法家政策，以崇尚“无为”的道家黄老（黄帝和老子）学说为基本统治政策。因此，汉初几十年政府大致是温和的，仅向百姓征收少量的税收与徭役。

汉高祖与汉初的其他统治者对中央集权并非不感兴趣。尽管自诩为周朝的继承者，但他们对周朝的封建制模棱两可。汉高祖最初重建了封建制，但他很快改变了主意，并发动了对新封王侯的战争。这些战争并没有完全取得成功（高祖甚至死于其中的一场战争）①，因为汉朝中央政权并没有夺回诸侯王的权力。但是，对君主集权的渴望依然如故，这或许可以

---

① 原文如此，但这样讲不够准确。刘邦晚年在平定英布叛乱时中了箭伤，回到长安，病情加重，于十二年（公元前 195）四月二十五日死于长安。——译者注

解释为什么汉初统治者对陆贾（约公元前206—前180）的建议态度冷淡，因为陆贾提出汉朝应按照儒家经典进行统治。直到汉武帝（公元前141—前87在位）即位，才开启了一个新的政治方向。后世许多儒家学者对汉武帝的评价颇为矛盾。汉武帝是一位野心勃勃的强势君主，毕生致力于领土扩张和权力巩固。他对内发动了平定地方叛乱势力的战争，对外发动了对北方边境敌对游牧部落的战争。因此，经过几十年的辛苦经营，汉王朝俨然已成为一个高度中央集权的规模空前的大帝国。但是，尽管他的先辈对儒家学说不屑一顾，汉武帝则不同，他对儒家学说产生了浓厚兴趣，即使儒家反对政府追求中央集权的政策。公元前136年，由于汉武帝的重视与支持，朝廷授予著名儒家学者以博士职衔，令其教授儒家经典。公元前124年，这些经典成为新设立的太学中心课程，最终导致了哲学与思想的根本转变——由道家的黄老学说转变为儒家学说。

大多数中国学者认为，促成此种转变的关键人物是今文学家董仲舒（公元前179—前104）。陆贾和贾谊（公元前201—前168）希望将邹衍的五行学说融入儒家的道德历史构想中，以此来摒除秦朝的合法性。如同这些前贤一样，董仲舒主张，汉朝应采用一种新的象征符号，从而彻底割断同秦朝的联系。陆贾吸收了邹衍的天人相应理论，但他不认为权力的更替意味着一德胜过一德。他提出了一个普遍的道德之“道”，以引导天—地—人的宏观道德宇宙论。陆贾主张，权力转换的最终实现是在回应上天道德原则的过程中实现的，这些道德原则就是圣人在经典特别是在《春秋》中所阐发的“道”。换言之，汉朝获得了统治权，因为它获取了道德的“道”。追随陆贾，董仲舒以另一种理论——“三统”说——来修正五行学说。“三统”指的是前三代夏、商、周的依次更替。王朝更迭背后的动力是天命，它是一切权力转换的原因所在。“三统”说宣扬“天”所规定的永恒的“道”。通过引入这一理论，董仲舒否定了这样的说法，“五行说的意义，认为有不同的统治方式，不管是依靠武力还是善政进行统治，每个都合法”，他认为“天道才是唯一合法而永恒的统治之道”（王爱和，2000，150页）。

尽管没有明确的证据表明，汉武帝决定将朝代标记由水德改为土德的举动，是他接受了董仲舒的建议，普鸣（2001，169页）就认为董仲舒的理论与汉武帝的决定没有任何联系，但是，通过采用土德作为朝代标记，举行封禅仪式，创建新历法，汉武帝显然是要把自己打造成黄帝（这位是传说中的华夏之祖与五行学说中的第一位掌权者）的化身。换句话说，他希望彻底割裂同秦朝的联系，从而开启一个新的历史纪元。武帝的这一举动得到了董仲舒的支持。同样，当武帝决定采用夏历，即董仲舒“三统”说中的第一个朝代之历法时，或许他已经认同了董仲舒的摒秦论立场。但是，汉武帝采用土德同样也表明，他确实承认了秦朝在历史上的地位，并把汉朝看做秦朝的继承者，因为土德紧随秦朝的水德。这些矛盾解释了为什么人们对汉武帝的遗产歧见纷呈。①

错综复杂的汉武帝时代，塑造了司马迁这位公认的中国古代最伟大的史学家的世界。事实上，司马迁与汉武帝的复杂关系对他的生活和工作都产生了深刻的影响。从许多方面来说，司马迁是他所处时代的真正弄潮儿，他对历史的呈现，如其所处时代本身一般复杂。他的恢弘巨著《史记》细致地描绘了一个以易变、模糊与矛盾为特征的“微观世界”或“世界缩影”（哈代，1999）。司马迁渴望理解世界，对他来说，这涵盖了从他所处时代到遥远的上古时代的广泛时间范畴。司马迁在努力认识过去的过程中创造了一种崭新的历史传统，这完全不同于他所继承的那些旧传统。司马迁发明的史学新体例，将对中国史学产生深远持久的影响。

司马迁出生在一个世袭“史”或“太史”职衔的家庭。不过，他对通过解读异常天象来为皇帝提供预言或警告的工作并不太感兴趣，而这正是《左传》中许多史官所承担的职责与活动。年轻的司马迁曾师事董仲舒，后者是天人相应宇宙论的专家和“天人合一”理论的公开支持者。董仲舒对司马迁产生了很大影响，特别是他对《春秋》的解读，这在《史记》中可以得到确认。与董氏一样，司马迁在著作中表达了他对《春秋》的无比敬仰之情。但是，诚如杜润德（1995，65 页）所论：“没有迹

---

① 普鸣（2001，174 ~ 175 页）认为，受历史连续性意识的驱动，汉武帝试图承认秦朝是其前任王朝，而王爱和（2000，151 页）认为汉武帝或多或少认同董仲舒的立场，试图否定秦朝在朝代更替中的位置。鲁惟一（1986，103 ~ 106 页）指出，这两种政治立场代表了汉朝朝廷内部两股政治力量的对抗。汉武帝在位期间，董仲舒所代表的一派开始占据上风。

象表明司马迁接受了董仲舒的这一观点，即必须从《春秋》的文字之外，去挖掘文本所蕴含的‘大义’。”事实上，虽然他们二人都对《春秋》怀有浓厚的兴趣，且都认同孔子借助过去的事件能够有效阐发抽象观念的信念，但他们的历史观却迥然不同。从根本上说，董仲舒立志建立一个“超越甚至否定历史变化的道德政治的形而上学体系”，这与司马迁的历史观念形成了鲜明的对比（李惠仪，1994，354 页）。

司马迁的历史抱负与历史观是什么？尽管司马迁出生在一个“史”的世家，但似乎他最初并没有打算去做他最终所完成的事业，即完成一部权威史书。甚至到司马迁的父亲继承“史”的头衔与职位时，司马迁仍无著史计划。正如我们在上文所述，随着官方史学文化的转变，史的优势地位已经一去不复返。他们的某些职责已被其他官吏所接管，而且史这一职位也不像以前那样富于威望与声誉。秦朝恢复了“史”的某些活动，但由于秦王朝短祚而亡，“史”的声望并没有显著恢复。汉朝同样在朝中重新设置了“史”的职位，但与此同时，朝廷要求一些史官承担政府中的行政及法律机构中的职责。此外，“史”的某些传统职责如制定历法，不再由“史”或“太史”来负责执行。事实上，直到汉武帝统治时期，负责制定与管理历法的太史的职位才重新恢复（牛润珍，1999，36～39 页）。在写给朋友任安的信中，司马迁承认：“文史星历，近乎卜祝之间。”虽然这让我们联想起古时的“史”，但到司马迁时代，“史”的声望与地位早就没落了。司马迁哀叹当时的“史”就像宫中的倡优，履行职责仅仅是为了取悦他们的主人（陈雪良，1998，32～34 页）。

司马迁不会满足于现状，对儿子寄予厚望的司马谈，同样不会。司马谈确保司马迁接受了完整的教育，这使他沉浸在不同学派的学问中。司马迁在成长岁月中的系统学习，一定极大地刺激了他的求知欲。司马迁年轻时曾进行过一次长途旅行，游历考察各地，他游历颇广，先后参观了许多历史遗迹，力图增加关于全国版图、地理、多元文化传统的直观认识。他回来不久，其父司马谈去世。司马谈在弥留之际，回想起家族的荣耀以及过去作为宫廷史官的职责，这样告诫他：

余先周室之太史也。自上世尝显功名于虞夏，典天官事。后世中

衰，绝于予乎？汝复为太史，则续吾祖矣。（华兹生，1958，49 页）①

显然，司马谈旨在激励儿子复兴家族的辉煌传统，但他的期望却是不合时宜的，因为太史一职很大程度上已经失去了往日的光辉（陈雪良，1998，32～34 页）。司马谈的亲身经历就生动地反映了太史地位的下降。公元前 110 年，汉朝皇帝第一次在泰山举行封禅大典，司马谈却未能参加，在他看来这是人生的奇耻大辱与千古憾事。这一事件成为导致司马谈去世的一个重要因素（佐藤武敏，1997，58～60 页）。就传统而言，司马谈作为太史，理应负责封禅仪式。但是，他被剥夺了参加这一盛大仪式的机会，而不得不留守宫中。

司马谈对司马迁的巨大期望，及临终前的谆谆教诲，无疑对后者的工作产生了极大影响。由此，司马迁的作品中常常充盈着一种清晰可见的“张力”（杜润德，1995，1～28 页）。这种张力的出现不仅源于二者历史观的不同，也跟父子二人不同的事业规划与导向有关。司马迁早年曾为自己设定了一个不同的事业规划。他远足游学，旨在遍访英雄遗迹及其丰功伟业。游历归来，在父亲司马谈去世前，司马迁出仕为郎中，即皇家扈从人员。出于建立军功业绩的渴望，他参与了朝廷征讨西南边境巴蜀地区的几次军事行动。但是，父亲去世之后，司马迁放弃了他的军事生涯，转而遵从乃父遗命，继承家族典史旧业。他不再寄希望于“立功”——获得政治权力与官僚业绩，而是献身于“立言”，即以文章和著述留名后世（陈雪良，1998，31～95 页）。

司马迁没有论及他对中年事业转向的态度，但是从他父亲的言语中，我们有理由相信，司马迁别无选择。司马谈不但谆谆嘱咐儿子要继承太史职位，同时他还教导儿子要遵从孝道：

> 余死，汝必为太史；为太史，无忘吾所欲论著矣。且夫孝始于事亲，中于事君，终于立身。扬名于后世，以显父母，此孝之大者。（华兹生，1958，49 页）②

司马迁被明确告知，在追求事业成就的过程中，一定要实现对父母的孝

①② 《史记》卷 130《太史公自序》。——译者注

道。他别无选择，只能继续完成父亲编撰史书的未竟事业。听到父亲的这番话，司马迁允诺说："小子不敏，请悉论先人所次旧闻，弗敢阙！"（华兹生，1958，49～50页）①

司马谈规劝儿子继承其事业的做法，引发了另一个问题。司马谈的史学计划，是出于个人兴趣，还是太史的本职所在？毋庸置疑，汉代"史"的职责与早期"史"的职责已大不相同。太史的主要职责是制订与管理历法。从这一意义上讲，司马谈的主要身份是天官。因此，我们可以推断，司马谈研究历史大体出自个人兴趣（哈代，1999，18页；陈雪良，1998，33～34页）。然而，同样存在这样的可能，即这一史学事业不完全是个人事业，因为很明显当时太史不只职掌历法，正如它后来所呈现的那样（牛润珍，1999，46～48页）。无论如何，司马谈出于对古代"史"的传统的崇拜，很可能希望写就一部其所处时代的历史，因而给自己强加了"官方史家"的职责（稻叶一郎，1999，97页）。毫无疑问，司马谈十分推崇他所处的时代，不希望时代的光辉成就逐渐被人们所遗忘："今汉兴，海内一统，明主贤君忠臣死义之士，余为太史而弗论载，废天下之史文，余甚惧焉。"（华兹生，1958，49页）②

尽管司马谈作为史官的志向坚决而果断，但其思想立场却模糊不清。在司马谈对儿子的劝告以及自己的论著特别是《论六家要旨》中，都存在着"明显的矛盾"（杜润德，1995，7～8页）。在叮嘱儿子的过程中，司马谈不仅运用了儒家的孝道思想，甚至还将他后来为司马迁所继承的事业，与周公、孔子的事业相比较。《论六家要旨》是司马谈唯一流传于世的文章，它完整地保存在司马迁的《史记》中。在文中，司马谈清楚地表明了他提倡与推崇黄老道家学说的立场。由于史料缺乏，我们无法推测司马谈推崇道家胜过儒家的原因何在。但事实上，他非常赞赏他的时代以及汉武帝所取得的丰功伟绩，因此，他要求他的儿子去做孔子曾经做过的事，即为自己所处的时代书写历史。司马谈指出，自上次获麟以来，已经过去将近五百年。与孟子的观点相似，他认为这一时代必定会出现一位圣人，来从事周公与孔子曾做过的事业（杜润德，1995，6～7页）。

---

①② 《史记》卷130《太史公自序》。——译者注

尽管司马谈对年代的估算并不准确，而其比附也过于牵强，但是，司马迁理解他父亲的心愿，并下定决心继承父亲的使命，撰写一部具有永恒价值、能够传之后世、可与孔子的《春秋》相媲美的历史著作。事实上，他渴望超过孔子的成就，“成一家之言”。然而，司马迁并非一夜之间实现了这一雄心，而是经历了漫长的时间和巨大的考验。经过人生的巨大不幸后，司马迁最终决定全身心地投入到他发誓要完成的史学事业中。在司马谈死后三年，正如这位老人预言的那样，司马迁继任为太史令。根据司马迁自己的建议，他的第一项主要任务是制定新历法“太初历”，以作为汉武帝采用土德和新的标志色——黄色的补充。制定这一历法标志着汉朝统治开启了历史的新纪元。但是，司马迁与汉武帝的亲密关系并没有持续太久。公元前99年，司马迁不顾父亲忠告，即太史令不应参与内政事务，冒险为将军李陵辩护。事实上，他跟李陵并不十分熟悉。他的举动以悲剧而告终。他不但没能保全因在战争中被俘而令当处斩的李陵，更因此触怒了汉武帝，最终被处以腐刑。

司马迁把这一惩罚视作人生的奇耻大辱，但他并没有选择自杀，而是决定苟全性命以完成父亲托付给他的著史大业。他告诉他的朋友任安：“所以隐忍苟活，幽于粪土之中而不辞者，恨私心有所不尽，鄙陋没世，而文采不表于后世也。”（哈代，1999，24页）① 遭此大辱后，司马迁已无所留恋，只有写作能让他意识到自我存在的价值，并在有生之年真正有所成就。如果说在父亲临终前，司马迁领受遗命是出于孝道，那么，如今他确将著史事业作为生命存在的唯一意义了。如某些学者所指出的那样（张大可，1994，144～145页；佐藤武敏，1997，361页以下），这一事件对司马迁写作《史记》的方法与结构编排产生了很大影响。当司马迁对自己的痛苦经历忧愤不已时，他发现有许多古人与自己心气相通，这让他备感欣慰：

> 盖西伯拘，而演《周易》；仲尼厄，而作《春秋》；屈原放逐，乃赋《离骚》；左丘失明，厥有《国语》；孙子膑脚，《兵法》修列；

① 《汉书》卷62《司马迁传》。——译者注

不韦迁蜀，世传《吕览》；韩非囚秦，《说难》、《孤愤》；《诗》三百篇，大底圣贤发愤之所为作也。此人皆意有所郁结，不得通其道，故述往事，思来者。（杜润德，1995，13页）①

这些历史人物富有创造力的生命，使司马迁确信："退论书策以舒其愤，思垂空文以自见。"（同上）孔子尤其突出，他所欲追求的人生价值集中体现了写作的终极目的：为后世保存过去的记忆。孔子无疑是司马迁最重要的鼓舞，后者显然效仿了这位圣人所树立的榜样。②《史记》中将近四分之一的论赞直接提及孔子，如果要将孔子所编文献全部算入其中的话，这一比例将会升至三分之一（哈代，1999，116页）。司马迁曾声称他的史书将止笔于获麟再次发生的公元前122年。他有意回溯到孔子因之而作《春秋》的上次获麟。司马迁还表示，他要把自己的著作藏之名山，以"俟后世圣人君子"。这让我们回想起孔子对其著作的理解。诚如《公羊传》中所解释的那样，孔子认为他生活在一个其思想不能被别人所理解的时代，因此，他更倾向于寄希望于后世。

当司马迁看到旧时鲁国的孔庙时，"余祗回留之不能去云"，并立下誓言"高山仰止，景行行止"（同上书，119～120页）。司马迁对孔子的无限崇敬，源自他对《春秋》价值的信念。在与辅助制订太初历的同僚壶遂的一次长谈中，司马迁表达了他对《春秋》的信仰，即他认为《春秋》是政府"最有益"的向导：

（《春秋》——译者注）别嫌疑，明是非，定犹豫，善善恶恶，贤贤贱不肖，存亡国，继绝世，补敝起废，王道之大者也。（华兹生，1958，51页）③

① 《汉书》卷62《司马迁传》。——译者注

② 需要指出的是，虽然司马迁运用了《左传》中的材料，并模仿其写作体例，但司马迁只提到左丘明是《国语》的作者，而未提及他同时也是《左传》的作者。如同李惠仪（1994，352～353页）指出的那样，这可能意味着司马迁将《左传》视作《春秋》传统的一部分，或者他认为《左传》并非由左丘明一人独立完成（史嘉柏，2001，317～320页）。

③ 《史记》卷130《太史公自序》。——译者注

司马迁力图通过重建过去，效法孔子“补敝起废”。他对任安说：“网罗天下放失旧闻，略考其行事，综其终始，稽其成败兴坏之纪……凡百三十篇。”（哈代，1999，195页）①

然而，司马迁不像孔子，或者更准确地说，不像以董仲舒为代表的今文经学家所描绘的孔子，他没有将其著史事业仅仅看做是通过历史叙述进行道德批判的工具。他并不认同那种“试图从《春秋》中萃取出一种抽象的、绝对的、永恒的道德体系的观点。简言之，即汉代主导性解读《春秋》的非历史倾向”（李惠仪，1994，361页）。司马迁通过剥离汉代早期思想中的非历史倾向提出了一些新观点，而这一非历史倾向的代表人物，正是司马迁早年的老师董仲舒。董仲舒寻求通过服从天命来限制君主权力，因为在当时解读天命是知识分子的职责而非君主自己掌控。在《天人三策》中，董仲舒阐述了天人相应学说。上天不仅犒赏服从天命的君主，还通过降临灾异征兆，警告行为不端的君主，如果君主仍不知自省，就会遭到天的惩罚。董仲舒运用这一积极而合理的天，谴责秦始皇之类的篡位者，以此来肯定汉朝执掌统治权力的必然性与合法性。董仲舒宣称，在研究《春秋》的过程中，“（视前世已行之事，）以观天人相与之际（，甚可畏也）”，因而领悟了“天人合一”的大义（《汉书》，1962，2498页；李惠仪，1994，403页）。尽管这一理论将历史和政治巧妙地连接起来，从而促进了儒学地位的提升，但它终究是反历史的。它否定了真实的历史变化，而视其为历史预设循环中过去时期的重现，由此把人事变为对天意的消极回应（李惠仪，1994，353～358页）。此外，董仲舒认为，改朝换代，只是天展现其希望在人类社会发扬品质的手段：夏法忠，商法敬，周法文。汉追随夏，以忠为贵。这些品质分别由古代圣王的统治所代表，而且他们的成就与功业已被载入《春秋》之中（王爱和，2000，148～151页）。

与之相反，司马迁决心确立历史本身的权威，通过历史先例强化孔子宣扬道德权威的努力（李惠仪，1994）。他驳斥了壶遂把他的著作与《春秋》相比的做法，认为这样的比较“误解了二者的真正本质”（华兹生，

---

① 《汉书》卷62《司马迁传》。——译者注

1958，54页），尽管司马迁仰慕孔子，并为孔子所启发。生活在一个“百科全书式的新时代”（陆威仪，1999，287页以下），他试图撰写一部前人所未曾设想过的通史著述，在这一过程中，他将实现作为史学家的基本使命：“述故事，整齐其世传。”① 与孔子一样，司马迁也旨在“述而不作”。作为太史令，司马迁的主要职责不是撰写历史，但这一职位确实让他有充分的机会接触政府文献与档案资料。司马迁充分利用了这一有利条件。在《史记·太史公自序》中，司马迁告诉我们，他紬绎“石室金匮”中的各类历史档案与书籍，其中不仅包括官方档案，还包含史书、六艺、百家语、诗赋、兵书、天文、历法、卜筮、医书、册籍等诸多文献资料，图册与异闻之书更是不可胜数（陈雪良，1998，114~117页）。司马迁十分倚重这些史料，他经常不甚改动而直接将其录入《史记》之中。这就使《史记》具备了两大主要特征。一方面，《史记》保存了许多珍贵的历史文献，按照班固的说法，这些文献特别包括汉代之后就已失传的《世本》和《楚汉春秋》，以及仍流传于世的《国语》、《战国策》等书（《汉书》，1962，2737页）。另一方面，这又使《史记》表现出一种独特的“多重叙事”特征，即同一历史事件或人物会出现在《史记》叙事的不同情境中（哈代，1999，73~85页）。这一叙事形式源自司马迁意欲保持史料完整性、揭示人类生活多样性的初衷。

司马迁被历史的无常性、偶然性与复杂性所深深吸引。为揭开历史的神秘面纱，他需要“究天人之际，通古今之变，成一家之言”（《汉书》，1962，2735页）。董仲舒强调天人之间的融合与和谐，而司马迁试图探究二者边界的模糊性与流动性——他不确定这两个领域之间是否存在直接的对应关系。然而，如此描述司马迁历史写作的特点，并不意味着其撰述已经摆脱了道德评判的束缚。司马迁非常注重将自己的道德观点融入到历史阅读中，批判那些他认为行为不当的人，包括汉武帝在内。在某种程度上，司马迁写作此书表现了一个臣子对君主的腹诽。他希图借此来自我申辩，并最终能够伸冤（陆威仪，1999，316页）。司马迁同样表达了他对历史上的英雄义士的无限同情，对于那些历史上的失败者和悲剧英雄，司

① 《汉书》卷62《司马迁传》。——译者注

马迁感触尤深，因为他们让他想起了自己所处的困境。司马迁的道德评判是儒家史学原则的典型体现，他效法孔子通过文辞来进行道德评判，借用清代学者顾炎武（1613—1682）的话说就是："寓论断于序事。"（白寿彝，1999，80～98页；张大可，1994，177页）

此外，为便于进行道德评论，司马迁在《史记》中创造了一种规范化的史论形式，即"太史公曰"。通过这种叙事、议论相分离的方式，司马迁既充分表达了自己的道德观点，又没有破坏叙事的完整性。在《史记》中，共有137条评论，约占全书篇幅的6%。在这些段落中，司马迁或纵论史事，或褒贬人物，或阐明叙事要旨，或强调不同故事的含义（张大可等，1995，102～112页）。由司马迁所创立的史论典范，成为中国史学的固定模式，这一传统一直延续到20世纪初。

我们也应该注意到司马迁对"传述"的偏爱，这让我们联想起孔子所声称的"述而不作"。事实上，司马迁有意识地自比孔子，在某种程度上，他的《史记》与孔子的《春秋》都是在饱经挫折、备受排斥与误解的人生经历中熔炼而成的。具有讽刺意味的是，在述说和哀叹无人赏识其著作的过程中，孔子和司马迁都暗示自己具有彻底的创新性，也就是说，他们的未获重视是因为大多数世人无法理解他们提出的新颖观点。无人赏识是他们创造性才华自相矛盾的产物。就此而言，司马迁（孔子亦然）在某种程度上可自视为一个"创造者"或"素王"（普鸣，2001，178～179页）。

如果说司马迁是一个"创造者"，那么他的主要创造无疑是史学的纪传体书写体例。尽管司马迁十分热衷于探究"天人之际"，但他对董仲舒的"天人感应"学说感到模棱两可，因为他拒绝将所有的历史变化归结为天意，而他的许多同代人，尤其是汉武帝所信任的阴阳家（方士）常常这样做。司马迁敬畏天命，他甚至相信天可能干预人事。但是，他的观点完全不同于那种认为天命在人类世界无处不在的思想倾向（陈桐生，1993，183页）。司马迁运用纪传体书写体例，突出了历史上的人类行动及其影响的多样性特征。

司马迁的《史记》由五大部分构成："本纪"、"表"、"书"、"世家"、"列传"。这五部分各自承担着不同的功能，它们成为司马迁用以呈现人类生活的多样性与层级性的具体方法。十二本纪记载自三代至汉朝的“帝王事迹”。十表描绘皇室和贵族世系。三十世家主要叙述贵族王侯的历史。篇幅最大的是七十列传，记载“立功名于天下”的各类历史人物。最后是八书，它单独构成了一种不同的类型，主要考察“天人之际”，追溯与天相关联的各类典章制度（礼、乐、律、历和封禅）的发展演变。八书的论述为列传中所描绘的人物活动提供了大体的制度背景（《史记》，1988，956页）。

即使只是粗略浏览《史记》的篇章结构，人们也会被其体大思精所震撼。司马迁创作了一部气势恢宏的通史著作，它涵盖了超过三千年的历史，从传说时期直至他生活的时代。司马迁英雄般的努力与执着，或许折射出了他所处时代的学术氛围。《史记》的著述结构，特别是十二本纪与八书也许受到了《吕氏春秋》的启发，司马迁很容易接触到这本百科全书式的著作（张大可，1994，162页）。但《吕氏春秋》“更像是哲学著作而非历史著作”（哈代，1999，54页），且大都由短篇论文组成。《史记》以其包罗万象而著称于世。本纪是贯通全书的大纲（用来呈现天命之授予与剥夺），但它们绝没有涵盖司马迁的全部著述旨趣。举例来说，在列传部分，司马迁论述了不同阶层、不同类型的各种历史人物，从官吏、外交家、将军、哲学家、学者、诗人到商贾、手工业者、日者、刺客、盗贼。八书集中探讨了礼仪、音乐、法律、历法的发展演变，同时也没有忽视经济和商业的变迁。与其说这种包容性证明了天人感应的总体哲学思想，不如说它论证了历史的特殊性。司马迁力图呈现历史运动的一般规律，但他也被那些徘徊在一般规律之外的人与事所深深吸引。对历史的偶然性与特殊性的探索使司马迁兴奋不已，它们也正说明了《史记》具有不朽的史学价值的原因。两千多年来，《史记》所刻画的各色人等（其中许多人既非英雄又非显赫人物）在读者脑海中早已成为生动逼真、不可磨灭的人物形象。由此看来，司马迁的确完成了他给自己指定的任务，即“传述”文化。正如许多学者指出的那样（李惠仪，1994，365～391页；杜润德，1995，123～143页），他的成功源自他与所写人物的共鸣以及他的“爱奇”倾向。《史记》创造了一个生动逼真的世界，一个我们在现实世界中所碰到的不确定性与易变性的“微观世界”。事实上，司马迁对过去的撰述方法颠覆了许多西方历史著作所一致惯用的宏大叙事（哈代，1999）。

作为董仲舒昔日的学生，司马迁赞同董氏关于历史变迁的一般主张，特别是王朝更替学说。叙述完汉朝开国皇帝高祖的生平事迹后，司马迁评论道：

> 夏之政忠。忠之敝，小人以野，故殷人承之以敬。敬之敝，小人以鬼，故周人承之以文。……周秦之间，可谓文敝矣。秦政不改，反酷刑法，岂不缪乎？故汉兴，承敝易变，使人不倦，得天统矣。（华兹生，1969，145～146页）①

通过将忠、敬、文之类的道德品质与三代相联系，并指出它们的循环变易，司马迁（尽管在《史记》中只出现过一次）扩展了董仲舒的三统说。在此处，他似乎也接受了董仲舒将秦朝排除在王朝统绪之外的观点，因为秦朝采用并推行了法家政策。然而，将帝王事迹追溯至传说时代的本纪，既包括秦始皇，也包括汉高祖的夫人吕后，以及汉高祖在建立汉朝之前的主要对手项羽。项羽被后来的汉高祖击败后自刎于乌江，最终未能建立自己的王朝。司马迁不仅将这些历史上的失败者与黄帝及司马迁自己的主子汉武帝（其本纪不幸遗失）相并列，同时还表达了对他们的极大同情，理解他们所犯的错误，并对他们的失败感到无限惋惜。

值得注意的是，司马迁并没将这些人物的失败归结为天意。通过展开细致的因果分析，他解释了这些人物之所以失败的真正原因。《项羽本纪》就是一个很好的例子。在最初的叙述中，司马迁记载了这样一个带有预兆性的故事：看到秦始皇巡游路过他的家乡，年轻的项羽评论说："彼可取而代之。"这个故事充分激发了读者对这位雄心勃勃的年轻人未来发展的关注。跟随他的叔父参加反秦叛乱后，项羽迅速崛起。在叔父项梁去世、杀害楚怀王后，项羽成为一支强大军队的最高统帅，并以此劲旅击败了秦朝军队。尽管项羽取得了如此空前的成功，且自身亦英勇无比，最终却在权力角逐中败给了他的对手，也就是后来的汉高祖刘邦。为了向

① 《史记》卷8《高祖本纪》。——译者注

读者暗示项羽最终的失败，司马迁又以错综复杂的细节，讲述了发生在鸿门的一个小故事，即项羽邀请当时实力尚弱的刘邦到鸿门赴宴，并企图借机杀害他。但项羽出于未泯之“善心”而放弃了谋杀计划，这预示了他最终的失败。但是，项羽却将他的悲剧归结于天。在生命的最后，项羽对剩下的楚骑兵宣称，他仍有御敌之力，但这最后的垂死挣扎，终未能拯救他业已失去的事业。项羽如此哀叹自己的命运：“天亡我，非用兵之罪也。”他痛苦地意识到天决定抛弃自己，因而放弃了返回江东、重组军队的念头。项羽最终选择了乌江自刎，以最悲壮的方式结束了自己的生命（华兹生，1969，68 ~ 104 页）。

在讲述完这个动人心弦的故事后，司马迁不认为项羽的失败是命中注定。在他看来，项羽抱怨天意抛弃自己命运的做法完全是“自欺欺人”，相反，他应该“觉寤而自责”。项羽失败的真正原因在于他对武力的盲目迷信及其统治方式的残暴专横（同上书，104 页）。司马迁的尖锐批评表明，他反对运用天人相关性理论来解释历史。他更热衷于展现人事在塑造历史过程中所发挥的重大作用。当然，在人类历史上，天扮演着不可否认的角色。在《史记》的写作中，司马迁“无意论证历史事件发生的必然，视它们为神意的合理展现。相反，他想揭示历史解释是困难的，因为在他那个时代，历史发生了不可预测和史无前例的突变”（李惠仪，1994，405 页）。简而言之，天成为司马迁借以表现历史的不确定性、偶然性、紧迫性的工具（李惠仪，1999）。

值得注意的是，尽管司马迁试图保存并传述古代文化，但他对古代文献资料持怀疑态度，所以他辛勤地搜集证据，有时甚至进行实地考察，以求证真伪。司马迁间或提醒读者他的存疑之处，而且他会告知读者他对这种尚无定论的调查。“云”、“或曰”是司马迁用以表达疑问的最常见方式。在描述汉武帝封禅仪式的过程中，这些文字出现得最为频繁，这表明他并不赞成这种迷信的仪式（《史记》，1988，204 ~ 224 页；李惠仪，1999，50 ~ 51 页）。此外，通过运用每章结尾的论赞，司马迁表达了对某些享有盛誉的文化人物的怀疑态度。他在《史记》开篇《五帝本纪》中的论赞，就是一个典型的例子。这些传说中的帝王，包括被后世奉为华夏之祖以及黄老学派先驱的黄帝，并没有留下任何文字记载。司马迁试图通过寻访他们所谓的故乡，并与口头传统相比照，来考证他们的存在与否，但他最终未能得出确切的结论。因此，虽然司马迁将其纳入书写范畴，但他也表达了对这些人物历史真实性的怀疑，这可以视为是对汉朝尊崇五帝的含蓄批判（《史记》，1988，7～8页；李惠仪，1994，370页）。

正如论赞为司马迁充分表达自己的观点提供了平台，“多重叙事”使他能够尽情呈现历史的多面性和人类生活的多元化。宋代学者苏洵（1009—1066）将这种叙事方法称作“互见法”（张大可，1994，178页）。司马迁运用“互见法”描述了选自许多不同史料的同一主题的故事，从而清楚地展现了历史人物或历史事件的各个侧面。由此形成的叙事复杂性，成为他阐发微妙评论的重要手段。比如，在《秦始皇本纪》中，司马迁表达了他对秦朝奉行法家哲学与政策的极度不满，因为法家政策的推行导致民不聊生、社会动荡，最终也摧毁了不可一世的秦帝国。但是，当他述及后来辅助建立汉王朝的叛乱者张良暗杀秦始皇未遂时，他有意略去了这一细节，仅仅表述为秦始皇被一个匪徒所惊扰。这一事件的具体细节出现在《留侯世家》中（《史记》，1988，卷6、55）。司马迁在对汉高祖的叙述中采用了相似的手法，即司马迁对高祖的刻画，在《高祖本纪》中要比涉及高祖的其他章节更为正面（《史记》，1988，卷8～9、53～57、92～93、97～99）。司马迁旨在从不同的角度来呈现重要的历史人物。这些人物在自己的本纪中表现为仁君，而在别处却被他人视作无情的暴君、善变的主子，甚至是粗鲁的乡巴佬。

四、班固和断代史的出现

> 故司马迁据《左氏》、《国语》，采《世本》、《战国策》，述《楚汉春秋》，接其后事，讫于天汉。其言秦汉，详矣。……亦其涉猎者广博，贯穿经传，驰骋古今，上下数千载间，斯以勤矣。又，其是非颇缪于圣人，论大道则先黄老而后六经，序游侠则退处士而进奸雄，述货殖则崇势利而羞贱贫，此其所蔽也。然自刘向、扬雄博极群书，皆称迁有良史之材，服其善序事理，辨而不华，质而不俚，其文直，

其事核，不虚美，不隐恶，故谓之实录。（华兹生，1958，68页）①

以上是中国第一部断代体史书《汉书》（《汉书》，1962，2737~2738页）对司马迁《史记》的综合评价。《汉书》成书于公元1世纪晚期，大约是司马迁完成其旷世巨著一百多年后。《汉书》主要由班固写成，像他的前辈司马迁一样，他也是从父亲班彪（3—54）手中接过了编撰史书的大业。班固去世后，其妹班昭（45/51—114/120）最终完成了《汉书》的撰写工作。一些学者推测上述评论为班彪所作，但抛开作者不论，它着实代表了班氏家族的观点，并反映了当时社会的文化氛围。尽管班、马二人相隔仅百年时间，但他们的世界却迥然不同。班固出生前的几十年，是汉王朝历史上的一段艰难岁月，彼时王莽（公元前45—公元23）篡权，几乎终结了刘氏家族的统治。王莽政权并未持续太久，因为他的篡汉举动被所谓的"光武中兴"挫败。一位出身于皇室之外强大的刘姓宗室成员，重建了汉帝国的政治秩序。但是，这一政治危机促使文人群体内产生了一种运用历史写作重申汉朝统治合法性的紧迫感。

司马迁所著《史记》的记述范围止于汉武帝时期。在由西汉（公元前206—公元25）向东汉（25—220）的转变时期，许多学者试图续补《史记》（《史通》，1978，第2册，338页；瞿林东，1999b，199页），班氏家族的《汉书》也不例外。在某种程度上，《汉书》被认为是《史记》的续编。不过，根据上述引文不难看出，班氏父子对司马迁的历史叙述颇有微词，尤其是在历史观方面（朴宰雨，1994，51页以下）。具体而言，他们批判司马迁没有全盘接受孔子的历史观，即他不完全认同天人关系学说。司马迁个人十分尊崇孔子，他以大量的篇幅来记述孔子及其学说，并将孔子列入世家——这明显违背了他的撰述义例，因为孔子并无任何世袭头衔。他还以另外两篇列传专门叙述孔子的门徒与后学。但是，司马迁并不相信完整对应的天人关系。班固认为，司马迁"论大道则先黄老而后六经"。司马迁对道家黄老学说的"推崇"，来源于他对历史上人事的尊重及对人类世界与自然世界永恒变化的浓厚兴趣。司马迁对历史变迁的痴

① 《汉书》卷62《司马迁传》。——译者注

迷，同样也反映了他对《易经》变通思想的吸收。在当时，道家、儒家皆奉《易经》为经典（陈桐生，1993，284 页以下）。由此看来，司马迁对孔子的敬仰并不妨碍他对道家学说的推崇。将司马迁的历史观看做一种道家—儒家的折中主义，或许更为合理（克劳福德，1963）。

《伯夷叔齐列传》最鲜明地体现了司马迁的折中主义。令人吃惊的是，司马迁竟然选择《伯夷叔齐列传》作为七十列传之首，因为它描绘的是商末两位特立独行的人物。但是，传记中的大部分内容都是在评论他们生命的意义，而非直接的叙述（杜润德，1995，20 页）。伯夷、叔齐因淡泊权力而成为道德典范，且以“贵让”精神和甘愿蹈节死义的气概而著称于世。司马迁在《史记》中记载，孔子极为推崇此二人。不过，与孔子的描述相反，司马迁不认为伯夷、叔齐在逆境、死亡面前依旧泰然自若，因为他们在临死前所唱的歌谣里，仍满含着仇恨。而且，尽管司马迁被伯夷、叔齐的道德勇气与凄凉结局而深深感动，但他却对终极性的天人关系迷惑不已：“傥所谓天道，是邪非邪?”最后，司马迁这样安慰自己：尽管伯夷、叔齐的死让人们对天道的合理性产生了质疑，但幸而有孔子的颂扬，兄弟二人至少得以扬名后世（华兹生，1969，11～15 页）。因此，司马迁否定了孔子对伯夷、叔齐镇定自如之品质（事实上并不存在）的赞颂，或许我们可以把司马迁的这一评论看做是对孔子及儒家价值观的含蓄批判。但与此同时，司马迁也背离了道家超然的价值取向，因为他强调伯夷、叔齐确实在临终前仍抒发着满腔怒火（李惠仪，1994，381 页）。《伯夷叔齐列传》不仅表明司马迁不愿归于某一家之学说，或许亦可看做是司马迁对自身命运的悲叹。这一章节极有可能是司马迁在遭受腐刑之后的增补，折射出了他内心的渴望、无奈与期盼（佐藤武敏，1997，584～587 页）。

尽管班固声称作《汉书》旨在续补《史记》，但《史记》所蕴含的包容性的折中主义与评论上的个人主义，在《汉书》中却了无踪影。《汉书》继承了《史记》的许多内容与形式，但二者的写作旨趣却截然不同。事实上，《汉书》中的许多章节“显然是对《史记》的有意反驳”。因此，“通过对比这两部伟大著作，能清楚地映衬出两位作者在哲学立场上的差异”（克劳福德，1963，406 页）。司马迁高度合一的个人诠释，有助于表达他对西汉初年休养生息政策的赞许及对汉武帝集权主义的含蓄批判。相比之下，班固有一个最高目标：论证汉王朝在历史上的合法地位，即“宣汉”。为此，他明确支持董仲舒的“天人感应”说，并反复利用它来宣扬汉王朝的合法性。同时，他热情赞颂汉武帝及其继任者加强中央集权的政策。班固认为，推行中央集权政策是维持社会秩序、实现经济繁荣的唯一有效途径。此外，班氏父子是把儒家学说作为官方意识形态的狂热支持者，他们认为儒学是善政的基础，也是汉王朝能够取得巨大成就的原因所在。

尽管马、班二人在历史观、政治意识形态上差异显著，但他们的人生也存在一些有趣的相似之处。他们二人都出生于颇有家学渊源的家庭，且都接受了良好的教育，同时他们试图在军事或政治生涯中建功立业的渴望都遇到重大挫折。班固虽未遭遇过腐刑的耻辱经历，但他的光芒被其弟班超辉煌的军事战绩所掩盖。他也曾两度入狱，并死于第二次入狱期间。马、班二人最初都是由于私人的激励，才着手著史大业。虽然班彪不像司马谈那样世袭太史职位，但他确实为儿子班固留下了一项极有价值的事业。马、班的著史事业都始于个人行为，不过他们后来都获得了官方的支持，这使他们有充分的机会接触官方文件、档案以及各种其他文献资料。最后，在从事著史大业的过程中，司马迁与班固都曾遭遇飞来横祸和突然变故，因此编撰过程本身也变得异常曲折。

我们尚不清楚班固究竟是如何继承乃父事业的。现有史料告诉我们，班彪大概在其晚年开始了这项编撰历史的工程。到班彪去世时，他已完成一些篇章，暂时定名“后传”，它属于纪、传的纲目，但不包括世家。班固决定遵循父亲所定体例，因此，修成后的《汉书》不包括世家的内容。

班固继承其父未竟之业的过程，也并非一帆风顺。刚开始编撰《汉书》不久，他便因“私改作国史”的罪名被捕入狱。其弟班超诣阙上书为他说情，汉明帝（58—75 在位）于是对班固的修史事业产生了兴趣。在阅读班固的部分书稿后，汉明帝不仅决定释放他，更在公元62 年任命他为宫廷史官，最初是兰台令史，后来成为校书郎。这两个职位为班固编撰《汉书》提供了极大便利，使他可以充分接触政府文件与国家藏书资料，更使得班固可在之后二十多年的时间里将主要精力放在《汉书》的编撰上。在此期间，凭借与把持朝政的外戚窦宪的密切联系，班固享有极高的威望与权力。然而，公元 92 年窦宪被政敌杀害后，班固因受牵连被捕入狱，不久身死狱中，留下未竟的事业待其妹班昭完成。

虽然班固与司马迁经历相似，但二者之间存在着一个关键的区别。尽管班固最初遭遇不幸，但他能够在宽松的环境下完成《汉书》的大部分内容，这无疑影响了他的总体史观，特别是对汉王朝的看法。另外，王莽篡权这一其父亲历过的、几乎终结汉朝统治的历史事件，使班固感到支撑和论证汉朝统治合法性的紧迫性。出于个人动机与意识形态的考虑，班固所著《汉书》最终与司马迁的《史记》分道扬镳，尽管《史记》是《汉书》的最初蓝本。

班固《汉书》的断代史体例，亦有别于司马迁《史记》的通史体例，因为前者只记述西汉一朝的历史。不用说，这一关注点是与班固"宣汉"的撰述旨趣相一致的。班固抱怨司马迁企图书写通史的野心，降低了汉王朝的历史地位，且反对司马迁仅将汉朝历史"编于百王之末"，甚至"厕于秦、项之列"。班固吸收董仲舒的三统说，宣称汉代是尧舜圣王时代的再现。因此，他仿效记载圣王时代历史的《尚书》，命名自己的著作为《汉书》（瞿林东，1999b，201 页）。①

班固对司马迁的总体批判，忽视了《史记》详近略远、重视当代史的重要事实。《史记》记载汉代以前的历史，大约仅占全书百分之三十的篇幅，然而叙述历时不及百年的汉朝史事，却占了全书过半的篇幅（金毓黻，［1944］2000，64 页）。此外，由于班固试图涵盖汉武帝之后的西汉历史（或者，更准确地讲，公元前 104 年司马迁太初历施行之后的历史），因此，他依据《史记》完成《汉书》的汉初部分，甚至其中的许多篇章原文照录《史记》的内容。《史记》为《汉书》提供了"骨骼与血肉"，在很大程度上，班固仅"就肤色做了轻微调整，并使之更富光彩"

---

① 杨联陞（1947）指出，班固以"书"命名其史著，从而确立了断代史以"书"为标题的典范，而司马迁所用之"史"，则成为涵盖范围超过一朝的通史的惯用词。但是，由于缺乏更好的表达，我们姑且遵从惯例，将"史"与"书"皆译作"历史"。——译者注

（萨金特，1944，129页）。

《汉书》一百卷分为四种体例：“帝纪”（卷1～12），“表”（卷13～20），“志”（卷21～30），“列传”（卷31～100）。它与《史记》有两处差异：其一是术语的变更，如《汉书》将“书”改为“志”，将“本纪”改为“帝纪”；其二是删去了世家。除建立初期曾分封王侯外，汉王朝并未授予朝廷将相以世袭头衔（金毓黻，［1944］2000，62页），这是汉朝加强中央集权的措施。司马迁对此持反对态度，而班固却非常赞同。

与司马迁不同，班固在撰述《汉书》的过程中，严格遵循书写义例。司马迁偶尔打破自己确立的编纂义例，将一些“不适当的”人物归入某种类别中，如将孔子与秦末起义者陈涉列入世家之中。与此相反，班固小心翼翼地根据编纂义例，老老实实地将他笔下的英雄人物置于适当的类别中。举例来说，帝纪只包括汉朝历任皇帝与一位皇后，即汉高祖夫人吕后。在一定程度上推动汉朝建立的抗秦英雄陈涉和项羽则被置于列传之属。因此，陈、项二人再也无法与他们的起事伙伴、后来的汉高祖刘邦相抗衡。如果说在司马迁的描述中，所谓“竹帛之世界”（史学）与“青铜之世界”（历史）在某种程度上还存在冲突，即司马迁试图借助史学呈现历史（哈代，1999），那么在班固的《汉书》中，二者已融为一体：史学不仅与历史或现实世界相契合，同时它还通过确立一种比现实更为规范的秩序而将历史理想化。班固的撰述旨趣在于歌颂汉王朝，在《汉书》成书千百年后，班固的史学体系，尤其是他对自身史学体系的严格坚持运用，成为后世许多断代史家效法的典范。唐代伟大史学家刘知幾高度赞扬《汉书》开创了断代史学的传统，并认为它是一种较司马迁的通史更为新颖和完善的史书体例（《史通》，1978，第1册，19～22页）。

在强烈的“宣汉”意识形态目标的支配下，班固狂热地运用天人感应说来阐释汉朝的统治合法性。在描述汉高祖、吕后、汉武帝等汉初统治者的过程中，班固充分借用了司马迁的记载，但他做了一些显著的改动。以汉高祖刘邦为例，班固几乎逐字抄录了司马迁对汉高祖早年生活的描述，包括萦绕在刘邦身边的许多吉兆，如盘旋在他头上的“异景”或“云气”，这让刘邦能够白吃白喝，也使得其妻吕后总能发现他的藏身之处。同时，班固还复述了司马迁记载的刘邦刀斩大蛇的故事，而这条大蛇竟是白帝之子，因此，斩杀巨蟒的行为表明他是赤帝子。司马迁和班固记述了同样的故事，但二者的目的却截然不同。司马迁的记载表明他受到了天人关系学说的影响，但或许司马迁只是想利用这个玄幻的故事来满足自己或读者对奇妙、独特之事物的好奇心。最终，在一番歌功颂德后，司马迁这样写道，“高祖起微细，拨乱世反之正，平定天下，为汉太祖”（华兹生，1969，144 页）。归根结底，司马迁关注的是汉高祖作为人的层面，尽管其成就十分辉煌。与之相反，班固对汉朝的歌颂完全不同于司马迁：“汉帝本系，出自唐帝（尧）。降及于周，在秦作刘……”描绘完汉王朝的显赫血统后，班固继续发论：

> 汉承尧运，德祚已盛，断蛇著符，旗帜上赤，协于火德，自然之应，得天统矣。（德效骞，1938，第 V 册，卷 1，149 ~ 150 页）①

这一对比清楚地表明了马、班对汉朝历史的不同解读。司马迁更关注刘邦作为领导者的才能与成就，而班固则运用董仲舒的宇宙—历史学说，来支撑汉朝的统治合法性。刘邦斩杀大蛇的举动，成为预示他最终胜利的符瑞。为阐发天人相应学说，班固还撰有《五行志》。在《汉书》中，班固增补了《五行志》、《律历志》、《地理志》、《艺文志》四志，作为对司马迁“八书”的扩展与完善。《五行志》的创设，使班固可以充分介绍那些支持五行宗教、哲学、宇宙论学说的重要人物，其中就有许多杰出的汉代思想家，如董仲舒、刘向（公元前 79—前 8）、刘歆（公元前 46—公元 23）②。在《五行志》中，班固记载了许多具体的事例，试图以此来论证天人关系学说。按照这一学说，人类行为应与宇宙、自然力量相协调。班固以专章记五行，反映了五行观念在当时社会的盛行（杜维运，1993，287 ~ 288 页）。

但是，班固同样批判了汉朝的某些历史事件与人物。他对儒家价值观，或者更准确地说，是对带有浓厚秦朝法家色彩的汉代正统儒家思想抱有坚定的信念，并以此来论证汉朝中央集权政策的合理性（克劳福德，

---

① 《汉书》卷 1《高帝纪》。——译者注

② 刘歆的生年不确，公元前 46 年只能是一个推测的年份。——译者注

1963，406 页）。班固称颂汉武帝将儒家学说奉为官方意识形态的首创精神。他认为，武帝的功绩要超过前任的文帝和景帝，而且，武帝的“宏伟功业”甚至堪与三代相媲美。不过，班固也含蓄地指出，与文、景二帝不同，武帝未对寻常百姓的福祉给予充分的重视（德效骞，1938，第Ⅴ册，卷 1，119～120 页；杜维运，1993，267 页）。这一批判呼应了司马迁在其《太史公自序》中对汉武帝的评判。班固所代表的是典型的儒家立场，这非常类似许多儒家学者在著名的“盐铁之议”（公元前 81）中的立场。在这场辩论中，他们挑战了汉朝政府在牟利中的明显意图。班固对汉武帝统治的矛盾态度，表明他并没有忽视自己作为坚定的道德评论家所负有的责任。

班固同样以其博学洽闻著称于世（白寿彝，1999，120～124 页；杜维运，1993，271 页以下）。班固力图创作一部反映西汉王朝的百科全书式史书，正如《汉书》所显示的那样，这不仅表现在涵盖西汉一朝的时间长度上（尽管它仅仅记述了两百年的历史，其篇幅已是司马迁《史记》全书的 1.5 倍），同时还表现在涵盖内容的广泛性上。班固扩展司马迁八书而来的十志，与前者共有了一些相同的主题，如河渠、祭祀、历书（尽管它们的名称不尽相同）。但他还创造了许多其他体例。更重要的是，班固在十志中并不局限于对汉朝的研究与撰述。相反，他致力于对某一主题的全面论述。例如，在《刑法志》中，班固把汉朝军制和刑法的起源与变化追溯至周朝时期。《食货志》利用更多的详细资料增补了司马迁的《平准书》，因为班固全面考察了从上古时代到汉代经济生活的发展演变。其中两种“志”尤为引人注目，即《艺文志》与《地理志》。前者扩充了刘歆的《七略》，反映了现存官府藏书的基本情况，此外它还综述了各个学科和学派的发展源流。后者包括地理、区划、人口、民族、帝国行政与外交方面的宝贵史料，最后一部分还论述了汉代的外交政策，与列传中的某些内容遥相呼应。总体来看，它们塑造了当时中国人对世界的想象与构想（王晴佳，1999）。班固的十志成为后世许多史学著作效仿的对象（白寿彝，1999，121 页）。

最后，《汉书》的表同样印证了它的博洽。《古今人表》极有可能为班固之妹班昭所首创，它列举了许多人物，特别是汉代以前的人物，因此，这一部分提供了一个最新的、全面的传记辞典，可以说是一部关于“名人传记”的综合辞典。

《汉书》的广博性不仅来源于班固本人的博学洽闻，同时还源自其史料运用之精审。班固撰述《汉书》得益于许多汉代学者，包括司马迁、陆贾、刘向、刘歆和王充（27—100）。王充是一位著名的哲学家，与班氏家族交往甚密。班固作为宫廷史官的身份使他有机会接触国家藏书中心、帝国档案与政府藏书。此外，由于班固之父与汉朝政府存在交往与联系，班固的许多叙述或许建立在口头材料的基础上，因为他仍然可以接触到所记史事的亲历者。《汉书》所体现的伟大成就很大程度上归功于班固作为史学家和史书编纂者的才能，他有效地编排、选择、加工所有可以获得的史料，几乎凭借一己之力将它们熔铸为紧密而完整的叙述。他不仅实现了史学家保存和传述文化的古老使命，同时也完成了将历史变为政治与道德教化有效工具的职责。

班固对历史的自觉运用，反映了东汉时期的学术氛围。尽管班固在《汉书》成书及被社会广泛认可之前就已身死狱中，但他着实创作了一部深受同时代的学者及皇帝赞许的史学著作。事实上，虽然《汉书》最初是为续补《史记》而写，但成书千百年来，它对后世的影响可与《史记》相比拟。《汉书》之所以备受推崇，有两大主要原因。其一，它以断代为中心。《汉书》为后世的历史撰述树立了一个易于效法的典范，尤其为后世常见的官方集体修史做出了榜样。其二，《汉书》的撰述旨趣是运用历史服务于当权政府。这对统治者来说自然极富吸引力，因而常常转化为官方支持下的修史活动。

《汉书》对东汉产生了何种直接影响？在班固编纂《汉书》的同时，东汉皇帝也组织了一批学者编修东汉历史（杜维运，1993，288 ~ 290 页）。虽然王朝设置史官撰写历史的传统由来已久，但朝廷很少要求史官编修当代史。史官的主要职责，往往是保存政府档案和收集历史记录。这项编撰工程历时数载、经众人之手而得以完成，由于史书的撰修地点在国家藏书中心东观，因而得名《东观汉记》。在修史工程的最后阶段，编修工作主要由当时的著名史学家蔡邕（133—192）负责。然而，蔡邕获得编修国史的职务，并没有使他摆脱厄运，因为有人认定他与损害了汉朝统治的权臣董卓（？—192）有所瓜葛，蔡邕最终锒铛入狱、含恨而终。尽管蔡邕试图借用司马迁的例子，来为自己求得一线生机，从而可以继续完成史书的编撰工作，但他最终失败了。《东观汉记》同样惨遭横祸，原书143卷仅有24卷流传下来。

在运用历史的敏锐意识鼓舞下，东汉帝王们更加热衷于获得历史知识，特别是西汉王朝的历史。班固为他们提供了一个良好的文本，但班氏的博学与《汉书》的宏大规模又使他们望而却步。因此，在公元198年，汉献帝（189—220在位）命荀悦（148—209）编出一个《汉书》的删节本。荀悦在短短两年时间内便完成了改修工作，并将所著史书命名为《汉纪》。虽然《汉纪》在内容上几乎完全取材于《汉书》，但它在体例上却没有保留纪传体，而是仿效《左传》回归编年体。这一体裁上的变动突出了帝统之赓续，无疑，此举正中皇帝下怀。在改编中，荀悦基本上删去了帝纪之外的其他大部分内容，尽管他也将自己认为适当的志、表、传的内容纳入到《汉纪》中。他重新编排了帝纪的内容，按照所记史事年月日之先后编入于帝纪各年之下。对于那些无年代、日期可考的史事，则运用以类相从的方法进行编排。在牺牲绝大多数史事完整性的基础上，荀悦如愿以偿，达到了他预期的目的，即宣扬汉朝皇室的重要地位，从而让人们以为一切皆以皇室为中心。然而，不幸的是，无论是荀悦著作中的政治智慧，还是汉献帝对历史的兴趣，都未能拯救汉王朝。公元220年，在荀悦完成并呈献《汉纪》后二十年，汉献帝被废黜，随后被杀①，东汉王朝寿终正寝。虽然荀悦死于皇帝被杀之前，而且深信“帝国秩序神圣不可侵犯”，但他着实认识到了汉朝秩序“一去不复返”（陈启云，1975，99页）。

在《汉纪》中，荀悦重申了班固所记载的所有能证明天人感应的现象，但他也对这种宇宙—历史观及其有效性深表怀疑。他的结论似乎带有

① 原文如此。但汉献帝刘协并非被杀。196年，曹操控制了刘协，迁都许昌，“挟天子以令诸侯”。220年，曹操病死，刘协被曹丕控制，随后被迫传位于曹丕。公元234年，刘协病死，享年54岁。魏明帝曹叡以汉天子礼仪将其葬于禅陵，谥号“孝献”。——译者注

不可知论的色彩。“夫事之性有自然而成者，有待人事而成者，有失人事不成者，有虽加人事终身不成者。”（白寿彝，1999，125～127页）① 或许汉帝国的崩溃正应验了荀悦的宿命论。

五、今文经学传统下的历史架构与哲学

汉代史学的一个重要方面，是分期模式的出现，它萌芽于以《公羊传》为依据阐释孔子《春秋》的今文经学注经传统。《公羊传》旨在阐发《春秋》所包含的“微言大义”，即阐明圣人晦涩文字背后所蕴含的精义。但应该注意的是，无论是今文经学派，还是古文经学派，都认为《春秋》包含着与适当的政治、社会行为密切相关的大义。然而，如前所述，尊奉《左传》的古文经学主要依据历史事例来阐发《春秋》中的大义。今文经学派对挖掘孔子言论的深刻含义表现出了更大的兴趣，因为他们认为这些言论包含着具有超历史的、宇宙论意义的启示。今文经学家认为，《春秋》字字寓褒贬，甚至许多情形下的阙文都有其特定含义。传注必须揭示隐藏在《春秋》晦涩文字背后的大义。孔子使用晦涩文字的原因在于，他必须避免冒犯统治者，同时还要阐发自己的改制观点。仅凭字面的阅读无法领会这些文字的本质含义。因此，一种旨在阐发《春秋》之“微言大义”的传统逐渐形成，这一传统以其对中国古代历史的构建而更富生机（陈其泰，1997，19～38页）。

伟大的东汉今文经学家何休（129—182）认为，《公羊传》包含“三科九旨”的大义。“一科”指“存三统”或“通三统”，其下包含“三旨”：（1）“亲周”——把周朝作为先例；（2）“故宋”——把宋国视作更久远商朝的后裔；（3）“以《春秋》当新王”。“二科”指“张三世”，其下“三旨”为：（1）“所见异辞”；（2）“所闻异辞”；（3）“所传闻异辞”。“三科”指“异内外”，其下“三旨”为：（1）“内其国而外诸夏”；（2）“内诸夏而外夷狄”；（3）“夷狄进至于爵”（伍安祖，1994，3～10页）。

---

① 《汉纪》卷6，见《两汉纪》，北京，中华书局，2005。——译者注

事实上，这种模式构建是古代中国政治文化发展的历史写照。“存三统”指的是古代中国统治体系的更替。今文经学认为，春秋时期的鲁国继承周朝建立了合法的王朝，而周承继自商，商的后裔建立了宋国。由此出现了合法的王朝承继统绪：商（或宋），之后是周，最后是鲁国。首创“三统说”的董仲舒尊孔子为“素王”。董仲舒将《春秋》的最末一条“获麟”解释为孔子获得天命的证明，天命赋予孔子矫正周衰之敝并创立新制度的使命。新政权的兴起，需要适当的统治合法性，因此要存商、周、鲁三统。商、周后代与鲁国统治者合法共享王的称号。而夏朝的后代则被归入五帝的范畴。为阐释如上主张，今文经学形成了如下相关概念：“绌夏”、“亲周”、“故宋”、“以《春秋》当新王”。此外，董仲舒还提出了“文质循环”说。王朝建立之初，以“质”为特征，它强调精神与虔诚胜过礼仪与仪式。“质”逐渐让位于“文”，对外在事物与雕饰的痴迷，最终导致政权的衰落。幸运的是，新兴国家鲁国的崛起标志着“质”循环的恢复。“存三统”与文质循环说赋予王朝承继统绪以合法性，并夸大了新建立王朝作为历史新开端的特殊性（艾尔曼，1990，173～174 页；陈其泰，1997，8～26 页）。

根据今文经学的另一代表性主张“张三世”，孔子巧妙地将鲁国十二王的统治（公元前 722—前 481）划分为三个阶段。第一阶段为“所传闻世”，第二阶段为“所闻世”，第三阶段为“所见世”。值得注意的是，今文经学家还运用不同的文辞来记载各个不同时代的史事。对于较远时代的史事，史料的贫乏不可避免，如此则略述之。但是对于较近时代的史事，尤其是孔子所见之事，则详述之。然而，历史叙述的形式与书法，并非完全由人物与事件所处的时代决定，道德因素也发挥着非常重要的作用。董仲舒明确表示，孔子利用《春秋》作为道德评判和惩恶劝善的工具，这就是所谓的“春秋笔法”。

何休进一步阐发了鲁王室继承的“三世说”。他先以孔子的“所传闻世”对应“衰乱世”。次以孔子“所闻世”对应“升平世”，此时华夏文化逐渐主宰了周边的夷狄文化。最后，孔子“所见世”对应“太平世”，随着华夏的政治成熟与文化扩散，华夷合为一家（艾尔曼，1990，231～237 页；陈其泰，1997，40～49 页）。

在汉代，以司马迁和班固为代表的史学家，在历史编纂与叙事技艺上取得了重大成就。与此同时，历史哲学也诞生并走向成熟，它把中国古代的政治和文化发展看做一个进步的历史过程，其巅峰是“太平世”——一种可实现于当下的理想（伍安祖，1994，3～10 页）。但归根结底，这种历史变易模式可能是反历史的。因为如前所述，他们对历史发展的总体叙述，倾向于抹杀其中的特殊性与多样性，而司马迁在对过去的重建中，对此给予了充分的重视。今文经学的兴起，标志着儒家学说思想的重要发展，它对中国人的历史观产生了深远影响。东汉的儒家文化氛围以考证为主导，著名古文经学家马融（79—166）、郑玄（127—200）将这一学术思潮的发展推向了新的高度，他们的作品也成为考据学的典范之作。他们及其门徒、后学的考据学研究，为后世学者理解儒家经典提供了必不可少的参考。然而，东汉时期如此高度发展的考据学既没有扭转汉王朝的颓势，也未能增强儒家学说作为社会、政治哲学的生命力。

第三章　魏晋南北朝时期的史学
——史学的繁荣与多样化[①]

公元220年汉献帝之死[②]不仅标志着汉帝国的崩溃，同时也预示着一个时代的终结。如同罗马帝国的衰亡一般，汉帝国的解体使中国陷入四分五裂的境地，或许我们可以称之为中国历史上的中世纪。这一分裂时期持续几近四百年之久，直到公元581年隋朝建立才最终结束。尽管它与欧洲中世纪在持续时间和具体特征上不尽相同，但二者至少表面看来十分相像（霍尔库姆，1994，6～24页）。正如中世纪的欧洲人仍对罗马帝国念念不忘，这一时期占据中国的汉人及其他民族——各种胡人族群，如鲜卑——“在达成现实与历史观的一致上做出了不懈的努力”（皮尔斯、斯科特、奥黛丽·斯皮罗、伊沛霞，2001，3页）。总之，他们生活“在汉帝国的阴影之中”（霍尔库姆，1994，6页）。这种文化怀旧感清晰地反映在历史编撰中。事实上，汉朝灭亡后出现了一个历史书写的繁荣期，其中官方编撰断代史尤为突出。当时各政权的统治者往往要求史官为他们确立与汉朝的血统联系，许多史家对此做出了巨大努力，不过其努力也间或化作徒劳。汉人在南方建立的偏安政权与占据中国北方的新兴政权北魏，都力图通过重建历史来寻求政权的合法性。

一、正统史学

毋庸置疑，梦回大汉王朝的热情促进了魏晋南北朝分裂时期史学的繁

---

① 原文为The Age of Disunity：Proliferation and Variations of Historiography（分裂时代：史学的繁荣与多样化）。今按中国约定俗成的说法翻译。——译者注

② 原文如此，有误，应为“禅位”。汉献帝病死于234年。——译者注

荣发展，但与此同时，它也掩盖了残酷的历史事实。悲哀的现实是，汉朝灭亡后，没有任何一个政权能够效法它重建强大的统一帝国。在汉帝国的废墟之上，新兴的魏、蜀、吴三国鼎足而立，但任何一方都无法实现一统大业。由曹操（155—220）奠定基础的魏国（220—265），占据昔日秦汉帝国的权力中心黄河流域。曹操原为东汉大将，他向早已风雨飘摇的汉帝国给予了最后的致命一击。但是，他发动的南征战争却以赤壁之战的惨败而告终，这也葬送了他力图成为汉朝继承者的政治抱负。其对手，西南的蜀国（221—263）与东南的吴国（222—280）结成军事联盟，击退了他的进攻。然而，曹操死后，蜀国和吴国在对抗曹魏政权的战争中同样战绩不佳。由汉室宗亲刘备（161—223）建立的蜀政权，宣称其继承了汉之正统。在著名军事家、能臣诸葛亮（181—234）的领导下，蜀国连续发起五次北伐，但最终皆无果而终。公元 263 年，诸葛亮死后，魏灭蜀，仅仅两年之后，曹魏政权为司马氏（与司马迁没有关系）所篡夺。司马氏建立（西）晋王朝（265—316），并于公元 280 年征服东吴。但晋王朝的统一局面好景不长，发生于公元 4 世纪初的“八王之乱”不仅导致了王朝的衰亡，同时还造成“五胡乱华”，即以拓跋鲜卑为主的异族入侵。司马氏连同一批宗室成员在江南重建晋室，史称“东晋”（317—420）。到公元 4 世纪末，北魏王朝（386—534）统一北方拓跋鲜卑诸部落。由是，中国历史进入南北朝时期。东晋政权仅持续了一个世纪。其统治疆域相继被国祚递减的（刘）宋、齐、梁、陈各朝所控制。北魏王朝同样面临着巨大的挑战，而不得不屈从于一些强大的军事贵族的支配。其中杨氏贵族成为隋朝（581—618）的建立者，并统一南北，结束了中国历史的长期分裂局面。

然而，在这一政治分裂时期，尽管朝代更迭频繁，在历史编撰领域却保持着惊人的连续性。王朝官方史学蓬勃发展。它继承了汉代史学将历史与政治紧密相连的传统。如果说司马迁的撰著历史主要由其个人兴趣所驱动，那么班固的历史写作则始终贯穿着一种更直接、更实用的政治使命。显然，他旨在协助统治者从历史中汲取有价值的经验教训，从而使其可以直接应用于当下。由历史编撰所衍生出的一大政治问题便是正统问题。当班固看到王莽篡权所引发的统治危机时，他就开始关注这一问题。在

《汉书》中，班固对王莽传记叙述尤详，他描绘了王莽的恶毒阴谋并宣称，像秦始皇一样，王莽注定不会得到上天的认可。因此，班固运用历史来评判政治合法性。由于班固认为王莽未得天命，因此其政权自然不具备合法性。当荀悦领受献帝诏令缩编《汉书》时，他实质上通过回归历史的儒家智慧，书写了一份汉帝国秩序的政治辩白书（陈启云，1975，84页以下），即以汉王朝之获得天命来歌颂其统治的合法性。

荀悦的《汉纪》仅仅满足了汉献帝的个人幻想，即他获得了强大先辈们的佑护，但它却未能挽救大汉帝国。同样，他对儒家思想的宣扬也未能阻挡帝国的崩溃。事实上，到汉朝末年，儒家学说反受其自身成就所累。获得官方支持后，儒家学者倾其全力于训诂研究，希望借此来发微探幽，萃取古代文献所蕴含的真实含义，并将之转化为可用以指导礼仪庆典与政府运作的实用文献汇编。尽管这种考据学成果为后世学者提供了极大便利，但它在当时也造成了诸如经今古文之争的学术论辩。如此高度学术化的论辩，消耗了大量学术精力，经学研究也日益脱离现实而成为枯燥的考据学。

由此而来的是儒学生命力与吸引力的逐渐丧失。许多士人开始从玄学中寻求精神慰藉与思想宣泄，与此同时，佛教也日益成为他们青睐的对象。事实上，汉朝灭亡后，中国的政治、文化生活发生了急剧变化。但是，儒学并未式微，它对政治合法性的强调，仍是人们极为关注的问题。实际上，汉朝的覆亡大大增强了后起统治者的政治合法性意识，并且提高了他们对觊觎自身权位之人的警觉。历史成为他们宣示和巩固正统的主要工具。仿效汉朝的著史典范，尤其是《东观汉记》的编修，统治者授命并赞助史官编修类似的史书（刘节，1982，68~71页）。司马迁与班固的光辉榜样也激发了私家著史的热情。学者们不仅参与官方的修史工程，其中许多史家也投入到个人的著史事业中，以求进一步延伸或完善现有的历史著述。由此，这一时期出现了撰述历史的“高潮”，特别是断代史的编撰达到前所未有的高度，这也从侧面表明了汉史的巨大魅力（瞿林东，1999b，227~234页）。

这种对史书编撰的饱满热情很大程度上归因于统治者的喜好。北魏孝文帝曾说：“人君威福自己，史复不书，将何所惧！”（杜维运，1998，20

页）这一警告出自统治者本人之口，尤为难能可贵。不过，它极有可能源自大臣们的反复规劝与告诫。当然，并不是每位统治者面对史官直书其事、善恶无隐，都能做到面无愠色。君主与臣下之间存在一种耐人寻味的张力。尽管大臣们理应事奉和顺从君主，但他们同样肩负着向君主灌输道德价值与政治理想的职责，以免使其受制于外戚和宦官，因为等到班固的后继者编修《东观汉记》时，汉献帝的皇位不仅被野心勃勃的将相所威胁，同时，外戚的阴谋亦对皇权产生了极大冲击。因此，历史具有政治工具与道德说教的双重作用，它在帝王教育中扮演着重要的角色。

彼时皇家对历史编撰的襄助与支持，导致了一项极其重要的史学发展，即宫廷起居注的编修，这一惯例起源于东汉王朝最具历史意识的皇帝之一汉献帝统治时期（189—226 在位①）。在分裂时期，起居注逐渐成为“历朝统治者编修的标准编年记录”（杜希德，1992，8 页）。这一详细记录王宫与朝中发生之事的修史制度，为后世所继承，并成为一种标准的史学体例。起居注也成为编修王朝史的史料来源。在某些时期，朝廷另置女史记录后宫之事（金毓黻，［1944］2000，114 页）。对当代史的重视同样引人注目，毋庸置疑，它产生于统治者和学者们利用历史作为论证政治合法性工具的需求。取材于起居注的《东观汉记》，被认为堪与司马迁的《史记》及班固的《汉书》相媲美。这三部极具典范意义的史书被人们合称为“三史”（《史学史》，1983，14 页）。

分裂时期第一部史学杰作出自陈寿（233—297）之手。尽管并非朝廷任命的官方史家，陈寿因其所著《三国志》而为后世所称道，该书也与司马迁、班固、范晔（398—445）的伟大著作并称为“前四史”（《史学史》，1983，108 页）。在撰写《三国志》的过程中，陈寿充分利用了各种起居注与当代历史著述。三国时期已有为数众多的当代史行于世（瞿林东，1999b，229 页），但陈寿的《三国志》比它们更为耀眼夺目，流传也更为久远。尽管陈寿在分裂时期内运用各种独立的编年史进行撰述，分写三国历史，但他煞费苦心地描绘三国鼎立的历史全貌，并试图构筑贯通

① 此处有误，汉献帝在位时间应为 189—220 年。——译者注

整个时代的历史叙述。如此非同一般的成就得到人们的高度赞扬，并成为后世史家效法的楷模（白寿彝，1999，161页；瞿林东，1999b，250～251页）。

陈寿之所以能够顺利完成如此全景式的历史著作，与其生活背景密不可分。陈寿生长于蜀国，曾师事以博观经史而闻名的著名学者谯周（约201—270）。虽然陈寿才学出众（他的同窗友人将他比作孔子的门徒），但他的政治生涯并不顺利。他曾在蜀汉政权中担任过一些不同的官职，但由于强大的宦官势力影响下的派系斗争与政治阴谋，最终他未能实现自己更大的政治抱负。中年时期，陈寿被卷入混乱的宫廷政治，并陷入权力斗争与朝代变更的漩涡之中，因为当时蜀国刚被魏国所征服（杨耀坤、伍野春，1998，31～34页）。尽管几经曲折，陈寿并没有放弃自己的政治与仕宦抱负，最终他被继承自曹魏的晋朝统治者授予了不错的官职。作为晋朝的著作郎，陈寿可以接触到国家藏书与档案，虽然他并不承担编修史书的职责。在某种意义上，陈寿的生活经历让我们回想起司马迁的人生。在司马迁的鼓舞下，时年48岁的陈寿开始撰述《三国志》。经历了难熬的仕途挫败，他倾全力于历史著述中，并产生了以历史著述扬名后世的强烈渴望。如同司马迁，陈寿并不指望他的同代人会赏识他的作品。他同样寄希望于未来，坚信后代人将来一定会认识到其著述的价值（同上书，47～51页）。事实上，无论是司马迁还是陈寿，在其著作完成之后，都很快得到了人们的赏识，不过司马迁在完成《史记》之后极受推崇，过着舒适的生活①，陈寿却无缘亲身享受成功的喜悦。完成著述后不久，他便因病辞世。就在他死后不多时，他的朋友将其著述上奏朝廷，于是《三国志》迅速获得了官方和民间的普遍认可（杨耀坤、伍野春，1998，51页；白寿彝，1999，158页；杜维运，1998，93页）。

比较司马迁与陈寿在正统问题上的各自立场，即朝代更迭的合法性问题，或许有益于我们的进一步分析。如前所述，司马迁同情项羽、陈涉等

---

① 这样的说法似乎找不到根据。因为司马迁完成《史记》的具体时间并不清楚，司马迁之死也是个谜。书完成后，外人并不知，直到汉宣帝时，才由司马迁外孙杨恽公布，时称《太史公书》。东汉后，始以《史记》之名行世。——译者注

悲剧英雄，尽管他们未能成为最后的王者，但仍具备某些合法性，而且司马迁在《史记》中提升了他们的地位。相比之下，陈寿的标准更为刻薄。谯周所著《古史考》（逯耀东，1998，76～77页），或许是中国第一部系统的史学批评著作。作为谯周的学生，陈寿似乎无意追随司马迁的先例。谯周批判司马迁间或称颂项羽之类人物的做法，背离了儒家的道德标准，这样做也未能适当而明确地宣扬汉朝的正统性。因此，陈寿在处理具有争议性的历史人物时十分谨慎，唯恐对他们的同情会被解读为违背了儒家标准。他在这一中心问题上用力甚多：如何在处理三国关系及其与汉朝关系的过程中维持一种微妙的平衡？陈寿将取代曹魏的晋朝作为汉朝的“合法”继承者，因此，他将魏国君主列入帝纪，而将蜀国和吴国的君主置于列传之中。同时，为了表明魏—晋正统的完整性，陈寿忽略了蜀、吴君主称帝之事（卡特尔、克劳威尔，1999，70～71页）。他对三国历史的谋篇布局，也充分表明了他在政治合法性问题上的立场。《三国志》以《魏书》30卷起首，先述帝纪，次为列传；之后为《蜀书》15卷和《吴书》20卷。不像司马迁与班固，陈寿未列“书”或“志”，这或许是因时间不足所致。

但在主张魏晋正统的诠释表象之下，是陈寿对蜀汉故国的深深同情，甚至在某些方面，他对吴国亦流露出怜悯之情。对于蜀国君主，尽管陈寿没有将其列入帝纪，但他称刘氏父子为“先主”、“后主”，其妻为“后”、“夫人”。而对吴国君主，则一概直斥其名。此外，尽管陈寿略去了刘备称帝的直接记载，但通过运用司马迁“多重叙述”或“互见”的方法，他详细描述了与之相关的事件，诸如蜀国群臣如何发起称帝过程，以及他们对刘备诚挚的反复劝进。他的记载还包括与其登基仪式及封禅仪式相关的文件档案。所有这些写作手法都旨在暗示真正发生的事实。相反，虽然陈寿言及魏、晋之称帝，但其记述十分简略，隐去了所有的庆祝活动与仪式细节（杨耀坤、伍野春，1998，57～61页）。尽管陈寿承认魏晋的正统性，但其著作也赋予了蜀国以某种历史地位与重要性。我们不难理解陈寿对蜀国的同情处理：首先，陈寿虽是西晋官员，但他作为一名蜀人，这样做或许是为了寄托故国之思及对亲身经历过的国家覆亡的哀叹；其次，蜀国的建立者是建立汉王朝刘姓的宗室成员，而且，班固曾大力宣扬只有刘氏才有资格享有合法的统治权。尽管如此，陈寿从未直接断言蜀国的正统地位。无论如何，刘氏家族的遗产并未持续太久，因为蜀国在三国之中国祚最短。

陈寿并没有完全将精力耗费在他对蜀国的故国哀思上，同样也不在于他对魏晋正统性这一意识形态束缚的评价上。最终，陈寿拒绝因正统问题而停滞不前（雷家骥，1990，298页以下）。与司马迁一样，陈寿更热衷于保存过去的记忆，为达此目的而不顾政治压力，据事直书。他分别撰写了三国历史（其著作之得名《三国志》，是后人为之）。通过分别呈现三国历史，陈寿承认了当时的基本史实，即统一的汉帝国已经一去不复返，取而代之的是三国鼎立（金毓黻，［1944］2000，86页）。因此，他花费了几乎与蜀国和魏国历史同等的时间来记述吴国历史——一个缺少皇室血统及战胜其对手的方法与意志的王国。在这点上，陈寿有别于司马迁、班固以及许多依旧流连于汉王朝光辉历史的同代人，同样，他没有完全为大一统观念所束缚。从这个意义上说，陈寿或许在帝制中国的王朝史编修者中独树一帜，因为其他编修者的作品几乎无不歌颂政治与疆域的大一统思想。

陈寿对三国历史的现实主义呈现是时代的产物。班固与荀悦旨在确立统治者的至高形象，而陈寿则力图宣扬世族与豪族的声威。有时，陈寿对历史人物传记的书写绝非冷静公允，他甚至陷入了英雄崇拜的泥潭（白寿彝，1999，162页）。当然，英雄崇拜并非陈寿首创，司马迁与班固同样如此，但陈寿仿佛围绕着对其笔下历史人物惊人功业的生动刻画来书写历史，这确实收到了扣人心弦的效果。尽管陈寿的叙述也涉及天意，但他更痴迷于英雄事迹与伟大壮举。对他而言，历史阐明了英雄事迹，于是吴国的历史便可与魏国、蜀国之历史等量齐观，因为三国皆为群英荟萃之地。陈寿煞费苦心地描绘三国时代的许多非凡人物，有趣的是，他经常将这些人物的丰功伟绩与天意相联系。对他来说，天命是最重要的，但其重要性只有通过历史上的英雄豪杰的光辉业绩才能得以彰显（同上书，164页）。

陈寿不只聚焦于得意之英雄。《三国志》之所以比同类题材的其他史书流传更远，恰恰就在于它对历史人物的生动刻画，其中也包括那些未能实现个人抱负的悲剧人物。因此，陈寿描绘的许多故事不仅成为中国人的深刻文化记忆，同时也对东亚世界产生了广泛影响。因此，我们也就不难理解为何罗贯中（生活于1330—1400）要以历史小说的形式重述这些故事，且创作出了可以说在帝制晚期和现代中国流传最广的文学名著《三国演义》。陈寿在史学体例上的一大创新，体现在他对历史人物的介绍上，其中，他常常同时描绘人物的外貌特征与性格特点。罗贯中将这些叙述全部纳入《三国演义》中，极好地迎合了读者的胃口。陈寿对历史人物外貌特征的刻画及其英雄史观，或许反映了分裂时期非常重视个人的政治社会文化。一些学者将这一时期称为“个体觉醒”的时代（霍尔库姆，1994，4页；余英时，1980、1985）。

陈寿的撰述囊括了来自不同背景的众多英雄人物，其中许多人都没有士族或皇家血统。蜀国的建立者、陈寿的“先主”刘备就是个典型的例子。首先，刘备被描述为拥有一对异乎寻常的大耳与长臂这样一个并不讨人喜欢的形象。作为汉宗室或皇家的一员，刘备自命为汉王朝的继承人，陈寿对此亦暗自认同。但陈寿表示，与其说蜀汉的建立是刘备个人天赋的产物，不如说是其辅助者共同努力的结果。在这些人物中，最突出的有马贩关羽、屠夫张飞，而最重要的非诸葛亮莫属——他原是一位隐居乡野的才学之士，在刘备三顾茅庐后出山辅佐刘氏。尽管诸葛亮在陈寿的叙述中光彩夺目，且作为一个备受推崇的天才人物而出现，但陈寿批评诸葛亮未能吸引能征善战的军事将领辅佐蜀国，他认为这最终导致了诸葛亮北伐曹魏的失败。不过，陈寿对诸葛亮博学多才的动人描绘及对其丰功伟绩的热烈称颂，确立了公众心目中诸葛亮传奇的主干内容（亨利，1992）。幸而有陈寿的历史记述及后来罗贯中的小说修饰，诸葛亮在中国大众历史传说中生动而显著地呈现为一个完美的形象：一位具有超凡权威与魅力的模范政治家，且拥有卓尔不群的独特个性。

尽管陈寿对刘备及其光复汉室的事业深表同情，但他试图尽力真实、客观地描述刘备的成败功过，他不仅要展现英雄的长处，同时也要揭示其缺陷与不足。这一历史“现实主义”招致了那些坚持以蜀国为汉朝政治遗产与合法性继承者的人士的批判。例如，在陈寿死后一百年左右，习凿齿（？—384）抨击《三国志》，恰恰是因为陈寿在书中所秉持的以魏为正统的观点。著有《汉晋春秋》的习凿齿，绕过魏而以东晋承续汉朝。他坚持认为，汉献帝死后，汉之正统为蜀汉所继承，但在公元263年，魏国的司马氏吞并蜀国后，统治权由汉过渡到晋。由此，习凿齿视曹魏为篡逆者，而非汉朝正统的合法继承者，所以应该将之排除在以刘氏血统为基础的王朝赓续链条之外。

习凿齿对陈寿的指摘，着实情有可原。其著作成书于东晋时期，该政权在晋朝丧失对黄河流域的控制权后偏安江左。他的这一理论尽管略显自私，亦来自意识形态的驱使，但确是其在面临强大的北方对手如北魏鲜卑政权的情况下宣扬自身王朝正统性的一个勇敢尝试（刘节，1982，74页）。应该指出的是，鲜卑统治者称其国号为北魏，清楚地表明了其旨在宣称鲜卑政权是原先曹魏政权的合法继承者。因此，习凿齿有充分的理由来声讨曹魏政权的非法性。人们或许会说，习凿齿试图将晋与汉相联系的做法背离了历史现实，因此缺乏历史有效性。但习凿齿发明了一种文化观点而非历史论据来支撑其政治立场，他的这一举动对后世产生了深远影响。他将他的政治合法性理论建立在我们可以称之为文化主义的理念之上。他认为，因为晋朝继承了汉朝的礼仪文化，因此具有政治合法性；与此相反，野蛮的北魏是一个未开化的政权，因此，其政治权力也是非正义的、不正当的。习凿齿将文化传统与文化力量作为确定政治合法性的主要标准。简言之，文化优先于疆域，而且可以抵消或弥补疆域的损失。这一从文化观点出发的正统论，后来被宋代史家进一步发扬光大，因为彼时他们正与北方的征服政权相对峙（王晴佳，1999；杜维运，1998，87~89页）。

习凿齿并不是唯一对正统怀有浓厚兴趣的南朝史学家。事实上，正统是贯穿整个魏晋时期的普遍问题，任何书写历史的人都无法避开它（雷家骥，1990，355~356页）。沈约（441—513）与萧子显（487—537）的例子极富启发意义。他们二人都为史学家，亦以诗人与散文家而著称。除享有文名外，沈约与萧子显皆仕途通达，身居高位。尽管他们在朝中的显赫地位使其可以接触官方档案，但同时也对他们客观地书写历史产生了不利影响。沈约出生于一个历仕（刘）宋、齐、梁三朝的军人家庭，且其本人为梁朝之开国元勋。萧子显的家庭背景同样令人印象深刻，因为他是齐高帝萧道成之孙。作为其所事奉梁武帝的远房表亲，萧子显在梁朝因其皇室血统而享有声威，且凭借其出众的才华而受到礼遇与赏识。然而，由于沈、萧二人皆受命编修前朝历史，因此，他们同样面临着陈寿在追溯王朝统绪时所遇到的正统问题。幸而有许多既存史著可以供他们充分使用，或许更重要的是，由于他们杰出的文学才能，沈约与萧子显很快完成了他们的撰述任务。但由于政治压力及个人的伦理观念，二人的叙述存在明显的讳饰痕迹。毕竟，他们与所述对象之间有着复杂的个人关联。

沈约著有《宋书》，该书记述了（刘）宋王朝（420—479）的兴衰沉浮。徐爰（394—475）所著宋史及官方支持下的其他（刘）宋朝当代史，为沈约撰修《宋书》提供了极大的便利。不过，虽然它们作为第一手资料非常宝贵，却常常隐讳甚至歪曲晋宋鼎革之际的史实。沈约注意到了它们的缺陷，并哀叹说："事属当时，多非实录。"（杜维运，1998，137 页）但他并未尽力矫正这些弊病，甚至他自己也做出了类似的尝试，即回护取代（刘）宋的萧齐统治者的秽行。

萧子显面临的挑战更加令人生畏。萧氏所著《南齐书》记述的王朝为其先祖所建。等到他奉诏编修齐史时，齐已被梁所取代。在书中，他极力美化和赞美其先祖夺取刘宋权力及建立齐朝的举动，但他又必须指出齐朝最后一位统治者的恶迹，以此来取悦他的新主人梁武帝。萧子显不得不以这种方式来篡改和解释历史，从而说明梁取代齐的合理性。因此，尽管这两部史书在描绘宋齐鼎革之际的历史上付出了巨大努力，但历代史家对其评价并不高，原因就在于沈、萧二人公然屈服于政治私利与意识形态的淫威（《史通》，1978，第 1 册，116、187、199 页；白寿彝，1999，153 页；瞿林东，1999b，256 ~ 263 页；杜维运，1998，142 页）。

尽管如此，沈约与萧子显要远胜过魏收（505—572），其所著《魏书》被刘知幾称为"秽史"（《史通》，1978，第 2 册，365 页）。按照清代学者的观点，刘知幾的评论或许不尽公允（杜维运，1998，143 ~ 146 页）。相传，魏收向那些意欲将其祖先写入该书中的人收取贿赂，刘氏据此指责魏收，但这一传言并不准确。事实上，魏收虽是北方鲜卑拓跋政权中的一名朝廷史官，但他明显得到了喜好直笔的帝王支持（瞿林东，1999b，263 页）。

尽管传统观点认为北朝在文化上不及南朝，但北朝统治者在仿效汉朝模型的王朝史学的认真态度上却不输南朝。魏收获统治者支持编修《魏书》就是很好的例子。《魏书》凡131卷，它依据史官精选搜罗的大量当代史料而作，其规模之宏富可称百科全书。这一著作包括帝纪、列传、志，整体而言，它要比其同时代的对手萧子显所著《南齐书》更为全面。魏收坚决主张北朝的政治正统性，认为北朝是汉帝国的合法继承者。他称南朝为“岛夷”，言外之意是南朝人脱离了北方的主流文化。魏收视南朝为篡逆，因为北朝不仅具备政治合法性，同时亦是中原先进文化的继承者。当时史料描绘了一则有趣的故事，其中，一个北方人不厌其烦地训斥一位南朝将领对北方文化的轻蔑评论，这表明魏收的文化自豪感与自信心，或许准确地反映了北方政权的自我认知（皮尔斯、斯科特、奥黛丽·斯皮罗、伊沛霞，2001，18～19页）。到公元6世纪，北朝的文化发展已赶上南朝，这一时期南、北朝出现史学著作的数量就是有力的证明。从汉朝灭亡到唐朝建立期间，有多达140部王朝史问世。如果除去两晋史家所撰著作，我们发现南、北朝史家创作的史书数量恰好相同，都为36部（稻叶一郎，1999，186页）。①

二、有关汉朝历史的著述

朝廷史官的设置与起居注的引入，是促成王朝官修史书大量涌现的重要因素，但另一个更重要的原因则是汉朝的衰亡。魏晋时期，史学领域出现了对诸如《东观汉记》等汉代史书进行增补与订正的史学新实践。此外，汉帝国为后世留下了厚重的政治、文化和历史记忆。陈寿、习凿齿等人的著作中所表现出的史家对政治合法性的持续关注，突出了汉王朝对史学家的永恒意义。事实上，对正统的极度重视成为中国史学的核心特征。

---

① 如将两晋史著（26部）算入其中，则南朝史书数量胜过北方，但我们尚不清楚南方史书有多少为东晋史家所撰。然而，若与瞿林东的描述（1999b，227～234页）相比，或许稻叶一郎所列的书目并不完整。不过，瞿林东并未列出详细书目。——译者注

尽管陈寿与习凿齿在历史观上存有分歧，但二者对研究汉朝覆亡及其影响的热诚却别无二致。在编修《宋书》之前，沈约已撰有《晋书》，书中描述了汉、晋联系及其承继统绪，不过该书现已失传。除《南齐书》之外，萧子显另著有《后汉书》，此书亦不传于世。所有这些努力表明，史家对历史的兴趣与其力图铭记和保存汉朝记忆的意图息息相关。

这些学者皆非例外。史家对汉朝史的热衷，贯穿于整个分裂时代。在某种程度上，正是这种对汉朝史的强烈兴趣，才催生了王朝史编撰的第一次浪潮。《东观汉记》一经出现，即产生了空前的影响，并成为史家效仿的典范，但它并未完全成书，因时值东汉末年之混乱战局，该书被迫停止撰修。汉帝国灭亡后，许多史家力图续补完成该书，如今尚有八种续本存世（瞿林东，1999b，228～229 页）。其中一些为官方史家所作，亦有许多为私人撰述。此外，一些官方史家所著之书并非出自官方安排。司马彪（？—306）的《续汉书》就是一个典型的例子。作为西晋的秘书郎，司马彪受班固启发，立志续补《汉书》，结果便是 80 卷完整的东汉史著作的问世。它仿效班固的撰述体例，由纪、传和志三部分组成。遗憾的是，该书绝大部分已亡佚，只有八志 30 卷流传于世。志目基本依照班固的十志，但也增加了新的篇目，如《百官志》和《舆服志》。此外，司马彪将班固的《地理志》改为《郡国志》。这些增补与改动不仅反映了二者撰述旨趣的转变，更是司马彪个人创造的结果。他的主要目的是探讨东汉覆亡的原因。在纪传体下，他无法解释更不用说清楚地说明这些原因，只能在论赞部分留下少许暗示。但是，由于论赞连同纪、传皆已亡佚，我们无法确定司马彪是否在论赞部分提供了政治分析。不过，可以肯定的是，八志着实以此为目的。通过分别创设有关官制与礼仪文化的志目，司马彪将关注点放在帝国行政上，因为它在很大程度上决定了帝国的政治秩序。他强调“君威”、“臣仪”的重要性，这一主张源于他对东汉历史的观察，即他认为君威沦丧和臣子违礼，是导致东汉灭亡的重要原因。同时，他还发现了汉帝国存在的其他弊病。在《祭祀志》中，司马彪含蓄地批评那些在位期间奢侈放纵的皇帝，推崇“务从节俭”的政治作风。在他看来，奢侈放纵也是导致了东汉走向衰亡的重要因素。

司马彪对政治秩序的稳定性、正当性、礼仪性的强调，反映了一种真实的现实关怀。司马彪所处时代正值政治混乱、社会动荡的历史时期，衰乱的时局促成了时人对辉煌的大汉帝国太平盛世的深深怀恋，这也解释了当时出现撰写东汉历史高潮的原因。

到东晋世族袁宏（328—376）着手撰写东汉史时，已有多种东汉史著述行世，且有一些出自其同代人之手。袁宏生长于东晋王朝，该政权是被称为"八王之乱"（291—306）的内战幸存者建立的偏安政权。在这场血腥内战中，八位宗室亲王为争夺皇位而相互争战，且战争历时甚久（霍尔库姆，1994，3 页）。袁宏家族不得不离开曾在汉朝统治下繁荣富庶的乡土。尽管袁宏出生于战乱之后，但对失去岁月与土地的深切怀恋，成为其著史事业的重要动力。他对家族谱系及东汉历史的浓厚兴趣，促使他刻苦钻研当时已出现的大量东汉史著作。但是，他读得越多，对这些著作的质量就越发不满。他的批评主要体现在两方面。其一，尽管这些史书包含着丰富的东汉史料，但它们却常常难以勾勒出东汉历史的清晰轮廓。其二，许多史家满足于单纯地积聚、收集、保存东汉史料。他们常常缺乏对史料的考订与审核。因此，在他们的著述中，存在许多史实矛盾与错误（白寿彝，1999，167 页）。

为撰写一部能够清晰反映东汉历史概况的史书，袁宏决定仿效荀悦的《汉纪》，因此，他称自己的著述为《后汉纪》。与《汉纪》一样，袁宏的《后汉纪》是一部追溯帝王统绪的编年史。就像我们在荀悦的《汉纪》中所看到的那样，编年史并不像《春秋》一般枯燥、简略，它也可以拥有丰富的叙事。尽管袁宏的叙述仍以帝王及其统治为中心，但他试图纳入许多相关的人与事——他把对帝王、朝廷的叙述置于相关事件的大背景中。荀悦的《汉纪》主要取材于班固的《汉书》，袁宏则在参考多家行世史著的基础上，经过细致的剪裁综合，最终撰成《后汉纪》。因此，尽管《后汉纪》与《汉纪》都为30卷，但前者比后者篇幅更长，在内容上也更为充实。《后汉纪》在叙述细节上也更详备，不仅包括帝王及其近臣，还将当时影响较大的各种人物囊括其中。袁宏不仅为后世保存了丰富的历史记录，同时还对编年史体例进行了重大调整，即将详细的传记叙述融入到编年史中（白寿彝，1999，168 页）。因此，虽然纪传、编年并行于世（内藤湖南，1949，174 ~ 175 页），但如袁宏所做的那样，史学家越来越倾向于对二者进行调整、融合。无论如何，吸收编年史特征的纪传体成为中国断代史学的主导形式（刘节，1982，82～93页；雷家骥，1990，553页以下）。

与司马彪和其他史家一样，袁宏也致力于东汉史的研究，因为他希望从中汲取经验教训，达到以古鉴今的目的。他认为，历史撰述应以"名教"为中心，也就是说要教导人们理解社会等级秩序，通过让人们学习其"名分"在社会中的位置，从而使其明白应如何适应社会的整体结构。已经明白其"名分"或社会赋予的头衔或标签后，人们必须适当地履行其"名分"规定的职责，这样的话，他们将能"拨正"政局。袁宏甚至批评司马迁、班固、荀悦的著作，未对个人角色与位置的矫正给予充分重视。尽管他非常敬仰这些前贤在史学上的巨大成就，但他深信，只有他的著作才真正把历史呈现为一面反映正当的社会规范与适当的政治秩序的明镜。由此，袁宏认为曹操及其幕僚应为汉帝国的灭亡负责，因为曹操作为一名东汉官员，未能运用其权势与才能来辅佐年纪尚轻且未谙世事的汉献帝，相反，曹操通过滥用其影响与地位日益削弱汉帝国的统治，从而扩大自身的权力。曹操未能遵守其作为东汉官员的"名分"，即其角色与地位。他的行动是一种违反既存政治秩序的背信弃义之举，最终导致了汉朝的解体。

因此，袁宏对汉魏鼎革的观点与陈寿相殊，而更近于习凿齿。事实上，就像习凿齿，袁宏对曹操的指责带有个人及政治上的意图。袁宏写作《后汉纪》时，东晋王朝正面临着权臣桓温（312—373）篡夺皇权的潜在危险。这让曾拒绝赞颂桓温之父的袁宏十分担心。当被桓温质问之时，他写作了一段含蓄的文字讥讽桓温（白寿彝，1999，173页）。袁宏对曹操的评价，即善弄权柄的篡权者，是对彼时桓温篡权的严正警告。

袁宏的"名教"思想，显然出自他对历史悠久的儒家忠、孝原则的推崇，前者以君臣关系为例证，后者以父子关系为表征。袁宏进一步确定了名分的本体论基础，他认为首先是"道"的本体论原则，它涵摄一切，普遍存在于人类世界与自然世界中。由于君臣关系、父子关系共同构成了"道"，而"道"是名分与社会等级秩序的基础，因此，君臣关系、父子关系是永恒不变的，如同山川河岳一般长久存在。袁宏对名分本体论起源的探究表明，这一时期的史家逐渐脱离了汉代儒学的主流哲学宇宙观，而这正是其先辈荀悦奋力宣扬之处。荀悦持有一种高度机械化的天人相应宇宙论，如历史所揭示的那样，这个宇宙中的万物都有其具体的对应性，天以有形的方式与人类相关联。相比之下，袁宏更热衷于探索限定人性的第一原则。毫无疑问，他的哲学观点在一定程度上受到了玄学的影响——一种融合了道家哲学与儒家伦理经义的幽深玄远之学。它在当时士人中风行一时，我们在下文将对此展开更深入的分析。正如许多玄学家将至高、自生的“道”奉为终极存在，同时保持对圣人孔子教授的社会规范的合理、冷静的尊重，因此，袁宏也以支配宇宙运转的权威原则“道”的名义，来支撑“名教”思想。袁宏或许也受到了佛教的影响，在《后汉纪》中，袁宏对佛教进行了极为细致和热情的介绍，这显然是中国历史上“第一次以正式记载的形式将佛教载入史书中”（白寿彝，1999，175 页）。

尽管佛教在魏晋之前就已传入中国，但它并未得到广泛传播。在众多反佛者中，就包括当时最富才华的史学家范晔（398—445）。范晔对佛教的坚决抵制与严厉批评，或许恰恰表明，他所处的时代，佛教已大为扩展了其在社会中的影响，尤其是在朝廷中的影响。于是，范晔不能再漠视这一来自印度的舶来品。大量史料证明，当时佛教已渗入朝中。（刘）宋文帝（424—453 在位）对这一外来事物抱有浓厚的兴趣，他认为佛教能够劝善抑恶，因此有益于人类道德品行与社会风气的发展（白寿彝，1999，145 页以下）。宋文帝对佛教的兴趣可能出自实用与政治目的，而非虔诚的精神与宗教信仰，因为他视宗教为巩固政权的有效思想支柱。但在宋廷中确也有真正的佛教皈依者，如奉命编修当朝史的史官何承天（370—447）。何承天相信转世轮回，并认为它是佛教教义的根本，他也相信人通过努力提升自身业力，就能达到利人利己的善境。

与此相反，范晔强烈反对佛教的轮回思想。他对佛教的反感或许是其秉持“不重死”的儒家思想的写照，但也可能反映了他对自身坎坷人生的理解。尽管范晔出生于名门望族，却为庶子，据史书记载，他的母亲在如厕时生下了他。范晔在少年时代就显现出非凡的文才，这更招致了兄长们的嫉妒。成年后，他继承了一位无子伯父的职衔，正式步入官场，历官至尚书吏部郎。35 岁时，由于被人指责存在失德行为，范晔的通达仕途被迫中断，被贬为宣城太守。受此打击，范晔转而研究历史，并撰成《后汉书》。后来他恢复了在朝中的职位，且因自身的非凡才华而深得宋文帝的赏识，但也因此受到同僚们的嫉妒与排挤。公元445年，范晔因被卷入宫廷阴谋，以谋反罪被诛，时年47岁。

范晔追随司马迁，将历史撰述视作发泄人生与事业失意之情的方法。更重要的是，司马迁的历史观给范晔以深刻的影响。当然，范晔参考了许多行世史著，而且其著史事业存在可资效仿的范例（班固的《汉书》）。但是，奋力“成一家之言”的司马迁深深地鼓舞了范晔，他力图以自己独特的理解与观点来撰述历史（白寿彝，1999，133～134页）。在给诸甥侄的信中，范晔强调：“常谓情志所托，故当以意为主，以文传意。”（艾朗诺，1979，340页）不像他的许多前辈与同代人执着于东汉灭亡后的正统承续问题，范晔将精力集中在东汉覆亡的原因上。尽管写作此书正值其仕途失意之时，他试图以东汉历史的经验教训来开导自己，因为他意识到对现实的理解与对过去的了解密不可分。他对历史的反思并未将其从政治纷争中解救出来，但这些思考着实显示出不凡的见识，这使其著作脱颖而出，彪炳千古。同司马迁一样，范晔感到无人赏识，虽然他成功地掌握了“历史撰述的意义”，可却鲜有聆听者。“尝为人言，多不能赏，意或异故也。”（艾朗诺，1979，340～341页）

举例来说，范晔的著作与袁宏《后汉纪》的一个重要区别在于，除去其反佛立场，他也背离了袁宏的名教思想。袁宏以历史事例来宣扬政治秩序与社会等级的永恒性，而范晔现实地承认了历史的变化，包括那些似乎违反了名教的变化。范晔感兴趣的正是这些变化，他分析导致其产生的复杂环境，而不是简单地进行道德谴责。当然，范晔评价历史人物与历史事件也有以道德为基础的标准，但这一标准源自他对历史的个人观察，他也不必刻板地遵循儒家的社会等级秩序及其价值观念。与司马迁一样，在一定程度上也与陈寿类似，范晔非常重视历史变化，在描述与评判历史人物时，他也对“节”、“义”等品质给予了特殊关注。他赞扬那些具备这些品质的人，而不论其出身与最终的成败；谴责那些缺乏美德之人，即使他们身居高位。为此，他在称许班固博学多闻的同时，也批评班固未能认可那些在行动中表现出“节”、“义”品质的人物，虽然他们不是汉朝的盟友。在这些问题上，范晔认为班固要比司马迁逊色（《后汉书》，1965，1646～1647页）。

通过彰显“节”、“义”，范晔表达了他对推定的社会政治秩序不变性的怀疑，而袁宏、班固对此甚为推崇。范晔认为，社会政治结构既非预设亦非静止，相反，它是历史机遇与变化的产物。当权者不一定具有高尚的道德品质，而失败者却常常表现出优良的品德与英雄气概。事实上，范晔发现那些掌权者常常滥用权力，从而变得道德败坏。他怀疑，这是因为他们的上台纯属偶然，而非天定命运。在其他情形下，他们可能会变得相当平凡，甚至是悲惨的可怜人（《后汉书》，1965，820～821页）。这类评论或许出自范晔对个人挫折的沮丧情绪，但它确实开创了一条远离主流断代史学的新道路，因为主流断代史学以对既存政治秩序的信念为根基。

在探索历史因果联系的过程中，范晔从不同视角来考察历史事件。他赞同人们对汉朝灭亡原因的一致论断，即汉朝的覆亡，是宦官滥用权力与外戚玩弄阴谋的结果。但是，范晔不像前人抨击这些事态的发展，只是将其归咎于他们道德败坏，他进行了更加深入的分析。他认为：“成败之来，先史商之久矣。至于衅起宦夫，其略犹或可言。”为考察“衅”之起源，他分析了宦官的心理与经历，他发现：

> 刑余之丑，理谢全生。声荣无辉于门阀，肌肤莫传于来体，推情未鉴其敝，即事易以取信。加渐染朝事，颇识典物。故少主凭谨旧之庸，女君资出内之命，顾访无猜惮之心，恩狎有可悦之色。（艾朗诺，1979，347～348页）①

但范晔同时指出，并非所有宦官皆恶毒、堕落之徒。还有许多诚实、忠心的宦者，他们没有放纵自己的“邪恶本性”。范晔认为这一问题具有普遍性与制度性，它存在于如下事实中，即，一旦宦官成为朝廷不可或缺的一部分，他们的权欲就日益显露并急剧膨胀，导致“专夺之隙”。因此，“斯忠贤所以智屈，社稷故其为墟”。范晔得出结论：“今迹其所以，亦岂一朝一夕哉！”（同上）这类详细、系统的历史分析常见于纪、传开篇的

---

①《后汉书》卷78《宦者列传》。——译者注

“序”或结尾部分的“论”、“赞”中。

在撰写《后汉书》时，范晔原计划作100卷，其中包括十志。然而，他的写作过程后来因职务升迁而中断，这耗用了他大量时间。因此，最终他仅完成90卷，原计划书写的十志付诸阙如。在他去世之后，人们试图将其著作与司马彪的“志”结合起来，因为后者的纪、传皆已亡佚。但是，将司马彪的“志”合入《后汉书》，与范晔将自己的著作视同与班固《汉书》之相称续编的志向并不相符，因为司马彪略去了班固十志中的许多志目（白寿彝，1999，134~135页）。尽管范晔的《后汉书》体例上并不完备，但它仍被视作最有价值的东汉史研究著作，书中的序、论、赞更为后世所称道（瞿林东，1999b，242页以下）。不过，这类历史评论并非范晔的发明，它可以远溯至司马迁创立的史学传统，如果不算《左传》的话。然而，诚如白寿彝所论（1999，140页），范晔的历史评述，无论是在数量上，还是在质量上，都超越了他的前辈诸如班固、陈寿，甚至司马迁。事实上，范晔的史论堪比“历史论文”（艾朗诺，1979，346页）。正如他对东汉宦官的分析所示，他并没有像袁宏那样遵循预设的标准，来区分历史中的是非善恶。从不同角度对史实进行考察后，他凭借经验得出结论。

范晔擅长细致入微的历史分析，其表现见于《儒林列传》中对东汉学术发展与流派之演变的探讨。它始于对朝廷赞助下的学术繁荣景象的观察。“若乃经生所处，不远万里之路，精庐暂建，赢粮动有千百，其耆名高义开门受徒者，编牒不下万人，皆专相传祖，莫或讹杂。”① 然而，最初活力与创造性的迸发，逐渐让位于平庸无为及对既存学问的自满重复，更不用说各家之间门户之见的疯长。范晔一针见血地指出这种令人悲哀的情形：“诡诡之学，各习其师。”因学术派系及其相互论战而日益僵化的学术，逐渐取代了真正的学术交流。不过，尽管范晔对东汉的学术发展极为不满，但他最后宣称“学之效”总体而言还是积极的，因为学术的发展对东汉王朝的长久统治着实发挥了重要作用（艾朗诺，1979，387~389页）。在诠释的洞察力之外，范晔同时亦自夸其高超的文学技巧。范晔十

① 《后汉书》卷79下《儒林列传》。原书引文不全。——译者注

分擅长在论述中运用骈文，如“若乃经生所处，不远万里之路，精庐暂建，赢粮动有千百……”以此来增强叙事的文采。出于同一目的，范晔也经常运用同义或反义的双音节词与四音节词（艾朗诺，1979）。但是，由于他的主要目的是陈述观点，因此他反对执着于修辞形式。范晔宣称并警告说：“常耻作文士。文患其事尽于形，情急于藻，义牵其旨，韵移其意。”（艾朗诺，1979，340页）尽管拥有非凡的文学才情，但范晔只意在利用它们提供有力的历史叙述。在《后汉书》面前，许多同类史书相形见绌、黯然失色，甚至稍后时代的萧子显等颇负才气之人所著史书，亦不例外。唐代之后，《后汉书》取代彼时已大部亡佚的《东观汉记》，与司马迁的《史记》与班固的《汉书》并称为“三史”（《史学史》，1983，14页）。

范晔掌控史料的能力，不仅给8世纪的唐代史学家刘知幾留下了深刻印象，同时也深深震撼了现代史家（《史通》，1978，第2册，343页；瞿林东，1999b，241～242页；白寿彝，1999，135～140页；杜维运，1998，113～116页）。在古代中国，保存历史文献一直是史学家的一项主要职责，范晔出色地完成了这一使命。关于东汉历史，人们常常将范晔的《后汉书》与袁宏的《后汉纪》相提并论，因为它们一为纪传史，一为编年史。但是，毋庸置疑，无论是在史料之繁富，还是在历史解释之精当上，前者都要胜过后者。当然，由于范著作于袁著之后数十年，因此，范晔不仅在史料上得益于袁著及其他行世史书，同时其撰述方法与体裁亦从中深受启发。《后汉书》的组织编排类似袁宏的《后汉纪》，因为二者在对历史人物传记的编次上，皆以主题而非年代顺序为标尺。因此，他们往往不拘时代之先后，而各就其人之生平事迹，以类相从（瞿林东，1999，241页）。但范晔要比袁宏更为出色，主要原因就在于袁宏固执地坚守正统价值观念与礼制规范，范晔则更为现实地包容了历史的变迁。例如，在帝纪部分，他创立了囊括所有皇后的《皇后纪》，这显然与袁宏的标准不相符合。尽管这种包容性并非完全为范晔的首创，但它连同其对宦官作用的公正观察一并表明，作者默认了东汉朝政的历史事实。无论我们如何看待宦官与外戚，他们无疑是活跃于东汉晚期的强大力量，并最终导致了东汉王朝的灭亡。正因如此，才有必要对他们进行冷静而细致的研究。

三、史学变化与多样化

从司马彪到袁宏再到范晔，层出不穷的历史学家及其著作，表明了这一时期历史撰述与史学的长足发展，尤其是汉朝史研究的繁荣局面。汉唐之间长期动荡的政治局势不仅见证了断代史学的高潮，同时也见证了历史撰述整体的蓬勃发展。诚如许多学者所注意到的，在这一时期，史学逐渐上升为独立的学术门类。它开始脱离经学与其他学术门类成为一个独特的学科。学者及目录学家们开始视史学为一个独立的图书分类，而且朝廷决定把史学奉为官学的四大核心科目之一。在《汉书·艺文志》中，班固把史学著作依附于经传之后，这表明史学在汉代并不是一个独立的学术门类（逯耀东，1998，66 页）。班固视自身著述为儒家学说的解释说明，将司马迁的《史记》看做《春秋》经典传统的扩展。但汉代以后，司马迁的著作被称为《史记》，它取代了原来的书名《太史公书》，这表明了人们对该书史学重要性的认识与前人有很大的不同。通过以古代史书的通称“史记”来命名司马迁的著作，人们已将其视作一种新的图书类别的源头，而不仅仅是“太史公书”这个原始标题所暗示的个人的学术思考（同上书，67 页）。

尽管《史记》保留了“史”的最初含义，即朝廷官员，但在汉代之后，“史”被赋予了新的含义：它不再表示政府官员所担任的职位，转而代指史学家的撰述与成果。三国时期谯周所作《古史考》，就明确运用“史”来表示历史著作。其他史家也开始以同样的方式使用“史”字（《史学史》，1983，111 页）。此外，“三史”一词也广为流传。这三部伟大的史学著作成为后世渴望著史之人的光辉榜样。历史撰述地位提升，成为一门备受推崇的独特学科，它与经学平级，二者并称为“经史”。三国以后，史与经都被视为教育与才学的重要组成部分。

魏晋时期历史著作的大量出现表明了史学地位的上升。班固在《汉书·艺文志》中仅提及 12 种史书，他认为这些史书的性质接近于《春秋》，然而，成书于公元 656 年的《隋书·经籍志》，所记史书篇目达 874 种。其中有 817 部在当时仍行于世，总计 13 264 卷。这些书，除极少数是东汉史家所撰外，绝大部分问世于汉、隋之间。它们约占《隋书·经籍志》所录四部书种数的五分之一弱，卷数的三分之一强（史部类著述往往比其他类别卷数更多）（瞿林东，1999b，224～225页）。随着史学著作的大量增多，目录学家不得不为史学建立一种独立的分类。在《隋书·经籍志》中，"史"与"经"、"子"、"集"并列（曾贻芬，2000）。到那时，"史"一词更大程度上指史学著作而非史官职衔。甚至更早时候的南朝梁（502—557）的目录学家阮孝绪（479—536），就已运用"史"来特指区别于经的史学著作（雷家骥，1990，431页）。需要指出的是，经、史、子、集的四部分类法首创于晋初之荀勖（？—289）及东晋之李冲（生活于317—343）（陈启云，1975，173～174页）。

这一分类法获得了朝廷的认可。随着历史著作成为书目分类的正式类别，（刘）宋文帝（424—453在位）创建史学，由此，史学与儒学、玄学、文学共同构成宋朝官学的四大科目。他还诏命史官撰修前朝历史，这标志着中国历史上当政王朝利用官方史料编修前朝历史的首次实践（雷家骥，1990，430页）。班固《汉书》等早期此类著作只是出自史家个人著史计划。但宋文帝并非确立史学为独立学科的第一位统治者。一个世纪以前，在其军队连同其他游牧部落横扫中原之际，鲜卑将军石勒①（274—333）已将史学列为其朝廷中的四大学官之一。尽管身为胡人，鲜卑统治者同样热衷于运用历史来证明其政权的合法性，甚至比汉族政权有过之而无不及（杜维运，1998，21～22页；雷家骥，1990，390～391页）。

然而，朝廷对历史的兴趣是把双刃剑。尽管它无疑促进并激发了史家撰述历史的热情，却也使史家的生命变得格外危险，因为他们面临的帝王责难与审查制度与日俱增。正如人们已预料到的那样，朝廷经常向史书编修者施加政治压力，因为这些当权者自然倾向于认可唯一"标准"的历史版本。违背官方意图与帝王意识形态喜好的史书，往往面临着被禁毁的命运。魏晋时期发生了几桩臭名昭著的案件，在这些案件中，史家因在史著中提出了不同于当权者的观点而遭到迫害（雷家骥，1990，381～382

① 此处有误，石勒为羯族人。——译者注

页)。但是，当时也不乏英勇抵抗之史家，比如孙盛（302—373），他拒绝删改史书以迎合权贵意愿，而且决定将其书藏于安全之处，以俟后世读者。为宣扬官方的史学观点，梁元帝（552—555 在位）开始以“正史”来确定那些他认为具有权威性的史书。梁元帝在位时间并不长，但他创造的“正史”一词却经久不衰。它被用来代指官方认可的史学巨著，其中许多都是在朝廷支持下编修的某个王朝史。到 19 世纪，正史殿堂中包括 24 部史书（杨联陞，1947、1961），德效骞称之为“世界上最大的历史资料库”（1946，23 页）。

断代史只是历史文献的一种。《隋书·经籍志》在史部之下又分为 13 类。正史之外，还包括杂史、起居注、古史、杂传、谱系、地理等。刘知幾在《史通》中，将“史氏流派”分为 10 种，包括偏纪、逸事、家史、郡书、别传（《史通》，1978，第 1 册，273 页）。显然，历史撰述中也包含许多力图书写地方史、家族史及人物传记的努力。因此，魏晋时期见证了历史撰述的多途发展（逯耀东，1998，15 ~ 20 页）。我们在下文将看到，上述新流派中的杂传与别传在这一时期最具代表性（同上书，6 ~ 7 页）。

这一时期历史撰述的急剧增长与多途发展，可能是由多种因素促成的。统治者希望运用历史来论证其政权的合法性，并以过去为解释与支撑既存政治秩序的工具。与此同时，儒学的衰落与玄学的兴起，鼓励人们强调自我作为不受拘束的、自生的个体，这又导致了别传与杂传的盛行。其他的社会、文化因素同样也在起作用。东汉时期造纸术的发明与传播，或许促进了书籍的撰写与流传，但必须指出的是，尽管在公元 3 世纪和 4 世纪纸张已被大量使用，仍有许多书籍是用竹帛写成的（钱存训，1962；白寿彝，1999，156 页）。

一个特别重要的社会因素是世家大族的兴起。与日俱增的自我重要性意识促使他们记录家族的过去，并留下其他种类的见证。因此，地方史与家史随之蓬勃发展，遑论人物传记的风行。尽管这些世家大族在东汉时期就已获得社会、政治影响，但直到魏晋时期，他们才成为左右政治社会生活的显要角色。公元 3 世纪初，由曹操首先引入的九品中正制，在公元 5 世纪得以继续施行，它促进并巩固了豪门望族的权势。这一制度最初旨在为中央官僚机构选拔地方才俊。但是，它逐渐为世家大族、地方精英与地方世族联合而成的一股强大力量所垄断（格罗夫林，1990，148 页）。由此，这一制度的运转，更大程度上是门阀统治而非精英政治，因为它冲淡了评议地方才俊所应遵循的标准，而公然偏袒那些右姓大族。特别是在南朝的偏安政权中，由于缺乏强大的中央权力，偏袒、裙带关系以及不公正的等级划分等问题，被大大加剧了。“上品无寒门，下品无世族”，几乎没有例外。随着世资、门第成为选拔官吏的标准，这一时期出现了编修家史的空前高潮。因此，出于维持其高贵门第的考虑，每一世家大族都以撰修家谱作为保持家族名望的可靠方法。此外，许多官修史书中的传记结构也发生了显著变化。例如，在沈约的《宋书》与魏收的《魏书》中，许多传记篇章都围绕某一家族来组织编排，一传可能会记载某一家族几代以来的多达60 位成员（克拉克，2004，239 ~243 页；瞿林东，1999，274 ~277 页；逯耀东，1998，10 ~11 页）。除去提高家族威望，谱牒、家史和人物传记为那些可能被举荐在朝为官的家族成员提供了至关重要的背景信息。此外，婚姻的门当户对要以谱牒为依据。同样，这一时期“家训”的盛行也就不足为奇，如著名的《颜氏家训》，它为所有的宗族成员提供了如何保持和提高其社会地位的方法与忠告。

儒家学说的衰落与瓦解，也促进了一种新型世界观的兴起，这种世界观在很大程度上以个体为中心。因此，别传与杂传也逐渐流行开来。诚如余英时（1980、1985）所论，由于政治与学术的原因，儒学的影响在东汉后期开始日渐消退。宦官与外戚专权挫伤了儒家学者所怀有的政治抱负。许多学者为求得政治安全而转向枯燥的文献学研究，这减弱并模糊了儒学作为一门极富活力的学问所应有的实用价值。魏晋时期的政治分裂与社会失范，使许多人认为儒学已不再适用。它似乎不再作为社会政治秩序的意识形态基础而有效地发挥作用。人们的关注点由外在世界的社会、政治，转向内在世界的个人修养，这推动了玄学的发展（霍尔库姆，1989）。玄学所宣扬的“自然”观念孕育了个体的理想。魏晋时期，一种新的文化现象“清谈”耗费了大量的学术精力。“清谈”主要为哲学与本体论讨论，而非通常被儒家学者所青睐的国家与政治等现实问题。参与“清谈”者不仅需要展现他们对道家经典如《易经》、《老子》、《庄子》

的精通，同时还要表现出敏捷的思维、优美的辞令与敏锐的社会洞察力。这催生了人们对品题人物的浓厚兴趣（余英时，1980、1985）。尽管品题人物主要是为九品中正制举荐人才，但它也促进了个体自我意识的增长，并影响了史学的发展。例如，在陈寿对历史人物的描述中，他既关注人物的相貌特征，亦关注人物的精神品质，此举与品藻人物的实践及新兴的对人物肖像的兴趣相一致——专职人员通常从相貌与心理两个层面来评价人物品格（余英时，1985，126～127页；瞿林东，1999，286～290页）。

5世纪中期问世的一部准历史文献《世说新语》，淋漓尽致地展现了个体的自我意识。它生动地记载了魏晋时期大约626位名士贵族的逸闻轶事。正如马瑞志（2002，14页）所说："因为大部分事件与评论允许文学修饰与戏剧性夸张，因此没有充分理由怀疑它们的真实性。其中只有小部分与时代不符，或与已知史实相抵牾，或为显而易见的神幻描写，或是明显的矛盾。"该书所记载的几乎所有历史人物，都是出现于同时代历史著述中的真实人物。此外，尽管该书并非作为史书而写，但它显然不只包括单纯的文学叙述。然而，试图描绘这样一条清晰的界限是不合时宜的，因为直到6世纪，文史之间仍没有明确的划分界限（逯耀东，1998，69页）。因此我们也就不难理解，当时文学评论家刘勰（465—522）在撰写重要著作《文心雕龙》这样一部探讨文学理论、体裁与流派的著作时，将《史传》也列入其中。虽然作为文学著作的一部分，但《史传》主要考察了到刘勰所处时代为止的历史写作传统，比较并评介了主要史家的著作，更重要的是，它探讨了史学的本质、史家的职责及史著的功用。这些简洁而引人思考的论述，对于中国史学发展史提供了重要资料与深刻洞见。

如同经史在古代中国未明确分开，文史之间通常亦不存在清晰的界限。但是，正如杜希德所指出的，史学家高度的道德关怀与政府参与编修官方史书，最终加强了人们对文史差异的意识。传记写作的例子就非常有趣，且极富启发性。自司马迁时代开始，传记写作就在历史叙述中占据主导地位。但杜希德（1961，97页）认为，传记写作同样种下了"小说写作的种子"。事实上，诚如杜氏所论，在魏晋时期，"在以丰富史料所写成的官方史书中，不存在半小说与民间文学成分，这表明文史之间存在一个清晰的界限”（杜希德，1961，98~99页）。《世说新语》以其对人物事迹的生动刻画，而恰巧跨越了这一边界。尽管它并非官方所作（或许正是由于其非官方性），这一著作包含了关于文化环境的许多真实信息。因此，它也是一种重要的史料。例如，在《言语》篇中，我们看到了在当时备受赞颂的思维敏捷的有趣案例。比如以下关于邓艾（197—264）的例子：

> 邓艾口吃，语称“艾艾”。晋文王戏之曰：“卿云‘艾艾’，定是几艾？”对曰：“‘凤兮凤兮’，故是一凤。”（马瑞志，2002，40页）①

其中的一些对话揭示了当时思想文化领域发生的变化：

> 诸名士共至洛水戏，还，乐令问王夷甫曰：“今日戏，乐乎？”王曰：“裴仆射善谈名理，混混有雅致；张茂先论《史》、《汉》，靡靡可听；我与王安丰说延陵、子房，亦超超玄著。”（同上书，43页）②

此处，三种学术取向并行不悖：强调礼义的儒学，以事实叙述为依归的史学，颂扬超然的玄学。这表明在公元3世纪的西晋，儒学已不再是社会上的主导哲学。

在《任诞》篇中，我们发现当时的士人有意挑战儒家社会规范，因为他们愈发崇尚个性解放与精神自由。作为以智慧与博学而著称的竹林七贤之一，阮籍（210—263）极为蔑视公认的儒家礼法。他自视为一个摆脱了普通礼节束缚的人：

> 阮籍嫂尝还家，籍见与别，或讥之。籍曰：“礼岂为我辈设也？”（同上书，402页）③

在另一场合中，阮籍为其母戴孝，他不仅喝酒方醉，还“散发坐床，箕踞不哭”。他的朋友裴凯前来吊唁，也没有责备阮籍的放纵之举。裴凯评论说：“阮方外之人，故不崇礼制；我辈俗中人，故以仪轨自居。”（同上

---

①② 《世说新语·言语》。——译者注

③ 《世说新语·任诞》。——译者注

书，403页）

当然，并非所有举止荒诞的人都不会招致道德非难，即使在这个个人主义泛滥的时代。阮籍的朋友嵇康（223—262）——另一位名副其实的竹林贤者——就因“害时乱教”的罪名而命丧刀俎。陈寿与范晔同样因未能遵守适当的居丧礼节，而遭到谴责（杨耀坤、伍野春，1998，43、49页；杜维运，1998，110页）。但是，《世说新语》记载的许多事件，有力地证明了一种急剧的文化转型，“别传”与“杂传”的迅速增长就是其体现，人们希望借此来证实自身的不朽声名与自我价值。对唯我论的执着，同样引起了史家刻画历史人物的体裁变化。与《世说新语》同时代的《后汉书》，在其列传部分做出了一些革新。它创立了《独行传》、《逸民传》、《列女传》，以记录那些崇尚自由男女的逸闻轶事（王树民，1997，69页）。换言之，史学大大扩展了其所描绘的历史人物的范畴，从而提供了对于众多特立独行之人的更全面的展示。

尽管范晔以其反佛立场而闻名，但他在《后汉书》中所记载的非凡人物，却充分反映了佛教的影响。毕竟，佛教在这一时期十分盛行，它源自“一种具有强大的史诗传统与对个性有明显偏好的文明”（杜希德，1961，111页）。有趣的是，在《世说新语》出现后不久，中国的僧人们就开始建立他们的“高僧传”传统，撰写了许多集众人之力而成的僧人传记，这些传记往往以“名僧传”或“高僧传”为名。它们的体裁和结构与司马迁、班固创立的世俗传记传统非常一致（柯嘉豪，1997，5页），因此，我们可以认为中国史学传统影响了佛教的传记写作。同样，我们有理由推测佛教对奇幻的热衷渗透到了中国史学传统中，因此，甚至范晔这样的人都开始关注那些违反社会道德礼法的特立独行之士。事实上，其中一些人物就是僧人。《世说新语》多次提及著名高僧支遁（314—366），其出现次数之频繁几乎等同于杰出政治家王导（276—339）和谢安（320—385）。由于这本书，僧人支遁成为东晋最著名的人物之一（霍尔库姆，1994，112页）。

对传记写作的兴趣，同样促进了地方史与地方志的发展，当时，它作为历史写作的另一形式开始繁荣起来。尽管其中绝大多数已不传于世，但《华阳国志》等几部现存的地方史，使我们得以一窥这类著作的内容与结构。“作为这个时期最具代表性的地方史著述”（瞿林东，1999b，267页），常璩（约291—361）所撰《华阳国志》，记载了从远古时代到公元4世纪中国西部与西南地区的历史。常璩是四川本地人，因此其著述也以四川为中心。他游历甚广，早年在成汉政权官居散骑常侍——成汉政权是从公元4世纪初期到中叶的一个短命的四川地方政权。入东晋后，常璩为桓温参军。《华阳国志》结构独特。该书前四卷描述了这一地区的文化、历史、地理、人口、交通、风土、农业、民俗、吏治等概况，为有志于研究这一边疆地区的文化、民族传统与交流的现代史家提供了丰富而珍贵的史料（祁履泰，1998）。该书其余部分则依照常规，围绕历史人物进行编排，这表明司马迁、班固及其他史家的史著典范，深刻地影响了常璩的历史撰述（瞿林东，1999b，269页）。关于汉王朝历史的官修史书，是常璩所利用的三大史料来源之一。此外，他还参考了许多地方史，这些史书几乎都已亡佚，包括出生于该地区的著名史学家谯周与陈寿所著之书。不过，他也通过自己的研究积累了许多材料。可以料想，作为成汉政权的朝廷官员，常璩有机会接触政府档案（祁履泰，1998，110页）。但是，尽管他适当地记载了成汉政权的短暂历史，但他保持了对东晋王朝的政治忠诚。这或许可以解释他在使用这些成汉档案时的谨慎小心。因为《华阳国志》包含边疆地区少数民族的宝贵史料，它受到了现代学者的高度重视，并连同魏收的《魏书》与崔鸿（？—525）的《十六国春秋》，一道被誉为民族史的代表性著作（瞿林东，1999b，271页）。

在这一时期，对史学本身的思考也取得了长足发展，我们不仅可以从刘勰的反思中看出，同时也可以从裴松之（372—451）的《三国志注》中体察到。裴松之的著作，以受诏注释陈寿备受赞誉的《三国志》开始。但他最终所完成的远远超过了他最初的目标。利用《三国志》作为基本框架，裴松之整理了所有他可以接触到的史料，凭借一己之力创作了一部非常珍贵的研究著述，按照现代的说法，可以称之为“三国志史学”。该书的原名《三国志注》并未完全呈现其本质。当裴松之在公元429年完成《三国志注》时，该书超过了陈寿原书的篇幅，因为裴松之参考了超过200种著作，并将他认为合适的内容纳入其叙述中（卡特、克劳威尔，1999，68页）。裴松之所注内容，主要集中在四个方面：补缺、备异、惩妄、论辩。而其前两项是按照宋文帝旨意完成的，后两项是裴松之的个人创新（杨耀坤、伍野春，1998，240 页）。在前两部分，裴松之首先引用陈寿著作原文，然后将之与其他史料相对照，以便为读者提供多重视角，从而营造出一种史学背景。例如，陈寿对刘备征召诸葛亮的叙述，表明刘备三顾茅庐以求得诸葛亮之出仕相助。但裴松之在早期的史料中发现，是诸葛亮先接近刘备，表达了他渴望投身刘备门下的意愿。尽管这一发现与诸葛亮自己的回忆相矛盾，但裴松之依然确信它的可靠性（亨利，1992，593 页以下）。如果裴松之是正确的，那么陈寿略去刘备与诸葛亮首次会面的做法，清楚地表明了那个时代所发生的文化变迁——陈寿有意将诸葛亮塑造成隐士的举动，反映了魏晋时期所盛行的文化风气，其时，对政治与政治活动的蔑视在士人中间十分流行（霍尔库姆，1989）。

如果诚如陈寅恪（1890—1969）先生所论，裴松之的努力反映了佛经翻译与注释的影响（杨耀坤、伍野春，1998，242 页），那么他对惩妄与论辩的偏好，则扩展了中国史学传统（逯耀东，1998，14 ~ 15 页）。尽管裴松之大体上非常推崇陈寿的著作，但他仍然在某种程度上批判了陈寿对三国史的处理。这不仅针对《三国志》中存在的史实错误，同时也指向陈寿历史撰述的不一致性及其迫于政治压力而多有回护的弊病。如前所述，陈寿的著作写成于西晋时期，但他在情感上依旧系之于蜀国。陈寿书中的诸多回护与矛盾之处，皆源于此种张力。裴松之的处境与陈寿相似，但他比陈寿更执着于史家如实直书的神圣职责。他一直认为，正是历史的真实性才使其成为改善统治的一面有效镜子。历史呈现真实的观念，为当时统治者与史学家所热切推崇，而坚持史实准确性的信念，在唐代官修与私修史书及史学中继续发扬光大。

第四章 唐代史学
——史馆与史学批评

作为唐代最受推崇的皇帝之一，唐太宗（626—649 在位）得知昔日旧部与主要谏臣魏徵（580—643）的死讯后，含泪说道：

> 夫以铜为镜，可以正衣冠。以古为镜，可以知兴替。以人为镜，可以明得失。朕常保此三镜……今魏徵殂逝，遂亡一镜矣。（《旧唐书》，1975，第 8 册，2661 页）①

唐太宗以常用的镜鉴比喻，来强调魏徵的重要性，正是因为通过贤才与历史，我们才可以获得真理与知识。以史为镜的比喻当然不是唐太宗的发明，中华文明自古以来就这么用，及至唐代，俨然已成老生常谈。但它着实反映了唐太宗对历史的现实功用的敏锐认识。举例来说，与统一中国的隋文帝（589—604 在位）相比，唐太宗所具备的历史意识及其对史学事业的慷慨支持，无疑是众所周知的（雷家骥，1990，608 页以下）。隋文帝对历史写作持高度怀疑态度。公元 593 年，他下令严格控制所有的历史编撰与教学活动，因此，私家史著惨遭禁绝。他对历史编撰的严格控制，使得魏晋以来蓬勃发展的史学事业受到极大遏制。

不过，这一情形并未持续太久，隋朝亦短祚而亡。经过几十年相对繁荣的承平岁月后，隋朝的第二位统治者隋炀帝（605—617 在位）发动对高句丽的军事征伐，结果不仅劳民伤财，更无功而返。耗费甚巨的拓边战争非但未能扩张领土，反而加剧了国内的动荡，由此引发大规模叛乱，最终导致了隋王朝的覆灭（617）。在隋王朝的废墟之上，李渊建立了唐王朝。然而，唐高祖李渊（618—626 在位）刚巩固其权力基础，就为次子

---

① 《旧唐书》卷 71《魏徵列传》，北京，中华书局，1975。——译者注

李世民所迫而退位，李世民继承皇位，是为唐太宗。公元626年，李世民发动了一场流血政变，他杀死了他的两位同胞兄弟，其中一位正是皇太子。尽管唐太宗以残忍的篡权方式上台，但他很快证明自己是一位成功的、深得人心的统治者，并且“开启了唐代历史的第一个盛世”（魏侯玮，1985，38页）。

一、唐代史馆

为论证唐王朝及其自身统治的合法性，唐太宗创立了诸多典章制度，官方史学就是其中最重要的制度之一。正如杜希德（1992）的深入研究所示，唐代的官方史学建立在一种悠久的传统之上。此外，唐朝也得益于丰厚的史学遗产。隋朝之前，史学曾蓬勃发展，而且历史撰述与研究也得到了官方的大力支持。唐代朝中与历史撰述相关的官僚机构与职位皆以前代为蓝本，如隶属于秘书省的著作局始建于北魏时期。前已述及的著名史家陈寿、范晔就曾供职于该机构。然而，其名称——“著作局”，表明它本身可能还不是一个独立的史学机构（杜维运，1998，183页）。此外，在唐代之前，起居注纂修者已成为负责记载朝中之事的政府官员，他们的职衔包括“起居郎”和“起居舍人”两类。

尽管史馆有许多前身可考，但它着实是一项唐代发明，因为它“在公元629年正式成为宫中的独立部门”（杜希德，1992，13页）。这一制度革新意味着从此官修史书要遵循更为严格的程序：以起居注的编写为开端，经日历与实录，最后撰成国史。编修国史的需要是史馆存在的理由，其先例为《东观汉记》。此时，人们明确意识到记录当朝历史的迫切需要。与此同时，人们又迫切希望了解以往时代的历史（麦大维，1988，160页）。唐代史馆的建立，清楚地表明王朝统治者对官修史书的支持和越来越有兴趣，这一现象自东汉以降就越发兴盛起来。

尽管绝大多数唐代起居注与著作局史料皆不传于世，但一些残存的材料，让我们得以一窥其史学惯例。让我们首先来考察起居注的编修。它可以追溯到上古时代朝廷任命左史、右史以记录君主言行的做法。显然，起居郎与起居舍人所承担的职责延续了这一古老传统。起居郎负责记录

“皇帝的行动”，起居舍人则执掌录载“皇帝言论”之职（杜希德，1992，35页）。甚至他们在朝会大殿中的实际位置都与古代相一致，即起居郎居王座之左，起居舍人居王座之右（杜维运，1998，192~193页）①。退朝之后，他们通常以编年体将所记内容，编入正式的起居注中。同时，为确保记录的准确性，他们也与中书省及门下省的官员互通声息，因为诏令文书多由这两个部门起草。虽然我们通过史料知晓了起居郎与起居舍人如何在唐廷中履行职责，但他们的记录皆已亡佚，唯有温大雅（约572—628）所著《大唐创业起居注》传于世，此书是研究初唐历史的重要史料。该书主要记载了从李渊起兵反隋到建立唐朝期间的历史，所记多为温大雅亲身经历之事，因其家族与李氏家族之间存在着密切的关联。然而，这部史书的来源为起居注的说法却仍存疑。尽管温大雅的确在唐廷中担任官职，但他并不是正式的起居郎或起居舍人，他也没有试图按照起居注的体例来撰写史书。因此，自唐以降，目录学家径直将该书归入“杂史”或“编年史”之列（杜希德，1992，41~42页）。

另一类记录内宫之事的档案是“内起居注”。由于许多重要决策的制定并不经过正式的朝会程序，而当皇帝荒怠朝政时尤其如此，于是，内起居注应运而生。尽管内起居注到公元8世纪初期才正式出现，但事实上其历史可追溯至汉朝。而且，自汉以降，多由女史执掌记载内宫生活之职。唐朝继承了这一传统，其中一个著名的例子是，朝廷接连任命以宋若莘（？—820）为首的宋氏三姐妹担任此职（杜希德，1992，49~50页）。

如果说内起居注能够清楚地阐明皇帝的私人生活及其与家庭成员的关系，它却无法揭示皇帝与大臣于宫中做出重大决策的私人会面。为填补这一空白，宰相姚玮（632—705）于公元693年奏请撰修皇帝与宰臣之间的谋议记录，军国政事皆包括在内，因为它们可以详细记载重要的行政事务。姚玮的建议促成了时政记的设立，它通常由宰相本人撰写，并于每月末呈送史馆。从理论上看，这一重要的记注制度，确保了朝廷记录的完整

① 原文中的陈述为“起居郎居王座之右，起居舍人居左”。查杜维运原书为“每天子临朝，侍立于玉阶下，郎居其左，舍人居其右”，其论述与刘知幾《史通·史官建置》同。故原文中此处有误。——译者注

保存。但时政记编修无常，而且往往不尽准确，因为宰相常常以此为契机美化或夸大其在与皇帝决策中的作用（杜维运，1998，194 页）。但时政记的特别引入与定期编修表明了保存完整的历史记录的理想，已成为唐朝廷中官僚们的一致共识。

唐朝统治者与他们的臣僚保存历史记录的初衷各不相同。统治者推崇这一理想与惯例，是因为他们可借此将其遗产传之子孙后代。通过记载与歌颂自身的丰功伟绩，统治者或可凭借历史实现某种意义上的不朽。这种借助保存历史记录以实现不朽的观念，始自孔子、司马迁时代，在魏晋时期尤为突出，这无疑促进了当时历史撰述的蓬勃发展（同上书，26 页）。根据古人的名言，有三种方法可以实现不朽：立德、立功、立言。不像前人或许满足于三者居其一，唐太宗等唐朝统治者渴望三者兼备。唐太宗对史学事业的积极支持和认真参与，无疑源自他希冀留名青史的强烈愿望。

对于那些意识到唐太宗对历史充满兴趣的大臣与史家来说，保存历史记录发挥着更紧迫、更直接的作用：它建立了一套有效防范滥用皇权的道德准则。历史编撰通过影响君主决策起着道德杠杆的作用。当记录过程按照既定程序正常进行时，皇帝不得查看起居注，这大概是为了确保记录内容的公正性与独立性。唐太宗非常关心自己在史官笔下的形象，据说他曾经要求观看起居注，却被大臣们断然拒绝。由此，唐太宗在朝廷上明显变得谨言慎行，唯恐其不当言行会遗臭万年（同上书，173 ~ 174 页）。然而，政治的迫切需求常常凌驾于历史独立性的理想之上，历史不过是皇权的一个监督。唐太宗或许代表了尊重历史独立性与完整性的模范君主，但他的许多后继者却难以踵行其先例，甚至毫无顾忌地干扰撰修过程。

然而，尽管我们承认皇权违背并弱化了历史独立性的理想，但唐朝着实建立了一套旨在确保全面、公正地记录朝中发生之事的严密制度。不过，保存完整的记录只是第一步。唐朝在史学上的真正贡献，是被后世学者与评论家奉为圭臬的系统化、制度化的国史编修方法。正是出于此目的，史馆才建立起来。它的运作程序与中华帝国早期所建立的历史写作传统明显不同。不像归入“正史”（“正史”一词在唐代得到广泛认可）范畴的早期史书，唐代官修史书是集体努力的产物，由皇帝任命史馆，宰相监修国史。班固、陈寿、范晔，更遑论司马迁，皆出于私人动机，独立从事著史事业，而朝廷赞助下的集体修史，则在唐代成为定制。杜希德如此描述史馆的主要职责：

> 史官掌修国史，不虚美，不隐恶，直书其事。……皆本于起居注、时政记，以为实录，然后立编年之体，为褒贬焉。既终藏之于府。（杜希德，1992，13～14页）①

鉴于唐朝统治者对自身遗产的浓厚兴趣，史馆承担着重大的任务。它不仅被视为官场的组成部分，同时亦是政府中枢机构不可或缺的部分。唐初，史馆馆址与门下省相邻，史馆处于门下省的直接管理之下。后来，中书省逐渐成为唐朝廷的中枢机构，因此史馆被移至他处，以便更接近这一新的主管机构（同上书，17～19页）。史馆一直处于帝国最高政府机构的监督之下。史馆的主要功能是以编年体形式将起居注等既存朝廷记录整理为实录，然后再撰成国史。馆中常设编修官只有三四名，如果他们同时还有正式职位，则其职衔号曰“修撰”，如在史馆外别无他职，则被任命为“直馆”。此外，馆中设有“令史”和一些誊写员、典书官，辅助“修撰”、“直馆”展开工作。

由于撰修的最终成果是国史，因此，编修内容不仅涵盖朝会之事，同时也包括政府运作，以此作为整体来呈现一朝统治的全貌。这意味着编修者需要检视各种政府档案。史馆一经成立，随之确立了系统化的档案呈送机制。各种档案与史料，如奏折、藩国朝贡记录、赋税与人口资料，官员除授名单、官员考核、讣告等等，都引起史官们的注意，从而详细记录政府管理的各个层面。一些异常事件的记录，如被认为有重要意义且具预兆性的天文与地理现象，也被送到史馆来（杜维运，1998，186～187页；杜希德，1992，27～29页）。虽然实录与国史主要记载一朝统治的行政细节，但它们也包含许多不同主题的史料，它们是研究唐代历史概况的宝贵资料。

---

① 此段引文出自《唐六典》卷9，亦参见杜书中文译本《唐代官修史籍考》，黄宝华译，12页，上海，上海古籍出版社，2010。——译者注

由于实录记载一朝统治，因此，它通常在皇帝驾崩后立即编修。这对编修者来说并非难事。他们只需重新编排各类材料，并按照既定的叙述格式，即将之呈现出来。与帝、后相关的内容通常归入本纪，而与丞相或其他重臣相关的叙述则书之于列传。① 实录撰成之后，庋藏于秘书省中。史料显示，唐代实录直到当朝国史编修时才进行封存、不再向公众开放，后世王朝遵循了这一惯例。但在唐以后的各朝代，实录被视为机要文件，而唐朝实录流传广泛，不仅太子可以利用它学习治国之道，朝廷高官也可以抄录与其祖先或自身相关的内容（杜希德，1992，122～123 页）。事实上，许多抄本在地方流传，甚至被带到了日本。受唐朝启发，日本史学家撰修了相似的历史记录，合称为“六国史”，它们是日本现存最古老的历史文献。幸而有宫廷之外的流传，一些唐代实录得以留存至今，如唐代杰出学者韩愈（768—824）辅助编修的《顺宗实录》，因收录在其文集中而得以传之后世。《顺宗实录》甚至有英译本（所罗门，1955）。其他实录亦为后世史家所利用，并被收入其自身著作中，如司马光（1019—1086）的《资治通鉴》，我们在下一章将着重探讨这一宋代史学巨著。但是，唐朝皇宫因公元 755 年安禄山叛乱发动破坏性内战而惨遭洗劫，大量实录、起居注、内起居注散佚无存。叛乱结束后，朝廷恢复了实录的编修工作，但几乎全部失传。终唐一代，史馆共修成 25 部实录，凡 785 卷，涵盖了自高祖至武宗（841—846 在位）十六帝之统治（杜维运，1998，187 页），数量之多着实令人惊叹。

实录为撰修国史提供了原始材料。国史遵循与实录相同的编排方法与写作体例——它由本纪与列传两部分组成，在许多方面它不过是实录的扩展。但每部实录只叙一朝之事，而国史是累积的，它囊括了从王朝建立到国史编修的全部统治历程。撰写实录是史馆的日常工作，而编修国史似乎

---

① 唐代实录的体裁问题，说成是纪传体，有点偏颇。一般而言，实录采用编年体，并兼有纪传体的某些特征。南宋陈振孙称实录乃是“编年附传”之例（陈振孙：《直斋书录解题》卷 5《起居注·建康实录》）；晁公武称：“实录者，近起于唐，杂取两者（编年与纪传二体）之法而为之。”（晁公武：《郡斋读书志》卷 2《实录类》）近年谢贵安直接称之为“实录体”（《中国实录体史学研究》，武汉，武汉大学出版社，2007），盖强调其独特性。——译者注

属于临时事务。在唐初，朝廷曾几次下诏编修国史。第一部国史成书于公元627年，凡30卷，由著名史学家姚思廉（？—637）领衔，他也撰有其他史书。公元656年，高宗下令续修国史，由宰相长孙无忌（？—659）和令狐德棻（583—666）监修，此次编撰将之前的版本扩展为50卷。在中国历史上唯一的女皇帝武则天（684—705在位）统治期间，国史篇幅增加到110卷。据其诏命，刘知幾与其他史官将国史压缩为80卷。武氏统治结束后，韦述（？—757）重新扩展国史为113卷，后来柳芳（生活于690—750）将之增补为130卷。由于安史之乱期间部分国史散佚无存，因此国史编修陷入停顿，唐修国史的工作再未恢复（杜维运，1998，188页）。

尽管许多文献资料皆已失传，但仍有大量史料留传下来，这使得史学家能够在唐朝覆亡后撰成一部唐史。《旧唐书》成书于945年，并进献于后晋（936—946）朝廷。但是，由于持续的政治动荡困扰着后晋以及其他唐朝灭亡后兴起的政权，因此唐史的编修过程并非一帆风顺。编撰工作曾多次中断，主管人员亦几经变换。所有这些不稳定性与断续性影响了所编史书的质量，因此，我们将看到，宋朝时不得不重新编修唐史。然而，《旧唐书》仍颇富价值，因为它保存了许多重要的原始资料，即由唐朝史官所写的著作。该书的许多内容抄自唐实录、国史原文，由此也将它们传之后世。而且，编修者不仅收集了国都长安的残存史料，同时也从各省都会拣选到一些唐实录。此外，这些编修者根据搜集到的资料撰成十一志，涵盖了从历法、礼仪到食货、地理、风俗、舆服等各领域的内容。依照司马迁、班固所创立的典范而作的《旧唐书》是一部结构完善的断代史，全书200卷，均完整地保存至今。对唐朝原始资料的保存，弥补了其在诠释洞察力与叙述连贯性上的不足。

二、正史的撰修

值得注意的是，史馆同样承担着编修前朝历史的职责。唐太宗时期撰修的史书，几乎涵盖了魏晋南北朝时期的所有王朝。在唐朝建立后的第一个世纪中，共有八部官修正史问世。毋庸置疑，唐朝继承了备受推崇的汉代历史写作传统，但无论是唐朝统治者还是唐朝史学研究者，对汉朝的态度皆模棱两可。一方面，他们渴望在帝国行政与思想文化上仿效汉朝的丰功伟绩；另一方面，他们又视唐朝为汉朝的有力竞争者，认为唐朝可取代汉朝，成为中国历史上最重要的时期。在这一有益竞争意识的驱动下，唐朝自视为伟大的中华文明发展史上最辉煌的篇章。例如，唐太宗满怀着这样的宏伟目标，即编修一部堪与汉代两大权威史著相媲美的史书（麦大维，1988，163 页）。不过，有趣的是，唐代史家并未直接编修汉史，或许是因为他们在司马迁与班固的夺目成就面前自惭形秽。但是，他们的确对马、班及后继史家的史学著作进行了深入透彻的批判分析。他们将主要精力集中在班固《汉书》的研究上，这使得司马迁的著作在唐代黯然失色。与汉朝竞争，意味着首先需要延长国祚，并理解过去的经验教训。因此，唐代学者撰修的史书，几乎囊括了汉唐之间漫长岁月中的所有王朝，而不论其存在时间之长短。与此同时，唐代人对《汉书》及其史学的痴迷，即后来被称之为“《汉书》学”的学术思潮，也有助于定义唐代官方史学的特征，它将唐代史家的主要兴趣限定在断代史框架内。唐代史家所编的绝大多数史书都为断代史，《汉书》学（瞿林东，1999，292 ~ 293 页）成为史学研究的特定领域。随着《汉书》成为官学的核心科目，精通班固的学问及其著作几乎成为在朝中任职的必要条件，特别是在魏徵将《汉书》的一些章节编入通俗汇编《群书治要》后，尤其如此。难怪许多学者，比如主持编修唐代第一部国史的姚思廉，皆效法班固撰写断代史。

应该指出的是，班固的地位日显，或许也归因于其对儒家价值观的显著而坚定的信念，这与司马迁融合儒家学说与道家黄老学说的折中主义截然不同。事实上，儒家经学在唐代得到了蓬勃发展。唐太宗决定遵循隋朝旧制，通过建立制度化的科举制度来改革官员选拔程序。构成科举考试核心科目的儒家经典，再次大放异彩。与汉朝一样，唐朝统治者将儒家经典文献奉为官学。在著名学者孔颖达（574—646）等人的引领下，经传注疏研究繁荣起来，许多学者倾其毕生精力，撰述权威注解。同时，这些学术努力也推动了史学研究的发展。儒家学者如颜师古（581—645）宣称其祖先为孔子最忠实的门徒颜回（公元前 521—前 481），就将经学训诂研究与史学结合起来。除确立儒家经典权威版本的巨大贡献之外，颜师古

（他名字的意思就是“向古人学习”）也对《汉书》进行了深入细致的评注。魏徵监修《隋书》时，孔颖达与颜师古都提供了重要帮助。他们二人的协助撰修保证了《隋书》的高品质，一位现代学者称颂《隋书》为“一部很标准的集体编撰的史书，也是一部极为出色的官修正史”（杜维运，1998，215页）。

虽然班固的著作被尊奉为断代史的典范，但唐代史家在编撰前朝历史的过程中，回归了司马迁力图提供中国历史全景图的理想。毫无疑问，司马迁撰述通史的理想与实践启发了许多唐代学者。早在唐初，人们就已认识到系统重建唐代之前六朝史的必要性。公元622年，李渊（唐高祖）即位不久就颁发敕令，批准令狐德棻奏请编修六朝史的建议。诏令的基本依据是，尽管六朝皆速兴骤亡，但其中有许多经验教训可资借鉴，杰出人物的事迹也应予以表彰（《唐会要》，1955，1090～1091页）。显然，这一诏令的发布出于政治目的，即，一方面为唐代之兴提供历史解释，另一方面也为历史的教化功能所驱动——或许可从前朝兴亡中汲取永恒的教训与原则。唐代统治者将向过去学习，以免重蹈历史之覆辙。

唐代史家以其卓越的历史见识，及时对比分析秦与隋、汉与唐之相似处。前两者建立了统一帝国，但却迅速走向衰落；后两者收获了统一的果实，并建立了长久的统治。在唐高祖颁发敕令时，他并不知道自己的王朝会持续多久。他的敕令仅仅反映了他对历史的浓厚兴趣与坚定信念，因为许多统治者都视历史为统治之基石。但同样重要的是，他对历史的支持与隋朝因害怕历史的颠覆性力量而禁止撰史的政策完全不同。唐朝皇帝十分清楚掌控历史编撰所带来的种种可能性。事实上，太宗朝史馆的设立与官修史书的制度化，正是皇家试图掌控历史编撰的直接体现。

尽管起居注与内起居注在汉朝就已萌芽，但唐代史馆所开创的一种新的史学手法还是背离了早期史学传统与范式。唐代史馆的最显著创新，在于修史两阶段的制度化：先为注记，后为撰述。官修史书形成了正式而程式化的程序，即先由起居郎和起居舍人撰写起居注，然后将之呈送史馆，馆臣在这些原始材料的基础上编修史书，特别是编修国史。此外，随着历史编撰重要性的日益增长，起居郎与起居舍人不再承担记录天象与制定历法的辅助职责。虽然这种专业化分工早在东汉时就已出现（内藤湖南，

1949，237页；刘节，1982，131页），但唐代官员将它推向了一个新的高度。毫无疑问，到唐代，人们对历史观的理解已不同于汉代人。朝廷史官对人事的专注表明唐人已不再将天人关系视作历史发展的直接推动力。历史研究已经成长为一门独立的甚至自主的并服务于现实社会政治生活的学科。历代王朝的统治者，祈求上天佑护其统治，而唐朝统治者与其不同，更热衷于学习有益于其统治的实用的历史经验教训。总而言之，人们越来越重视显现在人类历史中的人力因素。

史馆的设立，同时也表明了唐代史学的另一显著特征，即官修史书的集体编撰（金毓黻，[1944] 2000，101页；仓修良、魏得良，1983，182页）。然而，这个基本特征需要一些前提条件。如前所述，唐代集体编修国史的制度，乃以以前的典范特别是《东观汉记》的编修为原型，但事实上，汉唐之间只有少数几部有价值（且现存）的史书是由集体编撰而成的。唐朝时期，统治者有意识地恢复和扩展汉朝许多史官建置，包括赞助史官集体编修当代史，但即使是在史馆成立后，集体编撰也没有立即生根，因此，并非唐代修成的所有史书都是史馆的产物。事实上，唐代第一批史书的修撰是在中书省进行的，当时史馆处在门下省的统管之下（牛润珍，1999，223页）。史馆成立之初，专门负责撰修实录与国史——它还未被赋予编修其他史书的职责。

诸子之间的自相残杀，导致高祖被迫退位，公元622年他下诏编修六朝史的计划最终无法完成。唐太宗在位时期，这一计划得以重新继续，公元636年，五部史书已经编完，主要涉及梁、陈、齐、周、隋各朝历史。这些史书被合称为“五代史”。史馆只编撰了五部史书，因为唐太宗与总裁们认为，没有必要重复编修与魏收《魏书》及魏澹（生活于560—610）相同题目的史书。他们认为这两部成书于隋代的史著，已经系统叙述了北魏王朝的历史。①

在这五部史书中，只有《周书》与《隋书》为集体编修，分别由令

① 原书有误，魏收所撰《魏书》成书于北齐时期。魏澹所成之书名为《后魏书》，内容自魏道武下及恭帝，为十二纪、七十八传，别为史论及例1卷，并《目录》，合92卷。此书义例与魏收之书不同，甚为简要。——译者注

狐德棻和魏徵监修而成。其他三部史书为史家奉诏独力撰写：姚思廉撰成《梁书》和《陈书》，李百药（565—648）撰成《北齐书》。但是，由于魏徵为姚、李二人之书作总论，因此，魏徵是所有五部史书的总监修人。尽管李百药与姚思廉都是当时的杰出学者，但一般认为其撰述之质量，要逊于其他两部集体编修的史书（瞿林东，1999，296～297页）。李、姚二人皆为出色的叙事家，尤其擅长撰写传记，但他们未能提供一种宽广的历史视野；集体编修的史书则对唐以前的历史进行了全景式的概述。在这五部史书中，《隋书》最受唐朝人及现代学者推崇，它由魏徵直接监修、著名经注家颜师古和孔颖达协助编撰而成（同上；杜维运，1998，214～215页）。

虽然这五部史书的质量参差不齐，但从整体来看，它们清楚地表明了唐朝时期不断变化的历史观。尽管异常天象依然吸引着人们的注意力，但如今，人们关注的焦点是人类的行为及其后果。同样值得注意的是，公元636年这些史书修成时，都没有"志"，仅由纪、传组成。此外，不像早期史书专注于正统问题，唐代史家并未在此问题上多着笔墨。大体而言，他们采取了一种中立的立场来看待之前的王朝，仅将过去发生之事看做历史不可分割的一部分。在早期史著中，南朝常称北朝为"索虏"，北朝则称南朝为"岛夷"。唐代史家摒弃了这些偏见，而对南北一视同仁。一些唐代史书甚至包含论述胡汉关系的内容，这表明了唐朝文化有别于以往时代的高度包容性。这些史书的作者，特别是魏徵，他撰写了大部分旨在揭示历史教训的史论，尝试公开比较汉与唐、秦与隋。唐代史家敦促他们的统治者汲取暴秦与暴隋的教训，学习汉朝的成功经验。魏徵依据儒家学说得出结论，指出秦、汉以及隋、唐之间的差异，在于它们完全迥异的统治政策：一个剥削百姓，另一个则安抚臣民。通过效法汉朝，唐代统治者将会为民众带来和平与福祉（《隋书》，1973，卷55、56、95、96）。最后，这几部史书的作者大多崇尚佛教，这表明，到公元7世纪，佛教已完全融入中国文化与社会中。唐朝人对佛教的态度与两个世纪前范晔的反佛立场形成了鲜明的对比，这也是"佛教征服中国"的见证（许理和，1972；白寿彝，1999，179～180页）。

这些史书带有一些明显的缺陷，其中许多问题同样存在于史馆编修的其他史书中。无论属私人撰写还是集体编修，这些史书都是在朝廷支持与宰相密切监督下完成的。因此，这五部史书都没有表现出作者的鲜明观点，更无从谈及使司马迁、班固、陈寿的著作脱颖而出的独创性。许多人物传记皆为程式化的写法，大篇幅地描述传主及其祖、父曾担任过的多种职衔。在刻画人物特点与个性上却着墨甚少（白寿彝，1999，179 页；瞿林东，1999，296 页）。当然，这一问题并不局限于唐代。早前的许多史书，同样非常重视对显要家族及其成员谱牒的撰写。但在唐朝史书中，这一准则似乎变得更为严格。这或许是因为编撰者试图在所有人物传记中保持适度的一致性，所以倾向于撰写标准化的谱系资料，而非刻画独特的人物性格。

这五部史书的另一个明显不足在于，它只有纪、传而没有志。这是一个很大的缺陷，尤其是唐朝力图与汉朝相比肩的话。由于这五部史书皆包含在正史中，因此必须增补志的部分。公元 643 年，唐太宗明确下令撰修五代史志。编修工作由在朝中与魏徵地位相当的宰相褚遂良（596—658/659）负责，实际的编修工作由史馆承担。这是史馆负责编修的、涉及前朝的第一部史书。尽管监修人几经更换，先后由褚遂良、令狐德棻、长孙无忌担任监修，编修工作还是顺利进行，并未中断，这极有可能是因为当时史馆已经达到了高度的一致性与常规化。可以说，顶端的变化对底部影响甚微。《五代史志》成书于公元 656 年，它被编入《隋书》之中，很明显，这是因为以专题为基础的志考察的是长时段的发展，因此，它最适合放在全部历史的最末阶段。《五代史志》主要涵盖了 10 个专题：礼仪、律历、天文、五行、音乐、食货、刑法、百官、地理、经籍。虽然前五志明显以班固所确立的汉代先例为原型，暗示出当时人对天道残存的兴趣，相比之下，剩余的五志则明确聚焦于人事制度和文化成就。显然，唐代史家已逐渐把天道从人事中分离出来，且将二者视为历史认识论领域的两个独立层面（瞿林东，1999b，298 ~ 299 页）。

关于唐代对人类成就的记载，其中一个领域尤其值得关注，即关于图书目录的《经籍志》。这一系统的知识分类，尝试把图书分为 4 类，即经、史、子、集，在此基础上又进一步分为 13 个类目。如此潜心的分类努力，旨在囊括唐之前问世的各种书籍，将既存的 6 520 部图书登记在册，并概括说明其大体内容。《经籍志》共著录图书 56 881 卷，包括史书 874 部，凡 13 264 卷。尽管其中的许多书籍业已失传，有些书籍甚至在撰入史志时就已亡佚，《经籍志》本身还是堪称一部宝贵的“书籍史”，它呈现了中国古代学术活动的大致轮廓与发展演变。唐朝所确立的经、史、子、集四部分类法，成为中国的图书分类标准，除去子类目的微小变动外，它几乎一直完整地沿用至 18 世纪末甚至 19 世纪初（曾贻芬，2000）。

公元 648 年，史馆修成《晋书》130 卷。它包含本纪 10 卷、志 20 卷、列传 70 卷、载记 30 卷。最后一种体例为《东观汉记》所首创，用以记载短暂的地方割据政权，《晋书》采用它来撰述与两晋并存的北方五胡十六国政权①。除作为史馆正式编修的唯一一部断代史外，《晋书》也号称拥有另一特点。由于考察了魏晋南北朝时期频繁的王朝更迭（晋朝所维持的相对稳定局面，不过是其他地区动荡政局的陪衬），《晋书》得到了唐太宗的特别关注。太宗尤其痴迷于通过深刻认识这种大动荡而获得的经验教训，他亲自为《晋书》撰写了 4 卷史论，使之成为所有正史中的“御撰”（陈世襄，1968，3 页）。由于被视作“史书之典范”（罗杰斯，1968），《晋书》被唐太宗当做礼物送给太子及新罗使臣（《唐会要》，1955，1091～1092 页）。

到唐太宗统治末期，史馆已成为撰修高水准史书的重要机构，但它并没有垄断官修史书的撰写。在 7 世纪中期，曾参与编修《晋书》的史官李延寿（生活于 600—665）独力撰成了两部史书：《南史》与《北史》。事实上，李延寿将该书进献朝廷，唐高宗（650—682 在位）曾撰写过一篇序言，以表彰他所取得的成就。李延寿不仅得益于开创这项事业的其父李大师（570—628），同时也受惠于史馆同僚撰修的史书，因为他主要依赖这些史书获取材料与观点。虽然李延寿的做法让我们想起了司马迁，但李氏却无法与这位汉代史家相比拟。尽管他试图在这两部史书中提供宽

---

① 原文作 the sixteen Särbi kingdoms in the north，乃笔误。“十六国”又称“五胡十六国”。五胡指匈奴、鲜卑、羯、氐、羌；十六国指的是五个北方内迁民族在中国北部及蜀地建立的政权，分别是：前凉、后凉、南凉、西凉、北凉、前赵、后赵、前秦、后秦、西秦、前燕、后燕、南燕、北燕、胡夏、成汉。——译者注

广、连续的历史叙述，但他所做的不过是剪裁、拼接史料，最终撰成的也正如柯林伍德所谓的“剪刀加浆糊式的史书”（1946，274～282页）。但是，如果说李延寿异常机械的论述没有使他获得创造性史学家的美誉，那么其著作之为时人及后世学者所称道，则主要是因为它保存了其所考察时代的史料。此外，在某种程度上，李延寿的确提供了对汉唐之间复杂历史的贯通性叙述，而且这些历史叙述着实解释了隋唐再度统一中国的原因（麦大维，1988，169页）。

如同前代一样，这一时期仍存在私人修史的努力，但自唐以降，官方支持下的集体修史成为历史写作的主导形式（王树民，1997，88页）。然而，如果要准确找出唐代对中国史学发展的贡献，那么它不是集体修史这种新形式的引入，亦非史馆的建立，因为二者不过是早先原型的延续。相反，唐代逐渐使集体修史制度化，并将之转化为帝国官僚体系不可分割的一部分。按照杜维运的话说（1998，195页），集体修史仿佛变成了“国营企业”。而且，史学的官僚制度化与唐代的另一重大制度密切相连，即科举考试的实施。这两项兼具政治性与文化性的措施，都产生了巨大而悠久的影响。唐朝统治者力图通过这两项制度创造一种非强制性的思想控制机制，从而巩固王朝统治（魏侯玮，1985，2页）。官修史书制度与科举制度成为唐代不朽的双重遗产，以致后世政权，无论胡汉，皆奉之为圭臬。官方撰修前朝正史成为定制，这一悠久的传统也得到当朝统治者的支持，遵循唐朝的典范，此类前朝史通常在朝廷的直接支持下集体编修。

三、刘知幾与史学批评

朝廷支持下的集体修史，不可避免地极易受到帝国的审查与干扰，而严格的审查，几乎与唐代史馆相生相伴。当时一位重要的史学评论家，曾供职于史馆，这也使他的批判更具说服力，他就是刘知幾。即使他不是中国古代最具远见卓识的史学家，也是唐代最具历史洞察力的史学家。他最著名的作品是成书于公元710年的《史通》。这本极富识见的史学著作，要比伊本·赫勒敦（1332—1406）的《历史绪论》（1377）早六个半世纪，后者通常被誉为西方最早的史学批评著作。刘氏还撰有其他一些著作，并参与过史馆的多项修史事业。虽然其他著述鲜存于世，但仅凭《史通》这本书，就足以确立他在中国史学史上的神圣地位。

杜维运很贴切地称《史通》为“批判史学”，刘知幾在书中考察了各种史学流派、体裁与思想，论述了其发展演变，同时亦对其优劣长短加以评判（1998，251~252页；张三夕，1992）。尽管这一著作是关于史学的总体研究，但刘知幾的核心目的在于批判史馆的集体修史制度。在《史通·自序》中，刘知幾回忆自己在史馆的工作经历，评论说：“虽任当其职，而吾道不行；见用于时，而美志不遂。郁怏孤愤，无以寄怀……故退而私撰《史通》，以见其志。”（《史通》，1978，第1册，290页）

刘知幾在这里表达了在许多中国史家的传记中经常出现的主题：献身于历史著述，以作为对自身理想受挫的回答。事实上，他通过提及早期学者的相似经历与撰述动机，而将自身与之相对比。与司马迁一样，刘知幾将他的精神动力归于孔子。他希图像圣人——孔子——治六经那样来对待史学——充分展现和理解历史的本意、历史的理论基础和具体表征，以求让经史并列，具有同等的神圣地位。就此而言，刘知幾的渴望，或许可与刘勰之抱负相比拟。刘勰在其巨著《文心雕龙》中力图阐明文学创作的深刻性，并将它们上升至与儒家经典同等的地位（孙康宜，2001）。实际上，他在该书中特辟专章论述历史撰述，在某种程度上，他对史学的简要思考成为刘知幾全面、系统史学批判的起点。刘知幾的著史理想，无疑在孔子、司马迁、刘勰等其他历史人物身上找到了支撑与理由，因为他最初曾战战兢兢地看待自己试图撰写一部史论著作的想法。但是，他在史馆中的失望经历成为最后的导火索，这致命一击终结了他的自我疑虑，并坚定了他撰写《史通》的决心（《史通》，1978，第1册，289~290页）。

《史通》是刘知幾毕生对历史思考的结晶。在此之前，他在编撰史书方面已经有了令人印象深刻的记录。出生于一个以文名著称的名门望族，刘知幾很早就表现出了对历史研究的浓厚兴趣。这似乎是他唯一擅长的科目，因为他对经学研究颇为淡漠。二十岁通过科举考试后，刘知幾开始在官府中担任小官。在之后二十年的任期中，他为后来的史著撰写打下了坚实的知识基础。由于他的工作事务并不繁重，因此，他很多时光都是在附近东都洛阳的藏书处度过的。随着学术声望的提升，刘知幾被朝廷征召，担任新的职位，这使他可以继续坚持其对历史的兴趣，当时，他独力撰写或与他人合著的许多史书相继问世。这些史书涵盖范围相当广泛，从家史到实录、国史的编修，无所不包，这充分表明刘知幾博学多才。

但是，刘知幾日益与其官方职责相疏离，特别是身居史馆时。武则天之死所造成的政局动荡与史馆监修的频繁调动，使他的撰述工作曾几度中断。公元708年，他上呈辞职信，这封信也被收录在《史通》之中。在信中，刘知幾概述了史馆集体修史的五大弊病：第一，集体编修效率低下，编修人员过多，人浮于事；第二，史官很难接触到史料档案，因为他们必须首先获得总裁的许可；第三，由于史馆馆臣作为朝廷内部人员进行工作，他们往往不敢履行如实直书这一公共职责；第四，由于史馆馆臣在不同官员的监修下进行撰述，因此所撰史书常常缺乏统一标准，且撰述质量参差不齐；第五，一些馆臣视其职务为闲职，整日消磨时光，无所事事（《史通》，1978，第2册，589~594页；洪业，1969）。

史官的平庸无才，是刘知幾批判的主要目标。他举出司马迁、班固和孔子的例子来说明史家应有的对自身的高期望。当被问及为何文士多而史才少时，刘知幾阐述了他的著名论断，即良史应具备三种品质：才、学、识。由于很难有人同时具备这三种品质，所以优秀的史家非常少，在史馆中就更为罕见。刘知幾观察，史馆一经建立，史官就占据了朝中的这个显赫职位。史臣们在华丽的馆宇内办公，且有充足的酒馔供应。享受着如此舒适的工作与生活，许多人无所事事、尸位素餐。实际上，只有十之一二的馆臣在从事真正的、实质性的撰述工作。正如史馆之日益僵化，历史写作的本质也逐渐模糊不清。刘知幾认为，如若要复兴历史编撰，就必须以全新的活力来实施两个基本步骤：首先，必须如实、勤勉地记录和保存史料；其次，这些史料应由诸如班固这样富有学识的史家聚合为连贯的叙述（《史通》，1978，第2册，318~327页）。史馆的渎职与良史的缺乏常常引起刘知幾的不满，但是，应该指出的是，他对史馆的批判也带有自身的傲慢与偏见（白寿彝，1999，203~205页）。作为世族名门之后，刘知幾十分蔑视那些缺乏世族血统与学术谱系的史馆同僚。他的家族背景解释了他异常热衷于家史的原因所在。他不仅撰写了自己家的族谱，同时还建议在正史中应增设《氏族志》。

毫无疑问，除个人偏见之外，促使刘知幾撰写《史通》的一个更大、更关键的因素，是历史编撰的客观性与真实性问题。史馆在这两方面皆存有疏漏。这一现实关怀是《史通》的撰述主旨，它时刻影响着刘知幾的评议与批判。《史通》包括《内篇》35 篇，《外篇》13 篇，共 49 篇。① 刘氏以此编排架构，有意重提与其结构相似的《文心雕龙》，他既敬仰刘勰的这本著作，同时也渴望自己的撰述能够与之并驾齐驱，甚至能够超越（洪业，1969，13 页，注释 3）。《内篇》主要探讨史学中的各类专题，《外篇》提供了一些补充材料与案例研究。该书论述了历史写作的诸多流派与体裁，包括正史的编排、结构与体例，以及相关专题如称谓、史料取舍、评论、补注、叙事、言语和分类。刘知幾的评论始终围绕着一个中心主题：如何记录和书写真实的历史。他在书中特辟《直书》和《曲笔》两章，来论述此问题。前者赞扬了那些如实直书的史家，后者抨击了那些歪曲历史的史家。

“直书”恰恰被许多中国现代史家用来表述兰克的名言：“如实直书。”与“直书”相联系的是“实录”的观念，该词在全书“十四篇中出现了四十多次”。这两个观念或许可被视为刘知幾史学思想的“注册商标”（许冠三，1983，435 页）。当然，运用“直”一词来形容史家品质的做法，由来已久。孔子就曾称颂史鱼的“直”。但对孔子而言，“直”意味着史家要拥有道德勇气，即不顾个人安危，揭示恶人恶行，而非努力呈现真实的历史。不过，刘勰在《文心雕龙》中所用的“直”，确实暗含着对事实准确性的真切关注。在对融合历史事实与道德谴责的沉思中，刘勰认真思考了如实直书的困难所在。在这一难题面前，他失去了信心，最终得出结论，以为二者（指历史事实与道德谴责——译者注）之间的固有张力是如此之大，以至于伟大的史学家司马迁、班固都无力解决。总

---

① 原文如此，此处或许作者略掉了《内篇》的《自叙》，如加上《自叙》则《内篇》为 36 篇，全书共计 49 篇。——译者注

之，刘勰甚至最终认为，虽然《左传》叙事华美，但左丘明并没有做到“如实直书”（《文心雕龙》，1983，183 页）。刘勰对《左传》的批评，或许导致了后来刘知幾对古代史家更为严厉的批评。当然，刘勰没有像刘知幾那样，对古史做全面的涉猎。

在《史通》中，刘知幾煞费苦心地阐释了如实直书与史家道德责任的关系。只有通过坚持和发扬“直书”的原则，历史在社会中的道德功用才能得以彰显。在《曲笔》篇中，他对这样的事实感到非常惋惜，即史家在论及亲者、尊者、贤者时，常常使用避讳的手法，略去那些可能有损其声誉的事件与言行。他承认这种做法或许有益于维持社会秩序，但它们严重违反了“直书”的原则（《史通》，1978，第 1 册，196 页），因此，他对这种行为持批判态度。在《外篇·惑经》中，他甚至质疑孔子在《春秋》中的隐讳，他说，如果历史确如照物之明镜，那么它应该反映一切事实，而无论其善恶好坏。只有在此意义上，历史叙述才堪称“实录”（同上书，第 2 册，402 页）。刘知幾并不认为“直书”与史家的道德评判格格不入，但他却因敢于批判孔子而声名狼藉，因为他明确指出了《春秋》中强调道德评判胜过事实记录的案例。刘知幾认为，史家从事史学研究，必须批判地解读和评价“已有文献中的个人见解”，《春秋》亦不例外。但是，诚如嘉德纳在其大著《中国传统史学》中所论，很少有中国学者能够做到如此（嘉德纳，1938，64 页）。在其简短的研究中，嘉德纳显然没能真正体会刘知幾史学事业的意义，只这样论述道：“自公元 7 世纪开始，一些富有勇敢、独立精神的史家，已逐步发展出史学批评的要素”；却又迅速补充道：“它们为正统人士所忽视或不满”（同上书，3 页）。事实上，刘知幾的《史通》可视作对当时既存史书的系统评价。

幸而有蒲立本（1961）与许冠三（1983）的论述，刘知幾的重要贡献才明晰起来。他们的研究表明，刘知幾不仅扩展了刘勰等学者所确立的史学批判传统，同时也强有力地影响了后世的史学实践。我们将看到，宋代司马光（1019—1086）与郑樵（1104—1162）的史学巨著，就深受刘氏之影响。刘知幾坚决主张如实直书的做法，也获得了比他晚约一个世纪的唐代杰出学者韩愈的认可。韩愈评论说：“凡史氏褒贬大法，《春秋》已备之矣。后之作者，在据事迹实录，则善恶自见。”（杜维运，1998，

317 页）与刘知幾一样，韩愈认为，读者通过阅读《春秋》，已知晓善恶美丑，所以史学家没有必要反复说明之。读者所需要的是历史事实的陈述。

刘知幾对历史批评的贡献是双重的。他以冷静而批判的态度评议史学著作及其作者，并强调严格审核史料的必要性。刘氏坦然承认，他常常在评论中严厉苛责那些他认为其著作极不完善的前辈史家。他在《自叙》中说："多讥往哲，喜述前非。"（《史通》，1978，第 1 册，292 页）但他也努力做到客观公允。刘知幾大力称颂隋朝史官王劭（生活于 575—620）的"率直"精神，同时又批评他"以诋毁为率直"，且在叙事中包含了许多无足轻重的琐碎细节（许冠三，1983，436 页）。相反，刘知幾极其厌恶魏收，"他利用一切可能的机会抨击之"，与此同时，他也称赞魏收在史学上的革新（蒲立本，1961，149 页；许冠三，1983，436 页）。换言之，刘知幾客观评判了以往史家的优劣得失。

刘知幾在史料批判领域的观点和识见，是值得称许的。他意识到了原始史料与衍生史料的区别，并以此来指导自己对史学著作的评议。例如，在《春秋》三传中，刘知幾更偏好《左传》，而非《公羊传》和《穀梁传》，因为前者不仅叙事典雅，而且提供了对历史事件的连贯描述，另外两传则集中阐发《春秋》的微言大义，而不重视其内容的真实性。刘知幾认为，史家在记录史事时，不应过于依赖口头传闻，并认为《春秋》和《史记》都是过度依赖道听途说的恶例。史家应尽可能地将其叙述建立在直接观察的基础上（《史通》，1978，第 2 册，379 页以下）。刘氏尤其青睐《左传》，因为就其作者左丘明（至今还没有令人信服的证据能完全否定其作者身份）作为孔子的同代人这一点上，他可能曾经亲历过孔子所记载的那些事件。由此，不难推想，左氏的评论最符合圣人原意。所以，在阐发《春秋》的微言大义上，《左传》要比《公羊传》和《穀梁传》更具优势，因为后两者"生于异国，长自后来"。刘知幾反问道："安得以传闻之说，与亲见者争先者乎？"（同上书，418～419 页）①

此外，刘知幾还提倡广泛而审慎地运用原始资料，特别是官府文件与

---

① 《史通·申左》。——译者注

档案。同时，他对非官方史料也给予了充分重视，如偏纪、小录、郡书、家史，因为它们大体上都为当代人所著（《史通》，1978，第2册，273页以下）。不过，无论是何种史料，史家在使用之前，都必须首先对其进行认真的分析和考订。

刘知幾的史料批判体现在外部批判与内部批判两个维度上（稻叶一郎，1999，224～229页）。外部批判主要考察史料的写作形式。刘氏主张史家应该以平实的文体撰述历史，在他看来，通俗易懂的质朴语言有助于描述历史事实。不过，或许是受刘勰的影响，刘知幾本人在写作《史通》时，运用了一种相对华丽的写作形式，即骈文。刘知幾的做法，实际上预示了中唐以后文人间十分盛行的"古文运动"的兴起。当然，刘氏的主要目标并不在于固执地宣扬一种历史写作的特定形式，他只是想确保历史叙述的客观性。因此，他反对"浮词"，提倡以现实的口语言辞叙述历史。正如蒲立本所论，刘知幾"十分蔑视那些将野蛮的统治者刻画为吐词文雅、出口成章的博学者的史学家，而称颂那些牺牲文采、保留通俗表达的史学家"。刘氏主张："若事皆不缪，言必近真，庶几可与古人同居。"（蒲立本，1961，146～147页）① 他还建议史家在叙事中应采简要、用晦之法，摒弃在唐之前就已十分盛行的骈文文体（《史通》，1978，第1册，165页以下）。

刘知幾不仅专注于运用模拟捕捉往事真相的叙述形式，同时也在历史叙述的实际内容上用力甚巨。他特别警惕应用于历史中的五行学说的真实性。刘知幾倾向于从人的角度来解释发生在人类世界的事情（蒲立本，1961，145页）。他并不反对史书记载天象，也没有否认这些天象或许会对人类历史产生影响。他乐于承认，在某些情况下，天人关系似乎的确存在，但他拒绝将此假说扩大化，即认为每一个重大的历史变化都是天意的产物。他批评司马迁运用天人相应理论，任意解释战国时期政权的兴亡存废。同时也对班固之热衷于天变，颇有微词（同上；雷家骥，1990，575～578页）。使他感到不安的是汉唐间的历史著作中对天人关系广泛而又经常的附会式运用，因为他的史学是理性主义与自然主义的。

① 《史通·言语》。——译者注

作为一部史学史，《史通》也认真评判了史家所运用的撰述体例。刘知幾首先将所有既存史书归于纪传、编年二体之下。然后，他又将其细分为六家，并依次探讨各家之起源、发展与前景。虽然他似乎认为这些体例与流派，大体上已穷尽了史学家呈现历史的方法，但他确实看到了改进与增补的可能性。举例来说，在思考正史中的志目时，刘知幾建议删除或大幅修改《天文志》、《艺文志》和《五行志》，因为它们常常与正史的一般内容相矛盾，或无益于形成对历史变迁的合理理解。与此同时，他主张增加三种新志目：《都邑志》、《氏族志》、《方物志》（蒲立本，1961，145页）。他的呼吁取得了一些成效。虽然大多数正史仍然保留着刘知幾想要删去的志目，但他增加志目的建议为杜佑、郑樵等后世学者所采纳（白寿彝，1999，196页）。

四、通史撰述

刘知幾对纪传体书志的评论，引发了唐代百科全书式也即“通史”一类史书的编撰。公元801年，在《史通》成书一个世纪后，杜佑（735—812）完成了《通典》的撰述工作，并创造了典章制度史的百科全书式体裁。杜佑意欲私撰综合性的典章制度史的意愿，让我们联想起刘知幾渴望编写全面的书志史的伟大抱负。但杜佑的创新超越了刘氏对史学体例的构想，虽然他确实受到了刘氏观点的启发。杜佑将有关天文、五行、符瑞的内容排除在其著作之外。刘知幾之子刘秩（生活于700—758）所撰《政典》，早于《通典》大约二十年，它为《通典》的撰写奠定了基础，且二者在结构上颇为相似。杜佑还将刘知幾长子刘贶（生活于700—760）所著《武志》收录己著中（麦大维，1988，185～186页）。此外，与刘知幾一样，杜佑亦为写作通史的思想所吸引。公元6世纪梁元帝在位时期，朝廷诏令史学家编撰一部《通史》，最后完稿的史书，凡600卷。虽然该书未能留传下来，但它或许启发了刘知幾和杜佑，因为他们皆以“通”字命名自己的著作。

作为一名经验丰富的官员，杜佑二十岁时便入仕为官，晚年身居丞相之职，历仕三朝，这为他从事政府典章制度史的综合研究提供了诸多有利条件。除个人兴趣与经历外，唐代中期的政治局势或许也激发了杜佑撰写《通典》的动机。在《史通》成书几十年后，唐王朝经历了安史之乱的大动荡，这次叛乱几乎推翻了李氏家族的统治。作为这一纷乱时期的政府官员，杜佑亲身经历了各种巨大的政治与统治危机。他希望将痛苦的鲜活记忆付诸笔端，并在此过程中阐明唐王朝所面临的危难境地。他旨在总结过去宝贵的经验教训，以寻求延长帝国祚命的最佳途径。因此，这部百科全书式的著作，历经三十余年才最终完成。杜佑的著作是唐代主流史学的象征，即对过去的认识与理解将直接致用于现世的统治（杜维运，1998，326～331页）。

支撑这种实用史学的是一种强烈的历史致用观念。这并不意味着史学家要任意处理历史，挑选或歪曲过去的事例以阐释当下情势。相反，它代表着一种为过去发生之事寻求人事解释的持久兴趣。这反过来又减轻了人们对历史中超自然力量的迷恋。杜佑的一个最重要目标，就是撰写一部系统而综合的典章制度史，以淡化人事与天命之关联。他甚至表现出了一种历史进化论观点，质疑古胜于今这一根深蒂固的信念，并反对“非今是古”。他不仅承认历史变化是必要的和必然的，同时还认真思考了这些变化的原因与规律。他得出结论说，每一个时代都自有其“势”和“理”，解决这些问题的最佳办法就是通过“变通”，着手革新，或者按他的话说，要有“适时”的历史远见。

虽然杜佑既不是史学理论家，亦非哲学家，但他确实影响了唐代的其他学者。最引人注目的是，后世学者柳宗元（773—819）进一步阐发并扩展了杜佑的历史进化论思想。柳宗元在历史上主要以唐代杰出文学家著称，但他也写过几篇重要的史论文章，从制度发展的角度探讨了历史的变迁。例如，在《封建论》中，柳宗元认为分封制的兴衰是历史的必然趋势，并分析了其中缘由。在柳氏史学批评的代表性著作《非国语》中（瞿林东，1999，430页），他列举了史家不必再尊奉天人关系理论的种种理由。他否定了《国语》中所记载的那些据称反映了上天明显干预人事的故事。柳宗元驳斥了天命观念及其对人类历史的影响，主张人类应该为自身的行为全权负责。他赞美那些顺应时代变化的历史人物，谴责那些固执于上天佑护之信念的蒙昧主义者，他们反对时代的前进，因此，最终成了历史的弃儿（《柳宗元集》，1979，1268～1269、2308、2310～2311页）。

在《通典》中，杜佑明确提出了这样一个观点，即历史之有用并不是因为它揭示了天人关系，而是在于它囊括了人类所有光辉的成就。通过仔细考察这部最为全面而系统的历史著作，我们可以看到事物是如何发展的，并理解历史变化的动力所在。杜佑未列有关五行、天文、律历的篇章并以这种方式来编排全书，这有力地呈现了他对人类历史的诠释。麦大维认为，杜氏旨在“保持一种论辩态度”（130页）。尽管杜佑明显从许多前人书志中吸收灵感，但他有意与之相分离，以不同的次序来呈现史料，并将其应用于不同的史学研究目的（1988，203页）。

杜佑并非第一个有志于撰述典章制度史的史家。安史之乱前，唐朝廷曾诏命撰修《六典》，一部关于唐代官制建置的文献汇编。它仿照《周礼》规定的六官进行组织编排。杜佑的《通典》没有模仿先前的任何史书。他将全书分为九门，以食货为发端，其后依次为选举、职官、礼、乐、兵、刑、州郡，最后是边防。

《通典》的结构编排，反映了杜佑对历史发展动力与规律的理解。他在自序中解释，全书之所以以经济生活起首，因为它是社会生活的根基。唯有在良好的经济基础之上，政府才能实施教化。杜氏主张，人们的文化与文明的习得有赖于礼乐，而且他认为礼乐是国家和社会的基石。因此，也就不难理解为何全书一半的篇幅都在追溯礼乐的发展源流。不过，礼乐必须以法和刑为补充。此外，必须有军队存在以便捍卫国家的边界。但是，如果缺乏精明能干的行政官员，那么所有这些政府设计都将无法实现，所以，选举成为保证官员质量的最重要手段。由贤能之士组成的政府，主要承担两项职能：其一，通过礼乐教化，建立文明的社会秩序；其二，利用法和刑，防止这种社会秩序的崩坏，并以充足的军事力量来保护它（《通典》，1988，1页）。

杜佑对历史上的文化与政府之发展的功能性与结构性理解，无疑受到了隋唐时期以政府的功效观即所谓的“治国论”为核心的政治探讨的启发（瞿林东，1999b，370页以下）。这些讨论牢牢地植根于历史之中，因为过去提供了有关善政与暴政的具体经验教训，而这些经验教训又解释了统治者及其王朝兴衰成败的缘由。随着政治的迫切需要，逐渐与实用的过去相联系，人们研究历史的热情也日益高涨。分裂时期的众多短暂政权，构成了唐王朝的前车之鉴，它启发了包括史官在内的许多唐代官员——无论在职者或致仕者——纷纷著书立说，交流关于国家“兴亡”的看法，以便使唐王朝不会重蹈覆辙。吴兢（670—749）的《贞观政要》就是一个很好的例子。作为统治者的政治教科书而撰写的《贞观政要》，描绘了所谓唐代贞观年间（627—649）的治国典范，并提供了许多关于善政的劝谏：甄选官吏、军事防御、教诫太子、刑法、贡赋、道德修养等等。作为朝廷史官，吴兢在撰写该书的过程中运用了多种起居注资料。他认为，政权的稳固、长久与否，主要取决于统治者对农业的重视及其“慎征伐”的明智程度。

杜佑强调官僚机构与典章制度的核心地位，这种史学主张同样标志着唐代史学向治国方略、经世致用史学的转变，其所著《通典》就是一个典型例证（杜维运，1998，326～331页）。尽管他对礼乐的着重强调反映了儒家的文治理想，但其目标决不是宣扬儒家的道德伦理原则，而是提供有益于统治的实用方法。虽然存在许多历史参照，但杜佑反对盲目效法古人先例，也不视它们为一成不变的法则。正如《通典》中的某序文所论，有效的统治既要效法古代典范，同时也要与时代相推移：“经邦在乎立事，立事在乎师古，师古在乎随时。”（《通典》，1988，1～2页之李翰序文）

但是，杜佑一些同代人认为他的有关政体演变的观点太过激进。因此，他们提出以一种传统的、保守的方式来处理唐代政治历史与统治。卷帙浩繁的《唐会要》就是一个典型例子（麦大维，1988，201～205页）。与《通典》一样，《唐会要》亦为私撰。该书作者是苏冕（？—805）、苏弁（生活于760—805）兄弟，他们皆以博通儒学而闻名。如果说杜佑力图宣扬发展的事实与变革的需要，那么苏氏兄弟则渴望推进对唐代典章制度史说教式的解读。尽管他们认同杜佑所主张的官僚机构是统治基础的核心观点，但他们对官员教诫表现出了更大的兴趣，而在这一领域，儒学能够发挥最重要的作用。因此，《唐会要》十分重视学术组织与团体、学校制度、册封制度、学术论战以及进献朝廷的重要著作，表现出对“官僚体制中的文人学术传统”的明显偏向（麦大维，1988，202页）。与杜佑对过去先例的批判态度不同，苏氏兄弟热烈赞颂唐代的典章制度，暗示出剧烈的变动与广泛的改革，不仅是不必要的，甚至可能对王朝统治是有害的。

尽管《唐会要》带有保守的倾向，但它着实为后人了解唐代官僚体制提供了充分的参考。苏氏兄弟积累了大量丰富的材料，并以一种便于读者阅读的方式进行组织编排。不像杜佑在《通典》中自由地抒发己见，苏氏兄弟主要将其评论限定在对史料的诠释与批判上。此外，他们专述唐代之事，而非通叙历代之事。如果说杜佑因开创了典章制度史的史学新体裁而为世所重，那么苏氏兄弟则因写作了一部“真正的行政体制的百科全书”而备受推崇（杜希德，1992，109页）。

公元804年，苏氏兄弟将他们的书呈献朝廷，全书凡四十卷，涵盖了唐代前九位皇帝的统治。由于该书颇受朝廷及学者们的重视，因此皇帝诏令史馆为之续编。《续会要》成书于853年，其记述范围扩展至当朝统治。现今可见之版本为宋代学者王溥（922—982）所撰，他在前二书的基础上续撰了唐晚期的史事。由于王溥的详细论述与增补，《唐会要》成为一部真正的关于唐代典章制度结构与发展综合研究的史书，同时也成为《旧唐书》的重要补充。《旧唐书》集中记载了历史人物的生平事迹，而《唐会要》则以事件为中心。二者互为补充，相得益彰，共同提供了关于唐代历史的宝贵资料（瞿林东，1999，367页）。此外，《唐会要》确立了一种新的史学范例。唐以后，编修《会要》成为朝廷史官的重要日常事务。

值得注意的是，当苏氏兄弟所著《唐会要》在中唐时期问世时，它完全出自个体史家的私人意愿。一些现代学者认为，苏氏兄弟之所以能够完成这项史学事业，是因为先前一部私家撰写的著作《国朝故事》在11世纪初期尚存于世（杜希德，1992，110页）。换言之，他们充分利用了在当时十分繁荣的私人史学中的一部史书。尽管唐朝统治者通过建立史馆来非难和控制历史写作，但私家史学仍然得到了蓬勃发展。官方试图监督历史撰述的努力并不成功，安史之乱后，尤其如此。尔后出现了许多私人撰写的重要史书，《通典》和《唐会要》就是其中的典范。但这两部书不过是冰山一角。唐代知识精英对写作“私史”、“历史笔记”的兴趣，在安史之乱前必定业已存在，但变乱之后，私人撰史更加普遍。如果说安史之乱标志着唐代历史的转折，开启了唐帝国的衰亡之途，那么它也预示着唐朝官方对控制历史写作的松动（杜维运，1998，331页以下）。

两大重要因素导致了唐代知识分子不要朝廷支持，转而从事私人著史事业。一个因素是士人们对史馆所修之官方史书的质量感到不满，其水准之下降在安史之乱后尤其明显。叛军进攻皇宫，造成大量档案资料的损毁。战乱平息后，史馆未能从这个巨大的损失中迅速恢复过来。另一个因素是士人群体对唐朝衰落的日益担忧。他们逐渐转向历史，以寻求指导与启发。他们对致用史学及制度史学的偏好，源自其对历史有益于治国施政的信念。如果史馆不再编修致用的史书，那么士人群体自然必须接受这一挑战。

对官方史学批判最激烈的是刘知幾，但也有许多其他史家对他的批评加以回应。刘知幾的同代人、《贞观政要》的作者吴兢解释道，他决定撰述历史，恰恰是因为他发现史馆修史存在许多弊病（稻叶一郎，1999，217～218页）。他们的批评集中于史官所撰写的列传，在杜佑等史学家尝试撰写典章制度史之前，列传构成了断代史学的主体内容。列传中所存在的主要问题是，许多传记成为对官员的“赞美纪念之词”，专为“延续他们的名字而设计，因此也是某种形式的不朽”（麦大维，1988，191～192页）。安史之乱后，官方史学普遍涣散，书写历史之失真日益蔓延。通过撰写私家史书，许多史学家认为他们在以如实直书的方式服务于政治统治的需要。与此同时，他们也渴望表达自己的独立观点。一些史学家为那些他们认为功绩卓越，却为史官所排除或忽略的历史人物作传。杜佑和苏氏兄弟等其他史学家，则开创了典章制度史的史学新体裁。

鉴于传记史学日益退化为歌功颂德的圣贤传记，纪传体也逐渐丧失其魅力与权威，由《春秋》所开创的编年体，在唐代学者中逐渐流行开来，《春秋》也再度被奉为最卓越的史书。在当时，荀悦的《汉纪》声名大噪，它常常比班固的《汉书》更受史家的欢迎（杜希德，1992，64页）。《春秋》与《汉纪》之所以备受推崇，是因为它们提供了可代替以纪传体形式撰写的官修史书的其他选择。而且，它们被视为道德说教史学的典范，因为在重述早先史书的过程中，孔子和荀悦都在文本中渗透了浓厚的道德价值观。许多私人史家渴望效法他们，借助历史叙述以表达自己的道德观点。

但是，这些私人史家无法充分接触档案资料，他们通常不得不依赖非官方记录。因此，就史料而言，他们的著作通常无法与官修史书相抗衡。不过，他们通过相对自由地表达其对历史独立的、有时更真实的观点，而弥补了其在史料上的不足。他们免除了朝廷干预、官方审查以及政治压力。安史之乱后，由于史馆在帝国监管下不断衰颓，日益丧失活力，私家史学得到蓬勃发展。除订正官修史书中的错误与史实失真外，这些史家也谴责那些随着唐王朝的衰落而日益普遍的大逆不道之举。

对现实政治的关怀，并不能完全解释当时人对私家及非官方史学的狂热。许多人撰述历史，仅仅因为他们喜好研究过去。虽然许多史家遵循孔子和荀悦的先例，也有不少史家采用其他的替代形式，甚至创造了新的史书体裁。这些著作——其中许多属于《世说新语》的类型——保存了被唐代官修史书所遗漏的杰出人物与寻常百姓的生平事迹的宝贵资料。相当一部分非官方史书，特别是出于娱乐的目的而撰写的所谓“史料笔记”，在写作风格上与文学作品相近。在很大程度上，史料笔记的迅速发展与唐代小说的出现同时发生——如果不是前者为后者做了铺垫的话（鲁晓鹏，1994）。尽管如此，它们应被视作史书，因为其绝大部分内容都是可靠的历史材料。事实上，后来大史学家司马光在撰写《资治通鉴》时，就广泛采用了其中许多的史料笔记（瞿林东，1999b，361 页）。这些私家史书大多已不存于世，我们只知其书名。尽管如此，它们证明了唐代史学领域的多样性。唐代为宋代留下了宝贵的遗产，它促进了知识能量与创造力的惊人爆发，而这又推动了史学进一步的繁荣发展。

第五章 宋代史学
——文化繁荣与史学的蓬勃发展

下文的论述俨然已是老生常谈，即，虽然宋朝在军事成就与开疆拓土方面无法与唐帝国相比拟，但它却在文化活力与学术成就上超越了唐朝，当然这也包括史学著述在内。如果说现代历史意识起源于欧洲文艺复兴时代，彼时出现了三种重要的思想观点，即时代差异意识、证据意识和对因果关系的关注（伯克，1969，1 页），那么我们认为这种记忆与研究过去的观念，在宋代已十分显著。

我们并不是说，文艺复兴时期出现的“现代”历史观念，在宋代已具备或者已经产生了与之相似的历史意识。中国宋代的历史“现代性”意识，未能积聚足够的思想厚度，从而形成对过去连贯性的新认识。我们做此对比考察，不是要展现中国历史文化思维与文艺复兴时期的欧洲相比所具有的落后性与无价值，后者的发展道路已被公认为是现代性的规范与标准；也无意不合时宜地说明，宋代学者已自觉地形成了看待过去的“现代”方法。相反，我们不仅旨在突出宋代与唐代相比在史学事业上的巨大成就，同时还试图从跨文化的角度对其进行阐述。当我们通过聚焦于关键人物与重要著作来探索宋代史学成果与思想时，时代差异、证据、因果关系这三个关注点，就成为方便的叙述主题、评判标准与阐释手段。当然，我们关于宋朝的讨论需要其他的补充资料，从而描绘一幅反映公元 10 世纪到 13 世纪中国史学准确而细致的图景。李弘祺已论述过，在时代差异意识之外，宋代史学还呈现出其他几个显著特征：对文体风格与描述历史事实之间联系的信念；历史批评的繁荣；对不同史实之间联系的认知（李弘祺，2002，59~60 页；又见，李弘祺，2004b，11~27 页）。

一、欧阳修与宋代史学的成熟

欧阳修（1007—1072）是宋代史学领域中的一位关键人物。他是一位卓越的政治家与思想家，极大地影响了11世纪的学术发展。他在铸成历史学家所称的“庆历学术”上贡献甚大，这一思潮在许多方面开启了宋代学术要独立于唐朝并建立自身传统的主张（柴木邦夫，1979，637~650页；刘子健，1967，88页）。但是，为防止盲目认同卡莱尔式的观点，即英雄人物是历史的唯一推动力，我们应该将欧阳修的成就置于适当的背景中。值得注意的是，即使是在政权更迭频繁、社会动荡不安的所谓五代十国时期，史书修撰亦未曾中断。由王溥编修并进献宋代第一位皇帝宋太祖的《五代会要》，记载了产生于这一纷乱时期的五部实录（陶懋炳，1987，276页；白乐日、吴德明，1978，177页）。除王溥所列的这些实录之外，五代时期还出现了不少其他实录（金毓黻，1976，114页）。

宋朝一经建立，官方支持下的史书修撰就开始兴盛起来。遵循唐代旧制，宋朝廷需要根据保存在起居注、时政记、日历中的大量原始资料编修各朝实录。宋自太祖（960—975）至理宗（1225—1264）十四朝都修有实录，但流传下来的仅有《宋太宗实录》20卷（出自最初的80卷），其余皆亡佚（白乐日、吴德明，1978，84页；尹达，1985，199~200页）。

除去这些丰富的官方编年史外，宋朝也定期采用纪传体编修国史，它涵盖几朝统治的重要事件（杨联陞，1961，45页）。这些国史是全面的历史叙述，而且在编排上非常接近正史：它们由本纪、志、传三部分组成（何瞻，1996，426页；尹达，1985，200~201页）。宋朝一共修成六部国史，第一部国史《太祖纪》仅有10卷。以后的国史无论在规模还是内容上都大为扩充。例如，成书于公元1030年的国史，涵盖了宋朝前三位皇帝的统治，全书共150卷（陶懋炳，1987，277~278页）。

可补充实录与国史的是各种“会要”，它们详细记载了政府制度、行政结构与行政规章。王溥所编《五代会要》就是一个很好的例子。在两年之前，即公元961年，他撰成了关于唐代的类似著作《唐会要》100卷。这两部会要为后世王朝编修此类著作树立了榜样（陶懋炳，1987，

278～279 页；杜维运，2004，5～28 页）。宋初同样表现出对地方与区域的浓厚兴趣，这导致了地方志的蓬勃发展，它是宋代文化发展的一大重要成就。我们将在下文对此展开深入探讨，但此处有必要提及成书于公元 980 年的《太平寰宇记》，它为乐史（930—1007）所撰，凡 200 卷。该书极富开创意义与不朽价值，18 世纪《四库全书》的纂修官对其评价甚高："其书采摭繁富，惟取赅博。"（何瞻，1996，417 页）根据清代学者的观点，这一著作为全面的论述与详尽的记载设立了标准，引导并影响了后世同类书籍的编撰（同上）。

显然，到欧阳修时代，官方史学已步入发展的高潮期。欧阳修既在史馆中以官方身份展开工作，同时也以独立的私家学者身份进行历史撰述。作为官方史家，他在《新唐书》的编撰过程中发挥了重大作用。这项工程开始于公元 1045 年，最初由宋祁（998—1061）领衔编修。欧氏在公元 1055 年成为主修官，最终于 1060 年完成 225 卷《新唐书》的撰修工作，他主要负责本纪、表、志。欧阳修又私撰 74 卷《五代史记》，即通常所称之《新五代史》。这两部作品皆以叙事简洁、文笔流畅为特点。毋庸置疑，这两书是文辞优雅的典范，但作为史书，也有着巨大的史学价值，值得我们进一步详细考察。不过，二书皆因对史事描绘的贫乏而遭诟病。因此，尽管《旧唐书》与《旧五代史》存在明显的缺陷，欧阳修意欲取代这两部史书的愿望并未完全实现（刘子健，1967，105～107 页；陶懋炳，1987，282～283 页；王德毅，1997，164～173 页；杜维运，2004，42～51 页）。

《新唐书》无疑要比《旧唐书》更为精致复杂，至少《新唐书》的编修者所掌握的史料要更加丰富。新著也更有效地运用了表和志。例如，表包含《方镇表》、《宰相表》、《宰相世系表》、《宗室世系表》四部分。其中《方镇表》尤其有用，其对唐代军事割据藩镇混乱的政治制度给予了清晰的描述。《新唐书》关于特定专题的志也更为丰富和完善，并增加了《仪卫志》、《选举志》、《兵志》三种宝贵的志目。所载有关地理、食货、艺文的志目，也要比《旧唐书》更加全面。举例来说，《旧唐书·经籍志》并未载录大诗人李白、杜甫和文坛巨匠韩愈、柳宗元的任何著述，《新唐书》纠正了旧史的这个重大缺陷（宋衍申等，1987，328～330 页；

陶懋炳，1987，285 页）。

简单地说，与《旧唐书》满足于直接录载或逐句重复唐代档案与原始资料不同，《新唐书》旨在锻造文辞优雅的历史叙述。而且，它力求达到“事增于前，文省于旧”的效果。由此，修成的史书极具可读性，并为当时人及后世学者所称道。不过，《新唐书》得之于简单易读，却失之于叙事过简。它常常难以充分运用唐实录中的大量史料，其所载列传与其他正史不同，通常不包含关于传主家族背景的具体细节。该书存在明显的疏漏，乃至连公元 7 世纪著名佛教高僧与学者玄奘（596—664）都摒而不列。《旧唐书》的本纪大约 30 万字，而在《新唐书》中则被删削为不足 9 万字。欧阳修热衷于运用总裁特权，肆意删削，甚至间或直接删除那些有华丽文风的唐代档案，因为这是他所厌恶的。更糟糕的是，虽然欧阳修及其同僚采用了许多被《旧唐书》忽视或未曾得见的史料，但他们却未能始终如一地审慎考订这些新材料的真实性。因此，宋代就出现了批判《新唐书》的声音。吴缜的《新唐书纠缪》成书于公元 1089 年，共列举该书错误约 460 条。他大胆断言《新唐书》是最差的官修正史之一。但是，他对该书的恶劣攻击或许带有挟怨泄忿之嫌，因为欧阳修曾拒绝他上书参与编修《新唐书》的请求（陶懋炳，1987，284 ~ 286 页；宋衍申等，1987，330 页；金毓黼，1976，123 页；白乐日、吴德明，1978，67 页）。更重要的是，比欧阳修稍晚的同代人司马光，在撰写巨著《资治通鉴》时，史实多取材于《旧唐书》，因为该书在史料保存上，要更为丰富翔实（刘子健，1967，107 ~ 108 页；金毓黼，1976，121 ~ 124 页；杜维运，2004，51 ~ 62 页）。

《新唐书》是官方赞助下集体智慧的结晶，而欧阳修所著《五代史记》则是私人努力的产物。欧阳修的撰写工作开始于 1036 年，此时他因强烈支持直言不讳的改革者范仲淹（989—1052）而遭贬谪，并被流放至长江南岸的夷陵县。事实上，从长远来看，这一仕宦挫折提升了他作为一个勇于坚守原则的士人的声望（刘子健，1967，32 ~ 35、108 ~ 109 页；戴仁柱，2004，xlix ~ l 页）。欧阳修与范仲淹的联系及其主张改革的立场值得我们关注，因为它阐明了《新五代史》的撰述方法。

范仲淹在公元 1025 年迅速崛起。这年，他在上奏皇太后和皇帝的书信中，有力地提出了拯救“斯文”的宏伟愿景。范仲淹和欧阳修等许多其他宋代士人，形成了他们如何看待中国文化以及中国文化应走向何方的清晰构想。“斯文”是源自上古时代的累积传统，它符合事物的自然秩序。包含在这种文化中的是先王之“道”，中国的规范传统只有通过运用适当的语言和文学，特别是以古文撰写的著作和个人道德修养，以及由天资聪慧、诚实正直之人所领导的社会政治秩序的制度复兴，才有可能达到和实现。不过，在此宏伟愿景之内却极富张力，不同士人对各派思想各有侧重。借用包弼德的话来说，欧阳修“是11世纪的一个核心人物……因为一方面他响应了范仲淹以激进的改制变革社会政治秩序的号召，一方面他坚持了这样一种观点，即将文化与道德作为个人创造的产物”（1992，5页）①。虽然在此处探讨欧阳修的文化观念并不合适，毕竟包弼德对此已做过深入研究（1992，178~185页），但欧氏对中国文化的评价着实影响了他的历史观以及《新五代史》的撰写。

这里需要交代一些历史背景。安史之乱（755—763）后，唐王朝日益衰落，刺激了节度使制度的发展与巩固，而它反过来又逐渐侵蚀着初唐以来的文治传统。到黄巢叛乱时（875—884），节度使已在中国占据主导地位，并公然藐视朝廷的权威。公元907年，宣武节度使朱温②（907—912在位）推翻了唐王朝，中国历史进入五代时期（907—960），在此期间的53年中，武人统治成为常态（陈寅恪，1974，1~49页；蒲立本，1979，32~60页；彼得森，1979，464~560页）。

恢复文治，是北宋初年统治者与士人群体的首要目标。仁宗（1024—1063在位）与神宗（1068—1085在位）在位时期，文治文化最终稳固地确立下来。王安石（1021—1086）与司马光各以其对儒家政治与文化的独特理解，倡导进行改革。由周敦颐（1017—1073）、张载（1020—1077）、程颢（1032—1085）、程颐（1033—1107）等极富创造力

① 此段引文参见该书中文译本《斯文：唐宋思想的转型》，刘宁译，5页，南京，江苏人民出版社，2000。——译者注

② 原文为the military governor of Henan，依文意改作“宣武节度使”。——译者注

的学者与思想家所创立的“道学”，提供了另一种被认为蕴含在先王之“道”中的文化观念。在文学领域，我们见证了苏轼（1037—1101）的伟大成就，在艺术领域则有郭熙（约1020—1090）的精深造诣（韩子奇，1999，86～87页）。换言之，欧阳修生活于一个武人在国家与社会中的主导地位业已丧失殆尽的时代。那么，究竟应该如何看待刚刚逝去的五代历史？历史过程应如何呈现、吸收和融入武人统治的那些令人厌恶的不幸回忆呢？

在北宋初期的公元974年，薛居正（912—981）完成了被称作《旧五代史》的五代史论著（陈尚君，1999，98～117页）。但是，欧阳修认为这一文本未能适当地谴责该时期，也未能提供正确的历史观与历史认识，因此需要撰写一个更好的版本。事实上，与其说欧氏新著为历史叙述，倒不如说它是对彼时社会现实的思考。在文官统治的支配地位之下，欧阳修和北宋中期的士人力图运用历史作为阐明和推进其儒家构想的工具，并在此过程中将自身定位为以天下为己任的“士”：以实际行动践行学问修身之道，借此努力实现他们的儒家文化观念。在欧阳修看来，五代历史明显违背了儒家的伦理纲常，因此，必须辨明并谴责其缺陷，以便从中吸取道德教训。总而言之，欧阳修的目的是赤裸裸的道德说教。他立志遵循《史记》的可敬典范，即以历史来揭示治国理政和修身养性的深刻原则。但作为史学家，欧阳修也深受司马迁对史料批判态度的影响，而且他认为不存在超自然力量，表现出他对过去事件进行理性阐释的强烈偏好（戴仁柱，2004，xlvii～lv页）。

因此，欧阳修所著《五代史记》（通常被称作《新五代史》），自觉地将自身同薛居正所撰《旧五代史》区分开来。虽然欧氏大约在公元1053年就已完成初稿，但直到他死后，该书才于公元1077年刊行于世。在《新五代史》中，欧阳修视五代为政治失灵与道德沦丧的典型，而《旧五代史》却尊奉它们为冷静处理当时特定问题的独立政权。他们对五代时期本质看法的迥异假定与结论，极大地影响了各自史书的组织编排。欧氏的《新五代史》将五代看做堕落的时代，尤以政治崩解与社会动荡为特征，遑论道德失范与精神破产。他对整个时期的消极认识，否定了其间各朝代的独立地位，因此，欧阳修并未对其进行分别撰述。此外，欧著不屑于记述“志”的内容，这主要是因为作者认为五代的典章制度经不起历史考验。薛著《旧五代史》视五代为正统，并为国祚不长的五代各朝，分别作史（书）。同时，它也包含了关于该时期制度建置的十二志。受儒家文化观的思想驱动，欧阳修在《新五代史》的撰述中，采用了一种以优雅文辞与精致散文为特征的叙述方式。它旨在建立简洁的描述与高度综合的叙事，力图从道德上教化和鼓舞读者的心灵。其为历史与文学的精妙混合体，熔道德说教与经验主义于一炉（戴仁柱，2004，xlv～xlvii页）。但简洁的叙事往往剥夺了读者对史实细节的掌握，相比之下，《旧五代史》的叙述要更为丰富翔实，尽管其文辞略显枯燥，通常只是引述已有的原始资料。薛著虽然在保存原始史料上极富价值，但他对史实的任意重复忽视了其内容的真实性，而且他沿袭了此中的许多错误说法，如朱温宣称其为舜臣朱虎之后。纵然薛居正的许多史实叙述更为详尽充实，但它往往缺乏对事件来龙去脉的完整描绘，相比之下，欧阳修的简洁叙事则首尾有序，连贯一致。通过批判地运用原始资料和参考更多的史料，欧阳修得以订正薛著中的许多不实之词（陶懋炳，1987，286～287页；韩子奇，1999，88～89页；王赓武，1973，53～63页）。值得注意的是，欧阳修的《新五代史》是私人努力的产物，而不受通常朝廷监修的限制。此外，它在五代结束数代之后修成，其目标不是官方读者，即皇帝与大臣，而是喜好历史的其他学者。这一广泛的历史受众设想，赋予欧阳修充分的创作自由，也促成该书在体裁上的创新与内容的丰富性（戴仁柱，2004，lvi～lvii页；杜维运，2004，42～51页）。

作者的个人经历同样影响着他们对五代历史的评判。薛居正曾历仕四朝短命政权。无论是出于自我辩白或公允的历史评判，薛居正认为五代已经形成了治国理政与政治承继的可行逻辑，其中的政治权宜要求某一政权中的文官轻易变节转而事奉另一政权。他没有批判武人统治，而把它视作历史的必然（王赓武，1957，22～40页）。欧阳修出生于宋朝两代皇帝之后，此时文官心理已弥漫于整个朝廷与官僚机构中。作为一个士人，欧氏满足于其所处时代及国家现状，并对彼时文化的光辉本质充满信心，相形之下，五代历史只会显得低劣而残暴。作者的时代处境，显著地影响了他们对历史的重建，正如韩子奇（1999，89～99页）指出的那样，两位作者在四大问题上分歧尤大：天命、中国与契丹的关系、建立于收养之上的亲属关系以及儒家学者的道德使命。

每个王朝都通过假定获得天命，来宣示其权力与政治的合法性，因此薛居正与欧阳修都必须全力应对为何五代时期政权更迭频繁的问题。薛氏认为，天意超出人类的认识与预言之外，人类对天意的唯一可靠了解来自预兆与征候。朱温之所以能够推翻唐王朝，是因为他回应了上天的征兆。

与之相比，欧阳修更强调人事。人事的堕落解释了王朝衰落与崩溃的原因，而文化的欣欣向荣则意味着王朝的繁荣兴旺，此即天命法则。根据这一法则，民众有权驱逐邪恶、腐化的政府。欧阳修认为，五代时期走马灯似的朝代更迭，揭示出这样一个简单的事实，即根本不存在什么天命，因为没有任何一位统治者通过巩固和捍卫五伦关系（君臣、父子、夫妇、兄弟、朋友）来维护儒家之道。他反对薛居正依据天命所建立的政治理论，主张文治框架内的积极道德行为，且其必须以儒家道德观与伦理观为基础。正因为五代“扰乱了”儒家道德秩序，所以它们是不合法的（韩子奇，1999，89～92页；戴仁柱，2004，l～lii页）。

当时史家不能忽视的另一重要问题是来自北方的威胁力量即契丹辽的角色。公元937年，后晋创立者石敬瑭（937—942在位）割让幽云十六州给契丹。北宋收复失地的军事努力徒劳无果，最终，双方于公元1004年缔结“澶渊之盟”，接受了既存的边界（傅海波、杜希德，1995，108～111页）。薛居正所著《旧五代史》，肯定了石敬瑭如此举动的正当性。书中认为，石氏作为沙陀突厥人，如果得不到为其率军出征的契丹统治者的及时援助，就不可能推翻后唐政权。因此，石敬瑭的所作所为情有可原，也就是说，他出于对契丹统治者的感激之情而割让土地，并承诺向其称臣，为“儿皇帝”。薛居正列举了大量以所谓的“锡姓以结其心”的做法来结成家庭关系的事例，而这一惯例可追溯至唐初，当时朝廷授予许多沙陀突厥人以皇室之姓——李姓。薛氏实质上将中国看做一个多民族的实体，其维系不是通过血统，而是通过外交手段，包括诸如宣称为某一统治者之子的稳定做法来实现。当然，薛氏确实历仕三朝沙陀政权：后唐、后晋、后汉。

与之相反，欧阳修非常重视华夷之辨。在他所处的时代，宋朝面临着北方的众多威胁力量，他不仅担心中国作为政治单位的生存，更忧虑中国作为文化实体的存在。石敬瑭与契丹的苟合，等于破坏了历史悠久的华夏礼仪，因为他颠覆了儒家三纲五常的基本价值观，忽视了正常的人际关系以及建立在血缘基础上的家庭关系。难怪欧阳修认为五代时期品德高尚的历史人物少之又少（韩子奇，1999，92～95页）。

"锡姓以结其心"的做法，常常意味着养子必须视养父为真正的父亲，并断绝同生父的联系。这种通过双方认同建立亲属关系的做法，也使得唐晚期及五代的将领得以建立一支号称"义儿军"的精锐部队，而且，五代时期许多皇帝就是养子或结义兄弟。尽管这些人并不是由于血统或血缘关系而继承了王位，但薛居正认为他们完全有理由成为统治者，因为亲属关系不只是血缘的产物。养子凭借忠诚、才干与辛勤工作，完全有资格继承王朝统绪。

欧阳修将此类随意的收养，看做是对血统的亵渎，它威胁到了儒家家庭价值体系的真正内核。基于双方认同而建立的虚拟亲属关系是出于利益的驱动，因而缺乏爱与关怀。为加强以血缘关系为基础的传统亲属观念，欧阳修特意在《新五代史》中撰写了有关五代家族制度的专门篇章，即《家人卷》（韩子奇，1999，95～97页；戴仁柱，2004，lxvii～lxxiii页）。

薛居正与欧阳修在对士大夫使命的构想上也大异其趣，这一分歧尤其体现在他们对冯道（882—954）的评价上。冯道作为文官，在五代时期历仕四朝。作为娴熟的和事老与能干的政治家，他事奉于武人统治之下，充当他们与文官之间的联络人（王赓武，1962，123～145页）。薛居正认为冯道是一个极富魅力的人，他微妙地弥合了文武之间的鸿沟。此外，他实现了儒家学者的使命，在某种程度上忠诚地扮演了五伦关系中臣对君的角色。由于薛居正本人亦历仕四朝，因此他并不觉得冯道任职于四朝之下的行为有何不妥。政权更迭由天意决定，因此忠诚地事奉新君是顺从天命的表现。

在欧阳修笔下，我们看到了一个完全不同的冯道，一个理应遭受最严厉的道德谴责的官员。欧氏并未过多描述其生平细节，而聚焦于揭露他作为一个披着儒家外衣的圆滑善变之徒。冯道谄媚地事奉那些借机上台的军事强人的行为，生动地展现了五代时期的道德沦丧。欧阳修希望阐明儒家文化的意图，与北宋中期巩固文官统治的大业，只允许他对冯道进行苛刻的批评。欧阳修对冯道的谴责，不仅是对某个人的谴责，更是对文弱的文官匍匐于武人政权面前的整个时代的声讨。士人的善变，得到了淋漓尽致的展现。他们极易被眼前的个人私利所诱惑，并最终为之屈服（韩子奇，1999，97~99页；戴仁柱，2004，lxxiii~lxxvi、430~443页）。

通过比较这两位史家，我们看到了变动的时代环境如何影响史家的历史认识与观点。薛居正生活于一个军事制度与价值观占主导地位的时代，他非常重视权变与妥协，以便使文官可在国家与社会中扮演更有意义的角色。与此相反，欧阳修力图扫除武人统治与违背儒家规范之举的最后残余。他希望复兴他所认为的儒家生活方式，这种生活方式有赖于由贤能之人即“士”保卫下的绝对道德价值观与士人统治。

同时，这两部著作，特别是欧著《新五代史》，也充分体现了极具说教意义的“褒贬”史学传统。这一历史悠久的史学传统始于孔子之《春秋》。但事实上，直到宋代这一原则才开始以高度普及化、严谨化、系统化的方式得到运用。欧阳修对冯道的苛责，就是通过历史评判进行谴责的极好案例。与此同时，他也辨明那些他认为品德高尚与政治忠诚的人物，并将他们置于《死节传》、《死事传》中，从而创造了某种德行分类标准。有时褒贬以一种更加微妙的方式体现。当欧阳修描述一个他认为善良正直的人物时，他只聚焦于其显著成就与主要作品，而掩盖了那些他认为最终无关紧要的缺陷与错误，因为它们无损于此人的整体价值（戴仁柱，2004，439~443页）。更有趣的是，欧阳修并未标明《新五代史》中评注的原作者，而其中包含有许多颂扬与谴责的案例。有史料显示，他的亲戚和学生徐无党是评注的作者。欧阳修或许才是真正的作者，因为他意识到了这些历史评论在波谲云诡政局中的影响力，彼时的政局足以吞没其时代的皇帝与群臣。最终，欧阳修把这些评判归之于徐无党是明智之举，因为徐并非政治中心的人物，他超脱于派系争斗之外（刘子健，1967，109~111页；嘉德纳，1938，12~13页；杨联陞，1961，52页）。

欧阳修所具有的现实关怀与说教倾向，并不意味着他是一个无原则的、不严谨的史学家。欧氏对于应该如何撰写以及怎样才能撰成准确、真实的历史，有着独特的看法。例如，他敏锐地意识到了朝廷监修史书的缺陷，因为个人观点与评判经常被湮没无闻，而且著史者必须遵循官方的解读路线。但是，私家历史观察与私家撰述则没有这样的局限。因此，除独力撰成获得官方认可并成为正史的《新五代史》外，欧阳修亦著有《归田录》，这是一部对官修史书脱漏历史事件的笔记汇编（刘子健，1967，105 页）。欧氏所为反映了宋代一种普遍的学术倾向，当时许多士人开始记录此类笔记。最后，他们会撰成笔记汇录。正如其名，笔记成为一种流行的著述体裁。尽管其中许多笔记属于文学与小说范畴，但它们同样也提供了许多具有难以否认的历史意义与价值的重要史料（李弘祺，2002，67 ~ 68 页）。

如同宋代许多其他学者一样，欧阳修十分重视史料整理。因此也就不难理解，由于可靠资料的缺乏，欧氏对待古史之小心谨慎。他推崇经典特别是《春秋》，因为它以简约的文字，准确地阐明了对国家治理与日常生活极富价值的恰切论点。欧阳修认为，如果说《春秋》叙事过于简单，那是因为孔子只记述那些能够为史料所证实的内容。由此，他以合理的怀疑态度来看待《春秋》三传的详细论述。最令他感到不安的是，在历史叙述中所包含的真实性尚未得到确认的详细叙述，他认为汉代学者常常有这个毛病。即使是司马迁的宏伟巨著《史记》，也未能逃脱欧阳修的批判，因为他不加判断地收集和运用史料，而未能排摈除那些荒诞不经的材料（刘子健，1967，100 ~ 101 页）。

欧阳修重视史料证据，并热衷于许多相关分支学科的研究。他积极参与了皇家馆藏书目《崇文总目》的编修工作。全书所著录的 3 445 部图书之下皆有“释”，而且欧阳修说明了“释”的修撰过程，以及应如何书写“释”，是为图书书目的一大创新。由于宋人对收集文献档案的普遍关注，当时存在为数众多的个人藏书家，其藏书可达 25 000 卷到 50 000 卷（戴仁柱，1988，73 页；刘子健，1967，102 页）。欧阳修同样也被考古学所深深吸引，它包括对金石以及其他人工器物的研究，这些器物提供了关于过去宝贵的原始资料。从公元 1045 年到 1062 年，欧阳修辑录、分类并评注了青铜器及石碑上的大量碑文，撰成 10 卷《集古录》，其中包括 400 余篇金石文字跋尾。他运用从这类实物中获得的原始资料，来考订早前历史叙述的准确性。欧氏不仅开创了专门的金石学研究，同时也在保存当代史料上用力甚巨。他认为，作为下一朝编修正史的原始材料，即历朝的国史底稿，应加以认真保存，以备未来之用。此外，他大胆主张修成的史书不应呈送给皇帝查看，如此编修者就不会有触怒龙颜之虞，从而确保历史撰述的独立性与公正性（刘子健，1967，102 ~ 103 页；杜维运，2004，63 ~ 66 页）。

对证据的关注，加强了欧阳修对古代史书与文献真实性的怀疑。在他精心的审核之下，儒家经典也并非完全可靠。欧氏撰写了有关《易经》的批评性著作，其中，他对该书所附哲学阐释《十翼》为孔子所作的成说提出了异议。同样，他反对公认的毛、郑二家对《诗经》的笺注，指责他们盲目地引入秦汉时期怪妄之说中的灾异现象（陶懋炳，1987，288 ~ 294 页）。最值得注目的是，欧阳修认为传统的正统观，往好里说存在一定的问题，往坏里说根本站不住脚。在传统儒家史学中，史家依据由适当（正）统治者完成国家统一大业（统）所实现权力的合法继承来解释朝代更迭。新王朝因其德行而获得天命，并通过继承前代政权而名正言顺地取得政治权力。这一道德假设，以形而上的信念为支撑，即政治的变迁与宇宙论的转变同时发生。诸如日食与星陨之类的天象征兆，标志着濒死王朝的终结，并预示着一个充满活力的新王朝的诞生。正如五行中的土、金、水、木、火相生相克，并在此过程中带来自然世界的运动与现象，人类政治统治领域同样如此，王朝之间以高度目的论的方式更迭转换，这就是理想化的天、地、人的整体结合（重泽俊郎，1972，395 ~ 406 页；戴仁柱，1988，68 ~ 69 页；饶宗颐，1977，1 ~ 27 页；陈学霖，1984，19 ~ 48 页）。

欧阳修并不看重天象与人事之间的相关性。在《新唐书》中，他认为孔子作《春秋》，只记灾异而未将其与人事牵合在一起。只是到了汉代，过度的预言与推测的幻想才开始在宇宙领域的评述与研究中占据主导地位，以致五行学说也在对人事的解释上获得了巨大的潜在影响。

欧阳修同样蔑视简单地将德行与政治并置于朝代更替之中。尽管他热情地称颂夏、商、周三代以及后来的汉、唐帝国为合法承继与统治的典范——因为它们都极好地实现了道德需要与政治特权的完美结合——但他也明确接受了短命王朝秦、隋的正统性，而它们通常被认为是道德堕落的。欧阳修承认它们的合法地位，是因为二者皆成功地建立起在全国范围内的政治统治权。对欧氏而言，“正”并非必须以“统”为基础。一个最初缺乏道德德行的政权，可通过有效利用权力的持久能力而得到矫正，通过为百姓带来和平与稳定，它获得了合法性。与《旧唐书》不同，欧阳修在《新唐书》中为臭名昭著的篡权者武则天单列本纪，因此肯定了其统治的合法性，尽管他对这位女性统治者的评判也绝非仁慈。但对欧阳修来说，如实地记录过去发生之事，要比道德评判更为重要。他进一步断言，在实际历史中，王朝统绪不可能绵延不绝，因为政治分裂必然意味着不可避免的中断。他指责史家人为地构建出一套根本不存在的持续不断的王朝更替模式（戴仁柱，1988，69～73 页；刘子健，1967，111～112 页）。

二、司马光与宋代史学的顶峰

在宋代史学中，几乎没有人可与欧阳修相比拟，作为史学家，他以诠释之精深、考订之精详、方法论之革新以及文体之典雅而著称于世。然而，司马光却是个例外。事实上，司马光是一位更有成就的史学家，人们通常将他与汉代的伟大史学家司马迁相提并论。他的主要成就是鸿篇巨制《资治通鉴》，共 294 卷。该书历经 19 年的努力方始撰成，所记史事上起公元前 403 年，下至公元 959 年，涵盖了 1300 余年的历史。它是中国历史上第一部编年体通史著作。

司马光的著史事业，始于撰修一部名为《历年图》的大事年表，他于公元 1064 年进呈朝廷。三年后，他把关于战国时期的历史叙述《通志》进献朝廷，该书起自公元前 403 年，止于公元前 206 年，经过修订后，成为《资治通鉴》的前 8 卷。英宗（1063—1067 在位）阅后赞赏有加，敕令支持这一撰述事业，并为司马光提供个人助手、历史资料以及物质上的优厚条件。司马光的进书表阐明了其宏伟的著史事业的旨趣所在：

> 自少已来，略涉群史。窃见纪传之体，文字繁多，虽以衡门专学之士，往往读之不能周浃，况于帝王，日有万机，必欲遍知前世得

> 失，诚为未易。窃不自揆，常欲上自战国，下至五代，正史之外旁采他书，凡关国家之盛衰，系生民之休戚，善为可法，恶为可戒，帝王所宜知者，略依《左氏春秋传》体，为编年一书。（蒲立本，1961，153～154页）①

正史的纪传体常常缩短人物的生平事迹、事件的发展进程，且将相互关联的史料分散于本纪、志、表、列传中。出于对此不满以及受《左传》之启发，司马光决定采用编年体来呈现历史事件，试图尽力减少繁琐的叙述，并展现历史的连续性。毋庸置疑，司马光编修此旷世巨著，同样也因为他确信历史的教化功能。通过构建一部从古至今的历史，他将揭示治乱兴衰的动态模式与根本原因。通过研究过去并从中汲取经验教训，统治者和士大夫可以设计出最佳的统治方式。

公元1067年，司马光向神宗皇帝（1067—1085在位）进读《通志》，深得这位新君的赞赏，神宗赐其一宏大的书名曰《资治通鉴》，并亲自为之撰写序文。司马光也获得了皇帝昔日颍邸藏书的赏赐。在帝王的支持下，司马光与助手们开始设局修史，前期有刘攽②（1023—1089）、刘恕（1032—1078），后有范祖禹（1041—1098）加入。尽管有皇家的支持，史局是独立自主的，完全处于司马光的监督与管理之下，因此，该著作实质上是一部私修史书（蒲立本，1961，151～154页；陶懋炳，1987，296～297页）。

撰述事业开始不久之后，作为一个保守派政治家，司马光就卷入了由于文化构想与治国政策的不同而引发的党派斗争中。他与王安石彼此对立，此时后者因主张彻底的变法革新而深受皇帝倚重。司马光对完备的学识与稳健的政体抱有坚定的信念，因此，他强烈反对“王安石新政”所提议和推行的激进变法（包弼德，1992，212～253页；刘子健，1959，105～108页）。由于王安石及其党徒得势，司马光从活跃的政坛抽身而

---

① 《续资治通鉴长编》英宗治平三年四月辛丑，北京，中华书局，2004。——译者注

② Liu Bin之译名出现于白乐日与吴德明所编之《宋代书目》中。但“攽”字通常发音作Ban。——译者注

出，退居闲职。他在仕途上所失去的，于历史写作中得到弥补。十五年（1071—1085）的退居生涯，使他得以投入大量时间与精力来从事宏伟的著述大业。司马光与助手范祖禹的通信，清楚地揭示了《资治通鉴》的编撰方法与过程。

编撰过程始于丛目。对于每一时间段，需要收集和参考与之相关的各种史料，包括实录、正史、文集、地志、传记、碑铭以及其他材料，并将这些参考资料置于丛目中的适当标题之下，如果有需要则另立标题，然后利用丛目的史料撰写长编。这是一个艰苦、细致的过程，包括考订原始史料，选择最佳叙述，判定不同史料间差异的原因，从而确保所选版本为最优选择。事实上，编修者在长编中亦作有注解，用以说明史料取舍的原因。它们提供了关于《资治通鉴》所依据史料的详细信息，在某些程度上类似现代的参考文献。据估算，司马光及其助手参考的史料达 220 种到 322 种之多。撰写长编的总体原则是“宁失于繁，毋失于略”，最后将长编提炼为包含最重要内容的精当叙述。关于唐代的长编多达 600 余卷，最终删削为约 100 卷。公元 1084 年《资治通鉴》成书，司马光将之进呈朝廷，另附《资治通鉴目录》与《通鉴考异》各 30 卷。《通鉴考异》尤其重要，因为它以一种高度客观的方式，论述了不同史料间的差异与矛盾，并说明了司马光及其助手最终完成著述所运用的严谨方法。司马光认为，历史叙述应尽可能地建立在直接证据的基础上。在无法获得直接证据的情形下，必须以审慎的判断，来选择“看上去最接近事实”的叙述（蒲立本，1961，157 页）。通过检阅和整理客观证据，谨慎地运用主观而合理的历史想象如斟酌历史行为者的动机，考察事件周遭的环境，探索行为发生的可能原因，史学家最终就能得到最接近事实的最佳叙述（刘乃和、宋衍申，1986，1～5 页；杜维运，2004，73～78 页）。

与欧阳修一样，司马光没有让自己对特定历史人物的道德反感压倒其对事实的实证研究。就武则天而言，她通常被看做一个背信弃义和道德败坏的篡权者，《资治通鉴》却以其年号纪年。至于战国时期，该书记录和认可了秦、楚、魏各国君主称“王”的做法，尽管如我们所看到的那样，司马光在论述由适当的礼仪与名分所统驭的等级制政治形态上耗用了更多的精力（戴仁柱，1988，70 页）。正如欧阳修以实际的政治功业而非

“五行”宇宙论模式为标准来评判政治合法性与正统之承继，司马光断言，努力建立天人关系，不过是统治者用来证明其权力之正当性的手段而已。统治者可以夸张地宣称获得了上天的佑护，但如若未能维持对统治疆域的牢牢控制，那么他事实上并不具备合法性。司马光申明，作为一个史学家，“正闰之际，非敢所知，但据其功业之实而言之”（庄玱逸，2001，107 页）。换言之，他希望将王朝兴衰的探讨依据，从道德—宇宙论转变为历史的阐释。司马光十分蔑视那些对超自然力量深信不疑的史学家。人生而必死，道家的神秘主义和玄奥的教义力图克服这一基本的客观存在的做法，不过是荒谬之举，任何信史都不应为其提供依据（陶懋炳，1987，310 ~ 314 页；田浩，2004，63 ~ 69 页；杜维运，2004，79 ~ 87 页）。

不过，按照现代史学的标准来看，《资治通鉴》也存在一些不足之处。虽然它叙述典雅流畅，史料运用严谨精到，但终究不是“历史”。它是一部孤立地记载历史事件的编年史，未能在历史事件与相关的特定史实间建立起前后的相互联系。它通过王朝兴衰的狭隘政治视角来观察历史，极少关注制度、学术、经济及社会的发展。有时，它随意地采纳史料，未能对史料的来源及其相互关联进行充分的考订与审核。然而，在编年体框架内及信史观念的指导下，司马光努力公正地重建过去，并以客观证据为基础来揭示史实（陶懋炳，1987，297 ~ 301 页；蒲立本，1961，155 ~ 158 页；许冠三，1983；宋衍申等，1987，336 ~ 339 页）。

司马光亦撰有其他史学作品，最著名的是《稽古录》20 卷和《本朝百官公卿表》①。前者乃扩充《历年图》而成，于公元 1086 年进呈朝廷。《历年图》堪称《资治通鉴》的纲目。《稽古录》始自传说中的伏羲时代，迄于宋代 1067 年。其中有四卷专述宋朝前五任皇帝的统治。《本朝百官公卿表》是根据朝廷诏命所修，成书于 1081 年，是一部关于宋代官制的著述。司马光同时还撰有两部笔记。第一部是《涑水纪闻》，记录宋朝之事。第二部为《史剡》，评论古史中关于尧、舜、禹的传说，特别是孟子传播和讨论的那些故事（包弼德，1992，233 ~ 234 页；陶懋炳，1987，

① 原书作《百官图》，经查该书实为范仲淹所著，司马光之著作为《本朝百官公卿表》，故改之。——译者注

296 页；白乐日、吴德明，1978，100～101、393 页）。

在这些著作中，司马光清晰地表明了他对历史及过去的独特观点。首先和最重要的，他认为，古往今来政治与王朝的繁荣、衰败、覆亡的原因是一样的，我们应该以史为鉴——它提供了矫正当下问题的经验教训，这就是历史的教化功能。对司马光而言，存在关于治乱永恒不变的“道”和“体”，它们将过去与当下一以贯之地连接起来。撰写史书，就是要通过突出某些特定情形来阐明普遍规律。但是，尽管有永恒规律的存在，表现在个别事件中的人类行为与能动性，仍构成了历史发展的动力，并印证了永恒规律的实际运作。司马光认为，这些规律体现在帝国治理上，即统治者和国家应如何施政治国。其中最重要的一项政策便是维持礼制（礼），它区分了君、臣以及国家中所有其他人的角色（分），而且他们都被赋予适当的称谓（名）。礼制形成了稳定的上下等级制。存在礼制的人类世界与天地的自然世界相一致，而在后者中，“太极”导致了二、四、八以至于无穷的宇宙数字的诞生。维持基于“礼”之上的权力结构，能够确保持久的和平与运数（冀小斌，2004，5～21 页；包弼德，1992，233～246 页）。

司马光寄予统治者极大的道德责任。通过考察历史，他发现核心的致治之道是君主能够有效运用可靠、贤能之人并接受其劝谏。就人的境况而言，犯错是不可避免的事实。一个好的统治者不是不犯错，而是能听从臣下的忠告，及时改正错误。与此同时，他必须通过适当的赏罚机制有效利用各类人才（冀小斌，2004，21～26 页）。司马光认为，致治之道的实现有赖于三德的具备：“仁”、“明”、“武”。“仁”，“非妪煦姑息之谓也，兴教化，修政治，养百姓，然后可以为仁”。“明”，“非巧谲苛察”，而是要“知道义，识安危，则贤愚，辨是非”。“武”，“非强亢暴戾”，而是“惟道所在，断之不疑，奸不能惑，佞不能移”。司马光认为，通过研究过去，我们能够认识到这一被历史证明的普遍规律：“三者兼备则国治强，阙一焉则衰，阙二焉则危，三者无一焉则亡。”（陶懋炳，1987，305 页）显然，司马光运用特定的史实来建构普遍规律，而根据这些规律，统治者应以之为指南，并接受其警示。

历史作为道德典范与伦理仲裁的观念，在宋代中国得到普遍认可。曾巩（1019—1083）在描述其编修宋代《五朝国史》的取材规则时，所论极为典型："善恶可劝戒，是非后世当考者，书之；其细故常行，更不备书。"（郝若贝，1971，692 页）①

三、历史的教化与类比功能：鉴往知来

对欧阳修、司马光和许多其他宋代士人来说，历史不仅具有致用性，同样也提供了阐释和说明当代社会、政治、经济状况的适当参照。简而言之，历史解释什么，我们可以标注两个理想的类型："历史教化主义"与"历史类比主义"。前者通过人物的生平事迹提供道德启迪，而后者，如郝若贝所论，聚焦于社会制度，认为将古今的相似现象类比，能够得出有益于当下统治的宝贵见解。历史教化主义倾向于忽略那些被认为在道德上不甚光彩的内容，比如王朝衰落、政治分裂、少数民族侵战与征服；而历史类比主义则比较人们所面对的一切记录与事件，确信通过对所有善善恶恶的事件进行仔细研究，能够形成对当前国家与社会的理解。

因此，宋朝在经筵日讲中讲读历史成为定制，也就不足为奇了。通过制度化的御前演讲与讨论，统治者接受了系统的历史教育。司马光编修《资治通鉴》，就与提供御前历史教育的惯例密切相关，而且该书也成为经筵日讲中经常阅读、研究与讨论的史书之一。随后的九个世纪中，经筵制度历久不衰。历史被认为在国家治理中具有重要作用，且成为科举考试中所考察的必备知识，考生必须运用历史事例来支撑他们对当前国家与社会中实际问题的看法。在培养科举士子的学校里，讲授历史颇为频繁，备受重视（郝若贝，1971，694～699、703～709 页）。

史学研究一定包括经学研究，但有这样一个持久的信念，即历史会不断重复，因此，无论古代历史抑或近代历史，都会为当下的统治提供可资效仿的典范。由于宋代在时间上接近唐代，因此出现了研究唐代历史的风潮（李弘祺，2002，62～63 页）。张方平（1007—1091）最先提议重修

① 《曾巩集》卷 31《札子六首·史馆申请三道札子》，北京，中华书局，2004。——译者注

《唐书》，重修成果《新唐书》的完成则很大程度上归功于欧阳修。张方平主张："唐室治乱，于今最近。请节略《唐书》纪传中事迹，今可施行、有益时政者……兹亦贾谊、晁错借秦喻汉之意也。"（郝若贝，1971，695 页）① 范祖禹（1041—1098）撰成著名的《唐鉴》后，在上呈皇帝的进表中说："今所宜鉴，莫近于唐。"（李弘祺，2002，62 页）②

无疑，对唐代历史的偏爱，预示出这样一种原初的意识，即时代的推移意味着一个时间段不同于另一个时间段。它削弱了将古代视作主要灵感来源的日益淡出的古典主义。这一时期逐渐出现了一种古今不同的意识。尽管欧阳修在《新唐书》中称颂上古时代道德与政治的完美结合，哀叹其在后世的消融，但他并未提倡回归上古时代。如他所示，这是不可能的，因为今异于古。欧阳修认为，上古时代在秦朝建立新制度后就已终结，因为彼时政治已不再同包含于礼制之中的道德相联系。效法古代制度徒劳无益，虽然我们应重视和复兴将道德与政治相结合的古代精神（闵道安，2004，204～208 页；包弼德，1992，195～201 页）。同样，纵然司马光力图从历史中提炼普遍而永恒的规律，特别是《春秋》中记载的那些规律，但他也非常关注历史事件的特殊性，并一再强调人类在具体环境下的行为是独一无二的（包弼德，1992，237 页）。苏洵（1009—1066）也认为，只有依据历史并与历史相结合，才能充分理解经典，因为变化是时间固有的一部分，而人的能动性与周围环境又贯穿其中（李弘祺，2002，63～64 页）。

这种从历史的动态演进中探求知识与识见的不断增长的趋势，并未终结古代经典作为持久价值与制度蓝图之宝库的魅力。对许多人而言，经典及其描绘的上古时代，提供了衡量当下政策与事务的永恒文化标准。不过，很重要的一点是要注意到的，对古代的认同并不一定意味着要盲目地、不顾时代变化地迫切重复原始的过去。回归古老的过去是历史观念的一种形式。王安石的古典主义就是一个极好的例子。众所周知，王安石的新法深受古代经典特别是《周礼》的启发，后者描绘了一幅古代文化与

① 《续资治通鉴长编》仁宗庆历元年八月乙酉。——译者注

② 《唐鉴序》，3 页，上海，上海古籍出版社，1981。——译者注

政治的理想化的乌托邦图景（刘子健，1959，30～52页）。但王安石并不试图原原本本地回归过去。他指出，古人顺应时代的变化而创造不同的制度，遵循古代传统并不是要照搬其制度，而是要以一种一致化、组织化、系统化的方式建立礼仪与规范的秩序。因此，经典之所以宝贵，不是因为它们为特定的制度与礼仪提供了具体、独特的范本，而是因为它们暗示了通过创造最适宜、最有效的礼仪秩序较彻底地转变政策的一般方法。对王安石来说，经典记载了历史的变化，但与此同时，它也规定了关于风俗、礼仪、制度的整体设计（包弼德，1992，224～233页）。

无论是从古代经典中获取灵感，发挥教化功能，抑或建立类比模型，在科举考试成功的实际奖励的鼓舞下，宋代士人编撰了大量高水准的史书及相关著作。由于历史被视作当代治国方略的基础，因此，编撰分类记录事件与档案的史书逐渐流行起来，以便能够随时为学者与官员所参考和使用。司马迁在汉代就已创立"书"（志）这一体例，它为各后世王朝的正史所承袭。每篇志目涵盖一个特定专题，如地理、食货、天文、职官或兵制。它们对任何需要历史类比的活动，都极有助益，但这些专题导向的篇章仅限于某个王朝之范围。唐代伟大的历史评论家刘知幾之子刘秩，创作了第一部百科全书式的史书即《政典》，它以为治国安邦提供有益指导为明确目的，记载了历朝的历史现象。这一著作今已亡佚，但它为后来的著作如杜佑极富影响力的《通典》树立了榜样。在宋代出现了一种叫做《圣政录》的史书，形式上可以看做是司马光《资治通鉴》与杜佑《通典》的混合。它以编年体撰写而成，材料按年代进行编排，评论散见于书中各处。这些评论常常提供了有趣的阐释与分析。为了使这些讨论中的主题足够醒目，主题标目被置于每一页的最上方，而且它们会依次载入主题分类表中（郝若贝，1971，710～711页）。

此外，随着印刷术的发展和两百年间的南进与迁移所带来的地理知识的扩展，百科全书或类书在宋代得到蓬勃发展。虽然这些百科全书式的著作常常包含虚构的材料，但它们也提供了大量丰富的历史资料与记录（海格尔，1968，401～409页；李弘祺，2002，73页；黄兆强，2001，21页）。类书的一个杰出典范是《册府元龟》，凡1 000卷，由王钦若（962—1025）受诏领衔编修。与其他类书不同，《册府元龟》是一部真正的史学类书，原名《历代君臣事迹》。该选集于公元1013年成书后，宋真宗赐名曰《册府元龟》。这个新名字清楚地暗示了历史的教化功能。正如古人把元龟作为占卜的神谕，因此，有关历代统治者的丰富历史与档案记载，亦将作为当下统治的明智向导。真宗皇帝本人宣称："朕此书盖欲著历代事实，为将来典法。"（黄兆强，2001，25页）①

《册府元龟》由31部组成，各记宋代政治的某一类别，从帝王、储宫到外臣等皆涵盖之。它提供了关于历史人物与官僚机构的翔实资料，并在此过程中借用历史评判建立起价值观体系与规范的世界观。就我们的研究目的而言，《国史部》尤其值得注意，它共分十三门，细致地论述了编排和评议历史所应根据的史学原则。比如，第二门《公正》记载并赞扬了许多史家不避斧钺、坚持如实直书的事例。第五门《论议》提供了史家如何按照史学的褒贬原则来探讨各种记载方式之长短得失的诸多案例。第十门《自序》收集了许多重要史家为其著作所撰写的范例式序文，通过这些序文，我们可以很容易地了解到他们撰述历史的方法。第十二门《不实》批评那些未能如实直书的史家是道德败坏的典型（黄兆强，2001，34～43页；瞿林东，1999a，82～83页）。

《册府元龟》是正史的重要补充。它证明了当时史家所具备的一种强烈意识，即历史究竟是什么，他们充分认识到了过去与史家所记载的历史之间的差异。修史者表现出一种对史料的批判态度，敏锐地意识到应如何确保过去被如实地记载下来。不过，归根结底，这部类书的目的是通过类比与说教将过去与现在合而为一。其对历史的热衷建立在这样一个信念之上，即过去的事件和行为与当下的行为塑造直接地、功能地相关。现在与过去在本质上是相同的。

四、生机勃勃的南宋史学

女真人建立金朝，占据中国北方地区，意味着宋朝在政治疆域上的收缩，但这一不幸的事实，绝没有削弱宋代学术的活力。南宋时期，历史著

---

① 《续资治通鉴长编》真宗景德三年夏四月乙亥。——译者注

作依然令人印象深刻，而历史作为反映永恒真理的明镜的至高观念，也继续鼓舞着政治家与士人们。袁枢（1131—1205）的《通鉴纪事本末》，就是受司马光《资治通鉴》的影响而撰写的一部重要著作。

虽然袁枢的史料与历史观点皆取材于司马光的著作，但正如该书的标题所暗示的那样，他的确开创了一种新的史学体裁，他旨在提供对历史事件本末的完整叙述。司马光的《资治通鉴》是一部按照年代编排史事的编年史，它常常难以提供对某一事件的连贯描绘。在某一事件中，也难免突然插入其他毫不相干的内容，因为在同一日期之下可能同时记载几个不相关的事件。袁枢试图解决这个问题。首先，他整理出《资治通鉴》中所记载的239件重要史事或主题，如安史之乱、隋末农民战争以及汉代宦官专权。然后他把与各事件相关的所有材料集合起来，建立起对该事件的完整历史叙述。虽然他的著作不过是对司马光原著的重新编排，但结果证明，其影响非常之大。袁枢以事件为中心和以主题为导向的著作，成为后世许多史学著作的范本，它开创了一种叫做"纪事本末体"的独特史学体裁。袁枢对中国传统史学的贡献在于，他突出了连续性、情节与集中性在叙述历史事件中的核心重要性，并提供了对各事件来龙去脉的完整叙述。他对司马光原著的深刻理解与重新编排，构成了宋代史学观念的重要发展。尽管袁枢重复了《资治通鉴》中的文字，但他偶尔也给出了自己的历史评判。比如，关于南北朝时期的军事对抗，彼时中国北方正被一系列出自夷狄的征服政权所统治，袁枢总是运用"寇"字，一个表示盗贼横行的词来形容北朝对南朝的攻击。但是，当南朝发动战争进攻北朝时，他通常用"伐"字，表示对一个恢复了适当的等级制政治秩序的附属国的军事惩罚。前者将北朝统治者描绘为盗贼抢匪，显然带有不合法的意味；后者表明了南朝统治者所做出的平息纷乱世界、收回其合法领土的正义努力。潜藏于此类惯用言辞背后的是袁枢的历史判断，这主要受其热切心愿所影响，即合法的南宋王朝，将收复被非法的夷狄政权所占据的北方失地（李弘祺，2002，68～69页；金毓黼，1976，229～231页；蒲立本，1961，158～159页；陶懋炳，1987，320～323页）。

南宋时期的另一部重要历史著作，是郑樵（1104—1162）所著的《通志》。它是一部雄心勃勃地仿效司马迁《史记》所撰成的通史著作，凡200卷，涵盖了自上古时代至唐代的历史。该书绝大部分采用了正史的纪传体体例。不过，郑樵对这种编排方式做了适度调整。他保留了“纪”、“传”，而用“谱”代替通常的“表”，以“略”取代传统的“志”。郑樵最主要的成就是《二十略》，其中的某些内容极富开创性，我们在下文将做进一步探讨（林时民，1995，61～95页）。另一方面，郑樵的《通志》很大程度上是对以往史书的剪裁整合。就此而言，他对史学研究的贡献本质上是书目与百科全书式的记载，这反映出宋代对博学的普遍评判标准（李弘祺，2004a，163～171页；蒲立本，1961，150～151页；曼伟业，1972，23～57页；金毓黼，1976，194～197页；杜维运，2004，99～102页）。但郑樵在书中也展现了自己对历史的独到理解，而且他无疑深受唐代历史哲学家刘知幾批判精神的影响。郑樵的历史观值得我们进一步深入考察。

郑樵的历史观建立在“会通”思想的基础之上，这一思想认为，历史是世界原则的浓缩与综合，通过它，我们可从自古而今的时代中理解普遍的“道”。因此，他十分推崇通史，极力称颂司马迁的《史记》，而对班固所著《汉书》则予以无情的抨击。他认为，司马迁展现了历代王朝及不同历史时期发展过程中的“相因”与连续性，而班固却目光短浅地聚焦于断代史，不能看到历史的贯通性与动态变化。郑樵著名的《二十略》正出自他希望以一系列专题来综合已有知识，并在此过程中突出其核心主题与显著特征的宏伟愿望。如郑樵所述，其中的五略为汉唐学者通常探讨之问题，即礼、刑法、职官、选举、食货，他承认这一部分主要借鉴杜佑的《通典》而成。其余的十五略在正史传统的书志中，很少被视为史学专题：氏族、六书、七音、天文、地理、都邑、谥、器服、乐、艺文、校雠、图谱、金石、灾祥、昆虫草木。郑樵本人自觉地指出了它们的独创性，在某些方面，他确实成功地提供了新的观察视角，开创了新的研究方法。他对氏族起源的探讨，明显要比之前的史著更为细致深入，且在《艺文略》中建立了新的子分类。与传统的经、史、子、集四部分类法不同，他在经部之下设立了诸如礼、乐、小学的类目。在《灾祥略》中，他批判神秘的阴阳五行学说为妖妄之学，并否定了精密复杂的天人相应宇宙论，斥之为“欺天之学”。对他来说，五行仅仅是物质运动与变化的模式，其与人事关联甚微。不过，就整体而言，《二十略》并非完全意义上的创新，它们多为对以往史料的引用与概括。郑樵的史学成就不在于提供了新的史料，而在于他将那些以往被认为不属于史学研究范畴的内容，纳入到历史研究之中，从而扩展了史学研究的范围与领域（李弘祺，2004a，172～179页；林时民，1995，61～87页；林时民，1997，63～66、138～144页；陶懋炳，1987，330～332、335～337页；金毓黼，1976，195～196页；吴天任，1989，27～28页；杜维运，2004，102～104页）。

郑樵对过去百科全书式的描绘，是其极力推崇的所谓“实学”影响下的结果。建立在事实与证据基础之上的“实学”，与“义理之学”、“辞章之学”截然不同，因为后者不过是揣测与装饰而已。历史作为以材料证据与经验知识为根据的“实学”，其首要职责在于提供真实的信息。郑樵认为正史中惯用的“论赞”是多余的。如前所述，对过去人物与事件进行道德评判的传统，源自《春秋》褒善贬恶的推定目标的启发。但他认为《春秋》的重点在于法制而非褒贬。历史只要被恰当的记录，并有证据作支撑，那么与之相关的善、恶便不言自明。郑樵认为，历史叙述本身就是一面揭示一切的明镜（李弘祺，2004a，179～187页；林时民，1997，83～88页；吴天任，1989，27页；陶懋炳，1987，334～335页）。

郑樵十分热衷于探讨发展与变化中的现象和过程。在某种程度上，郑樵可谓是一个早期人类学家，他推测人类由其动物界的同族发展而来。他认为，人类与虫、鱼、兽等生物属同一种类，但人类是众多生物中最灵智的一类。作为两足动物，人类通过直立行走，同行动更接近于地面的四足动物区分开来。然后，郑樵将思考由体质人类学转向文化人类学。他指出了文明的进化本质，从穴居的原始社会阶段到建立社会政治制度的高级文化阶段。后一阶段见证了名字、亲族群体、家庭、宗族和国家的形成，以及文字的发明、历法的运用和贸易的发展。他认为三代时期（即夏、商、周）的制度发展与变化呈现出了极大的适应性与灵活性，因为这些制度都是“适时”的。因此，古代的器物与制度决不能照搬于今日。随着时代的推移，制度也经历着深刻的变化。历史编撰的关键是综括历史的连续性与变化。对不可阻挡的时代演进运动的认识催生了郑樵某种意义上的时代进化意识（林时民，1997，136～138页）。简而言之，郑樵向南宋史学界引入了某种新的元素。他以对博雅的信念为支撑，以渊深的学识为指导，对历史进行了百科全书式的描绘，从而呈现出了这样一幅历史图景，即呈网状联系的不断变化的多样现实（杜维运，2004，105～109 页）。我们或许可以这样说，郑樵《通志》的出现，标志着宋代以《册府元龟》为代表的类书传统达到了顶峰（李弘祺，2004a，166～170 页）。[①]

五、朱熹和道学：理学化史学

南宋时期，一项非常重要的思想发展是儒学的新形式，即道学的兴起与巩固。道学的支持者强烈主张，通过重新定义和复兴圣人之道来实现文化重建。他们日益回归至经典中，因为其中被认为包含了圣人之道。尽管这些道学家寻求经典之权威，但他们与北宋士人一样，对建立在过去知识基础上的类比推理表现出强烈的偏好，而且，他们当然也延续着历史的教化功能。但对他们而言，重要的是上古时代，由于它们具有普遍的良善与永恒的美德，因而不能视作单纯的时间段（狄百瑞，1959，25～49 页）。朱熹（1130—1200）是一位道学家和思想家，他建立起了一套系统的哲学体系，在这种体系之中，伦理观始终与宇宙论相联系并保持一致。他本身并不太关注历史或历史写作，尽管他对普遍规律，即“道”的统绪与传承的看法，无疑是一种历史主义的形式。我们或许可以把它视为一个哲学—历史模式：上古时代，“道”兴起并繁荣起来，以圣人尧至周公的事迹为代表；尔后传于孔子和孟子，直到孔子之孙子思去世；自汉代起，由于佛教的侵入，“道”陷入长久的衰退期；幸而有大学者周敦颐、程氏兄弟等人极富远见卓识的著作，“道”最终得以复兴。朱熹从他们那里，继承了“道”的智慧（田浩，1992，178～186 页）。

不过，朱熹认为，如果历史上的真实事件，对“道”的永恒理想主义无法提供具体、有形和恰切的表现，那么“道”的哲学普遍性就毫无意义，或者说至少无法为人所知晓。由此我们不难看出朱熹如何看待和评

---

① 此处之“百科全书”即类书。在传统目录学分类中，《册府元龟》被视为类书，而《通志》一般被认为是政书，故作者之分类或可商榷。——译者注

价历史，尽管他确实说过："读书须是以经为本，而后读史。"（陶懋炳，1987，346页）他把历史描述为"皮外物事"，而认为经学才是治学的内核（谢康伦，1993，198页）。虽然朱熹强调"先经后史"，但他主张二者皆不可偏废，把它们视为文化统一体的文本和学科两个方面，并构成文化的中国世界，即中国人的天下。史是对构成文明的人类世界发生之事的时间方面的记载；经则传达了源自古代圣人极具智慧与卓识的恒久不变的合理启示。或者也可以这样认为，对朱熹来说，史作为研究"圣贤之言行，古今之得失，礼乐之名数，下而至于食货之源流，兵刑之法制"的学问，通过揭示"一贯"的"理"，发挥着表现和传达其哲学思考与道德价值观不可或缺的叙述功能。毕竟，朱熹将史置于包括礼、乐、射、御、书、数的古代"六艺"之前（陶懋炳，1987，346页；黄俊杰，1999，60～62页；谢康伦，1993，220页；又见谢康伦，2004，121～153页）。

朱熹撰有三部史学著作。第一部史书《资治通鉴纲目》，是对司马光《资治通鉴》的修订与改写。其目的在于以一种明确而系统化的方式来突出历史中的善与恶，即褒善贬恶。根据时间顺序所写的"纲"，清晰地勾勒了主要事件的大致轮廓，然后再利用"目"加以详细阐述，从而使"国家之理乱，君臣之得失，如指诸掌"（汤勤福，1998a，45～50页；汪高鑫，1998，44页；张元，1975，87～119页）。第二部著作《伊洛渊源录》，是一部关于学术发展史的专书，它梳理了以程颢、程颐的哲学为中心的道学发展脉络。第三部著作《八朝名臣言行录》，提供了关于北宋时期许多名臣的言行事迹的详细资料（谢康伦，1993，195～200页）。这些著作连同朱熹时常提及历史与历史写作的言论，共同构筑了一幅关于朱氏史观的清晰图景。

在《资治通鉴纲目》的序文中，朱熹明确将其历史观渗透到哲学思考中。他认为历史是对"格物致知"的知识追求，这也成为其著名的认识论名言。纲目以"明天道，定人道"为最高目的（陶懋炳，1987，346页）。历史研究是一项艰巨的事业，它揭示事物发展的"理"和"道"，并有益于道德修养。虽然圣人的"六经"已经确立了基本的原则和微妙的含义，史则以时间的动态流动和事件的实质发生来印证圣人之学。从事历史研究，是为了探寻和理解"圣人之心"，即普遍的"道"。正如脱离经学的纯粹历史毫无意义可言，圣人的启示及“理”的终极存在，只能从历史上发生过的真实事件中找到具体表现（黄俊杰，1999，60～73页）。因此，朱熹不同意同时代的儒家功利主义者陈亮（1143—1194）的观点，并与他进行了论辩。陈亮力图探寻历史事件在不同历史年代所独有的法则，并宣称由于环境的不断变化，价值观念亦具有相对性和偶然性。朱熹指责陈亮：“废经而治史，略王道而尊霸术，极论古今兴亡之变，而不察此心存亡之端。”（汤勤福，1998b，130页；田浩，1982，191～193页）他批评陈亮等功利主义者的做法，因为他们试图通过对孔子《春秋》和司马迁《史记》的有限研究来获得对王朝兴衰原因的透彻理解，认为这是自欺欺人的行为。所有这些历史研究带给他们的不过是对战国之后史事的粗浅认识，而非对经典所蕴含的大义与原则的根本理解。因此，朱熹反复强调“读书史，应事物之间，求其理之所在而已”（汤勤福，1998b，131页；汤勤福，1999，75～78页）。

不过，研究历史并非内省之事。如同朱熹指出的那样，“察四方之事情，览山川之形势，观古今兴亡治乱得失之迹”，它是一种极其实用的手段。历史努力达到对“理”的全面理解，需要以“律历、刑法、天文、地理、军旅、职官”各方面的知识为支撑（汤勤福，1998b，129～130页）。此种对“理”的认识，使人们能够批判地运用历史事例作为合适的当代参照，同时也使人们认识到历史的道德教化功能。通过具体的历史事例，古今对比成为可能，即贬恶（如外戚或宦官专权）、褒善（如大臣之高风亮节）。如此，人们可以学习到历史的经验教训，朱熹因而成功地将过去的历史转变为当下治国的本领。例如，在分析宋代的冗兵问题时，他提到了汉朝和唐朝所犯的相似错误，在评价当时不平等的土地占有关系时，他联想到了春秋时期和汉代的土地关系。历史类比提供了解决当下社会政治问题的最可靠指南。历史同时也是表现判断的重要载体——人们可以通过适当地记录过去，来褒善贬恶。为提醒读者《资治通鉴纲目》中所蕴含的“春秋笔法”，朱熹列出了多达15种记载军事战争的凡例，从而说明战争的性质与经验教训。历史是一面镜子。事实上，关于历史的主要功能，司马光与朱熹的看法如出一辙（汤勤福，1998b，131～134页；谢康伦，1989，82～83页；谢康伦，1993，204～206页；瞿林东，

1999a，87 页；杨联陞，1961，52 页）。

虽然朱熹信奉基于持久经典真理基础上永恒的哲学普遍性，他却对时代变化及随之而来的质的转变异常敏感。在《资治通鉴纲目》中，朱熹背离了司马光对汉朝灭亡后所出现的三国（魏、蜀、吴）历史的正统裁定。司马光以魏为正统，因为它推翻了汉朝统治，且在三国中疆域最大，尽管它通过非法的篡权方式上台。如前所述，司马光将正统建立在功业之上。朱熹以蜀为正统，因为该国创立者宣称其为汉室宗亲。但年过花甲之后，朱熹改变了他对正统问题的看法，而坚持以政治功业作为判定正统的标准。正统意味着必须具备建立全国范围内的统一政权的能力，而这一伟大壮举只有周、秦、汉、晋、隋、唐实现过。朱熹现在认为蜀国仅掌有“正统之余”，即尽管它最初拥有正统，但最后却未能获得真正的合法性，因为它没有统一中国。朱熹晚年的正统观与司马光非常接近。需要重点指出的是，朱熹政治正统观的转变与其所处时代环境密切相关。他生活于南宋时期，此时中国北方正处在女真金朝的统治之下。恢复宋朝对全中国的控制，是其热切愿望与迫切目标之所在。由于南宋与北宋存在宗谱联系，因此它拥有最初的正统，出自夷狄的金朝则不具备这一条件。但是，在南宋驱除女真、重新统一中国之前，它无法获得真正的合法性。这个例子再次说明，过去或者说对过去的构想如何致用于当代（田浩，1982，171～172 页；汪高鑫，1998，49～50 页）。

朱熹通过哲学观念“权”，表达了他对变化环境中的事件特殊性的关注。“权”一词，因时而异地被译作偶然性、权宜之计、紧急状态、道德判断和情境权衡。所有这些反复都传达了应明智而谨慎地应用于个人实践中的实用智慧与常识的重要性与必要性，它与“经”的观念，即永恒的法则、普遍的标准和不变的规范相对应。然而，“权”并非意味着任意性与相对主义。相反，它指的是适应时代需求，精明地处理各类事务。这种能力的具备，源自适当的自我修养。尽管存在不变的“道”，如五伦之君臣、父子、夫妇、兄弟、朋友诸关系，但不同时间、地点的具体情境，常常需要特殊而谨慎的举措。因此，朱熹与胡寅（1098—1156）进行了论辩，事实上，后者所著《读史管见》为朱熹编撰《资治通鉴纲目》提供了许多灵感与帮助。胡寅是超越时空的永恒法则的捍卫者。他坚持主张要坚定不移地遵守三代的道德准则，并虔诚地崇奉孔、孟等圣人。在对武则天的历史评价上，他认为武氏应被削为平民，并令其自尽，从而重振唐王朝的威严与荣耀。但朱熹声称，王朝命令是一回事，而她的继任者、其子中宗的感情和责任完全是另一回事。如果大臣们处死武氏而效忠其子，那将是不合理的行为。朱熹也不赞同其挚友张栻（1133—1180）的观点，即因为中宗皇帝懦弱无能，所以王位应转授给具有皇族血统的其他皇子。朱熹认为这种历史评判未能客观地看待历史。就事后来看，我们知道中宗是一个软弱无能的皇帝，但在当时的条件下并没有充分的理由撤换他。

朱熹并不认为回归古代制度与礼仪秩序是可行的选择，纵然他非常仰慕和推崇圣人的伟大成就与价值观念。朱熹的历史观可描述为退化的历史观，这反过来又与其宇宙观相联系，即当代的物质力量“气”，在性质上要逊于遥远的古代时期。不过，当下的“昏薄之气”，并未给人们带来无助与不幸，因为人性依然良善。虽然历史变迁不可避免，但任何时代都存在实现圣人之治的可能性，为百姓带来秩序和稳定是贤人的责任所在。因此，朱熹决不反对改革，而且认为改革是回应不断变化的时代与需求的必然选择。例如，他对王安石变法的批判集中于个别举措的缺陷与不足上，而非变革思想本身，相反，他认为王氏的变法主张值得大力颂扬（谢康伦，1993，207～220页）。

朱熹不仅形成了历史变化的观念，同时也支持史学家对证据与史料的敏感。尽管他崇奉经典，但通过对《古文尚书》的文献学分析，他对该书的真实性提出了质疑。他也不认同《左传》对古代史事的记载，他认定它是在《春秋》成书很久以后才撰成的。他甚至对夏朝的建立者大禹治水的远古记载也产生了怀疑。朱熹是一位多产而严谨的注释家，他仔细考订和解析了经典文献中的字句。他认为，在这些文献可能成为研究古代历史的权威参考之前，必须首先确定其可靠性。朱熹毫不犹豫地批评了《史记》的缺陷，他利用从《竹书纪年》中收集到的材料，对司马迁关于战国时期魏国王位承继的记载提出了质疑。同时，朱熹亦留心于当代著作。虽然他极力称颂司马光的《资治通鉴》，但也指责司马光未能言及背德行为和卑鄙的政治阴谋。朱熹认为，由于司马光主要从历史人物的角度来呈现其著作的道德教化功能，他忽视了包括社会风俗习惯在内的许多历史证据，因此未能真实而完整地展现过去。当然，朱熹自己的《资治通鉴纲目》也存在着同样的历史过失，即显而易见的史实遗漏与歪曲。不过，朱熹宣称，史馆所修史书难以真实地反映过去发生的客观事实，因为编修过程往往受到帝国政治势力的严密监管（汪高鑫，1998，45～48页）。

总之，在融合哲学和历史的基础上，朱熹的历史观注重具体、个别的历史事件，并采用翔实的历史研究手段加以描述，而其目的是突出这些事件如何体现永恒之“理”（黄俊杰，1999，5～6页；黄俊杰，2004，116～117页）。

六、地方志类著作的涌现

如果不提及一种重要的史学类别，即地方志或方志的出现与成熟的话，那么任何关于宋代史学成就的叙述都是不完整的。地方志或方志聚焦于特定的行政区域。汉唐之间已涌现出许多不同版本的地方志，但其中大部分在内容上都高度专业化，且局限于地理、地形和名胜古迹等专题。它们通常无法提供真实的历史信息与覆盖范围。地方志很可能起源于“图经”、“图志”、“图纪”之类的“史书”。这些图经在唐代开始广泛流传，它们由地方行政单位编修，每隔三年呈送朝廷，其明确目的是为中央政府提供关于各地区的地图、地理、经济、社会和历史信息。到宋朝，图经在数量和质量上都得到迅速发展，这无疑是帝国政府渴望对地方进行更牢固控制的结果，这些文献成为地方志的蓝本。地方志涵盖的内容十分广泛：疆界沿革、学校、户口、物产、风俗、人物、名胜古迹、庙宇神祠、地理、治河以及重要事件的年表。编修图经主要出自行政目的，与此不同的是，地方志无论在涵盖内容还是撰写意图上，都更具历史意味。宋代的行政需要，连同宋人对细节、全面性、资料收集的学术偏好，以及对整理和呈现已有知识体系的冲动，共同培育出一种深深植根于某地区之过去的史书类型。例如，乐史（930—1007）所著200卷《太平寰宇记》，以其内容的完整性与丰富性著称于世，为地方地理—历史著作的撰写树立了榜样（何瞻，2004，287～291页；何瞻，1996，407～417页；阚红柳，1998，

86~88页；艾恺，1985，59~63页；傅荣珂，1988，33~37页）。

到南宋时，每个行政区域都撰有本地区的方志。南宋时期共修成304部地方志，而北宋大约只有172部。地方志的蓬勃发展，或许与印刷术的进步有关，也可能出自宋廷希望掌握地方信息的需要。宋人偏好广博的学识与古文物研究——它的一个重要表现即人们对地方文物古迹日益增长的兴趣——或许也推动了地方志的发展。或者说它反映出南宋精英阶层已形成了一种非常强烈的地域观念（包弼德，2004，309~321页）。无论是何种原因，地方志不仅在数量上大量增加，同时在编撰方法上也更为精密和严格。许多地方志开始采用学术性的历史书志的形式，并在文中引用各种现存史料。编修者最关注的是他们所提供的史料与事实的可靠性，由此，他们也对以往方志中存在的偏差或不够详尽之处，进行了修正与增补。值得注意的是，地方志日益被视为另一类史书，如同国史和正史一般，因此，它也必须承担相似的教化功能。杰出而功勋卓著的地方名人，成为其所在地区年轻人效仿的道德楷模。地方志也被当做是可为当下提供有益指导的历史经验的宝库。它们逐渐获得了读者群广泛的尊重与认可。地方志不再仅仅吸引帝国管理者的关注，同时也被当做兼具道德与管理重要性的有益史书来阅读。到12世纪，大部分地方志已不再强调地理与管理信息，而偏重于对人事的记述，它们常常以丰富而翔实的史料，来描绘道德行为与伦理规范。我们可以猜测，朱熹等人宣扬的新儒学（道学）的发展，可能推动了这些地方志将书写的重点转向人事的道德领域（包弼德，2004，309~317页；何瞻，1996，418~436页；宋晞，1988，3~4页）。

总之，毫无疑问，宋代整体的学术成果是丰硕可观的。18世纪的《四库全书》是一部庞大的百科全书式的总集，收录了从古代到清中期诸多刊行书籍，它为我们的上述说法提供了坚实的证据。在史部之下的所有564部书目中，共有189部出自宋朝（约占1/3），或者说在总卷数21 950卷中，有多达5 644卷出自宋朝（约占1/4）（戴仁柱，1988，73页）。历史编撰在丰硕多产而极具活力的宋代学术领域中，扮演着重要的角色。在追求博学欲望的刺激之下，官方史学和私家史学都得到蓬勃发展。它们同时也受到了对事实与器物的强烈好奇心的驱使，这又促进了类书、笔记和地方志的迅速发展。宋朝廷赞助和支持编写历史著作，因此官修实录与国史的编撰标准无疑变得更为严格。例如，彩色油墨被用来区分构成这些拥有巨大价值史料的不同文本：最初的文本用黑墨来写，删去的用黄墨，增补的用红墨。同样，欧阳修、司马光的杰出作品，以及袁枢和郑樵所著史书，它们都标志着史学在内容与形式上的革新。如上所述，在尊重史料和编修最终可读的历史著述的艰苦过程中，司马光引入了“长编”，它是撰写《资治通鉴》的最初框架。长编是修书过程的详细记录。司马光的“考异”是另一个值得关注的创新之处，它揭示了作者史料取舍背后的基本依据，同时也说明了作者对叙述准确性的忠实坚守（杨联陞，1961，57～59页；许冠三，1983）。甚至朱熹也认同以批判的方式来评价过去的证据与叙述，尽管其知识世界为蕴含在永恒经典中的无处不在的“理”所支配。

宋代史家强调历史道德教诲的普遍价值，但他们对时间的流动亦即历史的变动也很关注，认为对这些历史变动必须在事实的基础上进行适当的记载和精确的描述。虽然不尽完善，亦时断时续，但宋代史学力图批判地审核证据，建立突出过去事件的原因与特殊性的历史叙述，并根据过去与现在之差异来定义历史。如果我们可以通过辨别宋代史学中的某种“现代”倾向与元素来衡量“时代不同”，那么我们确实发现了这样的趋向与元素。总之，宋代史学以自身之卓越成就。在帝制中国历史编撰的悠久传统的语境下获得了至高评价，并为世所重。在中华学术的沃土上，宋代结出了丰硕而香甜可口的史学果实。

第六章 金元史学
——征服王朝的史学与正统观

公元1115年，部分汉化的松散女真部落联盟崛起于辽东满洲地区，建立了金朝。他们反抗契丹领主的压迫，并于1125年推翻了辽朝（947—1125）的统治。辽是宋朝的主要对手。辽从未占据大面积的中国领土，而仅仅活跃于边境地区。但自1127年开始，金朝完全控制了中国北方地区，宋朝退居中国中南部。然而，不久之后，金朝自身面临着一个困扰中原本土王朝的周期性问题——来自北方的压力，这次他们面对的强敌是蒙古人。与此同时，他们不得不反击南宋王朝发起的军事挑战。几十年后，金朝衰落，1234年，金政权被蒙古人推翻。其后不久，蒙古人也吞并了南方。公元1271年，蒙古人建立元朝，标志着征服王朝第一次建立起了在全中国范围内的直接统治（陈学霖，1984，51~72页）。

史学事业在女真族建立的金朝与蒙古人建立的元朝统治下，遭遇了怎样的命运呢？尽管金朝和元朝都竭力保持本民族的文化与政治特性，但他们别无选择，只能采用中国的典章制度与行政人员。因此，作为文化传统与政治仪式的历史悠久的官修史书制度，得以延续下来。例如，元朝政府大力支持编撰前朝政权辽、金、宋三史。但是，由于他们相对于广大中国臣民的少数民族身份，且通过军事征服建立起政治统治，他们应该如何为自己构建一个实用的过去呢？在协调其少数民族身份与对中国王权与领土控制权的艰难过程中，引发了哪些特殊的问题？史学在该政权对不可避免的急迫的意识形态问题即正统问题的探讨中，扮演了怎样的角色呢？（田浩，1995b，23~38页；陈学霖，1970，vi~vii页；王明荪，1989，15~16页；杜维运，2004，113~117页）

一、金朝对官方史学传统的继承

在论述金朝史学之前，我们不妨先对契丹族建立的辽朝做一番简略观察。它虽然不是一个完全意义上的征服王朝，但却是一个汉化政权，其南部区域坐落于中国本土境内，包围了今天的北京。辽朝吸收了汉族治国政策与文物制度的许多元素，并任用汉族幕僚，以汉语为通行语言，甚至尊奉孔子为圣人。辽立国之初，统治者无疑在汉族学者的辅助下创立了掌修起居注等历史资料的修史机构。公元941年，皇帝诏令编修契丹早期历史。尽管史料不足，但我们可以确定当时史馆确实已经作为辽代官制不可或缺的一部分而存在。由于辽自视为汉化王朝，因此官方赞助修史成为其朝廷职责的重要组成部分（王明荪，1989，17～18页）。

公元1128年，金朝正式诏令编修国史，并为自金始祖以下十帝撰写实录。随后，在帝国诏令之下，各朝皆修撰实录，终金之世，共撰成十部实录。同时，朝廷亦编修诸如金代皇家谱系和各朝诏令的资料汇编。多种组织机构负责记录、收集和编修原始资料。记注院负责编修起居注，有金一代，共撰成四部起居注。著作局掌修日历，即按照年代顺序对起居注与日录的重新编排。日录由皇帝和宰臣的议事内容构成。国史院利用前两个机构收集的史料编修国史和实录。值得注意的是，掌修起居注的记注院独立自主，不受其他政府机构制约，因此它能够记载关于皇帝与朝廷的一切史实而不受外界的过度干扰（陈学霖，1970，3～4页；王明荪，1988，47～51页；王明荪，1989，19～28页）。一位金朝大臣明确对皇帝说："古者史官，天子言动必书，以儆戒人君，庶几有畏也……以此知人君言动，史官皆得记录，不可避也。"（王明荪，1989，21页）

此外，金朝还设置了专门负责编修《辽史》的特定机构。金代共撰成两部《辽史》：第一部成书于1148年，历时八年修成；第二部成书于1207年，撰修过程前后持续十八年。这两部史书皆已亡佚，但我们知道它们成为后来元修辽史的蓝本（何宛英，1998，60页）。许多后世评论家盛赞元末所修《金史》的高水准，《金史》格外出众的一个重要原因，就在于编修者所依据的底本为金朝时期精心收集与保存的优良原始材料

(王明荪，1988，47页)。总体而言，金朝是一个非常重视历史与史书编撰的征服王朝。

二、金代士人的历史观与道学观

对历史的强调是金人有意识地吸收汉文化的重要组成部分，当然，需要指出的是，世宗皇帝在位期间（1161—1189）大力倡导的文化政策，也表明金朝统治者就巩固女真民族认同所做出的巨大努力。金朝统治者的目标在于吸收高度发达的汉族文化而又不完全被其同化。因此，他们积极尝试将汉文经史译为女真文字，从而使灌输和传授汉族价值观成为可能。此外，在女真皇族与贵族中推广文化教育，培养国子监学生，并在科举考试中专门创立女真进士科，考试内容包括“六经”和十七史（何宛英，1998，59页；陈学霖，1984，68~72页)。与此同时，汉族士人力图复兴浓缩在“道”和“文”两大理想中的汉族学术与价值观。“道”指的是价值观念与行为方式的普遍规范秩序，“文”指的是以精妙的文学才能与敏锐性为表现形式所沉淀的学术传统。与南宋士人一样，金代汉族士人也认真思考着朱熹及其同道们所创立的道学的深刻哲学问题。同时，受司马光和其他史家的教化与类比史学的启发，他们从历史中挑选出极富效用与道德价值的事例。传统观点认为金代学者缺乏对“道”和“文”的充分解读，但最近的研究表明，这一时期的文化学术也得到了蓬勃发展。毕竟，就文化而言，并不存在一副隔离北方金朝与南方南宋的铁幕（田浩，1995b，71~73页；包弼德，1992，115~117页)。

金世宗非常重视历史的价值，并且酷爱研究历史文献，他在位时期也被认为充满文化与学术活力。他说：“朕于圣经不能深解，至于史传，开卷辄有所益。”① 他尤其钟爱司马光的《资治通鉴》。他认为这部著作以最系统的方式阐明了历代王朝的兴衰，为后世子孙提供了不可或缺的实用政治与道德经验教训。如此盛赞历史，金世宗并非着眼于对历史的学术研究，而是在推动一项实用的事业，因为过去的事例是当下政治与道德行为

---

① 《金史·世宗纪下》。——译者注

最可靠的向导。金熙宗（1135—1148 在位）声称，受历史的启发，他发起了加强皇权的政府改革，下令剥夺女真旧贵族的权力，控制封建女真军阀之间的对抗，遵照汉制进行官制改革。历史向他揭示了这样一个事实，即过去备受推崇的唐代和周朝开国者之所以成为“明君”，得力于股肱之臣的竭忠尽诚。因此，金熙宗宣布，举行科举考试，选拔人才以成为金朝政治的基石，并精心设计了六部、都察院等机构，形成了界限明晰的官僚机构。值得注意的是，他首次提出是金太祖阿骨打将正统传递给其后世子孙。因此，金朝统治者形成了关于合法的历史继承与延续的清晰认识。具有讽刺意味的是，金熙宗决不是一位仁慈的统治者，而是一个滥杀文武官员与皇族宗亲的暴君，最终，一场宫廷政变推翻了他的统治（何宛英，1998，61~62 页；陈学霖，1984，60~63 页）。尽管存在理想与现实的矛盾，但这一宣言深刻地凸显了金王朝统治者试图运用历史为现实政治需要服务的强烈渴望。

与熙宗不同，朱熹誉之为“小尧舜”的世宗，被公认为一位尽责尽职的仁君。他迫切希望深刻领悟通过研究历史所获得的道德、政治经验教训（陈学霖，1984，70~71 页）。历史告诉他：“但务修德，余何足虑。”他以上述言论评价前任皇帝完颜亮（1149—1160 在位）的残暴统治。完颜亮曾经终结了同样暴虐的熙宗皇帝的统治。世宗借鉴历史经验，形成了“仁政”的思想，它包含几个关键要素：首先，“仁政”始于虚心接纳臣下的规劝与建议；其次，朝廷选拔人才要任人唯贤，他尤其赏识那些坚守和弘扬礼仪规范的操行清洁的儒士；最后，施行仁政必须确保百姓生计（何宛英，1998，62~63 页）。

将过去作为当下的镜鉴与向导，是金代士人在历史写作中的一个基本信念，许多士人尤其热衷于探讨历史兴衰之缘由。公认的金代文坛领袖赵秉文（1159—1232）视历史为一个循环往复的过程。正如月之盈亏、日之升落，因此经典毁于秦而复兴于汉，“王道”于汉亡后久经沉寂，最终在唐朝重焕生机。对赵秉文而言，治乱自然而然地随时代的变化而消长，但其交替更换符合具体的历史环境。虽然他将周期性的历史发展比作他所说的“自然之理”，但与此同时，他认为确实也存在一些促成此类发展变化的因素。福运与灾难，各有具体的原因。赵氏将道德品行视为历史赖以保持平衡的重要支点。仁义的实现，直接影响着一个政权的生死存亡与国祚长短。就社会政治领域而言，德行的实现意味着对“大纲”的矫正与适当履行：首先，制定和维护道德习俗；其次，任用人才；第三，适当地运用军事力量与经济支持。和平、稳定的统治有赖于纯朴无华的风俗，而奢靡放纵之风的滋长，则是祸乱的根源，因为它侵蚀了社会的道德习俗与价值观。赵秉文如此描述朝代循环，即王朝最初纯直、朴实的风俗逐渐让位于放纵雕琢，最终导致王朝的日益衰落。当风俗濒危、道德秩序崩溃、祸乱不可避免地降临时，也就昭示了王朝的行将覆灭。治乱与王朝之臣僚密切相关。任用贤能之士辅佐朝政至关重要，因为王朝的衰落与灭亡，大多归因于朝政腐败，而朝政腐败很大程度上是由奸诈无能的官员阿谀搪塞造成的。脱离军事力量与经济生产，任何政权都无法存在，而其生存与繁荣昌盛有赖于英明地应用武力和对经济资源的节制利用。军事力量的膨胀或对经济资源的过度征税，将为任何政权敲响丧钟。赵秉文总结道，在缺乏“仁”的情况下，任何政权都不可能维持长久（王明荪，2000，14～15页）。

作为一名效忠于金的士人，赵秉文对金朝在历史上的地位有着明确的看法。他断言金朝为宋朝的合法继承者，即它获得了统治中国传统地域“中原”的天命。按照他的说法，章宗皇帝（1190—1208在位）选择土德作为本朝之德运以继承宋朝之火德是非常正确的行为。因此，我们也就不难理解他为何极力支持欧阳修对那些历仕多朝的官员大加挞伐的做法。他谴责这类行为，认为他们往好里说是分裂的忠诚，往坏里说无异于背叛变节。由此，在看待三国历史时，他称颂蜀国为汉朝的真正继承者，因为其与汉朝存在血缘联系，这一观点与司马光视魏为正统的做法截然不同。赵秉文的历史观是道德说教式的，且集中于对正统问题的探讨。难怪他推崇《春秋》为历史的根本文本，因为它所包含的褒贬原则确立了最高的史学规范。他指责历代正史常常错误地给历史人物以评价与分类，而未能揭示其言行的道德意义。他运用“正名”作为对历史记载进行褒贬评价的手段。在历史上，每个人都应该获得其应得之评价（田浩，1995b，88～92页；王明荪，2000，5～6页）。

但对赵秉文来说，历史不仅是道德典范的源泉，同时也是能够阐明现实事件的经验宝库。过去的类似情形为当下政策提供了最佳指南。因此，当赵秉文在宣宗朝（1213—1223）参与关于迁都以便躲避蒙古威胁的可行性的紧急讨论时，他从过去的历史中寻求启发。议论之初，他首先反驳了伟大的宋代文学家苏轼（1037—1101）关于古代周朝迁都的评论。苏轼认为，周朝东迁开启了王朝的衰亡之途。赵秉文为东迁做辩护，他认为这是周朝面对夷狄的压力保存王朝及其文化的必要举动。事实上，他认为每个政权都应防范危险，即使是在承平时期也应如此。当环境要求变革时，不论多剧烈，也应顺应时势，进行革新。况且，古代周人迁都之后，不但继续生存下来，而且还延续了长久的统治。因此，赵秉文支持迁都。果不其然，公元1215年，金朝都城从北京南迁至开封。

同时，赵秉文也利用这个机会来论述恢复封建制度以拱卫金朝统治的必要性。通过回首历史，他发现推行封建制或郡县制由“势”决定，二制的实行根据不同的情况而定。他宣称，当前的时势要求采用前者。他认为，正如古时的三代一样，金朝面临着夷狄的入侵。如果建立世袭封邑，它们将成为拱卫金室的重要屏障。这些封建贵族将与夷狄殊死搏斗，因为他们明白这是在保卫他们自己的领土（王明荪，2000，5页）。

赵秉文对过去的认识，与其他杰出的金代士人对历史与史学的思考产生了共鸣，其中最著名的有王若虚（1174—1243）、元好问（1190—1257）和刘祁（1203—1250）。王若虚特别强调历史记载必须完整无阙，确保善恶兼书。他提倡写史要运用一种能够包举所有事实的平实文风，而非缺乏可靠史实的文雅叙事。此外，史料之繁，胜过史料之简。这种全面性以阐明建立在仁义基础上的人类关系为目的。仁义构成了历史的基本特征。道德意义与原则优先于政治，因为政治受“名教”即道德准则与规范秩序的适当认同的限制与指导。历史作为存在于一切时代的永恒道德原则要持续更新与强化，从而发挥作用。这一道德世界观支配着他对历史人物的评价。王若虚严厉批判蜀国的创建者刘备，而在传统上，刘备被视作一个仁德宽厚、胆识过人的三国英雄。王氏谴责他借口不忠杀害张禹，事实上，后者的唯一罪行在于他私下所做的刘氏统治即将结束的轻率预言。同时，王若虚对汉武帝也颇有微词，因为他在临死之际下令处死太子之母，以防这位年轻的太后日后干政，威胁到汉家统绪。尽管许多史家以现实政治的名义褒扬至少肯定了汉武帝的行为，但王若虚认为汉武帝此举“违天理而拂人情”。在他看来，汉武帝不配做历史的典范。他说：“治天下者，无道德仁义以相维持，而欲恃区区之法制，以沮奸雄而弭祸乱，盖亦难矣!”（王明荪，2000，6~7页，注释20；田浩，1995a，99~101页）①

元好问是另一位享有盛誉的金代学者。他经历了金元鼎革之际的政治剧变，出于对故国的忠诚，他拒绝出仕元朝。由于担心金代历史不能被完好地保存下来，他倾力投身于撰修金史的事业之中。他对《金史》的编修做出了巨大贡献，他的著作为元修金史提供了基本的框架结构与大部分原始资料。由于他的苦心经营，在《金史》、《宋史》、《元史》三部官修正史中，《金史》以其对史料的综合与系统运用而著称于世，并最受推崇。元代编修者公开承认他们的撰述在很大程度上取材于元好问的著作。元好问意欲保存金史的热切愿望源自他内心的深刻信念，即过去是当下的可靠镜鉴，而且金代有许多明君贤臣的事迹需要被记录下来，从而为后世子孙提供借鉴与启示（孟凡菊，1989，46~48页；陈学霖，1970，5~10页）。如同赵秉文与王若虚，元好问也做出了对治国施政与王朝兴衰的道德诠释。但有时候，在其简略的论述中，他似乎不仅从人事的角度来解释王朝之兴，同时也诉诸上天的力量，因此，天之佑护在王朝更替中也扮演着重要的角色。宏伟政治事业的实现，是聪慧睿智者所成就的伟大事迹与自然界丰硕成果的完美融合。与此同时，元好问认为君主与臣下的协调合作与天人的结合同等重要（王明荪，2000，16页）。

刘祁认同王若虚所主张的宏观历史过程受“天”影响的观点。但与王氏不同的是，刘祁提供了天意已在人事领域得到预言的具体证明。商灭夏、周灭商，皆符合天的意志。他进一步认为，遵从上天的意志，就是顺应民众的意愿。此外，王朝兴衰证明历史的循环运动受统治者对待士人的态度与方式的影响。如果一个政权未能尊重学者并利用其聪明才智，它会日益走向衰落，反之亦然。刘祁主张，一个王朝的运数和国祚与“士风”直接相关。通过考察自古而今的历史发展，他得出结论：当士人与学者重

---

① 《滹南遗老集》卷26《君事实辨》（下），见胡传志、李定乾：《滹南遗老集校注》，295页，沈阳，辽海出版社，2006。——译者注

视经典、文化与学术中包含的传统时，他们接受并实现了美德，其结果是全天下人得以共享太平盛世；但当他们追求权势、功利与诡诈之术时，世界便会陷入混乱。刘祁将这一普遍的宏观历史规律应用于金代历史中，认识到了“士风”与社会政治环境的相互关系。如果统治者适当地任用士人，并充分发掘其聪明才智，则国家繁荣昌盛；但如果统治者忽视士人，掉入自我放纵的陷阱中，那么国家必会遭遇不幸。刘祁声称，金朝之所以能够维持百年的统治，是因为它英明地任用士人，甚至起用那些曾经事奉过辽、宋的士人。但金朝还是走向了覆亡，因为它最终日益沉浸于区别女真精英与汉族士人的差异上，从而未能完全俘获士人之心（王明荪，2000，16～18页）。

显然，女真族建立的金朝，与中国本土的南宋王朝在认识历史的方式上别无二致，双方皆从道德、教化、类比与意识形态各方面对历史进行记述与阐释。金朝利用传统中国的正统承继的政治—宇宙论观点来确立自身的合法性，宣称其正统直接源自宋朝。尽管刘祁将金朝的衰落归因于统治者固执地坚持女真民族特性，但金政权明显接受了传统中国的历史观，事实上，这正是高度自觉的汉化政策的重要组成部分（陈学霖，1981，60～62页；王明荪，2000，1～24页；陶懋炳，1987，375～379页）。

三、元代史学与正统之争

公元1234年，蒙古铁骑横扫金朝。公元1276年，蒙古大军攻陷南宋都城，并于三年之后征服全中国，在中国历史上第一次实现了少数民族对全中国范围内的统治。蒙元（1260—1368）对中国的统治一经确立，就不得不处理一个棘手问题，即如何将其历史置于他们现已征服并进行统治的中国的历史中去。就此而言，如果元朝宣称其为正统王朝，那么它就必须承担起编修前代的宋、金甚至辽代历史的传统职责。宋、辽、金三朝历史联系紧密，这种相互联系在南宋与金朝分据中国南北时尤为显著。当元朝的第一位皇帝忽必烈（即元世祖，1260—1294在位）即位时，他承认，记载和编修历史应该成为王朝官僚机构的一项常规工作，而且他诏令撰修前朝历史。但不久之后朝廷中爆发了关于宋、辽、金孰为正统，或三朝是否具备政治合法性的激烈意识形态争论，因此修史工程被搁置长达几十年之久。最终，在1343—1345年的短短三年里，元代史家回避了正统问题，完成了中国历史上最为浩大的史学工程（将近750卷），即官修正史《辽史》、《金史》、《宋史》（陈学霖，1981，56～58页；戴仁柱，1983，33页；傅海波，1974，15～19页；傅海波，1978；内藤湖南，1949，321～334页）。

这一拖延甚久的编撰过程，揭示出少数民族统治下中国政治与史学传统的几个显著特点：史学学术与政治传记的相互渗透；撰述历史与为当下提供政治合法性之间的功利联系；正统思想与王朝更替史学的相互交融；适应汉族价值观与保留蒙古特性之间的张力；对中国文化的文化忠诚与对征服政权的政治忠诚之间的不可调和的矛盾。

为赢得汉族士人的支持，蒙古统治者迅速采纳了将汉族史学传统作为帝国官僚机器重要组成部分的权宜之计。王鄂（1190—1273）原为金臣，元朝建立后，任职于学术机构翰林院，官居翰林学士承旨。在他的建议下，统治者在翰林院中设立国史馆。王鄂认为，公正无私地编修前朝历史是本朝的一项重要职责，从而使过去的经验教训能够原原本本地载诸史册，泽被后世。他的这一主张给忽必烈留下了深刻的印象，也使后者深为折服。同时，通过迎合忽必烈的自豪感，王鄂巧妙地提出了撰述成吉思汗（1167—1227）历史事迹的必要性，从而向世人与后代子孙揭示和保留他之所以能够取得伟大胜利的原因之所在，因为他征服了包括辽、金在内的广大地域与众多人口。这多半是力图说服忽必烈重视中国传统史学惯例的隐秘与实用动机的结合体，即通过铭记蒙古早期历史，来增强王朝的荣耀；增进新王朝对被征服者的认识，吸引新臣民的支持；提升元朝与前朝相比的地位。但一个重要的事实是，由于忽必烈的支持与认可，原先文化程度极低的蒙古人开始建立史学传统，并发起汉化进程。

忽必烈统治时期，朝廷的目标是编修蒙古早期编年史以及辽史、金史、宋史，但这一过程非常缓慢，主要是因为朝臣们对史书编修义例未达成共识。分别编修三朝历史意味着三个政权享有同等的合法性，汉族士人对此感到不满，他们认为应该对三者的差异做出区分。但做出如此区分，带有意识形态与政治色彩，它需要以适当的判别标准为支撑。关于此标准，由于没有形成一致意见，这项工程陷入停顿之中。不过，元朝着实稳步推进了实录的撰修工作。公元1303年，撰成元朝建国前的四朝实录，随后于1304年，撰成《世祖实录》。到统治结束时，元王朝已顺利地完成了历朝实录的撰修工作（陈学霖，1981，64～67页；市村瓒次郎，1929，附录；陶懋炳，1987，381～382页；金毓黼，1976，116、119页；戴仁柱，1983，42～44页）。

从1312—1332年，朝廷再次要求编修完成辽、金、宋三史。但这次依旧面临着如何确定正统这一难题。王朝间政治秩序的正统承继问题仍然困扰着元代士人，同时也妨碍了编修进程的展开（陈学霖，1981，68～72页；戴仁柱，1983，33～42页）。当时，人们最关注的问题是，根据三朝的相对地位，依次制定撰修史书的适当义例。正统问题尤其棘手，因为它涉及少数民族征服王朝。元朝统治者明显意识到，他们与辽、金一样出自少数民族，虽然说他们推翻了正统地位无可撼动的宋朝统治。

在对政治合法性的思考中，出现了两种主要观点。第一种观点主张效法唐修《晋书》的做法。该书记载了中国历史上一个少数民族侵战与征服极为普遍的历史时期，并且在少数民族政权与晋朝汉族皇室之间做出了明确的区分，即以独立的载记记述少数民族统治者，以本纪叙述晋朝统治者（宋衍申等，1987，261～262页）。这种观点的基本依据是南宋延续了北宋的正统王朝统绪。尽管金朝终结了宋朝在中国北方的统治，但宋朝本身并未消亡。正如夷狄政权在晋初突现于中国时，晋朝仍维持着其合法统治，所以，尽管金朝与辽朝雄峙于北方，中国在很大程度上依旧处于宋朝的主权统治之下。因此，将宋列入本纪而将辽、金置于载记，既合逻辑，也符事实。

另一类观点则力主遵照《南史》与《北史》的先例（宋衍申等，1987，267～268页）。这两部唐代编修的史书，并未区分汉人政权与夷狄政权，所有政权都被视作占据某些特定区域的政治实体。这一派认为辽朝是一个主权国家，它出现于晚唐时期，尔后逐步发展为一个堪与北宋政权相抗衡的强大力量。就此而言，辽朝理应被视为一个合法国家。至于女真族建立的金朝，因为它推翻了辽朝统治，并与南宋相对峙，因此也应享有正统地位。因此，最好的处理方法是采用三种体例：辽、金组成“北史”，南宋为“南史”，北宋为单独的“宋史”。

这两种立场都存在一些不足之处。前一种尊崇宋朝，相应地则贬低了出自少数民族的辽、金，这反过来又对元朝的合法性提出了质疑，因为元朝也是作为少数民族入侵者上台并成为征服者。第二种立场通过赋予辽、金合法性，进而肯定了元朝的正统地位，但它却从根本上违背了如下观念，即宋朝是唐朝的合法继承者，而且有着无与伦比的文化与学术成就，它理应享有崇高的历史地位。尽管每个人都试图努力平衡这两种矛盾的立场，但没有人对此感到完全满意，撰史工程因而停滞不前（陈学霖，1981，72～74 页；陈芳明，1972，16～23 页；戴仁柱，1983，43～44 页）。

最终，在 1343—1345 年间，修史工程获得了新的动力。元顺帝（1333—1368 在位）以提倡汉化而闻名于世，他提倡接受和适应汉族典章制度与文化价值。丞相脱脱（1314—1355）及其同僚也强烈支持将儒家思想奉为朝廷与国家的根本准则（达迪斯，1973，75～118 页）。顺帝希望完成三史的撰述工作，因为他把它们当做赢得汉族士人支持并为元朝宣称政治正统性提供历史依据的重要手段。他任命脱脱为撰修三史的总裁官，诏令挑选适当的修史人选，并保证必要的经费支持。鉴于当时朝廷中普遍的“更化”氛围，此时无疑为重新启动拖延已久的修史事业的绝佳契机，但正统问题依然是史官们面临的最大障碍。

与此同时，朝廷中出现了关于正统统绪的另一种思路。这种观点认为宋、辽、金三朝都不具备完全的合法性，但它们各自凭借其维持了相当一段时间的政治统治而获得了某些合法性。这种观点的支持者从历史类比中寻求事实支撑，他们尤其以出现于公元 3 世纪汉帝国覆亡后的三国鼎立的政治局势为解释的力证。蒙古元朝因征服辽、金、宋三朝，而获得了政治合法性。不用说，这种立场未能平息关于正统承继的争论，更引起了敌对阵营的异议。杨维桢（1296—1370）就是其中最有力的批评家之一。

杨维桢是个非常有趣的例子，通过他，可以说明征服王朝统治下的汉族士人对分裂的忠诚的深刻感受与经历。杨维桢出生时，元朝统治业已稳固，因此他从未经历效忠者的精神痛苦。他是一位著名的学者与文人，同时也享有极高的科举功名。简而言之，他是被日益儒化的元朝政权所推重的文化精英中的一员。但当他被召至大都参与修史工程时，他的内心充满矛盾。一方面，他无疑效忠于元朝，这是个他引以为豪的政权与政治秩序。但脱脱偏好高度模糊的正统原则，他没有给予辽、金、宋任何一朝以正统地位，这种做法伤害了杨维桢忠于累积的中国传统的文化观念。将辽、金与宋相提并论，甚至更糟的是，认为宋朝仅拥有部分合法性，这完全不符合他的汉人正统意识。

杨维桢主张，南宋继承了北宋的正统，之后元朝又继承了南宋的正统地位。辽和金是不具备任何合法性的边夷政权。杨维桢利用两个主要论点来论证南宋的正统地位。首先，他认为，一个政权不必占据“中原”，即所有中国本土区域，以此来支撑南宋延续了政治承继统绪的观点。相反，南宋与北宋的血缘联系极大地弥补了南宋未能确立对全中国之统治的不足。其次，他把正统的政治观念与深受朱熹及其同道推崇的文化学术观念“道统”合而为一。正如政治秩序之兴替转换，包含在“道”或“圣人之道”中的中国文化秩序也经历着代代相传的过程。朱熹认为，“道”由圣人传至孟子，其后陷入低潮期，到北宋时期，由于有周敦颐、二程以及朱熹本人这些前后相继的学者的著述与学说，“道”得以再度复兴。杨维桢进一步延伸了朱熹关于道统的认识，他认为真正的“道”已经被元代大儒许衡（1209—1281）所继承与延续，许衡是一位与忽必烈朝廷关系密切的大学者。在某种程度上，元朝已经掌握了真正的“道”，即中国的累积传统，同时，它也宣告了元朝继承自南宋的政治合法性。如杨维桢所论，“道统者，治统之所在也”（戴仁柱，1983，48～49页）。相反，由于辽和金从未获得“道统”，因此，它们应该被排除在政治正统领域之外。

虽然杨维桢的主张，的确肯定了元朝作为“道”的所有者与中国宏伟哲学传统继承者的崇高地位，却也为蒙古人的正统性投下了一个巨大的阴影，因为他们和辽朝、金朝一样，都是无可否认的非中原血统的征服者。此外，由于杨维桢将元朝的正统性与南宋直接相连，于是1279年宋朝被最终征服之前的蒙古统治权的性质变得朦胧不清。由此，脱脱认为杨氏的主张极不可取，事实上也不可接受。杨维桢对自己深刻真诚的意见未被采纳感到愤愤不平，最终离开史馆以示抗议（戴仁柱，1983，42～51页；陈学霖，1981，89～90页；周少川，2001，93～97页）。

由于担心像杨维桢之类的著名学者引发进一步争论与意识形态论辩，且被史学工程可能再次陷入搁置状态的阴霾所困扰，脱脱决定无视反对意见，继续修史计划。他个人接受了如下观点：辽、金、宋都不具备完全的正统性，而征服这三个王朝的元朝则自然地享有正统地位。在脱脱的有力领导下，修史工作最终得以真正实施，而且不久之后就开始全速前进。不过，脱脱并没有主持撰修工作到最后完成，因为他在1344年辞去了相位。尽管如此，三部史书仍以惊人的速度完成：《辽史》成书于1343年4月，《金史》成书于1344年11月，《宋史》成书于1345年12月（陈学霖，1970，16～21页）。

这三部史书遵循正史的体例，由本纪、志、表、传组成。编修者努力客观地给予诸如金、宋效忠者以恰当的评价，他们也试图包含那些与元人视角的叙述可能并不一致的内容。然而，偏见不可避免地暴露出来。金、宋末年的统治者与历史人物被歪曲、丑化，因为必须说明蒙元政权推翻中国失道政权的正当性。在叙述蒙古早期与辽、金、宋三朝的历史时，通常仅着重描写对其蒙古祖先有利的方面（杜维运，2004，117～123页）。一个极具启发性的案例，就是《宋史》如何记载南宋的灭亡与效忠者的抵抗。

当然，宋朝效忠者自身也记录了他们自身的经历，及面对少数民族入侵的危机与全中国落入少数民族统治的反应。虽然许多汉族士人投降元朝，并忠实地效劳于新主人，但也有一些人坚持效忠业已灭亡的宋王朝，并构建了他们自己的叙述。这两类人各自如何认识和描述忠义？又如何诠释社会政治剧变与其内心的痛苦？怎样表达他们对当下的悲伤与失望？最著名和最有影响力的效忠者叙述为文天祥（1236—1283）所作。在《文山先生全集》的写作中，文天祥叙述了他进行抗元斗争、被俘入狱、最终被处死的个人经历。这是一种私人传记式的抵抗文学，一种第一人称的叙述，其目标在于为后代子孙留下一部有益道德教化的记录。文天祥以自己为榜样和镜鉴，赞美了忠诚于一朝之主与文化传统的美德，颂扬了为正义事业献身的崇高精神。尽管他对过去的描述在感情上扣人心弦，在心理上令人振奋，在精神上鼓舞人心，但作为历史叙述，它们并不完整，而是残缺不全的、片面的、短视的，且自私自利、自以为是。为增强自身观点与行为的高尚性，文天祥毫不犹豫地批评许多与他一起战斗的效忠者，遑论那些背叛者（谢慧贤，1990，589～596页）。

另一方面，《宋史》中同样也存在偏见。虽然它确已为宋代效忠者立传（许多效忠者被适当地归入殉道者、忠诚正直之士的行列，暗示出编修者的确参考了宋代效忠者的叙述），但关于南宋灭亡的事件，却大体是从参与伟大的入侵事业的元代将领的角度来记载的，且几乎完全取材于元朝方面的史料。毋庸置疑，编者缓和了对元朝入侵者与征服者的严厉批判，并修改了与之相关的不光彩的事件。此外，《宋史》强调了忽必烈治国政策的宽厚仁慈。尽管它赞美了效忠者对其王朝主人的忠诚，但它更不遗余力地颂扬了那些被赋予攻灭南宋之重任的蒙古将领的高尚德行。通过这样的道德推演，蒙古人要胜过那些汉族效忠者与殉道者。蒙古征服者尊重与劝慰南宋效忠者，通过履行这样的程序，他们试图表明对效忠者困境的同情，同时也深深仰慕其坚定意志。但值得注意的是，《宋史》以最明确的口吻指出，效忠者的行为是徒劳无功的，也是根本错误的，因为他们违背了天的意志。残酷的死刑，或是由残忍的肢体损毁导致的持久疼痛与缓慢死亡，往往被诸如“不屈而死”的简洁文辞所掩盖。另外，《宋史》将“大元”的国号推前至1232年，以此来放大和增强蒙古人的合法性。事实上，直到1271年，蒙古人才宣布建立元朝（谢慧贤，1990，596～598页）。

在元朝对历史事件的呈现中，我们再次看到过去如何致用于当下。虽然官方宣称其史学政策是在不畏惧谴责，且没有上级审查的前提下编修的真实、完整的历史记录，但元代官方史家创建了一个合乎统治阶层口味的历史版本，同时也肯定了元政权的合法性与仁治政策。

这三部史书着实也呈现出一些创新特色。例如，在《辽史》和《金史》中，各类志、表记载了不同国家与民族之间的互动与交流，展现了12和13世纪的东北亚地理政治景象。书中也包含关于契丹与女真的专门术语，这反映出编修者意识到了中国历史上这一特定时期与地点的多民族与多语言特性。但是，由于编修极为仓促，这些史书也存在明显的缺陷。书中的矛盾与冗余之处比比皆是，如对历史人物的错误识别，人物名称特别是少数民族人物名称的混乱，同一文本中的不同论述前后矛盾，等等。

同时也忽略了重要的历史事件。书中的语言与叙事往往未经雕琢、极不完善，《辽史》尤其如此。另一方面，《宋史》也因单调乏味的语言、支离破碎的叙事而深受诟病，出现这样的问题是因为编修者无力消化他们可以利用的卷帙浩繁的宋代史料。相比之下，《金史》则以其简洁明了与可读性强而为世所重，这主要是因为所据史料精良，以及有元好问与刘祁的著作可供参考。元好问与刘祁在整理和保存金代史料上做出了巨大贡献（陈学霖，1981，91～93页；陈学霖，1970，39～41页；周少川，2001，103～109页）。鉴于他们对元代史学的巨大贡献，有必要对二人进行更细致的考察。

四、私家学者的史学贡献

金代灭亡后，绝意仕途的元好问致力于收集和保存故国史料的事业。这包括从事我们所说的口述史，因为他求访了许多亲历过重大事件的人物。元好问现存最完整的著作是《中州集》，该书标题本身暗示出金朝的正统性。“中州”字面意思是“中部地区”，引申开来即河南的古称“中原”，它代表着中华文明的传统中心，同时也是金朝的统治区域。《中州集》虽然主要是一本诗集，但却提供了非常宝贵的历史资料。作为一位业余诗人与史学家，元好问创作了或许可称为咏史诗的作品（奚若谷，1995，281～303页；铃木，1955，36～54页）。他的诗集不仅包括文人诗歌，同时也包括金代皇帝、官员以及其他知名人士所作诗歌。仕于金朝的辽、宋作者的诗歌，也囊括其中。最重要的是，《中州集》包含有关诗歌作者的宝贵传记资料。大部分传记条目是关于单个作者的，但其中某些条目本质上是复合叙述。为了与道德裁决的传统史学原则保持一致，元好问对历史人物与事件进行了褒贬评判。他的认真努力为保存金代的文学文化与其他方面的成就做出了巨大贡献（陈学霖，1970，68～94页）。

刘祁对金代史学最显著的贡献在于其所撰《归潜志》。尽管这一著作由大量遗闻轶事、片段描写与杂记（它们通常被归入小说之类）组成，但书中所包含的大量资料具有极高的史学价值。刘祁作为与金代文学界联系密切的大文学家，可以实地观察其所处时代的重要人物与事件。他旨在记录金朝末年的政治剧变，从而使后世子孙能够知晓王朝衰亡的原因所在。正如我们在之前对金代史学探讨中所看到的那样，刘祁深入研究了过去的道德意义，得出了关于历史上政治兴衰的概括性结论。他的思考深深植根于他对古今历史的通晓之中。特别值得注意的是，《归潜志》提供了关于金代典章制度的详细资料与刘祁对其中所存在问题的冷静分析，比如统治阶层的普遍态度冷漠，官场中的体制性腐败与低靡士气，科举考试中缺乏对实际问题的考查科目，纸币的贬值等。他生动地刻画了王公贵族、文武大臣、文人及其著作，以及蒙古的入侵（陈学霖，1970，121～166页）。刘祁明确说明了撰述《归潜志》的旨趣所在："且其所闻所见，可以劝戒规鉴者，不可使湮没无传，因暇日记忆，随得随书，题曰《归潜志》……异时作史，亦或有取焉。"（同上书，131～132页）他记载的形象生动、客观坦率的第一手资料，是研究金代历史特别是金晚期历史的最好史料之一。

苏天爵（1294—1352）是另一位在元代史学领域中留下了不可磨灭的印迹的学者，他尤其以两部重要著作的作者身份而著称于世，即《国朝名臣事略》与《国朝文类》。与元好问、刘祁不同，苏天爵出仕元朝，而且事实上他仕途畅达，在许多职位上都取得了可观的成绩，包括参与编修本朝实录。他力图以传记体导向的叙述来补充编年体的实录，于是他从二十岁开始就着手编修《国朝名臣事略》，最终于1329年完成编修工作。他的主要目的是记载本朝君臣的事迹与罪行，为后世提供历史借鉴。他自己也非常清楚该书的局限性。毕竟，它是一部由不充分的史料构成的仅仅15卷的私人著述，因此他命名该书为"事略"。他希望朝廷能够利用官方资料编撰一部更翔实、更完备的类似著作，因此他向史馆提出了撰修文献汇编的具体方法。首先要确定应当立传者的完整名单，然后认真筛选所有与之相关的史料与档案。就其囊括了47个官员的私家撰述而言，他运用了120余种史料，包括公文、私人文集、墓志、碑铭和家传。官修《元史》在元代重要人物的传记上多取材于苏天爵的记述，这从侧面反映出苏氏著作的高水准。苏氏进一步警告人们，不能以官阶之高低作为立传取材的标准，因为"贤能"并不总能转化为飞黄腾达的仕途。史家必须适当地记载这些人物的道德成就，从而作为"后世之法"和"将来之劝"，而同样重要的是，充分记载奸臣贼子之行径，使“恶者所以为戒也”（傅海波，1961，119页；周少川，2001，190～194、196～201页）。

苏天爵的另一部著作《国朝文类》成书于1334年，凡70卷，是研究元代文学成就不可或缺的重要史料。十分有趣的是，虽然苏天爵收集了许多歌、诗、赋、颂、序、记，但他判断是否收录的主要标准，不是文辞优美而是其实用价值。他只选择那些“有系于政治，有补于世教”的作品。只有就“范俗”而言，这些作品的优美、雅致的文辞，才具有重要意义。最重要的是，这些文献必须能够补充现有的历史记载与著述。因此，《国朝文类》明显偏爱那些直接阐明政治与典章制度的书志和散文。在所有70卷中，诗歌之类的作品仅占九卷。显然，历史的直接致用性的传统理想对苏天爵的史学观产生了深刻影响（周少川，2001，194～196页）。

五、典章制度史

与其他王朝一样，元朝也编修了关于其行政结构、诏令朝章的典章制度汇编。《大元圣政国朝典章》由两部分构成，第一部分正集，共60卷，第二部分新集，不分卷。它记载了自忽必烈即位至1322年间元朝廷的大体结构，详细描述了吏、户、礼、兵、刑、工六部的具体情况（陶懋炳，1987，382～383页）。另一部重要的文献汇编是《皇朝经世大典》，凡880卷，它涵盖了元初至1330年间的历史。其底本今已亡佚，但书中大部分内容为《元史》所引用，也有一部分收录在明代著名类书《永乐大典》中。编修工作在文宗皇帝（1328—1332在位）的授命与密切监督下进行，而且文宗赋予该书巨大的象征意义。通过编修这部文献汇编，文宗宣告其统治开创了元朝统治的新篇章，因为它总结了以往的行政惯例与法规，并力图书写元朝统治的新篇章。此处，我们看到了一个历史书写如何同时作为政治宣言的生动例子（刘元珠，1992，77～80页；杜维运，2004，131页）。

当然，这部卷帙浩繁的政书不仅仅是开创新的统治时期的政治声明。其目的也在于，通过肯定和宣扬包含空前数量的人口与文化的元王朝的多民族本质来歌颂和总结王朝的成就。它描绘了高度复杂与井然有序的行政结构，强调了政府改善交通、建设道路与运河、兴修灌溉与防洪工程的众多举措。同时也突出了元政权对学术与文化活动的支持。它宣称，在伟大儒家思想的指导下，元朝统治的目的是保障民众生计，因为民众是国家存在的根本与基础。而且，《皇朝经世大典》赞美了元政府在鼓励农桑、减免税收、抑制地方豪强兼并土地与偷税漏税以及“节国用”等方面所做出的努力。此外，它强调元朝统治者重视学校和教育的发展，从而通过强化三纲五常来巩固社会结构。总而言之，它揭示了“王道”与“德政”在元朝的行政、立法与典章制度中的具体实践。这是另一个历史如何服务于现实目的的完美案例：历史为当政王朝提供了政策指导与政治荣耀（周少川，2001，178～187页；蓝德璋，1978，99～116页；蓝德璋，1982，125～135页）。

作为蒙古欧亚帝国的一部分，元朝统治着辽阔的疆域。元朝政府必须收集各地区的地理与行政资料，以便展开和维持有效的行政管理。早在1285年，忽必烈就诏令撰修一部综合性的地理汇编，将不同地域的地理与行政方志合编为一部全国性的志书。公元1324年，《大元大一统志》① 问世，凡1 300卷。此类著作的早期形式图经在隋朝就已出现，宋朝时变得更为普遍，收集地方志编修更大规模的著作，在当时已成为司空见惯的行为。但《大元大一统志》最为宏富，其记载之详，数倍于后来的明清两朝《一统志》。各州皆有一卷内容，每卷包含该地区的建置沿革、坊廓乡镇、地势、物品与土产、风俗与人物等信息。虽然该书早已亡佚，但仍可散见于明清时期的类似著作中（陶懋炳，1987，382页；何瞻，1996，410页）。

六、马端临对私家史书的创新

在元代私家史书中，马端临（1254—1324/1325?）所撰《文献通考》，无疑最受推崇。元初，马端临深感亡国之恨，拒绝出仕，转而致力于保存、理解和阐释中国特别是宋朝所留下的文化遗产，他一头扎进撰述

① 原著中为“大元一统志”，有误，应为“大元大一统志”。——译者注

通史的事业之中。这部通史尤其强调典章制度、治国方略与统治管理的发展沿革。历经二十年努力，《文献通考》终于在 1307 年成书面世。它是一部卷帙浩繁的著作，凡 348 卷。《文献通考》连同先前的两部重要著作，即杜佑的《通典》与郑樵的《通志》，通常被合称为“三通”。事实上，就撰述旨趣、主要内容与关注重点而言，三者呈现出许多共性。首先，三部著作都效仿司马迁与司马光的做法，努力撰述一部从古至今的通史，旨在广泛地揭示伴随时间、地点的变换，典章制度所呈现出的曲折发展。其核心信念是，通过对浩瀚的历史景象的全景式研究，人们能够理解体现在历史变化中的普遍原则与规律。其次，断代正史集中于对政治与传记的描述，与此不同的是，“三通”着重强调典章制度与官制变迁的至关重要性。第三，它们都力求详赡完备，这三部著作运用的资料丰富多样，它们有时大量征引史料，有时却对之进行删节，而且常常对史料做出评论。第四，三位作者都以其对所考察对象的细致分类，使其著作流传千古。这种分类编排，让他们可以系统地探究大量的专题。第五，三位作者皆以一种合理、适度的怀疑主义精神来进行历史撰述，特别是对那些基于阴阳五行神秘宇宙学理论之上的涉及超自然解释的记载，深表质疑。第六，或许是因为他们对任何道德层面的人类行为与自然现象的精巧结合，都极为小心谨慎，三人都不认同历史褒善贬恶的道德功能。诚如我们所见，郑樵尤其强调史家不应过分曲解孔子作《春秋》的方法。史家应摒弃《春秋》字字寓褒贬的成规定见。最后，杜佑、郑樵、马端临都被历史的实用功能所鼓舞。他们视自己的著作为历史鉴戒的宝库，其中的类比分析，将为理解当下的形势与现今政策的形成，提供实用的洞见（陈学霖，1982，27～32、40～48 页；金毓黼，1976，235～239 页；杜维运，2004，132～133 页）。

毋庸置疑，在这三部史书中，马端临的著作无论就专题抑或年代而言，都是最全面的，更不用说其运用史料更为精审与更为广泛。杜佑的《通典》分为八门，郑樵的《通志》为二十略，马端临的《文献通考》则由二十四“考”组成：田赋、钱币、户口、职役、征榷、市籴、土贡、国用、选举、学校、职官、郊社、宗庙、王礼、乐、兵、刑、经籍、帝系、封建、象纬、物异、舆地、四裔。换言之，它在许多方面都是一部更为优秀的典章制度通史。马端临旨在全面地（通）考察（考）悠久的文学传统，它由可靠的经史、历代会要、百家传记（文）以及其他所有有价值的、确证的评论与相似著作（献）构成。如此，他力图探究法律与制度的联系，揭示官僚机器与政府机构成长与发展环环相扣的模式。他认为，虽然历朝历代的理乱兴衰并不相因，也不存在普遍规律，但典章制度却呈现出有机统一性与历史连续性，而这也需要我们进行跨时空的比较研究（陈学霖，1982，36～39 页；宋衍申等，1987，351～352 页；陶懋炳，1987，352～354 页；杜维运，2004，134～136 页）。

换句话说，基于过去的事例是当下的有效鉴戒这一信念，马端临将典章制度研究的相对而言的新酒，置于历史类比的旧瓶中。历史，尤其是典章制度史，是一面反映统治方法之优劣得失的明镜。通过考察政治与经济领域的法律、诏令、规章条例的历史，马端临否定了超人类力量的作用，减少了运用褒贬的机械做法，而选择研究发生在过去变化中的因果关系（故）。在描述历史上具体制度变迁中的特定原因时，马端临试图证明一个更大的论点，即时代的推移意味着时势的变易。顽固地坚守旧传统，甚至妄图理想化地复兴古代之道，是违背了时代潮流的行为，因而是不合时宜的。通过对战国时期废除井田制（它曾促进了公共农业的发展）与唐代废除租庸调法的分析，马端临得出结论，这些改革的初衷，可能不是平均主义和公平合理的，但它们更能反映也更符合现实的情势（陈学霖，1982，48～51 页；周少川，2001，163～169 页）。

马端临对变化的敏感，赋予他一种敏锐的时代变迁意识。他认为，中国历史经历了两个重大的历史转型期：自上古时代至秦朝以及从唐代到宋朝的灭亡。在这两个宽泛的时间段中，马端临确定出几个显著发展的小阶段。他对历史时期的划分是依据两对相反的现象，即“公”（公心或公平）与“私”（私利或自私），“光”（光明或天）与“岳”（黑暗或地）的动态互动来进行的，同时亦以此种方式进行历史阐释。第一对关系，包含一种规范的道德—政治观念，即献身于公共福祉及与此相应地一己私利的减少，它被认为是建设和保持繁荣富强的国家与社会的根本方法。沉溺于自我欲望与个人利益的行为，会给任何国家带来不可避免的灾难。统治阶层与士人的行为与文化，决定着更大社群的命运：欣欣向荣抑或日益衰落。第二对，光明与黑暗，来源于一种天体演化观念，即在事物形成、时间诞生之前（因此同样也在历史之前），天地处于一片混沌之中，无光明、黑暗之别。但随着万物的出现，天地逐渐分离，亦出现光明与黑暗的分野。马端临将这种宇宙演变与历史演进联系起来。由于存在光明与黑暗，天与地，因此同样也有神事与人事、宗教价值观与世俗事业。这些两极对立，为马端临提供了历史研究的理论框架，借此，他得以阐明历史上的变化，如古代松散型的社会、政治、经济制度，后来让位于中央君主集权制。

首先，马端临不遗余力地剖析了“封建”制度，即规定了先秦时期政治秩序的分封制度的发展演变。这一制度之所以曾经运行良好，很大程度上归因于彼时藩王领主们不视其土地为私有财产。在当时，人们还没有确立起牢固的领土观念，国家在公共产品与分配的公有观念下充满活力。但是，随着秦朝的建立，“郡县制”的创设改变了权力的基础。统治者宣称所有领土的所有权都处于其统治之下，因此，随之也出现了一种重视个人利益的意识。马端临认为，这不仅是统治者观念的改变，时代条件也发生了变化。尽管郡县制或许不如分封制，因为它体现和反映了国家与君主的自我导向型的价值观，但它终究顺应了时代的潮流。随着政治形势的日益错综复杂，分封制无法继续有效地发挥作用。马端临认为，古代圣贤告诉我们不能“违时”，因此他们赞成以新的郡县制取代旧的分封制（陈学霖，1982，51 ~ 55 页；陶懋炳，1987，354 ~ 355 页；杜维运，2004，136 ~ 139 页）。

同样，受时代不同观念的影响，马端临在分析古代中国的政府机构与人口演变的过程中，构建了一部以不同发展阶段为标志的历史。古代历史可划分为三个时期：第一阶段从中华文明的肇兴至尧舜时代；第二阶段是夏、商、周三代；第三阶段始于秦朝创立的大一统帝国。这三个时期表明了从公心到私心的转变，也反映了从光岳未分到光岳分离的宇宙变化。这种分离，意味着一切政府功能的多样化及帝国官僚机构的日益复杂，反过来，它又表明建立在正义基础上纯粹的圣人之道已不再符合时代的需要。其结果是越来越多地运用维持法律与秩序的强制措施。此外，随着人口的增长，人类的才智也变得高度多样化，劳动与职业分工，导致了一个更为精密复杂人际关系网络的形成。同时，这些历史动力也削弱了公共利益的崇高理念，但它可以通过有意识地恢复和重建旨在推进民众福祉的公心而得以矫正。

马端临对典章制度史的阐释，与其关于高度集中的皇权的兴起与发展的政治理论密切相关。在对各种典章制度发展演进的考察中——诸如从分封制到郡县制的转变、选举制度的发展以及税制的演变——他聚焦于对虽不尽人意但却不可阻挡的历代皇权发展的研究上。权力之集中于顶端，是君主与统治阶层追求以自我为中心的个人利益的象征，它导致了统治阶级对民众的剥削。马端临将对过去现象的认识，与对当下问题的理解联系起来，发现了困扰宋朝特别是南宋的相似问题。他在《文献通考》中，详细描述了近世宋代典章制度的发展史，而且对其所看到的问题进行了细致的剖析。这一历史阐释也很可能是力图揭示同样困扰着元朝的类似政府弊病的含蓄尝试（陈学霖，1982，59～68 页）。

马端临专注于对宋朝政权四大积弊的思考：首先是由于巨额的国家开支所导致的过高税收；其次是宋代官场中的渎职与腐败现象，以冗官泛滥尤甚；再次是冗兵问题，宋统治者错误地偏重于军队数量而忽视了士兵的作战能力，由此组建的庞大军队，不仅在财政上难以维持，同时也未能有效地抵御少数民族侵战；最后是对夷狄政权的妥协苟且政策（周少川，2001，165～174 页）。总而言之，马端临以其对时代推移的进化与动态理解，从对中国典章制度史的全景式考察中，萃取出了历史变易的规律与模式，这反过来又提供了解决当前问题的最可靠向导。

七、历史和道学

如前所述，在宋代，建立关于变化的阐释架构的持久本能，并不是史学的专利。朱熹及道学的支持者，同样深受过去与现在互动相连的启发，因此，他们也提出了自己对变化的看法。道学是力图将人事（与其道德—伦理反复更迭）与形而上第一原则相结合的新儒学。蒙元政权经过最初的犹豫后，面临着这样一个严峻事实，即在其统治之下的广大中国人口中，文化精英依然坚定地信仰着传统的儒家价值观。元朝统治者别无选择，只能适应这一现实。他们将中国式的文官体系，嫁接到传统的蒙古军事建置中，并借助这种混合的政治秩序保全了其政治权力。在1313年到1315年间，即元仁宗（1311—1320在位）统治年间，元朝确立了儒家的正统地位。它建立在朱熹学说及道学的基础之上，其制度表现与结果，便是新制定的科举考试制度（狄百瑞，1982，1～4页）。许多汉族学者追随朱熹的足迹，成为道学光辉的自觉守护者。受朱熹学说及其作为儒家之道基础的道德修养使命的启发，他们思考了中国的文化与主要象征，包括其过去在内（狄百瑞，1981，21～24、91～126页）。因此，在结束我们对元代史学考察之前，有必要简单地看看元朝的史学观，因为其中渗透了道学的哲学思想。

许衡是元代最具影响力的儒家学者之一。除作为一位享有盛誉的鸿儒外，许衡最初担任过京兆提学，后来成为国子监祭酒。他积极有力地传播朱熹的学说，并巩固了四书的权威地位。四书即《论语》、《大学》、《中庸》、《孟子》，朱熹将它们提升为包含圣人教诲的经典文献。根据道学对宇宙运行的哲学阐释，许衡断言“道”即“太极”，也就是说，终极的存在也是“理”，人们可以在天地万物中，看到其多样表现（陈学霖，1982，209、211～218页）。在支配性终极存在的指导下，时代的推移遵循特定的普遍规律。这一规律决不是抽象难解的，因为一切事物的所以然与所当然，都可以在政治命运的兴亡中得到最具体的体现。许衡认为，既不存在永恒的和平，也不存在永恒的乱世。和平之中潜藏着祸乱的种子，而无序之中已现出重建的生机。繁荣孕育衰朽，退化亦不妨碍向再生的方向前进。

许衡进一步以高度哲学化的方式提出以下理论，即治乱兴替是天力与人力相较量的结果。当前者居主导地位时，文化、国家与社会处在“质”的典范与价值观的引导之下；当后者占据上风时，会出现一种倾向于“文”的普遍趋势，它很容易退化为沉溺于奢靡的风气，并导致对外在形式而非内在实质的痴迷。如前所述，司马迁与董仲舒之类的经今文学家，都运用“质”、“文”的概念，来描绘其文化理念中文明发展的两个不同阶段。许衡利用一种相似的历史决定论方式来提出他自己的治乱辩证交替的论点。此种历史观带有浓厚的宿命论色彩，许衡将这两种现象的互换归因于“命”的力量。同时，他也以适度的人事来缓和这种宿命论，即“命”意味着事件必须发生在特定的时间，而历史上的特定时间指的是具体的形势。在看待治乱时，人们必须深入现象内部来探究历史中的长时段力量。如果一个王朝土崩瓦解，那是因为破坏力发生了作用。当衰落过程继续有增无减，它会到达实际的客观形势极度糟糕的地步，以致王朝的崩溃再也无法挽回。对许衡而言，真正睿智的历史人物，是那些能够认识到时代潮流与形势需要的人们。

不过，许衡认为做出改变，并不意味着在任何情况下都要以权变的名义来从事和采取行动。历史上的积极变化，常常符合“王道”，即基于德行与道德劝说之上的治国方略与统治方式。与之相反的是“霸道”，它受利益追逐的驱动，且以高压政治为支撑。建立稳定的政权需要赢得天下之心。与马端临一样，许衡强调统治者的公心与公正的重要性，因为它有助于确保百姓心甘情愿地接受统治。但是，与马端临视公心为法律、诏令以及帝国官僚机构正常运行的制度需要不同，许衡本质上将它看作一种道德力量，尽管它在政治领域也有着强大的影响力。专注和致力于公共利益要怜悯和爱惜百姓，这种怜悯和爱惜，反过来又实现了“仁”。简而言之，“仁”是怜悯的根本之“理”。历史的变迁及其变化规律，受首要原则的支配，其常见表现是规定和赋予善政活力的德行。总之，作为道学家的许衡，从元伦理学的角度，将历史阐释为宇宙中所固有的道德力量的典范（周少川，2001，4～7、15～16、24～26页）。

许衡和其他道学士人力图定义、推广和巩固儒家传道的正统脉络——道统，与此同时，他们也重新定义和加强了何为中国人的概念。简单地说，作为中国人，一定要信仰儒家思想。这一论断对任何试图确定元朝的历史正统性（政治秩序的正统承继）的努力，有着直接的影响。对于那些事奉蒙古统治者的儒家学者来说，由于元朝奉行儒家思想，因此它是中国政权。只要它如此施政治国，就应当被视为中国的合法统治者。从关于元朝政权的论辩中，他们概括了华夏文明与其他文明之间的相互关系，并在此过程中详细论述了一些关于华夷交互作用的本质的广泛的历史观点。此处，他们显然不同于朱熹，因为后者在《资治通鉴纲目》中明确强调了华夷之辨。对朱熹而言，复兴和保存正统之道，是在面临迫在眉睫的夷狄入侵的情况下保卫中国文化的一种重要方式。对于元代儒家学者来说，“道”是包括蒙古人在内的所有人都可以追求的普遍价值观体系。由于元朝接受了中国的王朝秩序与统治之道，它已经实现了儒家之道（陈荣捷，1982，197～208页；傅海波，1982，162～178页）。

许衡将中国与邻国间的冲突，比作家庭内部的争吵——全天下人组成了一个大家庭，汉族的中国人与夷狄都是人类的成员。只要统治者以“仁”治国，那么他便是合法的。施行仁政，具体来说，意味着要采用中国汉族的统治方法。在向忽必烈的进表中，许衡运用历史事例，明确指出了汉化与政治长久的因果关系。拓跋族建立的北魏（386—534）、契丹族建立的辽朝、女真族建立的金朝，皆因服从和实行中国的价值观与典章制度而得以持久统治。其他征服政权多因未能推行汉法，而“乱亡相继、运祚不长”。但由于担心骤然全面推行汉法，会引起传统蒙古贵族的厌恶与抵制，许衡煞费苦心地宣称，这种文化与制度的同化，必然是一个循序渐进的过程，它至少需要三十年以上的努力。尽管如此，他的主要论点是历史记载为我们提供了如下清晰易懂的启示，即中国的统治方法和文化价值观，能够包含和容纳所有采纳它的民族（傅海波，1982，214～218页）。

郝经（1223—1275）是元代另一位儒学大师，曾师从大学者元好问。他也努力打破华夏与夷狄之间的界限。他强烈主张，由于元朝起用汉族士人，且遵循中国的统治方法，因此它是中国的合法统治者。天命并不只是授予特定地域或民族的统治者，相反，只有那些道德卓越的遵循“道”的领导者才会获得天命。正如郝经进一步阐发的那样，这是中国的道德传统以及悠久的制度、名物与学术。与许衡一样，郝经以历史事例来支撑其论点，即拓跋魏所取得的伟大成就。同时，他也称颂金朝“用夏变夷”的卓越功绩（周少川，2001，74～88页）。

郝经和许衡都基于支配一切的“道”的普遍假设，从历史中寻找证据来支撑起关于政治合法性的超民族观点。元代儒学偏好无时序性的、总体的、超然的价值秩序，最终不得不呈现为某种历史决定论，它诉诸过去的真实事例来建构事物运作的规律。历史不仅提供了参照，发挥着教化民众的作用，用事实证明了善与恶，而且在终极意义上构成了力图超越历史本身的根本的“道”。

第七章　明代史学
——私家史学的繁荣与创新

明朝（1368—1644）是一个享国甚久、功业卓著的王朝，它的建立标志着中原王朝的复兴。不过，相对于宋代的史学成就，明朝似乎要逊色很多。宋代史著的数量之大与体裁、内容之创新，皆非明代史学所能望其项背。到明朝时期，许多史学传统都已根深蒂固地确立下来，并被公认为是权威的典范。但是，明王朝毕竟延续了几近三百年的历史，因此，如果说这一时期的历史写作率由旧章，势必会流于轻率武断而大大缩减明代史学的丰富内涵。事实上，明代史学着实获得了巨大的发展，无论是在史学体裁还是史学内容上都涌现出了许多极富创造性的范例。

明代是一个学术文化蓬勃发展、急速变迁的历史时期。商品经济的扩张与城市的发展，特别是长江下游地区的繁荣，推动了市民阶层读写能力的迅速提升。另外，科举考试催生了大量文字读物的出现，其中自然也不乏与历史相关的内容，因为历史是科举考试的重要科目之一。随着读者群的增长，人们对书籍与著作的需求与日俱增。支撑写作与阅读的技术得到长足发展，与此同时，人们的读写能力进一步增强。读者主体不再仅限于相对狭小的士人群体，更多的社会阶层可以便利地接触到各类书籍，领略古今文化成就。商业作坊重印了朝廷编修的大量著作，从而使有文化者可以随时阅读诸如儒家经典、历朝正史、明代法典与行政法令等重要典籍。私人藏书也日渐盛行，学者们开始认真搜集书籍，并保存于自己的个人藏书中（傅吾康，1988，726～727页；卜正民，1998a，129～133页；吴光明，1942—1943，203～260页）。

清修《明史·艺文志》，生动地说明了明朝史书的种类之多与数量之大。它将明代史书分为十类：正史类（诸如历朝正史与实录）、杂史类、史钞类、故事类、地理类、谱牒类、传记类、职官类、仪注类、刑法类，总计 1 378 部，27 547 卷。显然，明代史著在数量上绝非微不足道，考虑到在清代的严密审查之下许多明代著述都惨遭禁毁的事实，可知情况尤为如此（陶懋炳，1987，389 ~ 390 页）。

一、明代官方史学与类书的撰修

在明代史学中，一个引人注目的成就是许多规模庞大的官修类书的出现。由于明朝统治者极为推崇儒家学说，并将其奉为正统，朝廷颁定了官方版本的儒家经典，其中包含朱熹及其后学的评注与阐释（朱鸿林，1999，495 ~ 524 页；威尔逊，1996，563 ~ 571 页）。此外，按照惯例，新王朝开始着手从事《元史》以及本朝的实录和其他朝廷记录的撰修工作。规模空前的《永乐大典》凡 12 000 册。它成书于永乐年间（1403—1424），在当时是中国历史上所编修过的最大规模的类书。随后，朝廷编修了许多官方地理著作，而且，16 世纪，司礼监掌管《大明会典》、《大明集礼》的印刷，使之得以颁行，其刻书版藏于经厂之中。因此，这些著作也被称作“经厂本”。它们皆因精良的品质而闻名于世，这也表明了当时印刷技术的进步。这些作品为清朝时期编修类书类著作提供了范例（傅吾康，1988，728 ~ 729 页；吴光明，1942—1943，228 ~ 229 页）。

我们不妨简单看看这些庞大的历史著作的撰修过程。在某种程度上，历史被视为皇权适当的表现方式，明朝与所有前代王朝一样，赋予历史记载以相当的重要性。这些史学工程在翰林院中的国史馆进行。会试的最优秀者被选拔为编修官，但他们的任职常常依赖于临时性的具体项目，因为朝廷并未设置固定的职位数量。同时，其他官员也负责掌修国史。起居注的编修尤为重要，它为实录的撰写提供了最初的原始资料。然而，这一惯例在 1390 年代初期被废除，直到 1575 年，在张居正（1525—1582）的敦促下，起居注的撰修才重新恢复（李小树，1999，91 ~ 92 页）。张居正的奏疏揭示了史馆如何开展工作。第一，它强调了保存朝会讨论内容之详细记录的至关重要性。为皇帝讲读经典的官员最接近皇帝，因此，他们被赋予了记载所有诏令、文告、指令、任命以及官僚机构中的最高官员大学士所进奏章的职责。其他编修者负责记录六部上呈的奏章，所记内容即为时政记。① 第二，史官的安置应尽可能接近皇帝，从而使他们能够捕捉到皇帝身边发生事件的完整情形。如若是只有皇帝与高级官员参与的秘密会议，那么后者应在事后迅速将商讨内容传达史馆。第三，政府档案应适时、自觉地传送至史馆。第四，所有讨论内容都应被原原本本地记录下来，不能有任何内容或形式上的修饰，以确保最初言论的真实性。第五，每月的记录都应被分为7卷，其中1卷为朝会材料，其余6卷为六部的材料。在内阁检验之后，它们应被安全地封存起来，直到编修该朝国史时再行启封。

同时，也有通常只涵盖几年时间的日历。例如，在1373年，一批选自翰林院的官员着手编修了《大明日历》。这些编修者被隔离在宫中某个指定地方长达九个月之久，直至1374年完成之后才恢复自由。但在1390年代初期起居注废除之后，日历的撰修也宣告终结。由此，有赖于这些原始材料的国史便无从编修。许多明代学者对明代官方史学的这个严重缺漏哀叹不已，比如我们在下文还会看到的著名学者王世贞和沈德符。王世贞公开谴责朝廷的失职，他说："国史之失职，未有甚于我朝者也……其于左右史记言动，阙如也！是故无所考而不得书。"② 沈德符敏锐地观察到实录已是第二手资料，国史原始材料的缺略是明代档案收集的一个严重缺陷（李小树，1999，91~92页）。尽管存在上述明显的疏漏，但明太祖在位期间着实下令编修了许多关于行政法规、法律准则、典礼仪式的文献汇编（傅吾康，1988，736~741页；今西春秋，1963，597~615页；陶元珍，1944，54~56页；陈学霖，1975，688~689页）。

这些原始材料为实录的撰修奠定了基础。在史馆之外任职的高级官员也参与了实录的撰修工作。事实上，这项工程由大学士领衔，翰林辅助编修，且所有的翰林皆由皇帝任命。为进一步提升修史工程的威望，其中最富盛名的官员会被任命为监修官，虽然很大程度上其角色只是荣誉性的。历朝实录的编修者通常为一百人左右，耗时三到五年完成。这些修成的汇

① 《时政记》盛行于唐宋，但明清两朝已不再编修，这里所说的"时政记"，疑笔误。——译者注

② 王世贞：《弇山堂别集》卷20《史乘考误一》。——译者注

编并不颁行于世。在最终版本撰成之后，底稿要被焚毁。编修者以庄严而盛大的仪式将实录正本进呈皇帝，然后进行封存。在下一王朝编修明朝正史之前，实录将不会再次打开。不过，另有一副本保存在内阁中，以备皇帝和大学士之用。鉴于实录所蕴含的巨大价值，朝廷在1530年代决定重新抄录所有既存实录，并将它们置于一座专门为保存实录而建的楼阁中（即皇史宬——译者注），以增强实录保存的安全性。后来清朝沿用了这一建筑，不过在19世纪初期进行了大面积的修缮。

实录采用按年代编排史事的编年体体例。它们在很大程度上取材于诏敕和奏章，且集中于皇帝面临危机时所采取的措施，主要反映了皇帝与相关官员的立场与看法。历史事件常常不记在它们实际发生的日期之下，而记于它们在朝会上报或讨论的那天，这使历史记载或多或少地复杂起来。可以料想，其中包含许多与官吏任免、战争以及日食、地震等异常自然现象相关的条目。但实录所包含的内容也可以非常多样化。比如，在提到某个高级官员的死讯时，可能会附其简传。此外，其他各类资料也会在每年年末呈送史馆，包括户口数目、税赋征收与外交使节等。

二、明王朝掌管的官方史学

尽管标榜实录的客观性，但监修的大学士要想修改实录的内容或隐瞒那些对他们不利的描述却并非难事（杜维运，2004，149～158页）。有两个臭名昭著的案例，业已封存的实录被强行打开，重新进行编修。第一个事例与明太祖（1368—1398在位）实录有关。《太祖实录》在建文朝（1399—1402）就已撰修完成，但建文帝最终被其叔父——太祖第四子燕王所废黜。由于新君永乐皇帝（1403—1424在位）通过篡权方式上台，他出于明显的政治原因，力图改写历史。因为既存实录肯定了被废黜的建文帝的合法性，永乐皇帝诏令重新编修实录。为稳妥起见，他焚毁了原来的实录旧稿。但他对新编撰的实录亦不甚满意，因为它们在短短几个月的时间里仓促修成。几年之后，他再次下令打开封存的实录，要求重新编修另一版本，最终于1418年撰修完成。不用说，重编实录意味着增加了许多为其篡位做辩护的伪造事件与言论（傅海波，1961，60～76页；傅吾康，1988，741～753页；马诺，1963，6～69页；陶懋炳，1987，397～400页；陈学霖，1975，689～691页）。

撇开永乐皇帝对历史事件的公然篡改与隐讳不论，《太祖实录》的编修揭示了传统中国史学所特有的另一重要特征，即美化甚至神化开国皇帝的生平事迹。编修者运用半真半假的叙述和真实性可疑的史料，更不必说故意虚造的材料。明朝开国皇帝太祖朱元璋，他的故事尤其带有篡改与美化的痕迹，因为他戏剧性地从穷困卑贱之徒一跃而为帝王之尊。作为一个一度沦落为游方僧人的孤儿，太祖凭借强烈的进取心、顽强的毅力和一些偶然的运气参加了起义军，并升至指挥官之位，最终经过十七年的战争，推翻了蒙古人的统治。因此，明朝史学家面临的一项紧迫任务，就是在皇帝的卑微出身与作为天子的功业之间进行协调。此外，通过夸大太祖的成就，同时也就歌颂了永乐皇帝，并使他成为皇位的合法继承者，因为他被认为是与太祖最为相像的儿子。

因此，实录中包含这样一段充满奇幻色彩的叙述，即太祖之母在诞生未来的皇帝前夕，梦见自己吞下了一粒道士所给的神奇药丸。当皇帝出生时，房间里充满红光，光亮从屋子里散发出去，邻居们甚至误以为起火了。另外还有一个故事这样描述，一位道士告诉朱元璋的父亲说他将来会成为一个尊贵的人，暗示其子将成为统治者，并带给他很多荣耀。太祖初入寺院后，被告知必须进行一次远游，途中他遇到了一位可敬的学者。作为帮忙搬运沉重书籍的回报，这位老者观察了太祖的面相，并预言他将来会成为一位伟大的领导者。当太祖回到寺院时，他居住的房间被灿烂的光辉所照亮。最后，上天启示他参加起义军是其天定命数，并暗示他最终推翻元朝不只是其个人意愿，更是天意所在。换言之，他已经获得了天命。其他神秘事件阐明了太祖在对抗元朝的过程中所显现出的不凡品质。在太祖的虔诚祈祷下，一个遭遇严重干旱的地区终于久旱逢甘霖，从而使旱情大大缓解。据称一条长脚的蛇拜访了这位未来的皇帝，这条蛇无疑十分像龙，而龙正是皇权的象征。这些关于太祖（其生平确实值得关注）的虚构讳饰，在许多描述先前帝王之兴的叙述中也可见到，其中所刻画的奇异事件强调了所论君主格外非凡。开国皇帝与道教神仙的相遇，似乎是一个经常出现的主题，与睿智学者的会面同样如此。帝王命运的预示、梦境昭告了未来的显达，都是司空见惯的史学手法。

这些故事的出处难以确定，史学家对它们的复述往往精巧而细致，因为这是歌颂王朝创建者的非凡品质的惯常做法。天子绝非凡人。无论是在官方史书还是非官方史书中，明太祖都被有意刻画成一个完美的典范人物，一个拥有超凡能力的正义之士。不过，现实中朱元璋早年的斗争经历与悲惨生活，着实为这些戏剧性的故事增色不少。此外，《太祖实录》编修时所处的政治环境也造成了对其形象的夸大和美化。当史书如此沉浸于夸张的描绘与虚构时，它的功能便是官方宣传。因此，如我们所看到的那样，一种虚构现实主义的手法补充了传统中国史学表达的另一种意识形态形式，即历史类比与历史教化主义（陈学霖，1975，691～711 页）。

不仅帝国命令与特权直接干扰了实录的编修，弥漫于明晚期政局中的激烈派系斗争，也严重妨碍了实录的撰修工作。光宗时期发生了一个最臭名昭著的案例。1620 年，这位皇帝仅在位一个月后便突然死去。当继任皇帝熹宗（1620—1627 在位）下令编修光宗实录时，由于党派斗争遍布朝中，因此，历史便沦为双方辩论的战场。东林党打败了其主要对手浙党，建立了在朝中的优势地位，他们借此机会来表达对近期发生事件的阐释，对所谓“三案”的叙述尤其巩固了他们的说法，因为这是一场涉及政治党派的生死之争的著名案例。

“三案”，始于万历皇帝（1573—1620 在位）颇富争议的行为或者说不作为，事实上，它是对中国宫廷动态的极好说明。明朝皇室规定皇帝的长子应被立为皇位继承人，但万历皇帝迟迟不宣布其长子朱常洛为太子。这一异常的拖延举动，引起了朝臣们对皇帝真实意图的激烈争论。这件事情被认为非常重要，以至于这场辩论被称为“争国本”。面对如此骚动，尽管十分勉强和不悦，万历皇帝终于在 1601 年立朱常洛为太子。然而，仍然有传言称皇帝计划废黜朱常洛，改立宠姬郑贵妃之子朱常洵为皇位继承人。为平息抗议和猜疑，万历皇帝为朱常洵在河南建立了一座豪华的府邸，并让他于 1614 年搬离紫禁城。于是，第一桩大案，所谓“梃击案”由此发生。在 1615 年五月，一个名叫张差的人，手持木棍，闯入紫禁城太子宫，之后被迅速逮捕。起初，张差被判定为一个单独行动的精神失常者。但随着案件审理的展开，东林党人怀疑这是一个暗杀阴谋，并要求进行更广泛的调查。随着指控的流传，朝廷完全陷入骚动之中，万历皇帝别无选择，只能介入其中。在一次朝会上，他宣告了自己对现年已 32 岁的朱常洛的爱怜，斥责了官员们挑起本不存在的争端。朱常洛反过来也谴责朝臣们不该怀疑他与父亲的和谐关系。他还说，没有必要展开任何大规模的调查，因为张差明显是个我行我素的疯癫之徒。这一案件暂时告一段落。坚持认为这是一场蓄意谋杀的东林党人，遭到罢黜，1620 年，万历皇帝死后，他们又被重新召回朝中。不久，论战再度爆发，而且愈演愈烈。

继承万历皇位的光宗朱常洛在位仅一个月，便不知何故，于 1620 年九月暴毙。这导致了第二个案件，所谓“红丸案”。争论的核心问题在于，身体本来十分健康的皇帝，是否是因服用药物中毒而死。光宗起用了许多被罢黜的东林党人，他的死，再次引发了东林党人对“梃击案”中阴谋论的论辩。他们散布消息称，尽管药丸直接导致了皇帝的死亡，但也有一些其他的蓄意行为，损害了光宗的身体健康。首先，他进食了一剂泻药，但在此之前，万历的宠姬、声名狼藉的郑贵妃，向他进献了八名歌女，意欲让皇帝纵情声色而耗尽精力。浙党作为东林党的主要敌对阵营，认为这种指控是凭空臆想、捏造的事实。所以，派系冲突再起波澜。

“红丸案”与第三个案件“移宫案”紧密相连。东林党人声称，随着居住在乾清宫的皇帝的身体状况日益恶化，万历宠姬郑贵妃和光宗宠妃李选侍（也是太子、未来的皇帝朱由校的监护人和继母，因为其生母已去世），共同密谋把持朝政。1620 年九月下旬光宗皇帝去世后，确保明朝基业成为当务之急，因为当时太子只有 15 岁。尽管一些人支持李选侍摄政，但许多大臣表示反对，特别是东林党人。内阁诸大臣决定，他们应该请未来的皇帝迁出乾清宫，并保护他移至太子所应居住的慈庆宫。于是，他们将决策付诸实践。与此同时，他们坚持认为，李选侍既非太子生母，也非先帝皇后，因此，必须搬出乾清宫。最终，他们驱逐了李选侍，但这引发了另一轮激烈的派系斗争，在此过程中，受东林党人影响的年轻的熹宗皇帝发布了许多值得注意的诏令，揭示了他遭受李选侍虐待的事实，因为当时李选侍被描绘为野心勃勃。

对东林党人而言，“三案”有力地阐明了威胁王朝统治的邪恶力量：首先是拙劣的暗杀，其次是成功的谋杀，最后是篡逆。对他们的对手来说，东林党人制造了这些阴谋，反倒自以为是地标榜公正无私。不过，新即位的皇帝遵照其父先前的做法，继续起用东林党人，至少情况暂时如此（达迪斯，2002，9~30页）。

在1621年，当熹宗下令编修光宗实录时，东林党人正在朝中占据支配地位。因此，光宗朝与万历朝的相关史事，渗透了东林党人的观念也就不足为奇。公平地讲，对编者来说，根本不存在任何不带党派斗争色彩的历史记述。这些实录相对较短，仅仅只有8卷，但编修过程却长达三年之久，这很可能是因为编修者力图达成一种既能表达其观点，又能尽量减少明显偏见的完美叙述。换言之，他们似乎在保持公正上做出了某些努力。尽管编修总裁叶向高承认，在尊崇先帝的惯例之下，不可能明确地记载已经发生的史事（或许他也想到了万历皇帝宠幸郑贵妃之事），但他坚持认为，编修者应尽量忠实于史实，因为他们的使命是为后世子孙留下真实可靠的历史记录。熹宗自身或许也为修史事业注入了某些温和克制、审慎明智的元素。他力图止息由三案所引发的看似无穷无尽的朝廷争论。为此，他颁布谕旨，要求停止一切极端的指控和牵强的影射（杨艳秋，1998，49~51页）。

到1624年，熹宗显然已经厌倦了东林党人的道德非难，转而日益倚重宦官魏忠贤，由此，反对东林党的力量得以在魏忠贤身边重新集结。在1625—1627年间，他们以残忍而血腥的方式清洗了东林党成员。同样需要抹去的还有东林党人书写的历史。因此，熹宗皇帝下令编修《三朝要典》，即神宗、光宗、熹宗三朝。1626年，在短短四个月内，这项新著作便宣告完成，而且被认为依照反东林党人的观点澄清了事实真相。它重开“三案”之争，并得出以下结论：“梃击案”的攻击者确系疯癫之徒，只是他个人之行为；光宗因哀慕神宗致疾而死；移宫案不过是东林党人政争野心及贪图“定策之功”的证明。《三朝要典》包含与“三案”有关的朝臣奏章以及史臣对其内容的评断。不用说，东林党成员的奏疏遭到了严厉批判。这部官修史书成为政治迫害与宣传的工具，其副本由礼部分发百官。

与此同时，成书于1623年，由东林党人或与东林党有关的官员编修的《光宗实录》被移出内阁大库——与初版《太祖实录》的命运一样——并再度被重修。为与《三朝要典》保持一致，反东林党人对《光宗实录》进行了修改。在修订本于1628年完成前三个月，熹宗去世。随着新皇帝崇祯（1628—1644在位）的即位，东林党人再度得势，《光宗实录》再次被改写，而之前的版本和《三朝要典》都被焚毁（傅吾康，1988，749～750页；杨艳秋，1998，51页；浅野，1944，254～285页）。同样值得注意的是，朝廷在按照皇帝与当权党派的态度与意旨改动近期史事的同时，也着手禁绝私家史书，防止私人学者发表个人见解。当《三朝要典》开始编修时，皇帝下令禁绝一切与“三案”有关的史书。与之相关的大量史书都惨遭销毁，那些违犯禁令的人，则会被治以“妖言惑众”之罪（杨艳秋，1998，51～52页）。

编修前朝史是封建王朝的另一项重要史学职责，明朝则承担《元史》的撰修。然而，明代史馆却不足以称典范。《元史》共212卷，在1369—1370年不足一年的时间里，仓促拼接而成，它被公认为是中国历史上最拙劣、最粗糙的正史（傅吾康，1988，753页；牟复礼，1962，162～165页）。虽然明朝许多私人学者就已致力于弥补《元史》的缺陷，但对其进行增补、订正和改进的努力，一直持续到清朝时期。现在任何想要参考这部元代正史的人，理应详细阅读20世纪的一部增补著作，即柯劭忞所撰257卷的《新元史》。明代编修者表现不佳，可能有几个原因。编修总裁宋濂（1310—1381）与王祎（1321—1372）虽学识渊博，却对蒙古文字、历史不甚了解。而且，参与编修者多敷衍了事，未能倾力为之，因为他们极为蔑视元朝这个征服政权。但是，也许最重要的原因在于，明太祖朱元璋是一个残酷无情的暴君，其猜忌臣下至为严酷，编修者害怕成书稍迟会触怒皇帝。此外，出于对统治者反复无常的畏惧，他们没有进行历史评断，也未提出自己的批判观点。《元史》的低劣质量很可能是编修者过度恐惧与压抑的产物，因为他们是在高压环境之下开展编修工作的。当他们脱离帝国的直接监督时，宋濂、王祎等人都撰写出了更高水准的史书（陶懋炳，1987，391～392页）。

宋濂私下撰有《洪武圣政记》。虽然表面看来，它是关于太祖朝政策与成就的直接记载，却也严厉批判了太祖的为政苛猛。宋濂将布衣起家的洪武帝比作建立汉朝的汉高祖，同时指责明太祖在统治过程中越发暴虐，破坏了登基之初的善政。宋濂亦撰有一部名为《浦阳人物记》的地方志，歌颂了浦阳先民的光辉事迹。在书中，他肯定了儒家关于国家政体的道德观，认为国家的福祉有赖于当政者的公正廉直。他运用近乎夸张的多彩语言，表达了就普遍的历史规范而言的道德经验教训，即正义之人铸就治世，邪恶之徒引发叛乱。

> 政事于人大矣，执舒阳惨阴之柄，御赏善罚恶之权，任出入生死之寄，其在朝廷则四海被其泽，其在一县则一县仰其福。苟得其人，则上明下淳，歌谣太平；一或反是，则流毒四境，神怒民怨，至有激成他变者，其所激甚重且难也。(陶懋炳，1987，394 页)①

宋濂对宏观历史模式的思考，意在劝谏统治者，国家的长治久安有赖于君主的高尚品行（杜维运，2004，158～162 页）。

同样，王祎作为私家史学家的历史书写，也非常重视历史人物在王朝兴衰中的作用。在道德正直之外，他特别强调了实用知识与选用那些“必有博识特见之君子”与“通天人之学而明于术数事功者”的关键作用(陶懋炳，1987，395～396 页)。王祎主张，史学家的职责是探索历史规律，以便阐明万物根本的“道”、“体”、“理”，因为它们是在从古至今的时代动态推移中逐渐形成的。一部成功的史书应按照具体的事实、以适当的言辞来讲述史实，揭示变化的规律，并从过去的记载中汲取经验教训，服务于当下。如此，史家与其史书，诸如司马迁、班固及其各自的史著，才能依照悠久的褒贬原则适当地进行历史评判（陶懋炳，1987，395～396 页；杜维运，2004，163～165 页）。

我们应该注意到，在皇朝支持下，明朝廷刊行了大量历史文献。史馆编修了《续资治通鉴纲目》，该书是对朱熹原著的平庸模仿，涵盖了公元960—1367 年间的史事。在皇朝的特别诏令之下，史馆也承担着超出其职权范围之外的编修工作。其中一个典型案例就是《皇明祖训录》，它包含王朝政策的指导方针与规定皇子行为的有益箴诫。另外还有《大诰》，由明太祖所发诰令组成。其公开目的在于教化官民，引导百姓遵纪守法，警

---

① 宋濂：《浦阳人物记》卷上《政事篇》。——译者注

示不法行为。一些说教与宣传性的道德书籍以乡村大众为目标，比如《教民榜文》。同时，朝廷还编修、颁布了行政法规与官员条例，包括明代法律条文。例如，《大明会典》详细论述了整个官僚组织的结构与运作方式。所有这些文献都会定期更新和修订（傅吾康，1988，753～755页）。然而，尽管此类历史文献规模宏大、种类多样，但明代官方史学既没有体裁上的革新，也未见内容上的创造。事实上，可以这样说，自元朝开始，官修史书多平庸无奇。官方史学的僵化，充分反映出了专制儒学正统的日益强化（杨联陞，1961，53页）。不过，私家史学领域的图景却更为丰富多彩、生机勃勃。

三、明代私家史学

早在明末清初时期，学者们就被明中期以来所出现的数量空前的私家史书所震撼。在明清革易之际，谈迁（我们在后文将对其著作进行探讨）描述当时的情形为，“实录外，野史家状，汗牛充栋，不胜数矣”①（李小树，1999，94页）。这种编修历史的巨大兴趣，可能与同时进行的诗歌与散文的复古运动密切相关。随着印刷技术的进步，明代士人不仅自己撰写历史著作，同时还重新刊刻了许多旧的史学古籍（钱茂伟，2001，27页）。当时还出现了许多通俗史书，它们大多以历史记载为依据，在此基础上注入作者的虚构想象，加以修饰和扩展，因此，它们或可更恰当地描述为“演义”或“传”。其中一个最优雅、最具影响力的范例，就是明初罗贯中所著《三国演义》。明中期以来，受罗贯中通俗杰作的启发，社会上涌现出了许多关于不同历史时期的相似著作。明末著名文学家袁宏道（1568—1610）注意到当时社会对此类历史小说异常狂热，这无形中有益于百姓了解历史上最重要的传说、事件与人物。由于这类历史演义的广泛流传，男女老少都十分熟悉汉代的标志性事件，如刘邦的布衣出身、楚汉相争、王莽篡位、光武中兴等。袁宏道如此描述当时社会对历史故事的痴迷：“天下自衣冠以至村哥里妇，自七十老翁以至三尺童子……无不能悉

---

① 谈迁：《国榷·义例》。——译者注

数颠末，详其姓名里居，自朝至暮，自昏彻旦，几忘食忘寝，讼言之不倦。”①（李小树，1999，96页）

与官方史学一样，许多私家史书也聚焦于当代史事。根据《明史·艺文志》的记载，在官方认可的110部史学著作中，有69部详细论述了当代历史。关于私人史学著述，总共217部著作中有201部专述明代史事。尽管此类著作无疑提供了许多宝贵资料，因为它们大多基于直接的观察，其质量却参差不齐。正如明代杰出史家王世贞所论，许多此类著作不顾及官修史书的常规标准，因此常常“非能称公平”，它们倾向于包含那些未经证实或怪诞的记载，而且，它们仅仅代表作者的狭隘观点、癖好与偏见（李小树，1999，93～94页；徐泓，1997，17～22页）。

虽然我们很难将私家史学与官方史学区分开来，因为许多私家史著的作者先前曾为官或渴望做官，但明代私家史学的繁荣，着实是一个重要的学术现象。史家私下撰述历史，即使身为或希望成为政府官员，他们既不受朝廷直接监控，也不受官方制定的撰修规则的制约。他们自然有更多创作与革新的空间，因此，明中期之后，私家史著呈日渐增长之势（傅吾康，1988，756～760页；伍安祖，1984，46页）。

丘濬（1421—1495）是15世纪的一位著名史家。作为一名仕途畅达的官员，他参与编修了许多官方文献，如英宗朝（1457—1464）实录和宪宗朝（1464—1487）实录。同时，在朝廷授命之下，他还参与编修了《续资治通鉴纲目》这样一部被公认为价值甚微的著作。不过，作为私家学者，丘濬仿效朱熹《资治通鉴纲目》撰成的《世史正纲》，却极富创新意义。由于不受官方史学惯例的约束，丘濬能够充分地施展想象力和运用独创性，因而撰写出了一部既推崇朱熹之精神而又不拘泥于其体裁的史学著作。与朱熹一样，丘濬将历史看做经验教训的宝库，通过它能够激发当下国家与社会薄弱的道德意识。如丘濬所述，该书旨在“著世变，纪事始”（李焯然，1984，172页）。《世史正纲》始于秦朝，正是因为秦始皇灭六国而统一天下，标志着前三代夏、商、周的终结，同时也为后三代汉、唐、宋官僚制帝国的崛起奠定了基础。在记述重要史事

① 袁宏道：《东西汉通俗演义序》。——译者注

的过程中，丘濬力图揭示它们在保存天下“三纲”上的意义，即“严华夷之分、立君臣之义、原父子之心”。研究和撰述历史是为了说明这些恒久关系的实际运作（李焯然，1984，169～175页；杜维运，2004，165～168页）。

丘濬效法朱熹，十分热衷于运用历史的褒贬原则。他尤其关注历代王朝的正统问题。为使读者对每一王朝是否为正统能够一目了然，丘濬设计了一套特别的图形系统。在文中，所有继承了正统统绪的王朝都被置于圆圈之内，秦、汉、唐、宋诸朝皆囊括其中。他进一步将这些王朝分为两类：正统王朝与具备部分正统性的王朝。前者皆朱书其国号于圈中，后者则墨书其国号于圈中。例如，虽然秦朝取得了统一中国的伟大成就，却因残暴的专制统治而被赋予不完全的正统地位。因此，“秦”之国号墨书于圈中。被认为不具备正统性的王朝则不列于圈中，它们在文中仅以空圈为标记。汉亡后出现的南北朝皆由空圈来表示。丘濬认为最不具备正统性的王朝是蒙元王朝，它在文中以黑实圈为标志。他解释说，蒙古之征服与统治中国，阴道长而阳道消，代表着一个充满阴霾的黑暗时代。蒙元时期，天地间的等级秩序完全失效，因此，丘濬将它描绘为一个不祥的黑圈，暗示这是天地开辟以来的最大灾难。丘濬运用这种简洁明了的创新形式，对历代王朝做出了相应的评判（李焯然，1984，76～189页）。

丘濬的历史观，很大程度上融入了他关于宇宙万物辩证运动的宇宙哲学理论。正如天道之有阴有阳，世道亦有治有乱。这些对立的力量与现象，彼此相互作用。丘濬认为，中国、君子为阳，是天理的体现；夷狄、小人为阴，是人欲的表现。“阳明出事，则中国尊安，君子在位，天理流行，如此则为治世。阴浊用事，则夷狄僭乱，小人得志，人欲恣肆，如此则为乱世。”① 按照其宇宙论观点，丘濬认为用道德领导与统治非常重要。带有私欲的民众必须在统治者的适当引导之下，才能实现秩序与和平。这是历史的规律，而丘濬的著作则旨在为这一人类兴衰的普遍模式提供事实证据（李焯然，1984，190页）。

毋庸置疑，丘濬怀有一种强烈的华夷观与对夷狄的厌恶感，以至于他

① 丘濬：《世史正纲》卷32，海口，海南出版社，2005。——译者注

坚持主张夷狄应排除在中国之外。他的观点，反映了其所处时代的历史与地缘政治形势。明朝是一个本土中国政权，它颠覆了夷狄（即蒙古人）对中国本土的首次完全统治。坚持华夷之辨，就是在歌颂明朝推翻蒙元政权的伟大功绩。与此同时，丘濬所处时代面临着来自夷狄的巨大压力。1449 年，明英宗率领五十万大军亲征瓦剌，最终却带来了灾难性的结果。明朝军队非但没有打败瓦剌军队，反而为瓦剌所败，英宗被俘，瓦剌攻占北京城。丘濬的著作，正诞生在这个民族危机空前严重的历史时期，它对驱除夷狄问题的关注，作为一种历史原则，是史家借用历史服务于现实需要、阐明当下对外关系与军事形势的极好案例（李焯然，1984，196～198页）。

15 世纪末及 16 世纪初见证了私家史学的进一步繁荣（杜维运，2004，175～179 页）。陆深（1477—1544）颇推重刘知幾，他校定并重刊了刘知幾的《史通》。此外，陆氏亦撰有《史通会要》一书，开创了明代《史通》研究之风，激发了同类著作的编撰。梁梦龙（1527—1602）辑录历代史著中的序、跋、表等，汇成《史要编》。瞿景淳（1507—1569）、卜大有（1512—约 1602）等学者，皆因其在史学批评与史学分析领域的巨大成就而闻名于世。瞿景淳著有《古今史学得失论》一书，在书中，他评判了许多正史和其他一些极有影响力的史书。例如，他明确指出《宋史》的不足之处，他说："其本纪所以述天子之大经大法也，而乃委曲之滥，兼收细行，甚或下及于臣事。列传所以录臣下之嘉谋嘉猷也，而乃缀缉丛委，夸诩爵宠，遂使猥同于家乘……若其间烦章冗句，不知所裁，又未易遍举也。"① 另一方面，瞿景淳极其推崇朱熹的《资治通鉴纲目》，因为它如实传达了经典的启示，同时兼采诸史之长。对瞿景淳而言，该书之编排堪称典范，因为它按照年代顺序排列史事，行文简洁明了。此外，朱熹效法《春秋》，适当地褒善贬恶，揭示了人类社会的"大纲"，同时也为后世提供了鉴戒。

瞿景淳系统概述了历史编撰这项上天所赐予的神圣事业的目标与方法。他列出了史家作史的"四事"："曰重委任，不以他务乱其心思也；

① 瞿景淳：《古今文学得失论》。——译者注

曰假岁月，不以速成致其率略也；曰专职业，虽有选擢不令辄去也；曰访遗书，凡有著述无不搜罗也。”① 然后他论述了史学著作的“五志”：达道义、彰法戒、通古今、著功勋、表贤能。最后，他指出了驾驭历史思考的“三科”：叙沿革、明罪恶、旌怪异。

卜大有所辑《史学要义》是一部史学通史著作。卷一是关于史学总貌（史官、史官制度、作史义例、史馆修史、史法、正史、杂史等）和《史记》、《汉书》、《后汉书》的评论。卷二是关于《三国志》至《元史》的历代正史的评论。卷三集中探讨了司马光的《资治通鉴》及与之相关的著作，如朱熹的《资治通鉴纲目》。卷四考察了马端临的《文献通考》、杜佑的《通典》、郑樵的《通志》等其他各类史学著作。卷五辑录了大约两百多条各类资料，旨在补充前四卷记述之阙。卜大有和瞿景淳都有把史学作为一门学科的敏锐意识，认为这一独特的学术领域需要人们进行集中分析和专门研究。两位作者没有混淆过去事件本身与史家对其所做的记载与描述，他们与刘知幾一样，认真思考了历史撰述的意义与方法（钱茂伟，2001，26～35 页）。

私家撰史的时代风潮在明晚期依旧保持着强劲的势头，一直从 1573 年万历朝开始，延续至 1644 年王朝的终结。可以说，史学著作的质量蒸蒸日上，因为许多学者都开始更为批判地运用史料。实录不再作为机密档案进行保存而可面向公众流传，这无疑促进了私家史学的发展，尤其是明代史本身的发展。因此，我们有必要仔细考察几部与《明史》涵盖年代大致相当的私家史著，从而可以对官修史书与私家史书做一些有意义的对比分析。

《名山藏》是一部涵盖了明代大部分历史时期（大约从 1368 年到 1572 年）的私家史著，亦称《明十三朝遗史》。该书凡 100 卷②，但只有前 45 卷标明卷数。作者为何乔远（1558—1632），书中附有一篇钱谦益（1582—1644）作于 1640 年的序文（傅路德、房兆楹，1976，507～509

---

① 《古今史学得失论》。——译者注

② 有关《名山藏》的卷数，现有 100 卷、106 卷和 109 卷三种说法。——译者注

页)。《名山藏》仿效正史体裁而略有变动。何乔远未采用传统的帝纪、传、志、表四体例，而将全书内容分为三十五①“记”，虽然这些“记”显然囊括了纪、传、志。该书不包括表，不过也并非所有的正史皆含表这一体例。《典谟记》非常类似帝纪。其他一些“记”叙述了皇后、王子、贵族的事迹和相关的史事。此外，亦有臣林、儒林、列女、方外、货殖各记。其余的“记”类似正史中的志，它们专门记述了刑法、河漕、兵制、盐政、漕运、外交、钱法、艺妙等各项典章制度。另有一些“记”包含常见于正史中的“论赞”。

尽管《名山藏》在体裁上与《明史》非常相似，但二者却也存在一些显著的差异。在《名山藏》中，所有的传记都被置于特定的“记”中。例如，一度为明太祖之战友的郭子兴（卒于1355）、韩林儿（卒于1367）被列入《天因记》中。作者通过将他们置于专述王朝之兴的“记”中，明确承认了二人对明朝的建立所发挥的关键作用。相比之下，尽管《明史》特辟专章分别记述郭子兴和韩林儿，却未将他们二者归入《忠义传》或《孝义传》之列。《名山藏》把王朝建立者的敌人，置于特定的“记”中，借此微妙地表达了对他们的贬损态度。为揭示他们在元明鼎革之际的反面形象，陈友谅（1319/1320—1363）、张士诚（1321—1367）、方国珍（1319/1320—1374）等明太祖的竞争对手，皆被置于《天驱记》中，以此来说明他们都已被历史所淘汰。《明史》中关于这些人物的传记，未对其是非功过、孰褒孰贬做出定论。在关于宦者和其他官员的部分，《名山藏》也尽可能辨明善恶。因此，何乔远有效运用其著作体例，作为应用史学褒贬原则的重要工具。

《明史》撰修于清朝统治之下，书中对外交事务的记述尤其谨慎、敏感，《名山藏》却无此弊病。《明史》完全隐去了满洲人的故乡东北的历史，《名山藏》则提供了关于满洲政权兴起的宝贵资料。《王享记》这一标题暗示出明朝对外夷关系的处理不过是为王朝获取财富。它将外夷分为不同的群体：起源于中国东北的海西女真与建州女真，被划为“东北夷”；其次是被称为“东南夷”的朝鲜人和日本人，作者对此着墨尤多；

---

① 原文如此，有误，应为三十七。——译者注

琉球、安南、暹罗等国家构成一个子分类，书中对其论述相对较为简洁；另一个子分类由马六甲、苏门答腊、吕宋等组成。书中未列葡萄牙，不过作者在叙述与其他国家的交往中曾谈及该国。何乔远似乎沿袭了《大明会典》中的夷狄名录。“北夷”部分主要记述鞑靼事务，而“西夷”部分所列国家，大致相当于《明史》中的“西域”包含的国家。大体而言，《名山藏》遵循了传统中国依据北、南、东、西四个基本方位划分夷狄的惯例。值得注意的是，在《王享记》中，他特别提到了来自北方的威胁，力主加强北方边境的防御力量。同时，他也提到了南方来自日本海盗的威胁，蔑称其为“倭寇”，但他认为这是一种暂时的骚扰，虽然他也对“倭寇”的神威感到震惊。

另外，值得一提的还有《臣林外记》。这部分只包含那些誓死效忠建文帝（他是其叔父朱棣即后来的永乐皇帝篡权的牺牲品）的官员的传记。这些官员面对政治迫害，始终坚贞不屈、不为所动，因此，何乔远称颂他们为正义之士，更特辟专章记述其事迹。同样，他单独列出邪恶的宦官，旨在彰显其罪恶行径。作为不受官方规则限制的私人史家，他可以自由地采用任何形式，从而恰如其分地呈现其历史资料与评判。

同时，何乔远意识到了撰写当代史的内在障碍。首先，种种王朝忌讳妨碍了史学家如实记载历史。其次，尽管明朝时期朝廷颁布的实录确实有助于当代史的撰述，但史家依旧面临着缺乏真实可靠之史料的棘手问题。在李建泰（进士 1625）为《名山藏》所作的序文中，他及时指出了实录的缺陷与不足，在他看来，实录多褒奖之词而少批评之语，因而往往不尽真实。它们集中于记述朝廷的官方事务，由此忽视了社会中发生的大量事实。实际上，可以说，正是由于人们认识到实录记载的不充分，才激发了私家学者力图撰写更完善、更全面的近世史著作的欲望，从而推动了私家史学的蓬勃发展（伍安祖，1984，47 ~ 50 页）。

另一部关于明朝历史的重要私家史著是谈迁（1594—1658）所撰的《国榷》。该书为编年史，凡 104 卷，另有卷首 4 卷介绍性文字。初稿成于 1627 年，但在 1647 年不幸遭窃。谈迁决定重写书稿，最终于 1653 年完成第二稿的撰写工作。二稿增加了明代最后一朝，即崇祯朝（1628—1644）史事和南明抵抗政权的第一朝，即 1645 年弘光朝的史事（傅路德、房兆楹，1976，1239～1242 页；金泽中，1989，43～46 页；陶懋炳，1987，411～413 页）。增补的部分撰写于清初，涵盖了 1628 年到 1645 年的时间范围的历史，但谈迁并不忌讳谈及清初的皇帝，更蔑称建州女真为“建虏”。谈迁自视为明朝遗民，因此，我们可以把他的史书当做一部明代著作。

谈迁之所以要撰写一部宏大的史著，是因为他对包括实录在内的明朝既存史书感到非常不满。对他来说，这些史书仅仅触及重要事件的表象而未能深入其内核。同时，他认识到这些文献中存有明显的偏见，尤其是《神宗实录》和《熹宗实录》中随处可见的党派偏见。正如谈迁所论，官方史家往往是皇帝和当权者的奴仆，由此，他们不得不应付政治压力和皇帝的监督。以《太祖实录》的编修为例，当时许多官员都遭受政治迫害，谈迁抱怨说，“史权”严重受制于政治需求，以至于对建文朝史事多有意规避和歪曲。他还认为，朝廷授命集体编修的史书，常常扼杀了史家的创造力，并造成史书内容缺乏内在的一致性。例如，他称颂欧阳修的私家史著《新五代史》，却批评官修史书《新唐书》，尽管后者亦在欧阳修的领导之下编修而成（金泽中，1989，46 页；伍安祖，1984，51～52 页）。

然而，真正让谈迁确信有必要撰述一部崭新而全面的当代史著作的是陈建（1497—1567）所撰的《皇明通纪》，谈迁曾于 1621 年研读过该书。它被认为是一部完整的当代史著作，但却遗漏或忽视了许多重要史事，整本书中错误亦俯拾皆是。因此，谈迁决定收集充分而且更好的史料，撰写一部真正全面的当代史。谈迁对既存史著不满的真正根基，在于其对“国可灭，史不可灭”的根本信念。因此，在必须不顾政治变迁保存历史记载信念的驱使下，又苦于缺乏完善的当代史叙述，谈迁开始运用编年体撰写真实而全面的当代史。他效仿明实录和陈建的《皇明通纪》，同时也做出了某些改进。为收集资料，谈迁四处跋涉，甚至在北京待过两年。他仅从实录中挑选出最重要的叙述，而辅之以各类其他史料，如地方志、邸报、碑铭，等等。在正式运用这些史料之前，他会仔细考订其中的错误与缺陷。谈迁积三十六年之不懈努力，运用了大约 270 种史料，先后六易其稿，终于撰成了历史巨著《国榷》（伍安祖，1984，49～51 页；金泽中，1989，46～47 页；陶懋炳，1987，413～415 页）。

采用编年体的《国榷》显然不同于《明史》的复合体例，但《国榷》卷首四卷由表组成，它与正史中的表非常相似，虽然其内容相对简略。不过，谈迁所列之表更多一些，多达13篇，而《明史》仅含五表。《国榷》卷首之四名为《朝贡》，其中列出了向明朝朝贡的外国名录，这一资料不见于《明史》。只要运用得当，表不仅能够节省文章篇幅，而且也能揭示重要史实。小事件与小人物亦可置于表中，从而减少叙事的繁琐零碎。

效法司马光的《资治通鉴》与其他正史的做法，谈迁在文中插入并附加了关于历史事件与人物的评论。值得注意的是，这些评论并非皆置于一卷之末。它们常常散见于文中各处，从而使议论与叙述有机融合。谈迁自己做出了多达900条的评论，同时还援引了1 200条许多不同学者的评论（金泽中，1989，48～49页；伍安祖，1984，50页）。尽管谈迁的著作以实录为基础，却与实录有着明显的差异。例如，明朝政府没有单独编修极富争议的建文朝实录。《太宗实录》的前9卷对建文朝史事进行了记载，其标题为《奉天靖难记》，明确说明了永乐皇帝所作所为的合法性，因为这是上天的授命。此外，由于永乐皇帝废除了建文年号，随后的8卷沿用了洪武年号。同样值得注意的是，在《太祖实录》中，洪武这一年号使用长达35年，事实上，洪武统治只持续了31年（傅吾康，1968，16页；傅吾康，1988，748页）。谈迁《国榷》否定了由政治操纵和以私利为目的而进行的时代划分。谈迁在叙述中恢复了建文年号，并将建文朝与明代其他朝等而视之，从而肯定了其在历史上应有的地位。如谈迁所论，正如汉朝没有因为吕后称制而销毁帝纪，唐朝亦未因武后篡权而删除与其相关的实录内容，因此，在当今王朝，有关建文朝的历史记载也必须保存下来。与此同时，谈迁十分热衷于运用褒贬原则。他赞扬那些遭受迫害的忠于建文帝的官员，称颂他们是道德楷模（伍安祖，1984，50～53页）。

另一部值得关注的私家史著是王世贞（1526—1590）所撰《弇山堂别集》。全书凡100卷，辑录了大致从1368—1580年代的大量明朝史事与典故，附有一篇作于1590年的序文（傅路德、房兆楹，1976，1399～1405页）。王世贞不是一个埋首于古史研究的学者，因此他致力于撰写一部当代史。王氏认为，博古固然可贵，但如果不能把这些知识与现实相联系，那么它们将毫无用处。王世贞生活于明朝统治江河日下的历史时期，他力图撰写一部能够揭示许多紧迫问题的产生原因的当朝史，从而为矫正这些弊病提供线索与参考。此外，与谈迁一样，他也十分不满于官方实录与私家著述中的史事缺略与失实，而他自己的著作将阐明历史的真相（顾诚，1983，337~339页；杜维运，2004，179~183页）。

不像何乔远的《名山藏》采用改良的复合体例，亦不同于谈迁所著《国榷》遵循编年体，王世贞的《弇山堂别集》没有明确的编排体例。书中的某些专题文章“考”与《明史》中的内容相类似。比如，《中官考》类似官修《明史》中的《宦者传》。不过，王世贞对宦官制度进行了长篇、细致的探讨，试图提供对该问题历史背景的更好理解。王氏的著作也包含关于王公贵族的谱牒与简传，这与《明史》中的相关内容大致相同。其他专题文章（考）非常类似正史中的书志，它们主要论述科举考试、学校、兵制等典章制度（伍安祖，1984，53页）。

对我们而言，最值得关注、最有价值的专题论述是《史乘考误》。如其标题所示，它旨在揭露发现于碑铭、传记、家乘等各类史书中的错误与问题。王世贞在前言中如此批判明朝官方史学：“国史之失职，未有甚于我朝者也。”官方史学明显缺乏客观性，因为一切都必须服从于政治需要。例如，由于担心记载当朝史事会触怒在世皇帝，实录只有在一朝皇帝去世之后才着手编修。王世贞还批评了官修史书在史料收集和运用上的缺陷。撰修实录不过是“六科取故奏，部院咨陈牍”而已。况且，明朝既无国史，也无起居注，因此，也就没有可资利用的确切史料。王世贞说：“国忸衮阙，则有所避而不敢书，而其甚者，当笔之士或有私好恶焉，则有所考无所避而不欲书，即书，故无当也。”（傅吾康，1968，19页）①

与此同时，王世贞也指出了私家史著的缺陷与不足。许多史家挟私泄愤，借用写史来诬陷对手及自己所厌恶的人。同样，由于私家作者远离朝廷与官府，其记载多依赖传闻，因此深受谣言之害。此外，大部分野史喜好记载奇异怪诞之事，借此来取悦读者（伍安祖，1984，54页）。不过，尽管官修史书与私家史著都存在着明显的缺陷，王世贞主张合理地运用其中的资料——虽然它们各有不足，但却也提供了一些宝贵的史料：

① 《弇山堂别集》卷20《史乘考误一》。——译者注

> 国史人恣而善蔽真，其叙典章、述文献，不可废也；野史人臆而善失真，其征是非、削讳忌，不可废也；家史人谀而善溢真，其赞宗阀、表官绩，不可废也。（傅海波，1961，67～68页）①

王世贞继续说道："夫家乘是而疑誉者，吾弗敢擿也；野史非而疑毁者，吾弗敢救也。其龃龉而两有证者，吾两存之。"（伍安祖，1984，55页）

与谈迁一样，王世贞偏好私人修史，反对朝廷授命下的集体修史。对他来说，集体编修会造成史实的不一致与文辞的不连贯。虽然私人修史非常不易——因为个人的学识与精力毕竟有限，但其优势在于史家能够提供连贯流畅的历史叙述与前后一致的文体风格。他以历史事例来支撑其论点。左丘明、司马迁、班固的私人撰述，远胜过许多集体编修的正史。如同谈迁，王世贞称颂欧阳修独力撰成的《新五代史》，却极为贬抑欧阳修领衔编修的官修正史《新唐书》。王世贞反复解释他对私人著述的偏爱："无它，众力与独之异也。"（包遵彭，1965，无页码）我们可以这样推测，晚明时期私家史学的繁荣很大程度上归因于当时社会对不受官方约束与合作者干扰的私人著述的普遍好评。

作为一名独立的思想家，王世贞力图冲破陈腐的正统学术的藩篱。以南宋历史为例，他认为南宋陷入了文化困境，因为它盲目地遵从基于全盘接受经典及其普遍性之上的公认学术。作为一名史学家，王世贞强烈呼吁世人参照历史上的真实事件而非经典中所蕴含的义理。在某种程度上，一切事物，每一个人、每一件事都将不可避免地逝去，最终成为历史的一部分，因此"天地间无非史"。事实上，经典只是一种专门探讨义理的特殊历史（杨艳秋，2001，40～41页）。

上述三部私家史著，都旨在有意识地提供完整、系统的史事叙述。不过，还有一些其他作品实质上是见闻与笔记的集合。它们对材料的随意呈现，并未减损其作为历史资料的价值，其中一些著作更是关于明朝历史的珍贵史料。沈德符（1578—1642）所撰《万历野获编》就是一个很好的例子。该书现存版本凡30卷，又有沈德符后人沈振于1713年所辑补遗4

---

① 《弇山堂别集》卷20《史乘考误一》。——译者注

卷。沈德符在1606年和1619年各撰有一篇序文（傅路德、房兆楹，1976，1190~1191页）。除去那些关于文学、自然奇观、奇异事件以及其他琐事的内容，这一笔记实质上记载了明初至万历年间的明代政治与制度史。整体而言，它是一部大约记述至1619年的全面系统的明朝史。前两卷名为《列朝》，类似正史中的帝纪，按照年代顺序记载了各朝的重要事件。但其中也存在间断和空缺，因为沈德符只记录那些他认为重要的史事。对著述内容的有意取舍，同样明显地表现在他对各类制度的处理上，如科举考试、六部以及其他政府建置等。总的来说，他的笔记不如《明史》中专题性的“志”翔实完备。

尽管《万历野获编》的形式随意，或许也不是一部系统的史书，但沈德符确实是一位常常批判运用和鉴别史料的严谨学者。他创作了一部包含许多有用资料及对明朝人物、事件的深刻阐释的光辉史著。如同上述几位史家，沈德符对明代官方史学的质量也感到非常失望：

> 本朝无国史，以列帝实录为史，已属纰漏。乃《太祖录》凡经三修，当时开国功臣，壮猷伟略，稍不为靖难归伏诸公所喜者，俱被划削。建文帝一朝四年，荡灭无遗。后人搜括据拾，百千之一二耳。景帝事虽附《英宗录》中，其政令尚可考见，但曲笔为多。（伍安祖，1984，56页）①

对明代官方史学缺陷与不足的认识，激励了许多学者致力于私人撰史事业。因此，对沈德符来说，私家史著的盛行和繁荣并不奇怪。不过，与王世贞在其著名的《史乘考误》中的看法一样，他批判许多私家学者利用史书作为发泄个人怨气的工具，认为这样做不仅扭曲了事实，同时也混淆了是非曲直。沈德符引用了这样一个例子，一位学者屡次参加科举考试皆名落孙山，为表达自己的沮丧情绪，他撰写了一部恶意攻击科举考试制度的史书。沈德符告诫读者一定要注意许多私家学者的“别有用心”以及私家史学领域的其他不足（伍安祖，1984，56~57页）。

---

① 《万历野获编》卷2《列朝·实录难据》，元明史料笔记丛刊本，北京，中华书局，1959。——译者注

张萱所撰《西园闻见录》是一部类似于《万历野获编》的私家史书。全书凡107卷，记事上起王朝创立的洪武年代，下迄1620年代初期。它包含分别写于1627年和1632年的两篇序言（傅路德、房兆楹，1976，78~80页）。这部著作分为三部分，探讨了大约260个主题。第一部分专述道德修养与学术修养，探讨了关于忠、孝、社会关系、学术的问题与案例。第二部分考察了六部等政府机构的组织机构与运作方式，并记载了历朝官员的重要事迹，其中有关兵部记载最为详细，多达31卷。明朝末期面临着来自北方少数民族的不断侵扰，边防形势日益恶化，由此，我们也就不难理解张萱为何投入大量精力撰述军事组织与战争史。第三部分由杂记与见闻组成，所涉内容甚广，包括宗教、医药、异常事件、民俗等多种主题。

该书对每一主题的探讨都分为“前言”和“往行”两部分。前者由明代著作中的引文构成，偶尔也参引奏章和诏令。这些表述的作用在于阐明和证实所讨论的主题。令人遗憾的是，张萱仅列出了引文作者的姓名，而未给出更详细的信息。“前言”往往长于“往行”，它包括总体介绍与描述，间或辅之以传记资料。例如，在史局专题中，更多的篇幅是在引用相关的论述，即以往学者对历史编撰的看法，而非描述史局本身的实际运作。

书中关于修史方法的探讨，提供了明朝学者对这一问题的看法。张萱征引了许多编者的看法，他们坚决主张撰写历史必须忠于史实，而且他们都将历史事业看做一种道德责任。张萱之所以要严谨地撰述历史，正是因为明代官修实录和许多私家著作都不能让他感到满意。虽然他怀有为后世人呈现更准确的明代史事的崇高目标，但他却未将自己的著作看做一部纯粹的史书。面对书写信史的庄严使命，张萱表现出一定程度的悲观情绪，他感叹道：“真史之难如此!”（伍安祖，1984，59页）书中他征引了许多作者的看法，也表达了他们对历史写作的批判观点。例如，王祖嫡（1531—1592）认为：“国之有史，犹家之有乘。”然而，记载历史是一项特殊的事业，他非常担心这一过程会困难重重，尤其是呈现历史真相的难题。他告诫史家要保持客观严谨的态度，在撰写历史时“不能以爱憎易其貌”，也“不能以好恶没其实”。薛瑄（1389—1464）惊愕于许多学者“爱憎取舍之间，失其实者多矣”的不良风气。他要求读者仔细辨别过去的文献与材料。他引用孟子的话说：“尽信书，不如无书。”（伍安祖，

1984，57 页）

叶盛（1420—1474）更广泛地探讨了困扰历史编撰的一般性问题。第一是史料取舍问题。史书常常遗漏史实，这不仅是由于篇幅的限制，同时也有来自朝廷和其他机构或个人的压力。他引用欧阳修的哀叹说："有欲书而不得书，有欲书而不敢书。"第二是史书之忌讳，它与第一个问题密切相关。第三是拘泥于成规扼杀了史家的创造力。第四是历史撰述偏私不公。第五是修史者缺乏史才（伍安祖，1984，57~58 页）。

书中引述了许多作者对明朝官修史书失实的明确谴责。官方史家由于畏惧朝廷的责难，常常难以撰写出真实全面的史书，王祖嫡据此阐释了私家史学繁盛的原因。许多歌功颂德的官方编修者热衷于恭维吹捧，而非如实直书。王祖嫡尤其反对删削建文朝史事的做法。他担心这些历史事件将从历史记忆中抹去，因为诸多标榜记载该朝历史的著作错误连篇，不堪卒读。他对可悲的现状感到痛惜不已，同时也警告了问题的严重性，并一再强调历史事实不容篡改："此岂细故也哉？……天下惟史不可诬。"（伍安祖，1984，59 页）

王鏊（1450—1524）明确指出了"前代修史，左史纪言，右史纪动"的传统。他非常推崇司马迁和班固的著作，认为他们"世为史官，故通知典故"。由于二人渊博的历史知识及对如实直书的坚定信念，阅读这些史书使王鏊感到"如亲见当时之事"。相比之下，明朝翰林皆为史官，"立班虽近螭头，亦远在殿下"，因此无法有效地记载朝会发生之事。无论如何，明朝不再保存关于朝会期间发生史事的详细记录，由此，皇帝失去了与史官的联系。王鏊继续描述令他极度不满的官修史书撰述过程：

> 凡修史则取诸司前后奏牍，分为……十馆，事繁者为二馆，分派诸人，以年月编次，杂合成之，副总裁删削之，内阁大臣总裁润色之。三品以上乃得立传，亦纪出身、官阶、迁擢而已。间有褒贬，亦未必尽公。①

王鏊以一种严厉的反问口吻来总结他对官方史学的批判："后世将何所取

---

① 《震泽长语》卷上《官制》，上海，上海古籍出版社，1987。——译者注

信乎？”（伍安祖，1984，58 页）

同样，黄省曾（1490—1540）也认为明代官方史学缺乏可信度。他认为本朝官方史学在《太祖实录》后就出现衰退征兆。永乐皇帝决定重写业已封存的实录后，形势开始急转直下。《太宗实录》也存在许多问题，因为其中故意隐瞒了可能不利于这位篡权者的皇位合法性的历史事件与人物。这种做法开创了修改实录的恶劣先例，却在后世实录的编修中反复重演。黄省曾得出结论：“自是历朝以来，遵习为法，善者无大褒，恶者无深贬，而劝惩之意亡矣……为史若此，大非国家之福也。”（伍安祖，1984，58～59 页）

这些学者对本朝官方史学的明显衰退深感遗憾，同时也对其进行了毫不留情的批判。他们担心失去国家的集体文化记忆，而这只能由历史来保存。正因如此，历史写作是与王朝福祉相关联的神圣、不朽而悠久的事业。如果官修史书不可信，那么必须撰写更好的私家史书。在明代，正是许多私家史学展现了史学的革新性与创造性。尤其是在明朝末期，许多学者自觉地放弃了正统的历史解释。例如，祝允明（1461—1527）在 1522 年撰成历史批评著作《祝子罪知录》① 一书，其中的标题就令人触目惊心。该书专为挑战关于诸多历史事件与人物的传统观点而作。其中一个典型例子是，祝允明试图去除商汤王和周武王讨伐动机与行为的神话色彩，他们在传统上被视为诛灭暴政、天命所归的仁义之君。祝允明大胆主张，与传统观点恰恰相反，二者皆以暴力方式取得政权，而且完全依靠武力推翻了前朝统治。其统治并非受命于天。相反，他们通过消灭前朝统治者建立了自身的政权。他们的征服是暴力、血腥战争的结果。同时，祝允明也挑战了朱熹的正统地位，他认为，尽管朱熹是学问的集大成者，他不应被视为一个“后无来者”的圣人。祝允明提醒我们，随着历史的变迁，世人对朱熹学问的看法也应发生变化。王世贞非常推崇祝允明的批判性思考，称赞其为“是非之宗匠”（杨艳秋，2001，36～37 页）。

或许最著名的对历史与传统的“异端”解读者是李贽（1527—1602），他最终以“敢倡乱道，惑世诬民”之罪名被捕入狱（彭忠德、李

① 原文中为《祝子罪言录》，经查应为《祝子罪知录》。——译者注

林，2001，36页）。《藏书》是李贽最著名的作品之一，凡68卷，直到他生命终结时才得以完成，该书是李贽对历史和世界的最终看法的总结。这一著作基本按照正史的复合体例进行编排，包括帝纪和列传而没有表或志。其记述上起战国（公元前403—前221），下至元末（1368），共记载了约800位历史人物，其中许多都不见于官修正史。又有《续藏书》27卷，包括大约400篇明人传记。李贽的另一部重要史学著作是《史纲评要》，该书旨在补充《藏书》之阙。受司马光《资治通鉴》的启发，这一著作按照年代顺序编排史事，全书共25纪，涵盖了上自遥远的唐尧时代，下至元朝灭亡的漫长历史时期。他的另一部著名著作是《焚书》。还有《续焚书》，但学界对该书作者是否确为李贽，仍争论纷纷，尚无定论。虽然《焚书》主要收录了李贽的书信、杂著、诗文，但其中也包含一些他对历史事件的评论及对历史写作的看法（彭忠德、李林，2001，36～37页；陈学霖，1980，3～5、20～25、155～156、163、164、167～168页；林小平，1998，61～62页；狄百瑞，1970，201～203页）。

李贽是一个扮演着牛虻角色的异端学者，他大胆挑战了公认的权威与教条。《藏书》中的一段开篇叙述，可以看做是其历史哲学的基础："人之是非，初无定质，人之是非人也，亦无定论。"① （傅路德、房兆楹，1976，811页）换言之，人类观念的转变是时代发展的自然结果。李贽曾说："天幸生我大胆，凡昔人之所忻艳以为贤者，余多以为假，多以为迂腐不才，而不切于用。其所鄙且弃者、唾且骂者，余皆以为可托国托家而托身也。"② （彭忠德、李林，2001，39页）作为一个天生怀疑和反对传统教条的人，李贽倡导史家在评判历史事件时应怀有一种时代进步意识。他把是非之争比作昼夜更迭，昨日之"是"或许恰为今日之"非"。即使孔子重生于今日，也不会知道究竟应如何辨别世事之是非（彭忠德、李林，2001，39页；杨艳秋，2001，37页）。重新解读历史，始于破除传统观点。在李贽所处时代，正统在很大程度上取决于朱熹的道学理论。正如孔子的观点不能被视为普遍适用的规范，"四书"、"六经"这类权威的经

① 《藏书·世纪列传总目前论》。——译者注
② 《焚书》卷6《四言长篇·读书乐并引》。——译者注

典文献也不能看做是个人行为的永恒指南。李贽批评史家不加思考盲目附和古人言论。令人可疑的是，所有这些言论皆出自圣人之口的说法，即使情况确实如此，它们也只是针对特定疾病所开的药方，而非能够治疗一切疾病的万能的灵丹妙药。

李贽十分痛恨视经典为永恒适用的终极准则的道学理论。他认为这一学说不过是欺人之学。李贽尤其厌恶道学家树立历史人物为道德楷模，借以歌颂忠、孝、正直等美德，因为历史的差异与现实不允许人们如此简单地概括世间的人与事。由《春秋》所确立的史学褒贬原则也不能视作永恒的规范。诚如李贽所论，《春秋》是“一时之史”。他与王世贞一样，主张经史皆不可偏废。事实上，李贽认为“六经皆史”，它们并未揭示永恒的规范，因为“为道屡迁，变易匪常，不可以一定执也”。只有通过历史的特殊性与历史事实才能彰显出经典的权威与价值。同样，李贽不认同支配正史编修的正统观，恰是因为这种一般化的观念抹杀了历史的复杂性。每一个朝代都应按照其实际功业进行考察，而不是其在某种预设的承继模式中的特定位置（钱茂伟，1999，82～83 页；杨艳秋，2001，41 页）。

在李贽的历史评论中，他常常褒扬那些具备真才实干的历史人物，而非那些符合公认的行为规范的人。一个有为之君，必须根据时代要求治国理政，而且其政策、蓝图必须符合时势的需要。真正的学问，归根结底是“经世”致用的治国才能。李贽十分厌恶那些迂腐的道学家，他们打着道学的旗号高谈阔论，而其实际目的不过是树立个人声望和寻求短期利益。许多儒臣虽然长于空谈道理，却不堪“治天下国家”之重任。因此，李贽拒绝谴责那些在传统史学中被认为违天理、纵“人欲”的君主和大臣。只要他们推动了必要的变革，促进了国家和社会的发展，李贽就会肯定他们在历史上的应有地位。对秦始皇的评论就是一个很好的例子。李贽在批评他统治残暴的同时，敢从秦始皇统一中国、建立中央集权国家的角度，称颂其为“千古一帝”。而且，李贽热情讴歌了历史上的富国名臣。他坚决反对治国之道不在“崇势利”的传统儒家观点。他认为，“不言理财者，决不能平治天下”（钱茂伟，1999，85 页）。事实上，在某种程度上，人人皆有私心，私心是人们从事一切活动的原动力，“人欲”是正当的，因为它是人们期望获得劳动成果的唯一合理原因。没有俸禄，就不会有官员；没有丰收，决不会有农事。因此，功利是生活中的客观存在，它已为众多历史事实所证明（钱茂伟，1999，84～88页）。

李贽运用历史进行褒贬评判，但其核心标准却与传统观念大相异趣。他以实际的成败，作为衡量历史人物的标准。例如，他肯定了冯道的历史地位，而在传统上，冯道饱受批判，更被欧阳修斥责为圆滑善变之徒，毫无忠义之意。李贽认为，冯道历仕诸朝，成功地促进了五代政权的相对平稳、和平的转变，最大限度地减少了兵革之祸。另一方面，李贽严厉谴责唐代的张巡，他借忠节的名义坚守孤城，城中粮尽，却杀老弱妇孺以飨士卒。在李贽看来，在当时的危急情势下，张巡应该开城迎降、保全百姓性命，而非坚守高尚的气节。李贽的史学力求摆脱过去的所谓“定理”和植根于儒家说教与道德观的“三纲五常”的束缚，根据具体的历史背景（特定事件在时间上的动态演进）和适时的权变之计（追求有效的社会政治政策而非盲目遵从僵化的陈规）来评判历史人物与事件（钱茂伟，1999，86页；彭忠德、李林，2001，43页以下；李焯然，1982，33～46页）。

在考察明代史学时，人们可能会注意到许多规模宏大的官修史书，如《永乐大典》和诸多法令合集，更不用说那些为数众多的地方志和一统志了（傅吾康，1988，777～781页）。但官方史学长期停滞，鲜有创新。终明之世，也未出现刘知幾、司马光之类的杰出史学家。不过，私人史学领域却异彩纷呈，生机勃勃。许多明代史家挣脱了官修史书体裁的束缚，出于对正统史学与哲学的不满，他们凭借审慎的态度和丰富的想象力，创作出了大量优秀的私家史著。

第八章　清代史学
——史学与经学

公元 1644 年，尽管明朝残余力量依旧在边境地区负隅顽抗，但另一个征服王朝——清朝已经建立起来，中国开始处于满洲人的统治之下。满洲统治者有意识地通过一系列制度与文化手段来维持其民族特性，同时，他们也力图建立和巩固一个高度儒教化的政权。史学作为儒家政治社会蓝图的文化与政治表现，在朝廷支持下的学术领域中占据着主导地位。与此同时，清代私家史学亦生机勃勃、硕果累累。

一、清初私家史学与历史考据学观念的出现

从 17 世纪的明亡清兴之际，到 18 世纪清代全盛时期，许多学者都敏锐地认识到了不同历史时代的差异性，形成了改朝换代的意识。由于明确了过去与现在的区别（由此也可以历史地看待时代之推移），他们也提高了自身的研究技能，严谨认真地处理文献以作为他们努力寻求历史真理的根据。虽然这种时代不同意识与对文献考据的关注在宋代就已出现，但清人的“历史”观念（历史在时间与实质上皆不同于现代）更为广泛，以至于构成了帝制中国晚期一项独特的学术成就。如果我们可以概言清代存在一种独特的思想氛围，那么清人的“历史”观念及其对历史的处理必是其中不可或缺的一部分。

明清鼎革之际，学术风气的一个特点，是反对或者至少是不重视思辨哲学与精神内省。这种反对空疏理论的学风所带来的积极作用是它促进了思想界对实用、经世具体学问的偏爱，借助这些学问，人们可以矫正社会、政治、经济弊病，从而实现经世致用。在追求实学的过程中，人们开

始以新的视角来审视经（圣人之言），并将其视作经验教训的宝库。当清代学者试图借助历史来解决他们遇到的现实问题时，这个历史不是形上的、普遍和抽象的，而是具体的、由历史人物的行为和思想所勾勒出来的（张灏，1974，46～61页；伍安祖，1995，239～240、254～257页；季学源，2001，96～105页）。明清之际几位极富创造精神的思想家生动地体现了这种学术导向。他们以各自的方式把历史看做理解世界的手段，这个“世界”不因内省的价值观和精髓主旨而充满生机，而是一个由国家与社会规定的世界，它受日常效用的支配。黄宗羲（1619—1695）就是这些重要思想家中的一位。

与许多同代人一样，黄宗羲对明史极有兴趣。他刻苦钻研了家藏的明代各朝实录。为补充官修史料的不足，他搜集、访求了许多资料，其中包括人物传记、地理和天算星历等。黄宗羲深信优秀的史书只能建立在详尽的研究之上。他严厉斥责许多同代史家未充分收集史料便仓促修史。另外，其中不少史家盲目效仿司马迁和班固的纪传体，而无端忽视了其他史书体裁。他警告人们不能固守某种特定体裁，并指出了不同史学方法的长处所在。他认为，就编年体而言，按照年代顺序作为编排原则，历史以一种有序的方式构建起来；纪传体以传记为突出特征，集中叙述人物生平的相关信息；纪事本末体将散乱的细节组合起来，着重于有关事件来龙去脉的连贯叙述。基于史料收集的彻底性与写作体裁的灵活性，黄宗羲著成《明史案》240卷，惜已不传于世。在撰写这一鸿篇巨制时，黄氏综合运用了不同的史学体裁，收录了发现于官私史书中的多种资料（陶懋炳，1987，424～425页；邓乐群，1999，89页；杜维运，2004，231～243页）。

黄宗羲最杰出的史学著作无疑是《明儒学案》，该书凡62卷，系统论述了明代的学术思想史，大约涉及308位明代学者的学术师承关系与主要特征。黄氏将其划分为19个学案。由于通晓有明一代（大约270年）历史所发生的动态变化，黄宗羲又将明代学术发展划分为三个主要阶段（威尔逊，1995，184～192页）。他旨在详细论述各学术流派的特别成就。虽然黄宗羲自视为阳明学派的追随者，但他力图超越门户偏见。对之前所刊行的类似著作，他予以批评，如周汝登的《圣学宗传》和孙奇逢的

《理学宗传》，因为二者皆出于宗派偏见，歪曲了学术发展的真实情形：前者偏重王阳明之学，后者则倾向于朱熹之学。他们热衷于歌颂自身所属学派的学问，只著录那些与其学术倾向一致的人，而将其他所有人拒之门外（威尔逊，1995，167～184页）。此外，黄宗羲坚持认为，对众多学者的思想与成就的阐释应建立在对原始资料的直接研读之上。他实在不想只靠二手资料进行历史撰述。就每个学派而言，黄宗羲皆撰有一篇小序，介绍其学术渊源与主要宗旨，接着是该学派每位学者的具体条目，包括学者小传、代表性著作的语录选辑以及黄氏本人的评述意见。显然，书中没有传统的单独论及圣人信条的序言，也未将其作为各学派的权威来源。黄宗羲的撰述方法，暗示出任何有其法律与典章制度的王朝都是值得认真研究的合法单元（狄百瑞，1975，197～198页；秦家懿，1987，12～20页；杜维运，1988，191～199页）。黄氏运用这种方法撰成了中国历史上第一部真正的学术思想史，直到今天，该书在明代学术研究领域仍然发挥着重要作用。1676年完成这部巨著后，黄宗羲开始撰写《宋元学案》，但最终只写完《序录》和正文17卷，他就去世了。其子及门徒继承其未竟之业，最终由全祖望（1705—1755）完成全书100卷（陶懋炳，1987，421～423页；尹达，1985，316～318页；邓乐群，1999，89～90页；杜维运，2004，244～248页）。

《明夷待访录》是黄宗羲另一部值得深入研究的著作。尽管这部书并非史书，而是一部关于政治理论与实践的论著，但如果不对中国历史有着深刻的理解和丰富的知识，决不会有此书的问世。作为一部政论性的檄文，这部著作为根本性的改革提出了总体方案，它不仅揭示了善政的根本宗旨，总结了中华文明的精髓，重述了中国古代典章制度的运作，同时也明确表现出了一种强烈的时代变迁意识。因此，我们从中可以体会到一种独特的历史主义观点，一种清晰的“过去”观念。正如黄宗羲所指出的，虽然孟子宣称历史以治乱循环更替为特征，但自远古时代、秦朝建立以来，中国尚未走出乱世阶段。黄氏在中国历史的漫长时期中，看到的是百姓持续遭受压迫的历史。如果说治乱由民众的忧乐决定，那么黄宗羲认为王朝兴衰在历史上无足轻重，真正重要的是人民大众的生活状况。然而，不幸的是，自高压的秦王朝及其暴政建立之后，他们就陷入了不断遭受欺压的境地。贯穿于中国历史中的核心问题，是由中央君主权力的过度集中而造成的反应迟缓、头重脚轻的官僚体系，它抑制了地方的能动性与面临紧急情况的应变性。蒙古人的征服，进一步加剧了权力过度集中这个政治痼疾。中国远古时代文明淳朴，那时圣人的价值观念能够在现实的国家与社会中得到实现，随着时间的推移，这个时代一去不复返了。因此，总的来说，我们可以认为，黄氏将中国历史看做一个长期持续衰退的过程。

对黄宗羲而言，只有复兴古代的封建制才能削弱中央对权力的掌控，也只有如此才能阻止历史的衰退进程。虽然他是一个理想主义者，却不是一个天真的空想家。他并非倡导简单复制古代的典章制度，而是主张重振封建制所包含的统治精神与宗旨，其中一项重要内容便是君主对权力垄断和国家统治的蔑视。通过将权力授予臣下尤其是宰相，并与之分享权力，统治者承担起服务民众的职责。此外，积极的道德修养与学校中的人才能够确保有文化、有知识的市民阶层的创造性，从而提供是非评断的准绳。换言之，黄宗羲号召践行历史悠久的民本原则，按照这一原则，政府统治应以法律为后盾，统治者应作为公仆服务国家。他运用曾在《明夷待访录》中分析过的历史事实来阐明和验证这个普遍原则（陶懋炳，1987，418～420 页；尹达，1985，296～297 页；司徒琳，1988b，474～502 页；狄百瑞，1993，5～42 页）。黄宗羲把历史研究看做知识探索的重要组成部分。虽然研究经学以济世用构成学术的核心内容，但黄氏明确指出历史之必不可少。“读书不多，无以证斯理之变化。”（古伟瀛，1986，38 页）

此处不妨留意一下黄宗羲最有成就的门徒之一万斯同（1638—1702）。与他的老师一样，万斯同拒绝出仕新建立的清朝，尽管作为一名备受推崇、学识渊博的学者，他曾于 1678 年受到朝廷正式征召。出于对故国的无限忠诚，万氏倾力投身于私撰明史的事业中。1679 年，清廷开局撰修《明史》，万斯同再度受邀，但他再次谢绝。不过，他同意赴京，并成为其中一位编修总裁的私人顾问，而他拒不接受清廷的俸禄与职衔。或许他答应间接参与修史，是为了获得自己撰修明史所需的珍贵史料。事实上，万斯同在京期间搜集了许多可补明实录之阙的史料。在 1702 年突然去世之前几年，他已决定回乡专心完成自己的著述。万氏在临终之时，可能已撰成了多达500卷的底稿。但是我们很难确定他究竟完成了多少，因为在他死后，其私人藏书与手稿皆散佚他处（张须，1968，213～226页；司徒琳，1988a，90～91页；陶懋炳，1987，426页；方祖猷，1996，398～409页）。

非常有趣的是，在黄宗羲完成其举世无双的明代学术思想史著作之前，万斯同就已著有《儒林宗派》16卷。显然，这是一部篇幅小得多的著作，但它涵盖的年代范围更为广泛，一直从明代上溯至孔子时代。不过，该书仅列出了万氏所考辨的历史上各个学派的名目，或许将它称作史表会更为恰当。但它并非一无是处，许多此类著作都受到作者本身宗派立场的强烈影响，而万氏力图兼容并包。例如，他拒绝推重以朱熹为代表的正统道学，而以适当的篇幅来介绍其他南宋学者。书中还囊括了佛教和道教的学者，虽然他们被置于附录之中。就明代学者而言，万斯同的著作列出了大约470个人物，而黄宗羲的《明儒学案》只收录了大概200位学者（司徒琳，1988a，92～96页；方祖猷，1996，60～70页）。

万斯同运用历史，为自身的现实立场构建一个可用的过去，最值得注意的是他对汉族政权明王朝的忠诚。由于直接书写明遗民面临着巨大的政治风险，万氏通过描写宋元之际的宋朝忠义者，来表达自己的观点和立场。在《宋遗民广录订误》与《宋季忠义录》中，他热情讴歌宋遗民之不忘故主并且为那些被官修《元史》斥为“盗”的忠义者翻案。同时，他谈及了古代的商周鼎革。他说，周人自然视残余的商朝抵抗力量为“顽民”，但从商朝的角度来说，这些人却堪称“义士”。万斯同确立了宋末元初历史人物列入“遗民”的标准，并暗示这一标准应运用于当代。在他看来，只有那些坚决拒绝出仕元朝的人物，才配称“遗民”。任何参加新朝科举考试的人，都不具备跻身“遗民”之列的资格，哪怕他从未取得政府中的官职。万氏甚至将聚众讲学的学者都排除在外。他这样解释：在新建立的少数民族王朝中，虽然所有忠诚的遗民都延续着自身对学术的不懈追求，但必须持重地保持一种低姿态，因为他们是在服丧、戴孝（方祖猷，1996，107～112页）。

与黄宗羲一样，万斯同将历史看做经世之学，但不同的是，他未形成对帝王专制的全面批判。尽管如此，万氏认为只有通过深入研究和分析历代典章制度的发展演变，才能通悉“古今经国之大猷”，并将之有效地运用于当代。他论述了田制、赋税、兵制等各项制度，揭示了它们的优劣利弊。同时，万氏探究了明朝灭亡的原因：就经济原因而言，朝廷用银不善，且耗费过度；就政治原因来说，朝廷党争激烈、政局波谲云诡；从军事上讲，朝廷任由兵制日益退化，由此造成了巨额的征兵开支。万斯同从历史中认识到了实现善政所必不可少的原则：清廉、俭省、关注百姓需求。剥削、压迫百姓的苛政无法长存于世。历史的规律正是如此，以至于民众遭受疾苦到极端时，也便宣告了政权的土崩瓦解。万斯同大胆主张，当百姓认为官府的勒索甚于盗贼之祸时，他们有权起身反抗。在这种情形之下，反抗表现为一种防御之道，虽然表面上它们似乎违背了通常的忠诚之道。万氏将仁政视为有效治国方略的基石，由此，他认为明朝统治者应遭受批判。在有明一代16位皇帝中，其中半数君主受到了万斯同的严厉抨击，他指责他们统治残暴、荒怠朝政，未能体察百姓的需求（方祖猷，1996，116～152、159～173页）。

作为一个实践型史学家，万斯同系统地概述了他的撰史原则与方法。首先必须确保所用史料的准确性，由此来建立历史叙述的可靠性。与许多明代学者一样，万斯同认识到了明代国史与实录的缺陷，而私家史书尽管汗牛充栋，却也不尽可信。史学家必须运用官方史料，但也应对这些史料进行严格的考订，同时辅之以私家史料。其次，材料应呈现为一种可读性强且引人入胜的语言。再次，在考察和评价历史人物行为时，史家应超越个人偏好，力求客观公正。他也必须心胸开阔、不偏不倚，全面考察与事件或行为相关的历史背景。零散的记载和聚焦于事件本身的狭隘视野，会造成叙述的不完整甚至歪曲历史事实。褒贬的确当与否，主要依赖于史家审慎、明智的评判。复次，历史记载繁胜过简，因为将历史事实与材料传之后世，乃史家的首要职责。最后，史家应尽可能从事私人修史事业，因为朝廷支持下的集体修史面临着不可避免的障碍，而这必然会降低史书的撰修质量，其中，来自朝廷的压力及编者之间缺乏凝聚力，表现得尤为明显（司徒琳，1988a，96～100页；方祖猷，1996，201～235页）。

顾炎武（1613—1682）是明末清初另一位大儒，也有重要的历史著述，他最著名的两部史学著作是《天下郡国利病书》和《日知录》。《天下郡国利病书》凡102卷[①]，系统论述了有明一代的制度、社会、经济概况。顾炎武在书中不仅描述了许多政府机构的组织结构和实际运作，也揭露了它们在明代社会经济形势下的衰落与腐化。《日知录》为顾氏平生读书札记的汇编，成书于晚年，全书凡32卷，囊括了政治、经济、文学、经学、法律、天文、地理以及历史等诸多主题。在这部著作中，顾炎武评论了从司马迁的《史记》到司马光的《资治通鉴》之间的诸多正史。他称赞司马迁“寓论断于序事”的高超手法，但也纠正了其中大量的史实错误。许多评论家指责司马光在《资治通鉴》中未载文人事迹，顾炎武为之争辩称，因为该书旨在资政，因此没有必要专述文人之事（傅荣珂，1987，31～39页）。

顾炎武明确说明了他的作史方法。他认为广泛彻底地收集史料是史家的首要任务。参考原始资料尤为重要。他批评同代人多依赖二手资料，并将这种行为比作以旧币铸新钱。进行严肃的学术研究类似于铸钱，首要的就是采铜于山。史家必须参照原始资料而非重新拼凑已有著述。在撰写人物传记时，作者有责任阅读传主所撰写的所有著作，而且，作者必须熟悉传主的生活背景。如果他是中央政府中的一位重要官员，那么作者应该通悉朝廷事务的历史。如果传主是一个地方官员，那么作者必须了解该地方的风俗、地理、行政等信息。此外，史料不应局限于书面文献。顾炎武积极倡导口述史，且身体力行之。他论述了自己对史料的不懈追求。他不仅游览名胜古迹与大都市，同时还走访荒墟之地。顾炎武尽可能抄录自己所能获得的一切文献。当他发现一条前人所未见到或未关注的材料时，便会“喜而不寐”（古伟瀛，1986，53～54页；杜维运，2004，210～212页）。史家必须对收集起来的史料进行严格考订。为确保其可信度与准确性，所有的史实叙述都必须得到内证和外证的双重印证。即使是权威著作《春秋》中的叙述，也必须有据可凭。得到确认的事实，成为史家重述历史事件与人物传记的原始材料，它们包含关于其人、其事来龙去脉的连贯叙述。只有全面考察过去事件的由来与发展，才能揭示出其含义所在，零散而删削的叙述会湮没历史的意义。

---

① 此处系原书笔误，《天下郡国利病书》是120卷。——译者注

此外，顾炎武认为史家应以谦逊的态度从事历史研究，这意味着史家需注明所引材料。与此同时，史家应以一种合理的怀疑精神审视所有史料，也必须给予这些史料以适当的尊重。凡引文处，必注明其作者。当史家遇到一位作者引用另一位作者言论的情况时，则两位作者皆须注明。顾炎武认为剽窃他人言论而未注明出处的行为实属狂妄自大之举，这无异于将作者本身从历史中抹去。这种谦逊的观念与客观公正的史德有关。在顾氏看来，史家在记录过去事件时，不应存有偏见与过度取舍。甚至公然的党派偏见也应记载下来，从而为子孙后代提供历史材料与参照。因此，顾炎武反对朝廷为宣示正统和政治权力的合法继承而操纵本纪撰修的传统史学惯例。被认为非法的王朝其年号常常不著于史，抑或附于被认为属正统的王朝年号之下。顾炎武的主张恰恰相反。他坚持认为，在历史上饱受诟病的汉之后的南北朝、唐之后的五代十国，以及辽、金征服政权，都应按照其自身的年号进行历史记载。同样，史家也不应完全忽略不载于正史中的历史人物。如果他们有功于国家社会，那么史家就应为其树碑立传，即使他们在传统史书上未被视作杰出人物（陶懋炳，1987，438～442 页；傅荣珂，1987，39～42 页；杜维运，2004，212～224 页）。

最重要的是，个人的历史知识应践行于日常生活中。为求知识而求知识会使人变得迂腐而浅薄。因为“夫史书之作，鉴往所以训今”（古伟瀛，1986，54 页）。顾炎武强调，博学的重要性，在于其实用价值及对国家与社会的裨益。“文”不只是单纯具有学术意义的文字，它们应致力于“明道”。“明道”并不是对终极存在之实质的深奥解读，而是“纪政事也，察民隐也，乐道人之善也”。任何宣称“明道”的学问都应“有益于天下，有益于未来”（陶懋炳，1987，433～434 页）。简言之，历史即治国方略。如顾炎武所论，“引古筹今，亦吾儒经世之用”（古伟瀛，1986，54 页）。通过研究历史，人们能够认识支配世界的普遍原则。其中一个核心原则就是统治者和国家必须促进和保障百姓福利。王朝兴衰与政权更替带来了种种变革：正朔、服色、用具、度量衡等等。但有一个原则保持不变：“不仁而得天下，未之有也。”而仁的最高表达是“保民”。只有施行仁政的君主才能真正立于不败之地，其政权才能国祚长久。历史揭示了两种毁灭：其一是亡国，这不过是改朝换代，由彼皇室取代此皇室；其二是亡天下（天下即整个中华文明），与之相伴的是礼制及道德的沦丧。治乱不仅与朝代变更相契合，还与人心风俗直接相关——治乱是人心风俗转移嬗变的产物。当风俗日渐庸俗时，人心也随之粗俗、低劣起来，由此导致了文化的消亡。以此种方式来保民，从而支撑、强化和实现道德约束与社会风尚是统治者的职责所在（陶懋炳，1987，435页；傅荣珂，1987，39页）。

难怪顾炎武提倡推行改善民众生活的制度变革。他认为“天下无不可变之风俗也”。当时势发生变化时，法也必须做出相应的调整：“法不变不可以救，今已居不得不变之势，而犹讳其变之实，而姑守其不变之名，必至于大弊！”（陶懋炳，1987，435～443页）与黄宗羲一样，顾炎武非常推崇古代的封建制，他认为封建制能够带给人们一种所有权意识。通过这一制度下的权力授予和土地、职责的分配，统治者不再视政权为个人的私有财产，而是将其视作一个真正的国家。朝廷定期听取和处理百姓的意见（公众舆论），人民生活改善，财富分配均衡。顾炎武的理想政治体制是“寓封建于郡县”（小野和子，1967，221～222页；陶懋炳，1987，436～437页；司徒琳，1988b，474～479页；费尔默，1995，204～215页）。通过识别历史事实层层荆棘中的普适的统治原则，顾炎武向历史中注入了强烈的现实意义。

王夫之（1619—1692）是明末清初另一位思想巨人，他的思想比顾炎武和黄宗羲著述更为丰富，也提出了更为系统化的史论。与顾、黄一样，王夫之与其说是一个史学家，不如说是一个通过评论现存史著来思考过去意义的思想家。尽管如此，他仍撰有几部备受推崇而声名卓著的史学作品。《读通鉴论》是对司马光所著《资治通鉴》的批判思考；《宋论》表面上是对宋朝宗派政治的分析与批判，实则为对晚明激烈派系斗争的含蓄抨击；王夫之事奉南明永历政权（1647—1661）期间撰成《永历实录》。与顾、黄二人一样，王夫之热情称颂历史具有为当下及未来提供借鉴的至高功能与有益价值。那些编撰拙劣历史的人，无法揭示治国成败的原因，也就是说只有那些通过历史全面理解过去的人，才能有益于经世之大业。在《读通鉴论》中，王夫之强调司马光运用镜鉴的比喻呈现历史，并不单单是指历史能够反映过去发生的史实。更确切地说，文字所反映的史实需要我们进行更深刻的思考，即对成败发生机制的思考。这反过来应促使人们思考如何效仿此类成功先例，同时如何补救或者避免前车之鉴。历史知识应付诸实践，否则不过是纸上谈兵，最终会摧毁人们发起有益变革的决心而变成一种装腔作势的学术作秀（邓嗣禹，1968，118、120、122 页；陶懋炳，1987，446～447 页；杜维运，1988，21～50 页）。

王夫之的历史观与其哲学思想紧密交织，其哲学思想的基本核心是变化的必然性。万物的“质”不可避免地经历着变化，即使其外在形式似乎保持不变。表面相似的不同时代的事物，事实上并不相同。此外，王夫之认为世界主要由“气”构成，即工具、器物、制度，等等。现实不是某种抽象的、不可言状的、超验的本质，它恰恰由日常生活中的事物所规定。将这一理论应用于历史中，王夫之认为历代王朝和各历史时期都应视作独一无二的历史单元。如《易经》所述：“变通者，时也。”由于时代的推移，汉唐之道必不同于当今之道。时代非现实变迁的消极指示（邓嗣禹，1968，113～115 页；麦穆伦，1975，447～458 页；陶懋炳，1987，453～455 页）。这就是王夫之的历史进化观。

王夫之认为人类的先祖是两足直立行走的动物，即使中国人在尧舜时代也是野蛮人。文明和历史是文化积累的产物，随时间的推移而不断发展进步。时势随时代而变化。某一王朝或历史时期的制度与器物，无法完全照搬另一时代。与顾炎武、黄宗羲不同，王夫之否定了恢复古代封建制的可能性。郡县制之所以能够长期存在，是因为它顺应了时势的需要。封建制之所以曾在古代运行良好，是因为它符合自然趋势与当时的情境。但古时的圣人并非意在将这一制度立为万世不变之定规。他们无法预知对千百年后的子孙们最有效的措施。“事随势迁，而法必变。”①“理”绝非亘古不变。唯一永恒的“理”是符合时代潮流的理。只要理与时势相吻合，那么天意就会彰显出来（杜维运，2004，259～276 页）。

因此，王夫之破除了天的神话色彩。自古以来，天往往被视作某种神秘的超验存在。在王氏历史与历史化的阐述中，天是事物的自然秩序，其中器物能够有效地解决特定历史时期出现的问题。追随孟子，王夫之进一

① 王夫之：《读通鉴论》卷 5，北京，中华书局，2004。——译者注

步断言天意与民心相一致。睿智的统治者会随时代的演进实行必要的改革，从而满足百姓的需求；无能的统治者则采用违背时代潮流与臣民意愿的政策。由此，王夫之与顾炎武、黄宗羲一样，猛烈抨击统治者权力的过度集中，虽然他也怀疑究竟是否能够恢复封建制等古代制度。高度集中的皇权常常导致君主忽视百姓物质生活水平与社会公平，因为统治者倾向于视国家为其私人财产。王夫之坚持认为，文化进步与政治清明意味着保障和提高民众生活水平。历史反复讲述着统治者关注百姓需要而实现治世的案例。值得注意的是，王夫之肯定了不同时代的特殊性，他曾宣称在各个时代正义的含义各不相同，与此同时，他也指出了作为“古今之通义”的正义。王夫之从众多历史事件中提取出了一个普遍性原则：统治者的基本职责，是通过施行仁政与公益政策，以保证百姓福利（邓嗣禹，1968，115～117 页；麦穆伦，1975，447～458 页；陶懋炳，1987，450～455、458～459 页；杜维运，2004，253～259 页）。

王夫之把历史看做是时、势、理互动的过程，这一观点连同其对天的看法，共同否定了传统的史学假设，即王朝更替是一个宇宙元素取代另一个宇宙元素的过程。合法的政治继承观念，即正统观念，常常与对阴阳运动及对应的土、木、金、火、水五行的神秘信仰结合起来。王夫之解除了政治命运与宇宙活动之间的此类关联。不存在任何影响人类行为与历史进程的超自然力量。即使将正统观念与玄幻的宇宙论解释分离开来，王夫之仍然认为它是不合理、不正当的。首先，即使是在万众仰慕的上古时代，也不存在合法的政权更迭——领导者多凭借暴力成为统治者。正统不过是某一政权上台后的事后辩护及对败亡者的征服。此外，历史上存在诸多此类事例，即当中国作为统一的实体走向分裂时，仍会出现许多前后相继的并无明确承继统绪的王朝。当某一政权最终重新统一中国时，如南北朝之后所出现的隋朝，它并未遵循任何可辨识的承继统绪。无论如何，隋朝所宣称的正统连续性的确是虚构的。宋朝在五代十国结束后统一中国时所面临的情形与此相同，当时出现的许多前后相继的政权并无明确的正统统绪。清代也未能例外，它不是任何合法秩序的继承者。

王夫之对这种史学传统的反感，很大程度上归因于他对华夷关系的看法。在王氏看来，两个“大防”是这两大人群之间的界限与障碍。首先是君子与小人的差异，其次是华夷的分野。王夫之将夷狄视作异类，他们不适用人与人之间的相与之道。他甚至认为华夏诱骗、攻击和消灭夷狄的做法都是完全可以接受的。毫无疑问，王夫之对夷狄的描述，源自其对明朝灭亡的愤慨及其对满洲征服所带来破坏的痛心。王氏否认清朝的合法性，他反对清朝统治者利用正统观念篡改历史。金朝和元朝等以往征服王朝也竭力运用史学手段来宣告其合法性。为剥夺清朝的政治合法性，王夫之宣称正统观念作为历史事实没有任何意义。它完全是一种政治解释。为彻底避开毫无历史根据的伪造的正统观念，王夫之选择不把历代王朝作为考察中国历史最有效的时间单元，相反，他把中国历史划分为不同的历史时期，其具体数目取决于王氏所欲阐述的特定内容。例如，在《读通鉴论》中，王夫之提出了始于商周而迄于明初的分期方案，它由七个历史时期构成。但在另一处他却构建出只有三个历史时期的分期方案（邓嗣禹，1968，115、117～118页；陶懋炳，1987，455～458页）。

王夫之坚决主张历史的资治性。历史不仅提供了道德教训，同时也成为社会经济和政治领域的事务与政策的可靠指南。因此，史学研究的一项主要内容，是考察和阐释关乎统治成败的诸因素。王夫之认识到这样的探索，并不总能得到一致的答案。其中必然存在分歧与变化，以及脱离一般规律之外的特殊情况。为什么某些王朝仅在某些方面取得了成功，而在另一些方面比其他王朝失败得更为惊人？在考察历史的过程中，研究者必须考虑当时的具体情境，想象地进入历史人物的内心世界，设想人处于类似的条件之下会做何反应。评判（褒贬）是史家职责的重要组成部分，它需要史家进行缜密的思考，从而得出合理、均衡、公正的评论，这不仅有赖于史家的博学多闻，同时也取决于史家的自我思考与反省。夸张与保守的论断皆不可取。当史家不确定某一史实时，其叙述与评论应审慎而有条件的，即使史家对某一史事深信不疑，最好也不要得出过于绝对化的结论。朴实、简练的风格与语言比浮夸、华丽的文辞更适合历史论述。其目的在于将史实与解释融为连贯的叙述。在考察著名的历史事件时，无须概括其具体细节，相反，史家应重点探究事件的起源与缘由，并确定该史实的准确性。在此过程中，史家揭示了历史的动力：“时”与“势”的相互渗透和一致性，成败由此产生（邓嗣禹，1968，118～119页；罗光，

1972，18～26 页；陶懋炳，1987，449～450 页；杜维运，2004，250～276 页）。

在 17 世纪这个巨变的时代，历史日益被视作一种认识世界的实用方法。与此同时，内省而空疏的学问逐渐失去其意义。黄宗羲、万斯同、顾炎武、王夫之等学者，没有专注于对“尊德性”的追求，而是倾力投身于对“道问学”的探索中。相对于通过内在的道德修养而获得的精神启迪，通过经史实学研究获得的知识，已取得了优势地位（余英时，1975，105～146 页）。随着实现内心道德纯洁的目标，让位于现实世界的技术性改善，对本质与精妙的追求也逐渐让位于对实用与具体的探索。经世观念的盛行及对制度管理有效性信念的要求，一并强化了史学研究，因为它能为治国安邦提供指导（山野井郁，1954，135～150 页；张灏，1974，36～61 页）。在回首过去寻求经验教训的过程中，清初许多学者开始重视事物的特殊性、多元性与动态性本质，它比人心所包含的不变共性与原则，在历史中呈现得更为显著（彼得森，1979，12 页）。

清初的学者，普遍具有“历史主义”或“历史意识”，亦即他们试图理解事件和价值的个别性和相对性，但这种历史主义的态度又与儒家道学的基本前提有所矛盾。道学乃是建基于终极存在之上的根本观念，这种存在即道、理、太极，乃寓于人类与生俱来的德性之中。这种终极性与普遍性导向，意味着道学的支持者主要视历史为“道”、“理”的证明，这种“道”限定了万世通用的有效价值观，其重要性也不因环境的改变而减弱。支配一切的“道”或“理”，掩盖了偶发历史事件的特殊性，模糊了本体的道德至善与技术性实用化改进的界限（墨子刻，1977，197～205 页；伍安祖，1993b，564～565 页）。

尽管朱熹热衷于历史研究，但他的世界观本质上源自这样一种观念，即宇宙是一个时空的结合，其中存在一个根本的“理”，它的种种外在表现构成了整个世界。作为“理”之文字呈现的经，要优于史——朱熹将史视为“皮外物事”。这一世界观孕育了两种关于过去的观念。其一，确信存在本质上普遍、永恒的自然秩序，它使过去在实质上等同于当下。其二，时代是倒退的，古胜于今，因此，古异于今（参见洛根，1977，18 页）。需要注意的是，第二点与第一点并不矛盾，因为它只描述了时代在形式上的退化。如果剔除当下的缺陷，那么它完全可以恢复古代的本质。朱熹认为“道”是永恒不变的：上古三代之“道”与汉、唐、宋之“道”并无二致。将古代看做永恒崇高的时代，意味着古代是能够阐明现实问题的普遍价值观的宝库，在某种程度上，它们可直接应用于当下。与此同时，朱熹宣称汉、唐不及三代，因为三代之后“道”被人类的私欲所遮蔽。“道”是永恒不变的，但它未能实现于后世。由于存在一个永恒的统一体，历史事件必然只是其局部表现。历史作为本质上静止不变的宇宙中的反复重演，不可能成为一个重造事物或形成新的价值体系的代替物（伍安祖，1993b，564～567页）。

显然，17世纪的思想家并没有完全放弃将古代典范作为标准、灵感与向导。但他们在尊重古代典范的同时，也非常重视不同王朝或历史时期的特殊性。黄宗羲提出一种哲学观点，相当包容变化。他在《明儒学案》开篇中说：“盈天地皆心也，变化不测。不能不万殊。心无本体，工夫所至，即其本体。故穷理者，穷此心之万殊，非穷万物之万殊也。”（钱穆，1964，第1册，2页）黄宗羲以哲学语言提出了这样的启示，由“工夫”所构成的具体世界对变化非常敏感。虽然黄氏也提到了“心”，但他肯定了现象的多样性与复杂性。实质上“心”本身也是动态变化的，而且它没有本体，它由“工夫”限定，因而确立了外在世界的至高地位（秦家懿，1987，12～20页）。由此，黄宗羲提出了动态的制度发展观。恢复古代经中的制度是不切实际的。怪不得他说：“夫天下……未尝有不可叛之法。”① 正如在《明夷待访录》中明确阐述的那样，黄宗羲认为其所处时代与过去时代存在动态联系。中国最初为圣人之治，之后是日益增长的专制统治所带来的两千年乱世。如今制度变革势在必行。

同样，王夫之也明确表达了一种历史主义的哲学观点，它阐述了基于“势”基础上的“理”。“理”并非某种神秘的超验力量，而只是万事万物固有的规律，它是必然的、不言自明的、自然的，也是事物之所以成为事物的根据。史家不能脱离“势”而谈“理”。因为时势随时代而变化，“理”亦随时代而变化，而且这类变化迫切需要人事的干预。“当符合时

---

① 黄宗羲：《明夷待访录·兵制三》，北京，中华书局，2011。——译者注

势需要，顺应时代必然，就能拯救自己，摆脱灾难。”（麦穆伦，1975，457 页）对王氏而言，支配各时代制度的独特形势构成了该时代的道，人类活动要对其做出回应。每一王朝的统治都应符合时代需要，并建立专属于该时代的典章制度，因为经与古代并未提供万古不易的范式。“至于设为规画，措之科条，《尚书》不言，孔子不言，岂遗其实而弗求详哉？以古之制，治古之天下，而未可概之今日者，君子不以立事；以今之宜，治今之天下，而非可必之后日者，君子不以垂法。”（陈荣捷，1963，701 页）

另一方面，顾炎武倾向于避免抽象的哲学思考。他的历史观表现在他对典章制度的评论上，这以他对制度发展及其背景环境的了解为基础。他认为定期进行改革能够防范灾难，所以他倡导修正现存的郡县制：“知封建之所以变而为郡县，则知郡县之敝而将复变。然则将复变而为封建乎？曰，不能。有圣人起，寓封建之意于郡县之中，而天下治矣……方今郡县之敝已极……尚一一仍其故事，此民生之所以日贫，中国之所以日弱而益趋于乱也。”顾炎武对问题的诊断围绕着一种敏锐的时代变易意识，他认识到了古今的巨大差异，同时认为直接将经运用于当下极不可行。“夫今之不能为二《汉》，犹二《汉》之不能为《尚书》、《左氏》。”（伍安祖，1993b，570 页）

不过，我们应当记住，黄宗羲、王夫之、顾炎武一直坚定地把经作为普世价值的宝库。尽管黄氏尖锐批判皇权专制制度，但他仍然接受了三代遗留下来的永恒原则。他断言古代统治的永恒原则，即始终不渝地服务于百姓，秦代以来就一直被忽视。他详细论述了至少复兴古代制度背后精神的必要性。或许王夫之最有力地表达了变化观，他也将各王朝的特殊性与发现于经中的普遍性相对照：“治道之极致，上稽《尚书》，折以孔子之言，而蔑以尚矣。其枢，则君心之敬肆也……其大用，用贤而兴教也；其施及于民，仁爱而锡以极也。以治唐、虞，以治三代，以治秦、汉而下，迄至于今，无不可以此理推而行也。”（陈荣捷，1963，701 页）同样，顾炎武要求统治者承担起永恒的四维：礼、义、廉、耻。历史充满变化，但王朝兴衰的规律揭示了不变的价值观念，适宜社会政治的再形成，必然在永恒不变的儒家道德秩序中得到展开（伍安祖，1993b，572 页）。

清初学者并不将伦理价值做相对化和历史化的处理，至少，这不是他们公开追求的目标。不过，他们虽然承认有普遍和超历史的价值，又竭力想用历史的态度来认识这种价值，并用深厚的历史知识来展现这种价值，因此这两者之间不免有所矛盾。

二、儒教化满人统治下的清代官方史学

正当清初士人在私家史学领域从文化与制度动态发展的角度构建历史时，满洲统治者承担起了时代所赋予的使命——编撰本朝与前朝史。与其他王朝一样，他们试图通过修史活动赢得民众对其政治合法性的认可。但是，这些官方史学工程的开展却错综复杂，几经波折。

《明史》的撰修历时甚久，前后长达九十年。清朝在入关后一年，即顺治（1644—1661 在位）二年（1645）就下令撰修《明史》，但直到 1735 年才完成定稿，乾隆（1736—1795 在位）四年（1739）才正式进呈皇帝。没有哪朝像清朝这样，在刚刚立国之际就下令官修前朝正史，也没有哪部正史花了这么长时间才编完（汤纲、王鸿江、傅贵九，1983，320 ~ 327 页；赖福顺，1984，51 ~ 56 页）。十分有趣的是，早在 1653 年史馆就已完成了一个简本，但它基本上是根据明实录所撰成的明朝编年大事记，缺少史书通常所具备的志和表。由于在涵盖范围与具体内容上存在重大缺陷，因此该版本从未正式上呈朝廷，尽管顺治皇帝确实御览过。大约在 1665 年，朝中许多官员上疏皇帝，迫切要求编撰一部合适的史书，以传统的纪传体为体裁，同时要更为广泛地收集史料。但编修过程毫无进展，依旧处于搁置状态。其中一个主要原因就在于顺治朝专注于撰修本朝即建立于 1616 年的清朝初期的历史。顺治皇帝下诏撰修了几部重要著作：清代前两位皇帝在位时期的帝国政令与训言（即《太祖圣训》与《太宗圣训》——译者注），顺治朝的行政法规和一部包括《资治通鉴》及相关著作如朱熹的《资治通鉴纲目》在内的类书著作（即《资政要览》——译者注）（何冠彪，1999b，49 ~ 56 页）。

《明史》的撰修工作在康熙（1662—1722 在位）统治前期的 1665 年得以重新恢复，但却依旧艰难曲折。当时的问题很可能是来自皇帝的干

预，因为康熙皇帝对撰修过程表现出明显的兴趣，所以对其有意施加影响。在此处，我们有必要更为深入地考察清廷对整个修史工程尤其是明清易代史的态度。顺治皇帝支持撰修《明史》，他本身似乎没有干涉撰修过程。而且，顺治朝鼓励史官从民间搜集资料，以确保史书的全面而翔实，当然，当时也常常有因记载血腥而残暴的满洲征服而遭到清廷禁毁的历史著述。而且，朝廷也有意系统删削了有关南明王朝的历史记载。此外，也有遭受迫害的事例，其中最著名的是庄廷钺（卒于1660）明史案，他因编撰被认为反清的《明史辑略》而招致文字狱。这个案件中，大约七十人被处以死刑，尽管如果该书没有被与庄氏家族敌对的官员拿到（他借此机会来打击庄氏家族），这一悲剧也就不会发生。不过，顺治朝的官方文告明确宣称，要尽力搜求明朝末年的史料，特别是因为明代最后一朝无实录。

1644年之后，除非使用影射清朝无正统性的文辞外，朝廷并不禁止史学著作的刊行。不再对抗清朝的明遗民，也能够撰写明亡历史而不遭到迫害（谢贵安，1999，58～61页）。甚至当著作受到正式审查时，其作者也可能不会面临惩罚。谷应泰就是一个很好的例子，他的《明史纪事本末》很有名（徐泓，1997，18～22页）。在1661年，他被朝廷审查指控，因为官方认为其著作中有某处暗示，曾推翻明王朝、建立独立政权的强大的李自成叛乱集团是被一支明朝军队打败的，而非使中国摆脱匪乱控制的正义的满清王朝。但顺治朝平息了此事，没有对其进行惩罚（司徒琳，1989，5～7页；威尔逊，1994，62页；何冠彪，1994，123～151页；何冠彪，1998b，156～158页）。

显然，这种对明清易代史不同历史叙述的包容性政策，一直延续到康熙朝。1665年，康熙皇帝下诏鼓励民间向史馆呈献私人史料，甚至包括那些可能语涉忌讳的史料。渴望得到有关明末史料的纂修官，提议削去上呈作品中的危险内容，同时保存原著的主旨与精神。此外，朝廷决定《明史》应效仿蒙元所修《宋史》的包容精神，即它将宋室贵族抵抗元朝统治的记录，融入了南宋皇帝的本纪中。遵循《宋史》和《元史》包含宋、元遗民传记的做法，《明史》同样承认了明朝的遗民。事实上，到康熙中期时，关于清朝征服的史书数量已大为增加，其中一些书籍甚至使用了南明政权的年号。或许那时清政府已十分自信其已接受和代表了伟大的中华文化传统，朝代更迭只不过是偶然的变化。作为这一伟大传统的保管人与守卫者，就应褒扬忠义刚直之人，贬斥背信弃义之举，因此清廷必须适当地表彰各个历史时期的效忠者，因为他们具有忠诚、可靠和英勇的崇高品质。时间的流逝与清朝统治的巩固，冲淡了清八旗贵族对历史的不快记忆，也就是他们自身也曾遭遇过顽强抵抗。恰恰是这些抵抗行为，成为历史上值得铭记的深刻典范，因而是当今的最佳阐释（司徒琳，1989，8～11 页；大谷，1978，1～37 页）。

在表面上如此宽松的政治环境下，我们也许认为《明史》会及时撰修，但事实并非如此，主要原因在于康熙皇帝的不断干预。由于他得意地自视为一个博通经史的学者，所以他认为自己应该为书中的一切错误负责。因此，他不仅对《明史》兴趣浓厚，同时也十分关注实录的撰修工作。康熙重开史局时，已有的规制是只把定稿进呈皇帝，以待其批准。但是，到 1684 年，他下令要求正在编撰中的草稿也应进献于他，从而确保他的编辑和决定性的修改意见能够被采纳。知道皇帝要密切检视他们的工作，许多纂修官在编修过程中愈发谨小慎微。皇帝的强制干预为史馆开展工作投下了巨大的阴影，它扼杀了纂修官的创造性，导致史官工作畏首畏尾、顾虑重重。更糟糕的是，康熙帝借口防范错误，废除了掌修起居注的机构。相反，他选用翰林学士承担这一职责，在他的监督下，每次五人，轮流记录。当有重要事务将在朝会上讨论时，皇帝甚至把记载之责，交与处在其直接控制下的内阁。为宣扬自己的历史观，康熙帝亲自刊定了朱熹的《资治通鉴纲目》的版本，并撰有两部相关著作，他把这些著作广泛赐给朝廷官员。康熙给自己的著作命名为《御批通鉴纲目全书》，其中有大约 100 条他对原著中的历史事件与人物的阐释与看法（何冠彪，1998a，107～123 页）。如此积极宣扬皇家历史观意味着纂修官无须加紧完成《明史》的撰修工作（何冠彪，1998b，158～167 页；何冠彪，1996，1～27 页）。

雍正帝（1722—1735 在位）继位后，恢复了掌修起居注的机构。同时，他任命纂修官继续编修《明史》。此外，他诏令史官为那些事奉清朝前四朝的杰出而忠诚的官员作传。对于这些修史工程，他要求全面搜集史料，并将它们呈送史馆。不过，雍正帝十分怀疑私家史料的价值与可信度。在1726年，他严厉批评两部有关康熙朝史的私家史书，认为这些著作会降低官方记载的权威性。他的质疑主要有两点根据。其一，鲜有私家学者具备撰写良史、信史的才能。因为私人著述不受任何审查、无任何标准，故常常歪曲史实。相比之下，史馆则配备了博学多闻、颇富史才的官员，他们乃经过了严格选拔，担当着撰写一代信史的庄严使命。其次是普遍的史实错误问题。雍正帝说，他参加过康熙皇帝主持的多次朝会，亲身了解这些场合所发生的事情与谈论的言论。但当他阅读官方记录时，他发现其中存在许多差异。这些记录与他的所见所闻完全不符。他设计了一个实验来检验自己的怀疑，即诏请来自不同部门的官员，记录他口头传达的命令。当各种书面记录呈送给他时，他发现其中存在许多矛盾、错误与不准确的文字。因此，为防止出现错误，他要求所有帝国诏令在正式颁定之前，必须首先进呈皇帝，提请批准。他推断，如果官修史书都错误满盈，那么私家著作就更容易出现差错，因为热衷于迎合大众的私家学者更可能撰述夸张失实的内容。无论出于何种目的，雍正帝摒弃了一切未经许可的私家著作。与他父亲一样，雍正帝在官方史学中扮演着积极的角色，这导致《明史》撰修进展缓慢。雍正朝文字狱的频发，使问题变得更加复杂，它也使编撰史书成为一件危险的事情，因为任何不当言论都会被视作叛逆之举（牟润孙，1982，62页；何冠彪，1998b，167~171页）。

史馆内部所特有的制度问题，同样造成了撰修过程的迂回曲折。史馆组织运行不力。纂修官撰写的分工，是按照“阄派”选题的方法，因此，他们常常不得不撰写自身不甚了解或不感兴趣的主题。许多纂修官徒领虚衔、尸位素餐，尽管他们的不作为至少可能部分源自对皇帝干预修史的恐惧。虽然皇帝们没有逐日视察史馆事务，但他们似乎已随意地干预了修史过程。不过，他们显然没有催促史馆尽快撰成《明史》。撰成的草稿常常不受重视。当编修人员前后交接时，常常出现手稿遗失或错置的情况。由于人员调动频繁，那些参与修史的纂修官，视自身职责为临时事务，因此不愿付出太多精力。由于撰修过程几经拖延，因此避讳之处也就难以避免地随之增加。按照惯例，史书在撰写过程中不得使用任何与皇帝姓名或年号如“康熙”、“乾隆”等相关的文字和词语。但我们也不能简单断言，这种文献决不包含任何提及或暗示顺治、康熙、雍正、乾隆四朝忌讳文字与主题的内容（汤纲、王鸿江、傅贵九，1983，307～310页；赖福顺，1984，84～88页）。

《明史》最终完成于雍正朝最后一年，即1735年，并在乾隆四年进呈皇帝，获得认可。乾隆皇帝也在官方史学著作的撰修过程中发挥着积极的作用，他常常规定编撰凡例。他总是乐于编辑，常常改动草稿，甚至修改成稿。对他来说，评判历史，从而辨明关于是非的永恒法则是帝王的特权。他认为褒贬是史书的最高职责，为完成这一崇高使命，他按照司马光《资治通鉴》的体例撰成了一部大型纲目体编年通史《御批历代通鉴辑览》。书中包含乾隆帝本人的见解及其所做的几千条解释。后来，他从中挑选798条编成一部独立著作。他明确希望自己的著作成为阅读和研究漫长中国历史的指南（何冠彪，1999a，671～694页；何冠彪，2000，132～167页）。1765年，皇帝重开史局，专门编修本朝国史，并将为清开国以来的所有重臣立传作为首要目标。由于乾隆皇帝在历史编撰中所扮演的积极角色以及他对官方史学的重视，也就不难理解他为何不重视私家史学。在他看来，私人著述容易出现史实错误与歪曲，极易受到史家个人好恶的影响，而且不受任何准确性标准的限制（何冠彪，1998b，171～175页）。

三、考据学方法论与清代史学

皇帝积极参与官修史书的撰写过程，以及其对私家著述的强烈排斥，直接影响了清代士人对历史研究的看法。鉴于皇帝对史学的严密控制，许多学者不再撰写独立、完整的史书，转而埋首于发掘现存史书中的错误，考证已有史料的准确性。对客观事实的严格追求，掩盖了彼时史家的纵横议论。清代史家更热衷于订补史书，而非撰写历史（杜维运，2004，311～325页）。邵晋涵（1743—1796）对官修《宋史》所进行的严谨而周密的改写，就是一个很好的例子。他是清朝编撰《四库全书》——力图汇集中国历史上所有有价值著作的一部庞大类书——这一浩大工程的纂修官，利用这种身份，邵晋涵得以全面考察皇家藏书中的一切史料。他精心收集史料，仔细考订其真实性。在此过程中，邵氏就开展研究和订正《宋史》中的错误形成了一套系统化的方法。他首先对比分析了官修正史《宋史》与有关宋代历史的著作——包括碑铭和私人传记，并试图通过细致地参互考证《宋史》中的纪、传、志，从而剔除其中自相矛盾与不一致之处。此外，邵晋涵重新辑补了《旧五代史》，并对《续资治通鉴》的撰修做出了重要贡献。这一著作增补了元代史实，从而扩展了司马光原著的内容与范围，而且邵晋涵对原著做出了诸多改进（倪德卫，1966，51～52、196、206页；罗炳良，1999c，104～108页；杜维运，2004，387～411页）。

乾嘉时期，学者们喜好订正现存史著中的错误和考证其中的史实，因为考据学或考证学是当时的主流学风。学者们将自身的学术精力投入到对经的训诂学与文献学研究之中，因为这些经包含着过去的历史。虽然研究的主要对象是经，但对证据的批判态度、广泛搜集史料以及区别运用不同研究方法的思想，也蔓延到了史学领域（曾贻芬，1999，62～69页）。许多清代学者的学术努力很好地诠释了考证的精神与方法，例如，以100卷《十七史商榷》闻名于世的王鸣盛（1722—1797），和以不朽著作《廿二史考异》及重撰《元史》而著称的钱大昕（1728—1804）（杜维运，1983，280～313页；黄兆强，1996，121～136页；杜维运，2004，352～355页）。王鸣盛认为，如实记载和重述事实是史家评议褒贬的基础。只有在确定史实、排除一切疑问后，史家才能行使褒贬予夺之权（杜维运，2004，325～329页）。钱大昕认为，史家只有据事直书，才能得出适当的褒贬评断。真正明智的褒贬，源自未被个人私欲或政治私利等偏见歪曲的史实（艾尔曼，2002，129～130页）。

钱大昕尤其系统而严格地运用了他认为恢复历史真相所必不可少的考证方法。在他看来，合理的方法始于正确的视角——追求知识即实事求是。由此，他撰写了《廿二史考异》，这是一部专注于纠偏订误的史书。为成功地考订史实，他强调史家必须运用现存史著的最佳版本，同时辅之以各种其他资料，如关于地理、礼仪、天文、音韵的著作，也包括金石铭文等（曾贻芬，1998，64～69页；杜维运，2004，331～346页）。为实现对历史的全面评价，钱大昕呼吁史家应研究氏族、传记、地理和典章制度的发展源流。这一切旨在阐明是非，以便后世子孙可将历史作为行动的向导。历史具有道德说教意义，它清楚地展现了以为民谋利的仁政为开端的美德。从这个视角出发，钱大昕提出了经史无二的观点，认为二者在某种程度上皆包含关于道德修养的实用而有益的启迪。因此，通常分析透彻、考证精审的钱氏史学是以社会、政治在道德上而非器物与制度层面的改善为终极目标的（杜维运，1983，289~313页；黄启华，1991，29~37页；黄启华，1994，3~26页；魏鸿，1998，53~60页；罗炳良，1999a，90~94页；杜维运，2004，347~351页）。

就这一点来说，钱大昕有别于另一位受考证精神启发的史学家赵翼（1727—1814），后者旨在超越表面看来毫不相干的细节，从而得出社会、制度发展的一般规律。赵翼最有名的著作是《廿二史札记》。虽然褒贬是不可避免的、也是必要的，但他反对完全把历史作为道德裁决的工具。他以欧阳修的《新唐书》为反面的典型案例。赵翼认为该书常常打着王权合法转换原则的旗号，来履行其揭示善恶是非的公开职责，如此，事实被简化、歪曲，甚至完全省略。赵翼试图以如下方法来研究和探讨历代正史中的问题，即首先概括所有密切相关的证据，其次系统研究相关史实。唯其如此，赵翼才归纳形成了其假设。同时，他对典章制度史深感兴趣。历史研究必须富有效用，因为它要服务于经邦济世。清初顾炎武与黄宗羲的历史认识使他们更为提倡相对分散的封建制，与他们不同的是，赵翼的史学研究则使他确信，处于皇帝强大统治之下的郡县制官僚集权制度对保持国力和铸就社会团结相当关键（普里斯特，1986，29~43页；白兴华，1999，48~54页；杜维运，2004，485~502页）。

因此，乾嘉时期，鲜有重建连贯历史叙述的完整史书的问世。但在当时流行的考据学方法论的引导与启发下，出现了相当数量的、杰出的史学批评与考订著作。尽管考证史学力图订正原来和当下学术的错误，但它也尊重过去，因为学问是积累的。王鸣盛、钱大昕、赵翼等学者，只在证据允许的条件下才提出新的事实，做出新的阐释。真理源自真实、具体的事实，不多也不少。但除此之外，真理必须有益于当下。历史应该是有用的，它应为世人提供道德启迪和推进制度改革的有益指导。这是考证史学的意义所在（罗炳良，1999b，90~94页）。

虽然考据学主要应用于经学研究，但它与史学及一种合理的时代进步意识的形成也密切相关。因此，我们可以合理推断，乾嘉时期的学术研究旨在反映一种本体，而这与历史无关，其目标乃是恢复显现在经中的古代之“道”。因此，在某种程度上，考据学确实力图描述和认识孕育在经中的圣王的文化秩序，从而发现普遍的指导原则（余英时，1976b，147～149页；艾尔曼，1984，29～32页）。然而，对历史的刻意敬意，推动了考据学的蓬勃发展。尽管古史和经被视为普遍真理的宝库，但当它们受到系统而严格的考订时，古史问题重重，一切变得疑问丛生。哪些是真正的经？古史的哪一部分是伪造的？学者们应如何看待过去？最初旨在去除道学形而上的神秘感而将古史在文献学与神学层面上加以经典化的运动，却以经自身的部分历史化而告终。古史和经成为历史研究的对象，确定普遍的真理本体论的结束，乃是以一种历史主义的手段而实现的。由此，经被历史化，亦被视为史（杜维运，1983，271～279页；何泽恒，1989，33～58页；罗炳良，1999b，90～94页；刘仲华，2001，85～86页；艾尔曼，2002，102～104、127～134页；杜维运，2004，202～204页）。

戴震（1724—1777）与章学诚（1738—1801）的思想，极好地反映了乾嘉时期的历史主义思潮。戴震的历史主义思想，源自他对总体的、普遍的“理”的再诠释。他认为万物皆有其理，理随物的不同而不同。理为“条理”，即气的组织规律与结构。道只是人类关系的集合，它由日用的住、饮、食、言、动等极为普通的事务构成。通过权宜斟酌形势或“权”，戴震质疑了不变的、根本的“理”。变化无处不在，只有通过敏锐的观察和详尽的研究才能揭示其意义与重要性。没有绝对的是与非，与时间相关的“权”将重要性变得微不足道，反之亦然。戴震视“权”为“善”的核心特征之一，而“善”规定了人性的共同点。这种对变化的重视反映在他对考察历史上各种事物的发展源流的强烈兴趣上，包括音韵、服饰、地名、器物、动植物的命名与分类、数学、乐器，等等。圣人之意，即“道”可发现于行政法规、刑法、典章制度等历史记载中（成中英，1970，14～53页；余英时，1982，386～389页；金安平、弗里曼，1990，33～41页；伍安祖，1993b，573～574页）。

然而，戴震的历史主义既不一致也不完备。虽然他宣称“权”是

“善”的重要组成部分，但他常常把“善”解释为总体的道，个体在其中不过是一种变化或表达。戴震从宏观上将这种内在的“善”描述为天地的形成与转变、自然的功效与能力。个体的本性“分”是“天道”的一部分。天分是人的命运，在某种程度上它塑造了人的本质，因而也是人的本性。这样，心包含了天的所有美德，天则提供了种种行为的模式。只有感知天地之心，才能实现个体之心。同样，感知圣人之心允许理解天地之心。这种普遍化的哲学观点，几乎无异于道学对自我、天地、圣人之心的整体综合，纵然戴震坚持认为这种统一性只有通过对历史上适时的实际事物，如经、典章制度和各种作为圣人之心的具体证明的事物等研究才能得以实现。

这是戴震历史主义的模糊性。一方面，我们必须研究古史，而不是凭直觉感知。心不可自我参照，而需要探索古代的历史事实。另一方面，古史是永恒的过去，因为心包含一切，包括普遍的圣人与天地之心，它没有赋予现象世界可观察的事实以真正的自主性。经学研究不是为了了解事实，而是为了获得与普遍的古代之道的合一。在“六经”引导精神启蒙的情况下，即使圣人之身已陨灭，但与天心为一体的圣人之心却成为那些循道者的心。圣人留下的不灭的道德原则，构成了一种超然的先验学问，一种启迪心灵、包含道与万物的“聪明智慧”。受古代之道的永恒性的启发，戴震渴望回归古代的道德体系，但这需要细致、严谨地考证历史记载，由此奠定了他对于历史的差异性、特殊性、个体性和偶然性敏感的基础。虽然含糊不清，但戴震着实将经及其永恒的道与历史及其权宜性等量齐观。由此，史学成为经学的补充（成中英，1970，33～34 页；伍安祖，1993b，574～576 页；余英时，1976a，102～110 页；金安平、弗里曼，60～61 页；郑吉雄，2002，20～32 页）。

经史结合，最具说服力的论断来自章学诚。关于史学本质与史学实践，他无疑形成了最富思想性的系统观点。在其极富创新意义的著作《文史通义》中，他开篇即书“六经皆史”。这样做，意在说明“古人未尝离事而言理，六经皆先王之政典”（林时民，1997，184～185 页；岛田虔次，1969，123～157 页）。我们从中发现了章学诚历史观的根基。历史首先是古代的典章法度史。如果不根据过去的事实和历史记载而言理，那将是空谈。如果说经是古代的文字记录，那么它们是有时间范围的。相应地，寓于其中的道也并非万古不易，而要受到时间的限制。古史研究揭示了经背后的含义，阐明了当时所发生的一切。但是，“事变之出于后者，六经不能言”（倪德卫，1966，201～210页）。章学诚甚至声称孔子只是众多杰出哲学家之一（伍安祖，1993b，576～577页；井上溯，1996，51～55页；艾尔曼，2002，132页；杜维运，2004，415～418页）。通过强调它们在时间上的内在性，章学诚将经和古代之道历史化。他提出了关于道的不同理解，即建立在历史流动之上的自然之道，它作为事件与事物的“所以然”，随物质存在的变化而变化。它是某种规定了万物之“当然”的超验、规范的理想（倪德卫，1966，140～144页；余英时，1976a，45～53页）。

章学诚没有将经视作无形的道的神圣体现，相反，他把经当做有形的、经验的物质力量“气”的表现。传统上，学者们利用经作为他们研究和宣扬儒家学说的出发点——假定经是记载或体现了道的文献，章学诚认为这些文献应被视作物质力量领域的组成部分。甚至孔子本人在传承经的过程中，也指出古代文献是具体、有形的道的物质呈现。章学诚还按照另一个具体、有形的观念“器”诠释了道，脱离器，道既无法被感知，也无法被说明。只有追溯事物在历史上的发展演变，道才能被阐明和揭示出来（倪德卫，1966，150～151页；林时民，1997，70～72页）。因此，章学诚做出了大胆的历史主义宣言，经仅仅记载了古代统治者的典章制度和法律。在某种程度上，它们描绘了古代之道的物质体现，经即史。章学诚认为，在三代时期，人们把史看做是与人事密切相关的学问。史为关于人类本性的崇高论述与观点提供了证据，并在此过程中揭示了天命。在古代，当理论被实践适当地证明时，就会出现治与教的完美结合，从而产生和谐统一的道（倪德卫，1966，60～62页；蒋义斌，1988，175～182页）。

事实上，章学诚提出了这样一个观点，即时代是不断发展的，因为文化在不断变化。即使在古代亦是“三王不相袭，五帝不相沿”（周予同、汤志钧，1962，211页）。为了解历史上的道，史家必须考察整个历史进程。由于道的动态移动与发展，它在不同的历史时期呈现出不同的含义与特征——近世之道，未必同于古代之道。古代的圣人不可能已经彻底理解了道的含义与主旨，因为随着形势与条件的变化，许多新制度逐渐在历史上成长起来。如果存在永恒不变的道，那便是变化限定了人所处的环境这一事实。因此，人们不能忽视当代史研究。如果不辅之以当代的实用知识，博通古史本身是没有意义的。章学诚强调当前制度的重要性，呼吁史家研究既存的典章制度，它限定了人际关系，并使日常效用成为可能。这就是建立在关于政治与社会制度发展的严谨文献上的实学，它不仅包括中央和地区政府层次，同时也包含地方行政。章学诚特别热衷于采用正史体例（纪、表、志、传）来撰修地方志（倪德卫，1966，144～150、216页；余英时，1976b，49～50页；伍安祖，1993b，576～577页；林时民，1997，146～151页；王晴佳，2002，251～276页；杜维运，2004，426～430页）。无论是古代史、当代史，或者是关于中央或地方政府发展的文件资料，史学追求的是国家与社会的进步。章学诚总结道："史学所以经世，固非空言著述也。"①（林时民，1997，181页）

但章学诚并没有将过去仅仅视作相对的空间形式与时间片段的连续排列。他并没有细究古代和经的关系，而是从中寻求普遍的规范。确实存在一种动态的、不断发展的历史之道，它与政治、社会和制度政体——政府、教育、地区行政和经济——的变化规律有关。这些都是相对于其时间和地点，生命不断变化的形式，体现了它们自己的道，即它们特定变化规律的具体含义。但在这些特定的道之上的是古代圣人超越历史的道，它珍藏于经之中，章学诚称之为"道体"。这一根本的、实质性的道，在经中得到了详尽的阐释和全面的体现。事实上，这一超越历史的道是一切学问与哲学的源泉，这些具体的学问，以某种方式获得或参与了对道体至少在某些方面上的理解。章学诚也把道描述为圣人之"名教"，它构成了自古代以来的治世基础。脱离名教，没有任何一个政权能够真正实现秩序与繁荣。古代圣贤所留下的礼仪名教，正是古往今来统治的源泉（周启荣、刘广京，1984，127～133页）。

很显然，章学诚并不想打破古代文献的权威。他反对的是史家对古代

---

① 章学诚：《文史通义·原学》。——译者注

文献的逐字重复与机械效仿。他坚持认为，史必须封装在经的原则的精髓里。事件的及时叙述，恰恰服务于一个更大的目标，即揭示历史中无处不在的深刻的道。在历史中可以看到权威的道的显现与运作，而其含义已在经中得到透彻地阐释。章学诚以华丽的文辞称颂经的大义同日月一般璀璨，三代之事可作为其后几百年的指导。他甚至认为孔子和周公都建立了规范和道，以至于后世不可再做增补。对结局的关注意味着历史进程的不可回赎。绝对的规范传统很久以前就已形成，它提供了对所有时代最为有益的路径。在这个圣人名教的道体中，章学诚的历史主义解体了（周启荣、刘广京，1984，128 ~ 130 页；伍安祖，1993b，578 页；费尔默，1995，227 ~ 230 页）。就此而言，章学诚和戴震常常视过去为时间和空间上的特定单元，但他们最终诉诸与古史一致的普遍价值观与永恒原则。

四、历史时期与分期模式

章学诚和戴震都没有形成历史分期思想，这样的话，过去被视为连续的阶段和时代，即具备独特特征的可识别的历史时段。不过，其他学者却做到了。当研究经的文献学和考据学在 18 世纪占据主导地位时，一些学者逐渐被西汉的今文经学传统所吸引。在这一注释传统中，出现了几个高度系统化的作为历史模式的过去观念。之所以称为今文经，是因为它最初以西汉（公元前 206—公元 25）通行的文字书写，而古文经则用周代（公元前 1100—前 256）古文字写成。这些经典文献重建于西汉时期，因为其中的许多原著已毁于或散佚于秦朝（公元前 221—前 207）和秦汉之际。由于这些古老文献的重建主要依赖曾在秦朝之前研究过它们的老学者的记忆，于是一个新的注解传统逐渐形成。但是，不久之后，以古文书写的周代经典文献重现于世，此后，今文经学和古文经学并存于世。这两个版本在文字和阐释上都存在显著的差异，因此，两派就孰真孰假展开了激烈的争辩。今文经学家指斥古文经为伪作，而古文经学家则视今文经为凭借错误的记忆组合起来的残缺复制品。今文经学在西汉称霸一时，但到东汉时期（25—220），古文经学逐渐占据统治地位，并一直延续至 18 世纪和 19 世纪初期。

彼时今文经学重新作为经学的重要科目出现，首先得益于17世纪晚期《古文尚书》被证明是伪书这一事实。于是，今古文之争再燃战火（艾尔曼，1984，177～180页）。凭借庄存与（1719—1788）及其外孙刘逢禄（1776—1829）的注释作品，今文经学在清代学术领域里建立了一种独特的学术表达。在诠释今文经典的过程中，两位学者都提出了对过去的构想和历史模式学说。以《春秋公羊传》为中心的今文经学致力于揭示《春秋》的"微言大义"。了解这些伟大的原则意味着获得驾驭世界的实用能力。此外，这一注释传统提供了规定上古（夏、商、周）政治和王朝更替的特定历史模式以及历史记录与阐释的方法。

庄存与接受了今文经学"存三统"、"张三世"和"大一统"的主要历史观念。"存三统"肯定了夏、商、周三代王朝更迭的合法性，关于这一观点，庄存与写道，三代的建立各得天命，随着质、文的交替，古代的制度和器物日臻完善，这以三代各形成了自身的历法和各朝之色为证。庄存与认为，尊奉"存三统"就是承认王朝更替的合法性和阐明天命并非仅授予一姓的事实。关于"张三世"，庄存与接受了标准的今文经学的解释。它首先指的是传达孔子对不同时代的历史事件与人物的微妙处理的措辞手法。这三个时代依次为：所传闻世、所闻世、所见世。孔子通过对语言的微妙运用，恰当地叙述了属于不同时期的历史事件，从而揭示了它们的意义，同时还寓褒贬于其中。另一含义指的是孔子对古代历史发展的观点，即何休所言之从"衰乱世"经"升平世"最终到达"太平世"的历史进化观。

尽管庄存与赞同汉代今文经学的历史主义，但他重新表述了"存三统"的观点。在汉代，"三统"是历史更替的一种目的论。三方序列是历史运动的某种普遍模型。对庄存与来说，此种历史更替的模式终结于春秋时期。但这一历史序列的结束意味着另一个新序列的开始：孔子及其学说开创了一个新的时代框架。因此，庄存与为上古三代创造了一个历史空间。然而，如果说他通过弱化"三统"的泛历史含义而将古代历史化，那么他着实肯定了孔子学说及《春秋》超越历史的意义，作为伦理和政府的指导，它们将持续"万年"。他的信念代表着传统的中国上古观，其中历史的恒久不变为维持道德价值观提供了坚实的基础。不过，庄存与的构想受到一种历史变迁意识的影响。当法律和制度停滞不前时，必须对其进行变革，即使做出变革，本身也需要从《春秋》的大义中寻求指导。如其所述，《春秋》记载了许多灾异事件以说明变化的到来（张寿安，1979，3～4页；汤志钧，1980，145～147页；伍安祖，1994，10～18页；陈其泰，1997，64～68页）。

刘逢禄在今文经学框架内提出了自己的历史主义观点。他传承了公羊学的核心观念“通三统”以及与之相关的文质循环学说。辨别三统的连续性，意味着承认治道的发展演进。与庄存与一样，刘逢禄暗示了循环的终结，并把春秋时期看做一个不同的历史发展时期的开端。在确定三统经典基础的同时，他指出三统的含义随时代而变化。对古代圣人而言，它仅代表三代治道的有序更替，但对后世儒者来说，通三统意味着“法后王”。“后王”狭义上指孔子，广义上指鲁国，因为孔子为后世创设了完美的指导方针。孔子是后世遵循和效法的典范。孔子在他的时代遵循上古时代王朝更替的模式，即在三统的连续性之内行事，几百年后他的权威与学说又被后人奉为圭臬。在刘逢禄的历史观念中，孔子有着举足轻重的地位。孔子凭借他对古史的了解将通三统付诸实践，在此过程中设定了统治与管理的持久原则。孔子是《春秋》中设想的“素王”。孔子之所以成为“素王”，是因为他创造了将为后世所实施的文物制度。虽然孔子不是君王，但他是一位圣人，他在《春秋》中所表达的理想与圣王的理想一样备受推崇。《春秋》体现了“三始”（即三代）的典范，提供了修正后世所存在问题的价值观与方法。

和庄存与一样，刘逢禄通过将三统历史地置于上古时代而重新阐发了“通三统”的观念。孔子和《春秋》开创了一个新的时代，为后世子孙确立了治道。因此，刘逢禄创造了新的历史时段划分方法：上古三代、孔子和《春秋》时代、后代。此外，借助孔子作为鲁国“素王”的观念，刘逢禄还构建了一个可用的政治、道德典范的历史模型。孔子获得了作为“素王”的天命，因此其言论将成为行动的永恒指导。因此，孔子凭借其圣贤实现了某种不朽。但他的不朽与《春秋》的持久价值并没有否定历史，它们阐明了古往今来典型的、周期性出现的伦理、道德、社会、政治问题。刘逢禄承认，在历史领域中，变易是必然的趋势。孔子对春秋时期夷狄国家的处理就是一个很好的例子。尽管《春秋》中的理想时代是一个华夏统治、夷狄归顺的太平天下，但历史的现实是秦、楚、吴等夷狄国家崛起为大国，有力地削弱了周王室和其他中原国家。孔子适时记录了这些事实，冷静地进行合理、公正的评判，甚至称颂秦国是一个强于内治的国家。即使圣人也无法阻止周朝典章制度的衰落。刘逢禄认为圣人的理想有超历史的功用，但他又承认人的理念受历史和时间的制约，他想在两者之间取得平衡。

此外，在主体上，刘逢禄的历史主义受到这样一个目标的激励，即通过回归《春秋》铸就良善的社会与政府。“通三统”与“张三世”作为历史观念，是规范性的政治理想。它们指出了政治社会中一个不可避免的事实，即权力的更迭。它们也允许历史地检验管理国家与社会的必然性。刘逢禄认为，经世是孔子和古代圣王的核心目的。《春秋》是礼仪和规范的来源，同时它也是一部关于法律与惩戒的书籍。归根结底，历史和史学研究的就是治国之道（张寿安，1979，4～6 页；汤志钧，1980，147～153 页；伍安祖，1994，18～31 页；陈其泰，1997，99～115 页）。

龚自珍（1792—1841）是另一位受到今文经学所固有的历史主义启发的学者，他曾师从刘逢禄。龚自珍根据其对《春秋》的理解，提出了自己的三世说。他认为：“书契以降，世有三等。三等之世，皆观其才。才之差，治世为一等，乱世为一等，衰世别为一等。”汉代今文经学的历史主义模式是进化的，从衰乱世经升平世最终达到太平世。龚自珍的设想却是倒退的，从治世沦落至乱世。龚自珍并没有完全详细论述他的观点，因为他很少关注中间的衰世。不过，他确实自相矛盾地言及治世和乱世的关系，表面上它们有相似性，但他进而详细说明了二者之间的差异。例如，在治世，主导颜色为太素，因为运用五色虚饰事物的做法已被摒弃。在乱世，由于无法区分颜色而黑白混杂。因此，龚自珍讥讽地写道，乱世类似于治世，因为五色皆可废。同样，在乱世“宫羽淆而五声可铄也”，因此，它类似于“治世之希声”。乱世“人心混沌而无口过也，似治世之不议”。龚自珍得出结论说，乱世人才匮乏。龚自珍也进行自我审查，要求他的同代人不要自欺欺人地以为自己生活在治世，因为他们错把表面的繁荣当做根本的强大与稳定的标志。总之，龚自珍视其所处时代为衰乱世，并渴望实现《春秋》中所构想的升平世和太平世。

1819 年后，龚自珍开始形成作为进化的历史发展观的“三世”说，即从衰乱世到太平世。但是，他的目标总是把经典的历史主义模式普遍化，从而揭示其与当代的相关性。古代的三世说已成为历史变迁的一般原则。时代的演进形成了有始有终连贯的历史时段其中时间的流动与儒家之道相连。每个历史时段都见证了运作中的道。不过，此处的“道”并非内圣、精神启迪的超验的“道”。相反，每个时代都由一套具体的问题所限定，这些问题分为三类，且各与三世相联系。第一类涉及百姓生活，第二类是制度的确立与实施，第三类是对道德本性与天道的了解。因此，三世说不仅仅说明了时间的变易，同时也拥有实用意义。每个时代都会遇到特定的问题，且必须回应这些挑战。由于问题随时代而变化，因此不存在普遍有效的回应方法。龚自珍坚定地指出了时代的变迁。三世说提供了一种历史分期的模式，从中他可以阐明具体的问题并对其做出回应，历史连续性之线脱离了经典之纱（张寿安，1979，16 ~ 17 页；许冠三，1980，76 ~ 80 页；伍安祖，1993b，245 ~ 256 页）。

龚自珍的历史主义与其实用主义融为一体，但二者皆受经之启发。经阐明了朝廷的关注点，这些关注点随新形势而出现，且在时间上不断变化。在衰乱世，民众生计是中心问题，改善这个问题应成为朝廷的首要职责。当百姓生活得到保障后，时代进入升平世，朝廷的职责转向其他领域，如确立适当的礼仪；当人们的生活得到保障、制度与礼仪也已巩固后，最终进入太平世。在这一阶段，由被奉为尊贵宾师的学者提出和解决认识人性与天道的终极问题。这是一个实现终极的政治与文化成就的时代，到那时，宏大普遍的统治体系得以建立，中心与外围的障碍以及华夷的界限都已不复存在。这将是一统天下的时代（张寿安，1979，12 ~ 16 页；许冠三，1980，80 ~ 84 页；陈其泰，1997，170 ~ 179 页）。

但龚自珍的历史主义充满不确定性。虽然他把信仰从经的理念领域转入实用的现实关怀领域，接受了古代的事实，并将之与当下联系起来，但他没有因为历史代表着人类必然的累积增长，而把历史看做一个彻底的进化过程。尽管龚自珍强调价值规范不断变化的本质，但他认为经所呈现的过去依然为规范，人们只有通过历史才能理解普遍的古代之“道”。这里的历史，龚自珍特别指古史，他十分确信古史具有永恒的意义。“存三统”之所以重要，正是因为了解过去十分重要。这一古代传统要求当政朝廷利用前朝的资源，包括他们有才有德的后代，他们的历史、经验及其礼仪与制度。通过考察上古三代历史，龚自珍得出结论说，古代的经验为当前的行动提供了参照的出发点。因此，他的改良主义在许多方面是以经和古史为后盾的（伍安祖，1993b，253～256页；赵令扬，1982，267～270、273～276页）。

与龚自珍一样，魏源（1794—1856）是19世纪上半叶一位非常重要的知识分子。他也曾师事刘逢禄。魏源著述宏富，这些著作提供了改良其所处时代的政治、经济、社会弊病的诸多补救办法。他力图揭示经的微言大义。受今文经学的启发，他形成了以质文循环、三统更替为基础的历史主义思想。借助这些历史上不断变化的文化与政治需求，魏源认为他的时代正处于一个循环的开端，变革即将发生。他进一步从三世说中寻求更多的支持，他认为三世说解释了孔子在《春秋》中以适当的文辞记录不同“世”之史事的笔法。正如我们所见，后世史家认为孔子运用不同的文辞突出了不同时代历史事件的道德意义。在《春秋》中，他确立了记述三世史事的方法，从而能够给出适当的道德评判。在融合“书法”义例与实质说教的精妙过程中，他揭示了普世的治道。因此，任何时代的统治者都应学习和研究其所著《春秋》。魏源解释说，三世也代表着三种不同类型的世界。最遥远的所传闻世为“致治”，较近的所闻世为“升平”，所见世为“太平”。今文经学的这种历史主义构成了魏源自身的历史变动观念的基础（吴泽，1962，44～50页；许冠三，1980，72～74、85～88页；伍安祖，1996，61～68页；陈其泰，1997，238～241页）。

魏源形成了变易具有必然性的核心思想。他以作为终极存在的“一”的本体论观念为指导，借此他意在说明任何事物都不是孤立存在的。万物皆辩证相关，且各有其对立面。这一辩证法构成了历史的动力。历史不是静止的状态，而是一个随时势变化的过程，它不断与前后相继的特定时代的特定需求相互作用。魏源认为，受“气化”的推动，宇宙——人类世界处于不断的变化中。自然和历史都显示出了变易的必然性。古时的天地不同于今日的天地。星体死亡而再形成，河流改道，动植物不断进化。同样，人类历史领域的文化方面也经历着变化：饮食、服饰、音乐、舞蹈、刑法、制度、兵法等等。魏源把从古至今的宇宙比作一个巨大的棋局，历史包含了无数的移动步骤。无论过去还是现在的方法，都不应以机械的方式得到推广或支持。魏源认为，三代以来，封邦建国，私权当道，但人类历史已取得了极大的进步。肉刑的废除、郡县制作为帝国行政体制的巩固以及科举制的崛起，扩大了公的领域。即使古代圣人复活来实施变革，他们也不会否定这些变化。恢复古代不过是痴心妄想。魏源明确指出，进一步改革旧制度将会得益更多。没有永恒适用、持久有效的方法。唯一的历史恒定性在于，由于根深蒂固的制度比其有效性更为持久，所以应根据时代需求进行改革（吴泽，1962，34～39页；许冠三，1980，87～94页；王家俭，1993，166～167页）。

尽管如此，魏源的目的决不是将历史变为纯粹的偶然性。他的变易思想中包含着一种清晰的不变观念。存在于气化流动之下的是不变的"道"，它是现实的根本附着点。在魏源比之为历史的棋局中，走棋步骤千变万化，但棋局规则从不变化，人们可以通过研究其中的走法而在博弈中获胜。这些是超越历史的洞见，魏源称之为"恒定中之变化"。毕竟变化源自原始的"一"，"一"即"道"，它融合了辩证的对立矛盾。魏源有时甚至按照道家的终极观念"无"来解释含摄一切的"一"，但"无"否定了时间的可能性，因而也否定了历史。因此，魏源变化必然性的观点，受到其复兴、回归观念的平衡。一方面，圣人也无法违逆历史的潮流；另一方面，如果后人遵循圣人治世的原则，那么随着时间的推衍，就有可能回到圣人之世——两者没有矛盾。魏源认为，影响回归的关键在于通过遵循"道"摒弃人的私欲，从而如孔子所教导的那样，使它们不再成为欲望。要与身体做斗争并抑制身体的欲望，人们必须诉诸内在的心灵。按照魏源的话说就是："人之心即天地之心。人知心在身中，不知身在心中也。万物皆备于我矣。"（伍安祖，1996，81～82页）魏源的偶然变易观是有条件的，它服从于这一统合天人的整体构想。虽然质文更替、时势变化、三代依次相接，但不变的道、淳朴的"上古之心"永存。每一个处于其自身偶然性中的历史时期，皆作为全部真理的一个方面或一个视角，发现、认识并回归终极真理。魏源生活于王朝衰落征兆已非常显著的历史时期。尽管魏源在变易的历史主义的驱动下呼吁改革，他力图复兴、回归想象中的伟大上古时代的设想，一定是一个鼓舞人心的理想。毋庸置疑，魏源的改良思想建立在历史主义（偶然变易观）和经典主义（永恒价值观）的基础上（伍安祖，1996，80～85页）。

魏源撰有几部著名的历史著作。他参与编修了《皇朝经世文编》，这是一部关于清朝治国方略的大型文集，凡508卷。尽管它本身不是一部史书，却是一部宝贵的二手文献汇编，囊括了治体、户政、兵政、刑政等各类主题。魏源还著有《明代兵食二政录》一书，凡78卷，是一部关于明代经济与军务的文集，旨在揭示明朝衰落的原因。此外，魏源还撰有几部关于清朝和英国军事对抗的著作。由于中西关系日益成为清廷的重要关注点，魏源投入巨大的精力来研究西方，这促成了其最著名的著作《海国图志》的纂修。这是中国第一部系统研究欧洲国家历史地理的著作。魏源不仅关心东南沿海边疆，同时他也撰写了大量关于北方边疆历史地理概况的论文。在更为传统的史学脉络中，魏源编辑和改写了仓促成书的《元史》。他确实是一个博学多闻的学者、史学家和历史哲学家（大谷，1971，33～75页；王家俭，1993，155～163页；陈其泰，1997，254～260页）。

因此，虽然清代没有著名的史书，但清代史学领域异彩纷呈、充满活力。考据学方法论流行，使得经和史得到了严谨的考订。经学家们推动了对古代普遍之“道”的理解，这与观察过去某个特别时段历史主义的倾向相得益彰；既极端推崇古代圣人永恒的规范，亦很显然地推重变易的观念，特别是在日常领域中社会政治和制度秩序与调整上，人事在其中推动着历史的动态发展。章学诚的杰作不仅表现了这种历史敏感性，同时也提供了进行历史写作的敏锐观察与合理方法。对清代学者与史家来说，过去既是异己的，又是类己的。

结　语

历史学家常常独占解释历史的职责与特权，仿佛真正的人类世界生活在另一个星球，说着另一种陌生的语言。如果希图与这个平行世界进行交流与沟通，似乎最好交给经过适当培训且具备专门知识的历史学家们。然而，或许有时候历史学家的努力并无必要，因为当过去的某个事物照射并穿透时空差异性的不透明时，会强烈地震撼着我们当下的感觉（西蒙·沙玛，1999）。传统中国史学观念就是一个典型的例子，它把历史事业看做一种实用的努力，诸如教授有关政治、社会和个人生活的经验教训，保管集体记忆，管理文化，宣扬规范的价值观念。在古代中国，历史好比神圣的猫头鹰，时刻准备捕捉害虫，然后纵跃天际，向世人报喜。当我们身处后现代的时代，许多人被世纪末的混乱所困扰，包括上帝之死、文学之死、音乐的沉寂、过去之死以及令人哀叹的历史终结论等，当此时期，中国人自信地否定历史研究为单纯追求历史知识的主张，坚持破解和揭示与生活行为密切相关的意义的做法，要更加令人欣慰。这或许是必要的。他们可能融化冰冷的客观、无私的倦怠，与那些非学术的历史学家疏远开来。

如我们所见，中国史学家运用过去的典型人物与事件来实现道德教化。这样对历史的道德用法包括解释与裁决两部分。历史发挥着解释过去对当下的重要性的作用。它回首过去旨在辨明传统的重要性，源于过去的重要元素成为考虑当前伦理与道德行为的框架。但是，历史也将过去作为主题来进行考察，而不是将其作为假设的基础或道德行为的框架来进行考察。换句话说，就是根据过去的知识分析当前的处境，以规划未来的行为（柯雄文，2002，487～488 页）。然而，无论历史是否发挥着解释或裁决的作用，它始终聚焦于过去与当下的实用与有机联系。不像现代史学常常强调人类学说与历史事件的滑移，中国史学家以重述二者的一致性为中心。

虽然我们赞美传统中国史学的实用意义，但这并不意味着我们应该像中国人那样研究历史。总体目标和坚持规范的必要性，确实阻碍了对过去的冷静认知和理解。与此同时，我们不应忘记，通过这本书，我们已经注意到中国史学家所表现出的对史料的极具辨识力的考察与对证据的广泛应用。不论根据何种标准来进行比较，他们都决不逊色。如前所述，司马迁引用了不下 82 种史料，这还不包括各种篇幅较短的小文和奏章，更不必说口头证据与古器物。而且，他仔细考订了这些史料，并把它们的优、缺点告诉读者。由此，汉代确立了事实的不可妥协性，以此为基础而形成的批判传统一直影响和鼓舞着中国史学家，其著作往往呈现出相当高程度的证据可靠性与彻底性。我们也不应忘记中国古代史学史的动态发展。新观点、新见解与新体裁随时代的推移而不断涌现，来解决通过历史叙述整理过去这个永久难题。

与此同时，也存在历史哲学和历史分期学说，其中的一些学说表明了这样一种敏锐的意识，即过去并非毫无差异的一团，相反，它由不同的时间段组成。总之，许多中国历史思想家和史学家表现出了一种鲜明的时代进步意识，尽管他们最终未能形成一种划分古今的不刊之论，比如“中世纪”这样的史学观念（卜正民，1998b，154 ~ 163 页）。

我们特别提到中国史学目的明确的道德重要性，有其自身的现实意义。对中国古代历史编撰的这一点加以严肃看待，不会刺激当代著史方法的道德心，或者阐明当代研究历史的方法吗？我们的意思是说，旨在让历史自己说话的现代历史科学的技术解释，或许最终会让事实湮没无闻，因为它在当代世界的声音是如此低沉渺茫。当一个专业的历史学家反感意义与真诚时，如果没有社会和文化相关性的话，他（她）很可能剥夺了历史学科的道德严肃性。如果历史不再与实际生活经验相关联，那么它还有什么意义？如果我们对过去的理解与对人类境遇的理解同人类存在的目的没有直接关联，那么我们为什么还要回首过去？当代西方历史著作与文学作品中，对历史重要性与历史致用功能充斥着痛惜的哀叹（布赖萨赫，1983，404 ~ 405 页；明茨，1977，1 ~ 2、9 ~ 11 页）。借用海登 · 怀特（1966，115 页）的话说，专业历史学已成为欧洲现代性“麻木不仁”特点的典型表现。

相比之下，尽管中国史学家形成了关于阅读和考订史实严格而精细的历史诠释学，但他们也尊重我们可以称之为历史的道德美学。他们将过去看做一面反映世界的镜子。他们深刻地思索过去，且将历史看做具体的史实：英勇而值得赞颂的忠义之士、残忍而可恶的背信弃义之徒、王朝的辉煌创立与政权的悲剧落幕。对中国史学家而言，形成于历史中的作为累积经验与价值观念的总和的文化的崩塌，意味着人类思想的衰颓，因此，他们永不厌烦虔诚地重申圣人的思想。对中国古代史学中的特色和风格的多样性，中国史学家和历史编纂家皆持肯定态度。他们一致认为当下总能被赎回，未来永远充满希望。毫无保留地说，尽管历史中也充满伤害的例子，但却总能为道德与社会政治复兴，提供经验教训和价值观念。中国思想家认为历史记忆确实重要，因为它有目的地把过去的印记与将来的规划结合起来。

不用说，这种历史道德美学意味着古代中国未能形成最终兴起于现代西方的认知性史学或历史认识论。这种认知性史学以明确区分过去与现在的时代不同意识为基础，通过将过去看做他者的这一关系，历史的清晰度逐渐建立起来。这表明和肯定了过去作为他者催生了现代历史意识的标志，即线性发展的时代观念。在主体上，现代西方历史性由两个元素构成：序列的线性叙述以及对连续序列中的某个独特时期的评价（德·赛尔托，1988，2～3页；格雷厄姆，1997，45～62页）。正如我们所看到的那样，尽管也存在处理个别时间段或将临时时段置于不同的历史背景中进行品味的情况，但中国人确实没有形成西方意义上的彻底的历史主义。最终，中国史学家没有轻视祭坛圣人，圣人之殿宇终未沦为废墟，传统的权威屹立不倒。在某种程度上，历史并未摆脱伦理、道德赖以存在的终极基础，历史依然是普遍之“道”的铭记与体现，而“道”仍然是行为准则与价值观念的终极源泉（伍安祖，2003，52～54、57～61页）。

我们必须认识到，引入这种跨文化的比较视角，并不意味着这样一个前提，即假定西方的发展进步为标准，并以其为准绳来衡量其他文化。然而，现在我们已经熟悉了这些无所不在的问题，诸如：为什么中国古代没有产生科学或科学文化？为什么传统中国没有公民空间与公共领域？为什么当时也没有军事文化与心理学？在表明中国古代未出现现代历史主义的持续发展的过程中——如前所述，传统中国也存在时代进步和因果关系的光辉认识，我们实际上并未提出中国应与西方实现同等发展这样一个带有偏见的问题（参见卜正民，1998b，163～164 页）。我们的比较努力建立在这样一种意识之上，即比较不以任何直接的方式告诉我们所比较事物的本质。相反，它们类似比喻，提供了事物可能被构想或重新描述的方式。换句话说，它们是以增强理解的名义，用另一种方式所做出的训练有素的想象和猜想。这一认识将是这样的：看待过去的传统方式，因其仰赖的文化框架（行为规范与价值观念的基础和源泉）的变化而变化。

中国确实也遭遇了急剧的变化。在龚自珍和魏源的历史撰述中，我们看到了中国史学即将发生突变的先兆。他们一生亲身经历了国内叛乱、政治逆转、经济混乱、社会动荡、西方入侵和最终爆发的战争。“内乱外患”这一广泛应用于传统中国史学中的程式化的词语，确实恰当描述了当时他们所处的现实形势。他们把自己所处的时代看做与未来密切相关，生活在这一时代，人们必须面对西方入侵所形成的新力量。龚自珍和魏源把他们的危机意识和焦虑感投射到历史中，如我们所见，他们的历史观成为倡导国家改革的重要元素。他们不再专注于褒贬，受考据学精神的启发与引导，龚、魏二人在历史研究中强调实事求是。然而，无论是魏源还是龚自珍，最终都诉诸古代的标准。他们认为，经的持久价值依然完好无损，因此它们依然具有可用性；他们仍然视经为智慧与灵感的宝库。尽管具备历史变迁意识的龚、魏可能不认为经中字字皆真，但他们仍然尊奉它们的重要意义。

到 19 世纪晚期，由于儒家世界观的松弛与动摇，一种新的历史意识诞生，中国被卷入了世界历史的漩涡中。中国尤其通过日本开始吸收当代欧洲史学特别是德国史学传统。作为这场新兴运动的领军人物，梁启超（1873—1929）倡导进行“史学革命”，并大声呼吁要创写“新史学”。不像传统的断代史，历史不应再聚焦于王侯将相，而应主要关注个体与群体，历史应该成为一门考察过去社会所有方面的科学。但是，尽管历史必须成为“新史学”和“科学”，通过操纵和理解过去来面对现实的渴望却从未改变。过去依然是可用的，但它将以一种完全不同的方式受到关注。写作历史的新方法，将成为国家建设事业的重要组成部分。历史不仅要成为科学研究的基础，同时还要成为中国新市民这个深受爱国主义刺激的民族的真实写照。正如国家与民族主义在欧洲的兴起与发展主要归功于历史研究，中国尊奉进步的现代西方史学（它研究人类历史的演进并揭示其中的共同规律）也将为强大的中华民族和国家奠定基础。与此同时，梁启超也开始模仿西方古代、中世纪和现代的三分法，来构建一个全新的中国历史分期（倪来恩，1992，13～30 页；王晴佳，2000a，43～54 页）。

现代中国史学不在本书研究的范围之内。但是，或许这里简短地提及现代史学变化与革新将会提醒我们，梁启超和他的同道们将标榜和倡导新历史主义，但在某种程度上，他们的做法让那些一直未曾放弃希望实现道德至善与社会和谐的古老理想的知识分子感到痛心。新史家们一方面是破坏旧史学殿堂为新史学殿堂奠定基础的激进分子，另一方面他们又忙于在过去遗产中搜寻，希望以此来发现一个新的现在。司马迁或司马光之类人物的历史类比和经典教化主义，或许是代表政治和道德确信的迟钝、粗糙的工具，但正如梁启超和其他史学家十分清楚的那样，历史参照依然是提出观点和发表议论的可靠方法。如果他们没有先再造一个新的过去，那么他们又如何创造一个崭新的国家和民族呢？

如此将“新史学”及其在 20 世纪的代言人与过去联系起来，我们决没有忽视他们相当真实而重大的认识论变化。现代中国史学确实完全不同于中国传统史学，因为它扩展了概念视野，尊奉新的意识形态，并尝试了其他的叙述体裁。社会达尔文主义、科学主义、自由主义、马克思主义思想都提出了不同的过去观念，对于中国作为世界主权实体大家庭中一个民族国家，形成了各种构想的基石。不过，通过研究过去，新的历史与史学努力铸就了新的思想革命。当然，这是历史写作中不可避免的过去与当下的难题（王晴佳，2001，文中各处，特别是 1～2、208～209 页）。

中国传统史学，在我们当今世界的历史研究中，或许只是一种表达模式的特例，但它强调历史存在意义与目的，这一主张不能轻易被抛弃。因为历史还没有终结，人类对意义的追寻并无法为宗教信仰所容括，而是需要重构过去和重写历史。我们每代人必须不断重述过去以重塑我们当下的自我形象。除此之外，别无他途。

参考文献

艾恺（Alitto，Guy）：《中国方志与西方史学的比较》，载《汉学研究》，1985，3卷（2）：59~71页。

《论语》（*Analects*）：*The Analects of Confucius：A Literal Translation with an Introduction and Notes*. Translated by Chichung Huang. New York：Oxford University Press.《孔子论语：英译并附前言与注释》，黄治中译，纽约，牛津大学出版社，1997。

浅野中院（Asano，Chūin）：《明實錄查考》，载《北亞細亞學報》，1944（3）：254~285页。

白寿彝：《中国史学史论集》，北京，中华书局，1999。

白兴华：《赵翼的史学批评》，载《史学史研究》，1999（3）：48~55页。

艾蒂安·白乐日（Balazs，Etienne）："L'histoire comme Guide de la Pratique Bureaucratique," In *Historians of China and Japan*, edited by W. G. Beasley and E. G. Pulleyblank. London：Oxford University Press.《官方史学实践指南》，见比斯利和蒲立本编：《中日史家》，78~95页，伦敦，牛津大学出版社，1961。

——：*Chinese Civilization and Bureaucracy*. Translated and edited with an introduction by Arthur F. Wright. New Haven：Yale University Press.《中华文明和官僚主义》，芮沃寿英译，并附前言，纽黑文，耶鲁大学出版社，1964。

艾蒂安·白乐日、吴德明（Balazs，Etienne，and Yves Hervouet）：*A Sung Bibliography*. Hong Kong：Chinese University Press.《宋代研究书

目》，香港，香港中文大学出版社，1978。

包遵彭：《王世贞及其史学》，见王世贞：《弇山堂别集》影印本前言，台北，学生书局，1965。

巴瑞特（Barrett，T. H.）："China and the Redundancy of the Medieval," *The Medieval History Journal*. 《中国的中世纪残余》，载《中世纪史学报》，1998，1卷（1）：73～89页。

鲍吾刚（Bauer，Wolfgang）：*China*，*and the Search for Happiness*. Translated by Michael Shaw. New York：The Seabury Press. 《中国人的幸福观》，迈克尔·肖英译，纽约，西贝里出版社，1976。

比斯利、蒲立本（Beasley，W. G.，and E. G. Pulleyblank）编：*Historians of China and Japan.* London：Oxford University Press. 《中日史家》，伦敦，牛津大学出版社，1961。

包弼德（Bol，Peter K.）："*This Culture of Ours*"：*Intellectual Transitions in T'ang and Sung China*. Stanford：Stanford University Press. 《"斯文"：唐宋思想的变革》，斯坦福，斯坦福大学出版社，1992。

——："Local History and Family in Past and Present，" In *The New and the Multiple*：*Sung Senses of the Past*，edited by Thomas H. C. Lee. Hong Kong：The Chinese University Press. 《地方史与古今家庭》，见李弘祺编：《宋代历史意识的多重新面向》，香港，香港中文大学出版社，2004。

布赖萨赫（Breisach，Ernst）：*Historiography*：*Ancient*，*Medieval*，*& Modern.* Chicago：University of Chicago Press. 《史学史：古代、中世和现代》，芝加哥，芝加哥大学出版社，1983。

卜正民（Brook，Timothy）：*The Confusions of Pleasure*：*Commerce and Culture in Ming China.* Berkeley：University of California Press. 《纵乐的困惑：明代的商业与文化》，伯克利，加州大学出版社，1998（a）。

——："Medievality and the Chinese Sense of History，" *The Medieval History Journal*. 《中世纪与中国人的历史意识》，载《中世纪史学报》，1998（b），1卷（1）：145～164页。

彼得·伯克（Burke，Peter）：*The Renaissance Sense of the Past*. London：Edward Arnold. 《文艺复兴时期的历史意识》，伦敦，爱德华·阿诺

德出版社，1969。

——：“Tradition and Experience：The Idea of Decline from Bruni to Gibbon，” *Daedalus*.《传统与经验：从布鲁尼到吉本的历史衰亡意识》，载《代达洛斯》，1976（105）：137～152页。

仓修良、魏得良：《中国古代史学史简编》，哈尔滨，黑龙江人民出版社，1983。

陈学霖（Chan，Hok-lam）：“The Historiography of the Chin Dynasty（1115—1234）：Three Studies，” *Münchener ostasiastische Studien*，no. 4. Wiesbaden：Franz Steiner Verlag.《金代（1115—1234）史学的三个专题研究》，载《慕尼黑东亚研究》，1970（4），威斯巴登，弗朗茨·斯坦纳出版社。

——：“The Rise of Ming T'ai-tsu（1368—1398）：Facts and Fictions in Early Ming Official Historiography，” *Journal of the American Oriental Society*.《明太祖（1368—1398）的崛起：明初官方史学中的事实与虚构》，载《美国东方学会杂志》，1975，95卷（4）：679～715页。

——：*Li Chih 1527—1602 in Contemporary Chinese Historiography：New Light on His Life and Works*. New York：M. E. Sharpe，Inc.《当代中国史学中的李贽（1527—1602）：对其生平与著述的新观察》，纽约，M. E. 夏普有限公司，1980。

——：“Chinese Official Historiography at the Yüan Court：The Composition of the Liao，Chin，and Sung Histories，” In *China under Mongol Rule*，edited by John D. Langlois，Jr. Princeton：Princeton University Press.《元廷中的中国官方史学：辽金宋史的编撰》，见蓝德彰编：《蒙元统治下的中国》，普林斯顿，普林斯顿大学出版社，1981。

——：“‘Comprehensiveness’（T'ung）and‘Change’（Pien）in Ma Tuan-lin's Historical Thought，” In *Yüan Thought：Chinese Thought and Religion under the Mongols*，edited by Hok-lam Chan and Wm. Theodore de Bary. New York：Columbia University Press.《马端临史学思想中的“通”与“变”》，见陈学霖与狄百瑞编：《元代思想史：蒙元治下的思想与宗教》，纽约，哥伦比亚大学出版社，1982。

——：*Legitimation in Imperial China：Discussions under the Jurchen-Chin*

Dynasty (1115—1234). Seattle: University of Washington Press. 《金代(1115—1234)正统论的辩论》，西雅图，华盛顿大学出版社，1984。

陈荣捷 (Chan, Wing-tsit): *A Source Book in Chinese Philosophy*. Princeton: Princeton University Press. 《中国哲学史资料》，普林斯顿，普林斯顿大学出版社，1963。

——: "Chu Hsi and Yüan Confucianism," In *Yüan Thought: Chinese Thought and Religion under the Mongols*, edited by Hok-lam Chan and Wm. Theodore de Bary. New York: Columbia University Press. 《朱熹与元代理学》，见陈学霖与狄百瑞编：《元代思想史：蒙元治下的思想与宗教》，纽约，哥伦比亚大学出版社，1982。

张灏 (Chang, Hao): "On the Ch'ing-shih Ideal in Neo-Confucianism," *Ch'ing-shi wen-t'i*. 《理学中的清史观念》，载《清史问题》，1974，3 卷(1)：36~61 页。

孙康宜 (Chang, Kang-i Sun): "Liu Xie's Idea of Canonicity," In *A Chinese Literary Mind: Culture, Creativity, and Rhetoric in Wenxin Diaolong*, edited by Cai Zhong-qi. Stanford: Stanford University Press. 《刘勰的正统观念》，见蔡中启编：《一位中国文学家的心灵：〈文心雕龙〉中的文化、创意和修辞》，斯坦福，斯坦福大学出版社，2001。

张光直 (Chang, Kwang-chih): *Art, Myth and Ritual: The Path to Political Authority in Ancient China*. Cambridge MA: Harvard University Press. 《艺术、神话与礼仪：古代中国政治权威形成之路》，剑桥，哈佛大学出版社，1984。

陈启云 (Chen, Chi-yun): *Hsün Yüeh (148—209): The Life and Reflections of An Early Medieval Confucian*. Cambridge: Cambridge University Press. 《荀悦(148—209)与中世儒学》，剑桥，剑桥大学出版社，1975。

陈芳明：《宋辽金史的纂修与正统之争》，载《食货月刊》，1972，2 卷(8)：10~23 页。

陈锦忠：《中国传统史学工作的内涵与德治浅说》，载《东海大学历史学报》，1981(4)：37~68 页。

陈其泰：《清代公羊学》，北京，东方出版社，1997。

——:《史学与民族精神》，北京，学苑出版社，1999。

陈尚君:《清季〈旧五代史〉评议》，载《学术月刊》，1999（9）：98～113页。

陈世襄（Chen，Shih-hsiang）:“Forward，”In *The Chronicle of Fu Chien: A Case of Exemplar History*，translated by Michael Rogers，iii-vii. Berkeley: University of California Press.《前言》，迈克尔·罗杰斯译:《〈苻坚载记〉：正史的一个案例》，3～12页，伯克利，加州大学出版社，1968。

陈桐生:《中国史官文化与〈史记〉》，汕头，汕头大学出版社，1993。

陈雪良:《司马迁人格论》，上海，上海人民出版社，1998。

陈寅恪:《唐代政治史述论稿》，香港，中华书局，1974。

成中英（Cheng，Chung-ying）: *Tai Chen's “Inquiry into Goodness.”* Honolulu: University of Hawai'i Press.《戴震原善研究》，火奴鲁鲁，夏威夷大学出版社，1970。

郑吉雄:《戴震“分先”、“一体”观念的思想史考察》，2002年在山东大学举办的“诠释学与中国经典诠释”国际学术研讨会议上宣读。

金安平、弗里曼（Chin，Ann-ping，and Mansfield Freeman）: *Tai Chen on Mencius: Explorations in Words and Meaning*，*A Translation of the Meng Tzu tzi-I shu-cheng*. New Haven: Yale University Press.《戴震评〈孟子〉:〈孟子字义疏证〉英译评释》，纽黑文，耶鲁大学出版社，1990。

秦家懿（Ching，Julia）编: *The Records of Ming Scholars: A Selected Translation from Huang Tsung-hsi's Ming-ju hsueh-an*. Honolulu: University of Hawai'i Press.《明代学人的史料：黄宗羲〈明儒学案〉选译》，火奴鲁鲁，夏威夷大学出版社，1987。

——: *Mysticism and Kingship: The Heart of Chinese Wisdom*. Cambridge: Cambridge University Press.《神秘主义与亲属关系：中国智慧之心》，剑桥，剑桥大学出版社，1997。

周启荣、刘广京:《学术经世：章学诚之文史论与经世思想》，见“中央研究院”近代史研究所编:《近世中国经世思想研讨会论文集》，台北，“中央研究院”近代史研究所，1984。

周启荣、伍安祖、亨德森编（Chow，Kai-wing，On-cho Ng，and John B. Henderson）：*Imagining Boundaries：Changing Confucian Doctrines，Texts，and Hermeneutics*. Albany：State University of New York Press.《想象的边界：儒家学说的教义、文本和诠释》，阿尔伯尼，纽约州立大学出版社，1999。

朱鸿林：《明太祖的孔子崇拜》，载《中央研究院历史语言研究所集刊》，1999，70卷（2）：483～529页。

克拉克（Clark，Hugh R）：“Reinventing the Genealogy：Innovation in Kinship Practice in the Tenth to Eleventh Centuries，” In *The New and the Multiple：Sung Senses of the Past*，edited by Thomas H. C. Lee. Hong Kong：The Chinese University Press.《重塑家谱：十至十一世纪亲属关系的新变化》，见李弘祺编：《宋代历史意识的多重新面向》，香港，香港中文大学出版社，2004。

柯林伍德（Collingwood，R. G.）：*The Idea of History*. Oxford：Clarendon Press.《历史的观念》，牛津，克拉仁顿出版社，1946。

克劳福德（Crawford，Robert B.）：“The Social and Political Philosophy of the *Shih-chi*，” *Journal of Asian Studies*.《〈史记〉中的社会政治哲学》，载《亚洲研究学刊》，1963，22卷（4）：401～416页。

顾立雅（Creel，Herrlee G.）：*The Birth of China*. New York：Frederick Ungar.《中国的诞生》，纽约，弗雷德里克温加尔出版社，1937。

柯雄文（Cua，A. S.）：“The Ethical and the Religious Dimensions of Li（Rites），” *The Review of Metaphysics*.《礼（仪式）的伦理和宗教性》，载《玄学评论》，2002（55）：471～519页。

卡特尔、克劳威尔（Cutter，Robert Joe，and William Gordon Crowell）译：*Empresses and Consorts：Selections from Chen Shou's Records of the Three States with Pei Songzhi's Commentary*. Honolulu：University of Hawai'i Press.《皇后与后妃：陈寿〈三国志〉兼裴松之注选译》，火奴鲁鲁，夏威夷大学出版社，1999。

达迪斯（Dardess，John W.）：*Conquerors and Confucians：Aspects of Po-*

litical Change in Late Yüan China. New York: Columbia University Press.《征服者和儒家：中国元末的政治变革》，纽约，哥伦比亚大学出版社，1973。

——: *Blood and History in China: The Donglin Faction and Its Repression, 1620—1627*. Honolulu: University of Hawai'i Press.《中国历史上的血腥史：被迫害的东林党，1620—1627》，火奴鲁鲁，夏威夷大学出版社，2002。

戴仁柱（Davis, Richard L.）: "Historiography as Politics in Yang Weichen's 'Polemic on Legitimate Succession'," *T'oung Pao*.《杨维桢〈正统辨〉之政治史学》，载《通报》，1983，69卷1期3分册：33~72页。

——: "Sung Historiography: Empirical Ideals and Didactic Realities," *Chinese Culture*.《宋代史学：实证的理想和说教的现实》，载《中国文化》，1988，29卷（4）：67~80页。

——: "Introduction," In Ouyang Xiu, *Historical Records of the Five Dynasties*. Translated by Richard L. Davis. New York: Columbia University Press.《导论》，见欧阳修：《新五代史》，戴仁柱译，纽约，哥伦比亚大学出版社，2004。

狄百瑞（De Bary, Wm. Theodore）: "Some Common Tendencies in Neo-Confucianism," In *Confucianism in Action*, edited by David Nivison and Arthur Wright. Stanford: Stanford University Press.《宋明理学中的一些共同取向》，见倪德卫、芮沃寿编：《实践中的儒家思想》，斯坦福，斯坦福大学出版社，1959。

——: "Individualism and Humanitarianism in Late Ming Thought," In *Self and Society in Ming Thought*, edited by Wm. Theodore de Bary. New York: Columbia University Press.《晚明的个人主义和人文主义思想》，见狄百瑞编：《明代思想中的自我与社会》，纽约，哥伦比亚大学出版社，1970。

——: "Enlightenment," In *The Unfolding of Neo-Confucianism*, edited by Wm. Theodore de Bary. New York: Columbia University Press.《启蒙》，见狄百瑞编：《宋明理学的展开》，纽约，哥伦比亚大学出版社，1975。

——: "The Rise of Neo-Confucian Orthodoxy in Yüan China," In *Neo-*

Confucian Orthodoxy and the Learning of the Mind-and-Heart, edited by Wm. Theodore de Bary. New York: Columbia University Press.《中国元代宋明理学道统的崛起》，见狄百瑞编：《宋明儒学的道统与心学》，纽约，哥伦比亚大学出版社，1981。

——："Introduction," In *Yüan Thought: Chinese Thought and Religion under the Mongols*, edited by Hok-lam Chan and Wm. Theodore de Bary. New York: Columbia University Press.《导论》，见陈学霖与狄百瑞编：《蒙元治下的思想与宗教》，纽约，哥伦比亚大学出版社，1982。

——译：*Waiting for the Dawn: A Plan for the Prince, Huang Tsung-his's Ming-i tai-fang lu*. New York: Columbia University Press.《等待黎明：王子的计划——黄宗羲〈明夷待访录〉》英译，纽约，哥伦比亚大学出版社，1993。

德·赛尔托（De Certeau, Michel）：*The Writing of History*. Translated by Tom Conley. New York: Columbia University Press.《历史的书写》，汤姆·康利英译，纽约，哥伦比亚大学出版社，1988。

邓乐群：《黄宗羲的史学特征》，载《学术月刊》，1999（7）：89～92页。

杜维运：《清代史学之地位》，载《史学评论》，1983（6）：1～13页。

——：《清代史学与史家》，北京，中华书局，1988。

——：《中国史学史》，第一卷，台北，三民书局，1993。

——：《中国史学史》，第二卷，台北，三民书局，1998。

——：《中国史学史》，第三卷，台北，三民书局，2004。

杜预：《〈春秋左氏传〉序》，见雷敢选注：《中国历史要籍序论文选注》，长沙，岳麓书社，1982。

德效骞（Dubs, Homer H.）："The Reliability of Chinese Histories," *The Far Eastern Quarterly*.《中国历史的可靠性》，载《远东季刊》，1946，6卷（1）：23～43页。

——译：*The History of the Former Han Dynasty / by Pan Ku*; a critical translation with annotations by Homer H. Dubs, with the collaboration of Pan

Lo-Chi and Jen Tai. 2 Vols. Baltimore: Waverly Press, Inc. 班固:《汉书》,2卷,主要由德效骞翻译兼注释,由潘洛志和任泰协助,巴尔的摩,瓦乌利出版社,1938。

杜润德(Durrant, Stephen W.): *The Cloudy Mirror: Tension and Conflict in the Writings of Sima Qian*. Albany: State University of New York Press.《浑浊的镜子:司马迁笔下的紧张和冲突》,阿尔伯尼,纽约州立大学出版社,1995。

艾朗诺(Egan, Ronald):"Narratives in Tso Chuan," *Harvard Journal of Asiatic Studies*.《〈左传〉的叙事》,载《哈佛亚洲学刊》,1977(37):323~352页。

——:"The Prose Style of Fan Yeh," *Harvard Journal of Asiatic Studies*.《范晔的散文风格》,载《哈佛亚洲学刊》,1979,39卷(2):339~401页。

艾尔曼(Elman, Benjamin A.): *From Philosophy to Philology: Intellectual and Social Aspects of Change in Late Imperial China*. Cambridge, MA: Harvard University Press.《从理学到朴学:中华帝国晚期思想与社会变化面面观》,剑桥,哈佛大学出版社,1984。

——: *Classicism, Politics, and Kingship: The Ch'ang-chou School of New Text Confucianism in Late Imperial China*. Berkeley: University of California Press.《经学、政治与宗族:中华帝国晚期的常州今文学派研究》,伯克利,加州大学出版社,1990。

——:"The Historicization of Classical Learning in Ming-Ch'ing China," In *Turning Points in Historiography: A Cross-Cultural Perspective*, edited by Q. Edward Wang and Georg G. Iggers. Rochester: The University of Rochester Press.《中国明清经学的历史化》,见王晴佳、伊格尔斯编:《史学的转折点:跨文化的视角》,罗彻斯特,罗彻斯特大学出版社,2002。

伊诺(Eno, Robert): *The Confucian Creation of Heaven: Philosophy and the Defense of Ritual Mastery*. Albany: State University of New York Press.《儒家所创造的天:礼仪的防御与哲学》,阿尔伯尼,纽约州立大学出版社,1990。

方祖猷：《万斯同评传》，南京，南京大学出版社，1996。

冯友兰：*A History of Chinese Philosophy*. Translated by Derk Bodde. 3 Vols. Princeton: Princeton University Press.《中国哲学史》，3 卷，德克·卜德译，普林斯顿，普林斯顿大学出版社，1952。

傅海波（Franke, Herbert）："Some Aspects of Chinese Private Historiography in the Thirteenth and Fourteenth Centuries," In *Historians of China and Japan*, edited by W. G. Beasley and E. G. Pulleyblank. London: Oxford University Press.《十三、十四世纪中国私家史学的几个问题》，见比斯利和蒲立本编：《中日史家》，伦敦，牛津大学出版社，1961。

——："Chinese Historiography under Mongol Rule: The Role of History in Acculturation," *Mongolian Studies*.《蒙古人统治下的中国史学：历史在文化适应中的作用》，载《蒙古学研究》，1974（1）：15～26 页。

——：*From Tribal Chieftain to Universal Emperor and God: The Legitimation of the Yüan Dynasty*. Munich: Bayerische Akademie derWissenschaften。《从部落酋长到帝国皇帝和神：元代合法性问题》，慕尼黑，巴伐利亚科学院，1978。

——："Wang Yün (1227—1304): A Transmitter of Chinese Values," In *Thought: Chinese Thought and Religion under the Mongols*, edited byHok-lam Chan and Wm. Theodore de Bary. New York: Columbia University Press.《王恽（1227—1304）：中国价值的宣讲者》，见陈学霖和狄百瑞编：《蒙元治下的思想与宗教》，纽约，哥伦比亚大学出版社，1982。

傅海波、杜希德（Franke, Herbert, and Denis Twitchett）编：*The Cambridge History of China*, Vol. 6. London: Cambridge University Press.《剑桥中国史》，第 6 卷，伦敦，剑桥大学出版社，1995。

傅吾康（Franke, Wolfgang）："The Veritable Records of the Ming Dynasty (1368—1644)," In *Historians of China and Japan*, edited by W. G. Beasley and E. G. Pulleyblank. London: Oxford University Press.《明代（1368—1644）实录》，见比斯利和蒲立本编：《中日史家》，伦敦，牛津大学出版社，1961。

——：*An Introduction to the Sources of Ming History*. Kuala Lumpur: University of Malaya Press.《明代史籍汇考》，吉隆坡，马来亚大学出版社，1968。

——：“Historical Writing during the Ming,” In *The Cambridge History of China*, Vol. 7, *The Ming Dynasty*, *1368—1644*, Part I, edited by Frederick W. Mote and Denis Twitchett. Cambridge：Cambridge University Press.《明代史籍编撰》，见牟复礼、杜希德编：《剑桥中国史》，第 7 卷，《明代（1368—1644）史》，上部，剑桥，剑桥大学出版社，1988。

佛莱根贝（Frykenberg，Robert Eric）：*History and Belief*：*The Foundations of Historical Understanding*. Grand Rapids，MI：Eerdmans Publishing Co.《历史与信仰：历史认识的基础》，大急流城，尔德曼出版公司，1996。

傅荣珂：《顾亭林之史论》，载《中华文化复兴月刊》，1987，20 卷（6）：31～43 页。

——：《方志学与史学之研究》，载《中华文化复兴月刊》，1988，21 卷（2）：33～42 页。

阚红柳：《论宋元明三代志书中表体的应用》，载《辽宁大学学报》，1998（1）：86～88 页。

加德纳（Gardner，Charles S.）：*Chinese Traditional Historiography*. Cambridge MA：Harvard University Press.《中国传统史学》，剑桥，哈佛大学出版社，1938。

《公羊传》，见吴根友点注：《四书五经》，北京，中国友谊出版公司，1993。

富路特、房兆楹（Goodrich，L. Carrington，and Chaoying Fang）编：*Dictionary of Ming Biography*，*1364—1644*. New York：Columbia University Press.《明代名人传，1364—1644》，纽约，哥伦比亚大学出版社，1976。

格罗夫林（Grafflin，Dennis）：“Reinventing China：Pseudobureaucracy in the Early Southern Dynasties，” In *State and Society in Early Medieval China*，edited by Albert E. Dien. Stanford：Stanford University Press.《重塑中国：南朝初期的伪官僚机构》，见丁爱博编：《中世纪初期中国的国家与社会》，斯坦福，斯坦福大学出版社，1990。

格莱夫顿（Grafton，Anthony）：*Bring Out Your Dead*：*The Past as Reve-*

lation. Cambridge, MA: Harvard University Press.《带出死亡：作为启示录的过去》，剑桥，哈佛大学出版社，2001。

格拉翰（Graham, Gordon）: *The Shape of the Past: A Philosophical Approach to History*. London: Penguin.《过去的形状：历史的哲学取向》，伦敦，企鹅出版社，1997。

顾诚：《王世贞的史学》，载《明史研究论丛》，1983（2）：331～346页。

古伟瀛：《中国传统知识分子对历史知识的态度：以顾炎武为中心》，载《史学评论》，1986（11）：35～56页。

《穀梁传》，见吴根友点注：《四书五经》，北京，中国友谊出版公司，1993。

海格尔（Haeger, John W.）: "'The Significance of Confusion': The Origins of the T'aip'ing yü-lan," *Journal of the American Oriental Society*.《混沌的意义：〈太平御览〉的渊源》，载《美国东方学会杂志》，1968（88）：401～410页。

郝大维、安乐哲（Hall, David, and Roger Ames）: *Thinking through Confucius*. Albany: State University of New York Press.《通过孔子而思》，阿尔伯尼，纽约州立大学出版社，1987。

韩玉珊（Han, Yu-shan）: *Elements of Chinese Historiography*. Hollywood: W. M. Hawley.《中国史学的基础》，好莱坞，W. M. 霍利出版社，1955。

班固：《汉书》，北京，中华书局，1962。

哈代（Hardy, Grant）: *Worlds of Bronze and Bamboo: Sima Qian's Conquest of History*. New York: Columbia University Press.《青铜和竹帛的世界：司马迁对历史的征服》，纽约，哥伦比亚大学出版社，1999。

何瞻（Hargett, James M.）: "Song Dynasty Local Gazetteers and Their Place in the History of Difangzhi Writing," *Harvard Journal of Asiatic Studies*.《宋朝方志在中国地方志史上的地位》，载《哈佛亚洲学刊》，1996，56卷（2）：405～442页。

——: "Historiography in Southern Sung Dynasty Local Gazetteers," In

The New and the Multiple: *Sung Senses of the Past*, edited by Thomas H. C. Lee. Hong Kong: The Chinese University Press.《南宋的地方志史学》，见李弘祺编:《宋代历史意识的多重新面向》，香港，香港中文大学出版社，2004。

赫若贝（Hartwell, Robert M.）:“Historical Analogism, Public Policy, and Social Science in Eleventh-and Twelfth-Century China,” *American Historical Review*.《十一、十二世纪中国的历史类比法、公共政策和社会科学》，载《美国历史评论》，1971，76 卷（3）: 690 ~ 727 页。

何宛英:《金代史学与金代政治》，载《北京师范大学学报》，1998（3）: 58 ~ 64 页。

何泽恒:《略论焦循之史学》，载《文史哲》，1989（37）: 33 ~ 58 页。

亨德森（Henderson, John B.）: *The Development and Decline of Chinese Cosmology*. NewYork: Columbia University Press.《中国天文学的兴衰》，纽约，哥伦比亚大学出版社，1984。

——: *Scripture*, *Canon*, *and Commentary*: *A Comparison of Confucian and Western Exegesis*. Princeton: Princeton University Press.《经典、教规和阐释: 儒家与西方训诂的比较》，普林斯顿，普林斯顿大学出版社，1991。

亨利（Henry, Eric）:“Chu-ko Liang in the Eyes of His Contemporaries,” *Harvard Journal of Asiatic Studies*.《同时代人眼中的诸葛亮》，载《哈佛亚洲学刊》，1992，52 卷（2）: 589 ~ 612 页。

何冠彪（Ho, Koon Piu）:“Should We Die as Martyrs to the Ming Cause? Scholar-offficials' Views on Martyrdom during the Ming-Qing Transition,” *Oriens Extremus*.《我们应该殉明而死? 明清易代之际士大夫的节烈观》，载《远东》，1994，3 卷（2）: 123 ~ 151 页。

——:《清高宗对南明历史地位的处理》，载《新史学》，1996，7 卷（1）: 1 ~ 27 页。

——:《清初君主与〈资治通鉴〉及〈资治通鉴纲目〉》，载《中国文化研究所学报》，1998（a）（7）: 103 ~ 132 页。

——:《清代前期君主对官私史学的影响》，载《汉学研究》，1998

(b)，16 卷（1）：155 ~ 184 页。

——：《清高宗〈御撰资治通鉴纲目〉的编撰与重修》，载《中央研究院历史语言研究所集刊》，1999（a），70 卷（3）：671 ~ 697 页。

——：《顺治朝〈明史〉编撰考》，载《大陆杂志》，1999（b）（2）：49 ~ 70 页。

——：《清高宗〈御批历代通鉴辑览〉编撰考释》，载《岭南学报》，2000（2）：131 ~ 168 页。

霍尔库姆（Holcombe，Charles）：“The Exemplar State：Ideology，Self-Cultivation，and Power in Fourth-Century China，” *Harvard Journal of Asiatic Studies*.《复制国家：四世纪中国的意识形态、自我修养和权力》，载《哈佛亚洲学刊》，1989，49 卷（1）：93 ~ 139 页。

——：*In the Shadow of the Han：Literati Thought and Society at the Beginning of the Southern Dynasties*. Honolulu：University of Hawai'i Press.《在汉朝的阴影之下：南朝初期士人的思想与社会》，火奴鲁鲁，夏威夷大学出版社，1994。

韩子奇（Hon，Tze-ki）：1999. “Military Governance versus Civil Governance：A Comparison of the Old History and New History of the Five Dynasties，” In *Imagining Boundaries：Changing Confucian Doctrines，Texts，and Hermeneutics*，edited by Kai-wing Chow，On-cho Ng，and John Henderson. Albany：State University of NewYork Press.《军事管制与文人治理：新旧五代史之比较》，见周启荣、伍安祖、亨德森编：《想象的边界：儒家学说的教义、文本和诠释》，阿尔伯尼，纽约州立大学出版社，1999。

范晔：《后汉书》，北京，中华书局，1965。

许倬云（Hsu，Cho-yun）：“The Spring and Autumn Period，” In *The Cambridge History of Ancient China：From the Origins of Civilization to 221 B. C.*，edited by Michael Loewe and Edward Shaughnessy，545 - 586. Cambridge：Cambridge University Press.《春秋时期》，见鲁惟一、夏含夷编：《剑桥中国先秦史》，剑桥，剑桥大学出版社，1999：545 ~ 586 页。

许倬云、林嘉琳（Hsu，Cho-yun，and Katheryn Linduff）：*Western Chou Civilization*，New Haven：Yale University Press.《西周文明》，纽黑文，耶鲁

大学出版社，1988。

许冠三（Hsu，Kwan-san）：“The Chinese Critical Tradition，” *The Historical Journal*.《中国的批判传统》，载《历史学刊》，1983，26卷（2）：431～446页。

黄俊杰（Huang，Chun-chieh）：“Historical Thinking in Classical Confucianism——Historical Argumentation from the Three Dynasties，” In *Time and Space in Chinese Culture*，edited by Chun-chieh Huang and Erik Zürcher. Leiden：E. J. Brill.《古典儒学的历史思考：三代以来的历史争论》，见黄俊杰、许理和编：《中国文化中的时间与空间》，莱顿，E. J. 布里尔出版社，1995。

——：“The Philosophical Argumentation by Historical Narration in Sung China：The Case of Chu Hsi，” *Wenshizhe*.《对宋代历史叙事的哲学思考：以朱熹为中心》，载《文史哲》，1999（51）：5～23页。

——：“The Ch'in Unification in Chinese Historiography，” In *Turning Points in Historiography：A Cross-Cultural Perspective*，edited by Q. Edward Wang and Georg Iggers. Rochester：University of Rochester Press.《中国史学上对秦朝统一的认识》，见王晴佳、伊格尔斯编：《史学的转折点：跨文化的视角》，罗彻斯特，罗彻斯特大学出版社，2002。

——：“The Philosophical Argumentation by Historical Narration in Sung China：The Case of Chu Hsi，” In *The New and the Multiple：Sung Senses of the Past*，edited by Thomas H. C. Lee. Hong Kong：The Chinese University Press.《对宋代历史叙事的哲学思考：以朱熹为中心》，见李弘祺编：《宋代历史意识的多重新面向》，香港，香港中文大学出版社，2004。

黄启华：《钱大昕“经史无二学”思想评述》，载《书目季刊》，1991，25卷（2）：28～45页。

——：《钱大昕的史学述论》，载《国史馆馆刊》，1994（16）：1～35页。

黄兆强：《钱大昕元史研究动机探微及学人对钱氏述评之研究》，载《东吴历史学报》，1996（2）：91～140页。

——：《〈册府元龟·国史部〉研究》，载《东吴历史学报》，2001

(7)：19 ~ 52 页。

洪业（Hung，William）："A T'ang Historiographer's Letter of Resignation," *Harvard Journal of Asiatic Studies*.《一位唐代史官的辞职信》，载《哈佛亚洲学刊》，1969（29）：5 ~ 52 页。

市村瓚次郎（Ichimura，Sanjirō）：《元朝の実録及び経世大典について》，见箭内亙編：《蒙古史研究》，東京，刀江書院，1929。

伊格尔斯、王晴佳（Iggers，Georg G.，and Q. Edward Wang）："Western Philosophy of History and Confucianism," *Taida lishi xuebao*.《西方历史哲学与儒学》，载《台大历史学报》，2001（27）：21 ~ 35 页。

今西春秋（Imanishi，Shunjū）：《明季三代起居注考》，见田村実造編：《明代滿蒙研究》，京都，京都大学文学部，1963。

稲葉一郎（Inaba，Ichirō）：《中国の歴史思想：紀伝体考》，東京，創文社，1999。

井上進（Inoue，Susumu）：《六経皆史説の系譜》，见小野和子編：《明末清初の社会と文化》，京都，京都大学人文科学研究所，1996。

嘉鼎、格莱夫顿（Jardine，L. A.，and A. T. Grafton）："'Studied for Action'：How Gabriel Harvey Read his Livy," *Past and Present*.《"行动研究"：加布里埃尔·哈维如何阅读李维》，载《古今》，1990（129）：30 ~ 78 页。

谢慧贤（Jay，Jennifer W.）："Memoirs and Official Accounts：The Historiography of the Song Loyalists," *Harvard Journal of Asiatic Studies*.《回忆录和官方记录：宋遗民的史学》，载《哈佛亚洲学刊》，1990，50 卷（2）：589 ~ 612 页。

詹纳尔（Jenner，W. J. F.）：*The Tyranny of History：the Roots of China's Crisis*. London：Penguin Books.《历史的暴政：中国危机的根源》，伦敦，企鹅出版社，1992。

冀小斌（Ji，Xiao-bin）："Mirror for Government：Ssu-ma Kuang's Thought on Politics and Government in Tzu-chih t'ung-chien," In *The New and the Multiple：Sung Senses of the Past*, edited by Thomas H. C. Lee. Hong Kong：The Chinese University Press.《政府之鉴：〈资治通鉴〉中看司马光

的政治思想》，见李弘祺编：《宋代历史意识的多重新面向》，香港，香港中文大学出版社，2004。

季学源：《经世致用：浙东学派的经典性治学原则》，载《中国文化月刊》，2001（256）：96～105页。

蒋义斌：《章学诚“六经皆史”的意旨》，载《华冈文科学报》，1988（16）：175～187页。

金毓黻：《中国史学史》，台北，鼎文出版公司，1976。

金毓黻：《中国史学史》，石家庄，河北教育出版社，1944；2000。

金泽中：《谈迁〈国榷〉初探》，载《中华文化复兴月刊》，1989，22卷（1）：43～53页。

刘昫：《旧唐书》，北京，中华书局，1975。

鎌田正（Kamada, Tadashi）：《左傳の成立と其の展開》，東京，大修館書店，1963。

肯尼迪（Kennedy, George A.）：“Interpretation of the Ch'un-ch'iu,” *Journal of the American Oriental Society*.《春秋诠释》，载《美国东方学会杂志》，1942（62）：40～48页。

柯嘉豪（Kieschnick, John）：*The Eminent Monk: Buddhist Ideals in Medieval Chinese Hagiography*. Honolulu: University of Hawai'i Press.《高僧：中古中国高僧传里的佛教理想》，火奴鲁鲁，夏威夷大学出版社，1997。

祁履泰（Kleeman, Terry F.）：*Great Perfection: Religion and Ethnicity in a Chinese Millennial Kingdom.* Honolulu: University of Hawai'i Press.《大圆满：中国千年王国的宗教和种族》，火奴鲁鲁，夏威夷大学出版社，1998。

赖福顺：《清修明史体例之研究》，载《明史研究专刊》，1984（7）：51～88页。

林元柱（Lam, Yuan-chu）：“A Study of the Compilers of the Yüan Ching-shih tadian,” *T'oung Pao*.《元〈经世大典〉编撰者研究》，载《通报》，1992，78卷1期3分册：77～93页。

蓝德彰（Langlois, John D., Jr.）：“Yü Chi and His Mongol Sovereign: The Scholar as Apologist,” *Journal of Asian Studies*.《虞集及其蒙古主权：作为卫道士的学者》，载《亚洲学刊》，1978，38卷（1）：99～116页。

——："Law, Statecraft, and the Spring and Autumn Annals in Yüan Political Thought," In *Yüan Thought：Chinese Thought and Religion under the Mongols*, edited by Hok-lam Chan and Wm. Theodore de Bary. New York：Columbia University Press.《元代政治思想中的法律、治国之道与〈春秋〉》，见陈学霖与狄百瑞编：《元代思想史：蒙元治下的思想与宗教》，纽约，哥伦比亚大学出版社，1982。

李弘祺（Lee, Thomas H. C.）："New Directions in Northern Sung Historical Thinking (960—1126)," In *Turning Points in Historiography：A Cross-Cultural Perspective*, edited by Q. Edward Wang and Georg Iggers. Rochester：Rochester University Press.《北宋史学思想的新方向》，见王晴佳、伊格尔斯编：《史学的转折点：跨文化的视角》，罗彻斯特，罗彻斯特大学出版社，2002。

——："History, Erudition and Good Government：Cheng Ch'iao and Encyclopedic Historical Thinking," In *The New and the Multiple：Sung Senses of the Past*, edited by Thomas H. C. Lee. Hong Kong：The Chinese University Press.《历史、博学与善政：郑樵的会通思想》，见李弘祺编：《宋代历史意识的多重新面向》，香港，香港中文大学出版社，2004（a）。

——："Introduction," In *The New and the Multiple：Sung Senses of the Past*, edited by Thomas H. C. Lee. Hong Kong：The Chinese University Press.《导论》，见李弘祺编：《宋代历史意识的多重新面向》，香港，香港中文大学出版社，2004（b）。

——编：*The New and the Multiple：Sung Senses of the Past*. Hong Kong：The Chinese University Press.《宋代历史意识的多重新面向》，香港，香港中文大学出版社，2004（c）。

雷家骥：《中古史学观念史》，台北，学生书局，1990。

唐纳德·莱斯利、科林·马克林、王赓武（Leslie, Donald D., Colin Mackerras, and Wang Gungwu）编：*Essays on the Sources for Chinese History*. Columbia：University of South Carolina Press.《中国历史资料论文集》，哥伦比亚，南卡罗来纳大学出版社，1975。

陆威仪（Lewis, Mark Edward）：*Writing and Authority in Early China*.

Albany: State University of New York Press.《早期中国的历史书写与权威》，阿尔伯尼，纽约州立大学出版社，1999。

李惠仪（Li, Wai-yee）: "The Idea of Authority in the *Shih chi*（Records of the Historian）," *Harvard Journal of Asiatic Studies*.《〈史记〉的权威观念》，载《哈佛亚洲学刊》，1994，54卷（2）：345~405页。

——: "Knowledge and Skepticism in Ancient Chinese Historiography," In *The Limits of Historiography*: *Genre and Narrative in Ancient Historical Texts*, edited by Christina Shuttleworth Kraus, 27-54. Leiden: E. J. Brill.《中国古代史学中的知识和怀疑论》，见克劳斯编：《史学的局限：古代历史文本的类型和叙事》，莱顿，E. J. 布里尔出版社，1999。

李小树：《封建传统史学的没落与通俗史学的兴盛：明代史学探论》，载《北京社会科学》，1999（1）：91~96页。

李学勤：《商代的四风与四时》，载《中州学刊》，1985（5）：99~101页。

李焯然：《焦竑之史学思想》，载《书目季刊》，1982，15卷（4）：33~46页。

——：《丘濬之史学》，载《明史研究专刊》，1984（7）：163~208页。

李宗侗：《中国史学史》，台北，中华文化出版事业委员会，1953。

梁启超：《中国历史研究法》，见《梁启超史学论著三种》，香港，三联书店，1922；1980。

《礼记》，见吴根友点注：《四书五经》，北京，中国友谊出版公司，1993。

林时民：《郑樵的〈通志略〉及其史学》，载《兴达历史学报》，1995（5）：61~95页。

——：《史学三书新诠：以史学理论为中心的比较研究》，台北，学生书局，1997。

林晓平：《〈史纲评要〉的"批"与"评"》，载《史学史研究》，1998（4）：61~62页。

刘子健（Liu, James T. C.）: *Reforms in Sung China*: *Wang An-shih*

(*1021—1086*) *and His New Policies*. Cambridge, MA: Harvard University Press. 《宋代改革：王安石及其新政》，剑桥，哈佛大学出版社，1959。

——: *Ou-yang Hsiu: An Eleventh-Century Neo-Confucianist*. Stanford: Stanford University Press. 《欧阳修：一位十一世纪的理学家》，斯坦福，斯坦福大学出版社，1967。

刘杰：《中国史学史稿》，郑州，中州书画社，1982。

刘乃和、宋衍申编：《司马光与〈资治通鉴〉》，吉林，吉林文史出版社，1986。

柳诒徵：《国史要义》，台北，中华书局，1969。

刘仲华：《试析清代考据学中以子证经、史的方法》，载《清史研究》，2001（1）：85～94页。

柳宗元：《柳宗元集》，北京，中华书局，1979。

鲁惟一（Loewe, Michael）："The Former Han Dynasty," In *The Cambridge History of China*, Vol. 1, edited by Denis Twitchett and Michael Loewe. Cambridge: Cambridge University Press. 《西汉》，鲁惟一、杜希德编：《剑桥中国史》，第1卷，剑桥，剑桥大学出版社，1986。

鲁惟一、夏含夷（Loewe, Michael, and Edward Shaughnessy）编：*The Cambridge History of Ancient China: From the Origins of Civilization to* 221 *B. C.* Cambridge: Cambridge University Press. 《剑桥中国先秦史》，剑桥，剑桥大学出版社，1999。

洛根（Logan, George, M.）："Substance and Form in Renaissance Humanism," *Journal of Medieval and Renaissance Studies*. 《文艺复兴时期的人文主义的实质与形式》，载《中世纪和文艺复兴时期研究学刊》，1977，7卷（1）：1～34页。

鲁晓鹏（Lu, Sheldon Hsiao-peng）：*From History to Fictionality: The Chinese Poetics of Narrative*. Stanford: Stanford University Press. 《从历史到虚构：中国的叙事诗学》，斯坦福，斯坦福大学出版社，1994。

逯耀东：《魏晋史学及其他》，台北，东大图书公司，1998。

罗炳良：《钱大昕重事实亦重褒贬》，载《史学史研究》，1999（a）（4）：72～73页。

——:《清代乾嘉史家史学批评方法论的几个问题》，载《河北学刊》，1999（b）（2）：90～94页。

——:《邵晋涵对宋史研究的重要贡献》，载《求是学刊》，1999（c）（1）：104～108页。

罗光：《王船山的历史哲学》，载《哲学论集》，1972（1）：9～26页。

曼伟业（Mann，Albert）：“Cheng Ch’iao：An Essay in Re-Evaluation，” In *Transition and Permanence in Chinese History and Culture*：*A Festschrift in Honour of Dr. Hsiao Kungch’üan*，edited by D. C. Bauxbaum and F. W. Mote. Hong Kong：Cathay Press.《重评郑樵》，见巴西贲和牟复礼编：《中国历史和文化的变迁与持续：萧公权博士纪念论集》，香港，国泰出版社，1972。

間野潛龍（Mano，Senryū）：《明實錄の研究》，见田村實造编：《明代滿蒙史研究》，京都，京都大學文學部，1963。

马伯乐（Maspéro，Henri）：*China in Antiquity*. Translated by Frank Kierman，Jr. Amherst：University of Massachusetts Press.《古代中国》，弗兰克·克尔曼英译，阿默斯特，马萨诸塞州大学出版社，1978。

马瑞志（Mather，Richard，B.）译：*A New Account of Tales of the World*（*Shishuo xinyu*）. 2nd edition. Ann Arbor：Center for Chinese Studies，University of Michigan.《世说新语》英译第二版，安阿伯，密歇根大学中国研究中心，2002。

麦穆伦（McMorran，Ian）：“Wang Fu-chih and Neo-Confucian Tradition，” In *The Unfolding of Neo-Confucianism*，edited by Wm. Theodore de Bary. NewYork：Columbia University Press.《王夫之与理学传统》，见狄百瑞编：《宋明理学的展开》，纽约，哥伦比亚大学出版社，1975。

麦大维（McMullen，David）：*State and Scholars in T’ang China*. Cambridge：Cambridge University Press.《唐代国家与学者》，剑桥，剑桥大学出版社，1988。

孟子（Mencius）：*The Works of Mencius*. Translated by James Legge. New York：Dover Publications，Inc.《孟子》，理雅各英译，纽约，多佛出版公司，1970。

孟繁菊：《元遗山对金元史学的贡献》，载《中华文化复兴月刊》，1989，22卷（9）：46~49页。

墨子刻（Metzger，Thomas）：*Escape from Predicament：Neo-Confucianism and China's Evolving Political Culture*. New York：University of Columbia Press.《摆脱困境：程朱理学与中国政治文化的演进》，纽约，哥伦比亚大学出版社，1977。

闵道安（Mittag，Achim）："History in Sung Classical Learning：The Case of the *Odes*（Shih-ching），" In *The New and the Multiple：Sung Senses of the Past*，edited by Thomas H. C. Lee. Hong Kong：The Chinese University Press.《宋代经学中的历史：以〈诗经〉为例》，见李弘祺编：《宋代历史意识的多重新面向》，香港，香港中文大学出版社，2004。

倪来恩（Moloughney，Brian）："From Biographical History to Historical Biography：A Transformation in Chinese Historical Writing，" *East Asian History*.《从纪传体史到历史传记：中国历史书写的转型》，载《东亚历史》，1992（4）：1~30页。

莫米里亚诺（Momigliano，Arnoldo）："Time in Ancient Historiography，" *History and the Concept of Time*，*History and Theory：Studies in the Philosophy of History*. Beiheft 6.《古代史学中的时间》，见《历史和时间观念，历史和理论：历史哲学研究》补充条目六。

牟复礼（Mote，Frederick W.）：*The Poet Kao Ch'i*，*1336—1374*. Princeton：Princeton University Press.《诗人高启，1336—1374》，普林斯顿，普林斯顿大学出版社，1962。

——："The Arts and the 'Theorizing Mode' of the Civilization." In *Artists and Traditions：Uses of the Past in Chinese Culture*，edited by Christian Murck. Princeton：Princeton University Press.《文明中的艺术和"理论模式"》，见孟克文编：《艺术家和传统：中国文化中历史的作用》，普林斯顿，普林斯顿大学出版社，1976。

——："Foreword，" In *Li Chih 1527—1602 in Contemporary Chinese Historiography：New Light on His Life and Works*，edited by Hok-lam Chan. New York：M. E. Sharpe，Inc.《前言》，见陈学霖编：《当代中国史学中的李贽

(1527—1602)：对其生平与著述的新观察》，纽约，M. E. 夏普有限公司，1980。

牟润孙：《论清代史学衰落的原因》，载《明报月刊》，1982（8）：58～65页。

明茨·彼得（Munz, Peter）：*The Shapes of Time*：*A New Look at the Philosophy of History*. Middletown, CN：Wesleyan University Press.《时间的形状：历史哲学的新面貌》，中等城，韦斯莱岩大学出版社，1977。

内藤虎次郎（Naitō Torajirō）：《支那史學史》，東京，弘文堂，1949。

李约瑟（Needham, Joseph）：*Science and Civilization in China*. Cambridge：Cambridge University Press.《中国科学与文明》，剑桥，剑桥大学出版社，1959。

伍安祖（Ng, On-cho）："Private Historiography of the Late Ming：Some Notes on Five Works," *Ming Studies*.《晚明私家史学：五部史著的几个问题》，载《明史研究》，1984（18）：46～68页。

——："Revisiting Kung tzu-chen's（1792—1841）Chin-wen（New Text）Precepts：An Excursion in the History of Ideas," *Journal of Oriental Studies*.《思想史视野下再论龚自珍（1792—1841）的今文经学》，载《东方学刊》，1993（a），31卷（2）：237～263页。

——："A Tension in Ch'ing Thought：'Historicism' in Seventeenth- and Eighteenth- Century Chinese Thought," *Journal of the History of Ideas*.《清代思想的张力：十七、十八世纪中国思想史中的"历史主义"》，载《思想史学刊》，1993（b），54卷（4）：561～583页。

——："Mid Ch'ing New Text（chin-wen）Classical Learning and Its Han Provenance：The Dynamics of a Tradition of Ideas," *East Asian History*.《清中叶今文经学的来源》，载《东亚历史》，1994（8）：1～32页。

——："Interpreting 'Qing Thought' in China as a 'Period Concept'：On the Construction of an Epochal System of Ideas," *Semiotica*.《对"清代思想"作为中国思想史上"某个阶段"的解读：一个划时代思想体系的建立》，载《符号学》，1995，107卷（3～4）：237～264页。

——："Worldmaking, Habitus and Hermeneutics：A Re-reading of Wei

Yuan's（1794—1856）New Script（chin-wen）Classicism," In *Worldmaking*, edited by William Pencak. New York：Peter Lang.《经世、习惯与诠释：重读魏源（1794—1856）的今文经学》，见威廉·潘卡克编：《经世》，纽约，彼得郎，1996。

——："The Epochal Concept of 'Early Modernity' and the Intellectual History of Late Imperial China," *Journal of World History*.《"早期现代"的时代理念和中华帝国晚期的思想史》，载《世界历史》，2003，14卷（1）：37～61页。

牛润珍：《汉至唐初史馆制度的演变》，石家庄，河北教育出版社，1999。

倪德卫（Nivison，David S.）：*The Life and Thought of Chang Hsueh-ch'eng*. Stanford：Stanford University Press.《章学诚的生平与思想，1738—1801》，斯坦福，斯坦福大学出版社，1966。

小野和子（Ono，Kazuko）：《黄宗羲》，载《中国人物叢書》，第2期，東京，人物往来社，1967。

大谷敏夫（Ōtani，Toshio）：《魏源政治思想考》，载《史林》，1971，54卷（6）：33～75页。

——：《戴名世斷罪事件の政治的背景——戴名世·方苞の學との関連において》，载《史林》，1978，64卷（1）：1～37页。

欧阳修：*Historical Records of the Five Dynasties*. Translated by Richard L. Davis. New York：Columbia University Press.《新五代史》，戴仁柱英译，纽约，哥伦比亚大学出版社，2004。

朴宰雨：《〈史记〉、〈汉书〉比较研究》，北京，中国文学出版社，1994。

皮尔斯、斯皮罗、伊佩霞（Pearce，Scott，Audrey Spiro，and Patricia Ebrey）编：*Culture and Power in the Reconstitution of the Chinese Realm*. Cambridge MA：Harvard University Press.《重建中国疆域的文化与权力》，剑桥，哈佛大学出版社，2001。

彭忠德、李林：《李贽的史论及其影响》，载《中国文化月刊》，2001（261）：35～47页。

彼得森（Peterson, C. A.）: "Court and Province in mid and late T'ang," In *The Cambridge History of China*, Vol. 3, edited by Dennis Twitchett. London: Cambridge University Press.《中晚唐时期的朝廷与地方》，见杜希德编:《剑桥中国史》，第3卷，伦敦，剑桥大学出版社，1979。

裴德生（Peterson, Willard）: *Bitter Gourd: Fang I-chih and the Impetus for Intellectual Change*. New Haven: Yale University Press.《匏瓜：方以智与思想变革的动力》，纽黑文，耶鲁大学出版社，1979。

派恩斯（Pines, Yuri）: *Foundations of Confucian Thought: Intellectual Life in the Chunqiu Period*, 722—453 *B. C. E.* Honolulu: University of Hawai'i Press.《儒家思想的基础：春秋时期（公元前722—前453）士人的生活》，火奴鲁鲁，夏威夷大学出版社，2002。

普里斯特（Priest, Quinton G.）: "Portraying Central Government Institutions: Historiography and Intellectual Accommodation in the High Ch'ing," *Late Imperial China*.《刻划中央国家机关：盛清时期史学与知识的交融》，载《清史研究》，1986，7卷（1）: 27~49页。

普鸣（Puett, Michael J.）: *The Ambivalence of Creation: Debates Concerning Innovation and Artifice in Early China*. Stanford: Stanford University Press.《创新的矛盾：早期中国有关创新和技巧的辩论》，斯坦福，斯坦福大学出版社，2001。

蒲立本（Pulleyblank, Edwin G.）: "Chinese Historical Criticism: Liu Chih-chi and Ssuma Kuang," In *Historians of China and Japan*, edited by W. G. Beasley and E. G. Pulleyblank. London: Oxford University Press.《中国的史学批评：刘知幾与司马光》，见比斯利和蒲立本编:《中日史家》，伦敦，牛津大学出版社，1961。

——: "The Historiographical Tradition," In *The Legacy of China*, edited by Raymond Dawson. London: Oxford University Press.《史学传统》，见雷蒙·道森编:《中国的遗产》，伦敦，牛津大学出版社，1964。

——: "The An Lu-shan Rebellion and the Origins of Chronic Militarism in Late T'ang China," In *Essays on T'ang Society: The Interplay of Social, Political and Economic Forces*, edited by John Curtis Perry and Bardwell L. Smith. Leiden：E. J. Brill.《安禄山叛乱与晚唐藩镇割据的起源》，见约翰·皮雷和巴德韦尔编：《唐代社会论文集：社会、政治和经济力量的相互作用》，莱顿，E. J. 布里尔出版社，1979。

钱茂伟：《论李贽对义理史学的系统批判》，载《学术月刊》，1999（7）：82～88页。

——：《论明中叶史学风气的变化》，载《史学史研究》，2001（2）：26～35页。

钱穆：《中国近三百学术史》，2卷，台北，商务印书馆，1964。

瞿林东：《两宋史学批评的成就》，载《河北学刊》，1999（a）（2）：82～89页。

——：《中国史学史纲》，北京，北京出版社，1999（b）。

饶宗颐：《中国历史上的正统论》，香港，龙门书局，1977。

罗杰斯（Rogers, Michael C.）译：*The Chronicle of Fu Chien: A Case of Exemplar History*. Berkeley: University of California Press.《〈苻坚载记〉：中国正史的一个案例》，伯克利，加州大学出版社，1968。

萨义德（Said, Edward）：*Orientalism*. New York: Vintage Books.《东方学》，纽约，温塔格书籍出版社，1979。

萨金特（Sargent, Clyde B.）："Subsidized History: Pan Ku and the Historical Records of the Former Han Dynasty," *The Far Eastern Quarterly*.《资治史学：班固和前汉历史记录》，载《远东季刊》，1944，3卷（2）：119～143页。

佐藤正幸（Sato, Masayuki）："Comparative Ideas of Chronology," *History and Theory*.《比较思想的年表》，载《历史与理论》，1991，30卷（3）：275～301页。

佐藤武敏（Satō, Taketoshi）：《司馬遷の研究》，東京，汲古書院，1997。

史嘉柏（Schaberg, David）：*A Patterned Past: Form and Thought in Early Chinese Historiography*. Cambridge MA: Harvard University Press.《过去的形态：中国早期史学的思想与形式》，剑桥，哈佛大学出版社，2001。

莎玛（Schama, Simon）：*Rembrandt's Eyes*. New York: Alfred

A. Knopf.《伦勃朗的眼睛》，纽约，阿尔弗雷德·A·克诺夫出版公司，1999。

谢康伦（Schirokauer, Conrad）："Zhu Xi," In *Great Historians from Antiquity to 1800: An International Dictionary*, edited by Lucian Boia et al. New York: Greenwood Press.《朱熹》，鲁斯恩·鲍亚等编：《从远古至1800年国际伟大历史学家辞典》，纽约，绿屋出版社，1989。

——："Chu Hsi's Sense of History," In *Ordering the World: Approaches to State and Society in Sung Dynasty China*, edited by Robert P. Hymes and Conrad Schirokauer. Berkeley: University of California Press.《朱熹的历史意识》，见韩明士和希诺瓦考编：《规范世界：宋代中国的国家与社会》，伯克利，加州大学出版社，1993。

——："Hu Hung as historian," In *The New and the Multiple: Sung Senses of the Past*, edited by Thomas H. C. Lee. Hong Kong: The Chinese University Press.《史学家胡宏》，见李弘祺编：《宋代历史意识的多重新面向》，香港，香港中文大学出版社，2004。

史华慈（Schwartz, Benjamin）: *The World of Thought in Ancient China*. Cambridge MA: The Belknap Press of Harvard University Press.《中国古代的思想世界》，剑桥，哈佛大学出版社贝尔克纳普分社，1985。

《尚书》，见吴根友点注：《四书五经》，北京，中国友谊出版公司，1993：113～146页。

夏含夷（Shaughnessy, Edward）: *Before Confucius: Studies in the Creation of the Chinese Classics*. Albany: State University of New York Press.《孔子之前：中国经学创立之研究》，阿尔伯尼，纽约州立大学出版社，1997。

柴木邦夫（Shibaki, Kunio）：《欧陽脩の史学思想》，見《加賀博士退官記念：中国文史哲学論集》，東京，講談社，1979。

重沢俊郎（Shigezawa, Toshio）：《歐陽修の正統論》，見《東方學論集》，東京，東方學會，1972。

司马迁：《史记》，长沙，岳麓书社，1988。

島田虔次（Shimada, Kenji）：《歷史理性批判——「六経皆史」の説》，见《岩波講座哲学》，第四卷，1969：123～157页。

刘知幾：《史通》；浦起龙：《史通通释》，2 卷，上海，上海古籍出版社，1978。

《史学史》，见《中国历史大辞典·史学史》，上海，上海辞书出版社，1983。

伯纳德·所罗门（Solomon，Bernard S.）译：*The Veritable Records of the T'ang Emperor Shun-tsung*（*February* 28，805－*August* 31，805）*Han Yü's Shun-tsung Shih lu.* Cambridge MA：Harvard University Press.《唐代顺宗皇帝实录（805 年2 月28 日—805 年8 月31 日）·韩愈〈顺宗实录〉》英译，剑桥，哈佛大学出版社，1955。

宋稀：《地方志与历史学》，载《国史馆馆刊》，1988（5）：1 ~5 页。

宋衍申等：《中国历史要籍介绍及选读》，长春，东北师范大学出版社，1987。

司徒琳（Struve，Lynn A.）："The Early Ch'ing Legacy of Huang Tsung-hsi：A Reexamination，" *Asia Major*（new series）.《重估清初黄宗羲的遗产》，载《亚洲主体》（新系列），1988（a）（1）：83 ~122 页。

——："Huang Zongxi in Context：A Reappraisal of His Major Writings，" *Journal of Asian Studies*.《黄宗羲的景况：重估他的主要著作》，载《亚洲学刊》，1988（b），47 卷（3）：474 ~502 页。

——："Early Qing Officials as Chronicles of the Conquest，" *Late Imperial China*.《征服史上的清初官员》，载《清史研究》，1989，10 卷（1）：1 ~26 页。

魏徵：《隋书》，北京，中华书局，1973。

鈴木虎雄（Suzuki，Torao）：《元遺山の詩史》，载《懐德》，1955（26）：36 ~54 页。

汤纲、王鸿江、付贵九：《〈明史〉的纂修及史学思想》，载《明史研究论丛》，1983（2）：302 ~329 页。

汤勤福：《朱熹与〈通鉴纲目〉》，载《史学史研究》，1998（a）（2）：45 ~50 页。

——：《朱熹治史价值论阐微》，载《江海学刊》，1998（b）（5）：129 ~135 页。

——：《朱熹史学思想在宋代史学上的地位》，载《学术月刊》，1999（7）：75～81页。

汤志钧：《清代经今文学的复兴》，载《中国史研究》，1980（2）：145～156页。

王溥：《唐会要》，北京，中华书局，1955。

陶懋炳：《中国古代史学史略》，长沙，湖南人民出版社，1987。

陶元珍：《万历起居注》，载《文史杂志》，1944，4卷（7～8）：54～56页。

邓嗣禹（Teng, S. Y.）："Wang Fu-chih's Views on History and Historical Writing," *Journal of Asian Studies*.《王夫之的历史观与历史著述》，载《亚洲学刊》，1968，28卷（1）：111～123页。

田浩（Tillman, Hoyt Cleveland）：*Utilitarian Confucianism: Ch'en Liang's Challenge to Chu Hsi*. Cambridge: Harvard University Press.《事功主义儒家：陈亮对朱熹的挑战》，剑桥，哈佛大学出版社，1982。

——：*Confucian Discourse and Chu Hsi's Ascendancy*. Honolulu: University of Hawai'i Press.《儒学话语与朱子学说的主流化》，火奴鲁鲁，夏威夷大学出版社，1992。

——："Confucianism under the Chin and the Impact of Sung Confucian Tao-hsüeh," In *China under Jurchen Rule: Essays on Chin Intellectual and Cultural History*, edited by Hoyt Cleveland Tillman and Stephen H. West. Albany: State University of New York Press.《金朝的儒学与宋朝道学的影响》，见田浩和奚若谷编：《女真治下的中国：女真知识与文化史论文集》，阿尔伯尼，纽约州立大学出版社，1995（a）。

——："An Overview of Chin History and Institutions," In *China under Jurchen Rule: Essays on Chin Intellectual and Cultural History*, edited by Hoyt Cleveland Tillman and Stephen H. West. Albany: State University of New York Press.《金代历史与制度概览》，见田浩和奚若谷编：《女真治下的中国：女真知识与文化史论文集》，阿尔伯尼，纽约州立大学出版社，1995（b）。

——："Textual Liberties and Restraints in Rewriting China's Histories: The Case of Ssu-ma Kuang's Re-construction of Chu-ko Liang's Story," In *The*

New and the Multiple：*Sung Senses of the Past*，edited by Thomas H. C. Lee. Hong Kong：The Chinese University Press.《重撰中国史史料上的自由与局限：以司马光重塑诸葛亮的故事为例》，见李弘祺编：《宋代历史意识的多重新面向》，香港，香港中文大学出版社，2004。

杜预：《通典》，北京，中华书局，1988。

钱存训（Tsien，Tsuen-hsuin）：*Written on Bamboo and Silk*：*The Beginnings of Chinese Books and Inscriptions.* Chicago：University of Chicago Press.《书于竹帛：中国古代的文字记录》，芝加哥，芝加哥大学出版社，1962。

杜维明（Tu，Wei-ming）：*Way*，*Learning*，*and Politics*：*Essays on the Confucian Intellectual.* Albany：State University of New York Press.《道、学、政：论儒家知识分子》，阿尔伯尼，纽约州立大学出版社，1993。

杜希德（Twitchett，Denis）："Chinese Biographical Writing，" In *Historians of China and Japan*，edited by W. G. Beasley and E. G. Pulleyblank. London：Oxford University Press.《中国传记的书写》，见比斯利和蒲立本编：《中日史家》，伦敦，牛津大学出版社，1961。

——：*The Writing of Official History under the T'ang.* Cambridge：Cambridge University Press.《唐代官修史籍考》，剑桥，剑桥大学出版社，1992。

费尔默（Vermeer，Eduard）："Notions of Time and Space in the Early Ch'ing：The Writings of KuYen-wu，Hsü Hsia-k'o，KuTsu-yü and Chang Hsüeh-ch'eng，" In *Time and Space in Chinese Culture*，edited by Chun-chieh Huang and Erik Zürcher. Leiden：E. J. Brill.《清初的时空观念：顾炎武、徐霞客、顾祖禹和章学诚的历史书写》，见黄俊杰和许理和编：《中国文化中的时空观》，莱顿，E. J. 布里尔出版社，1995。

王爱和（Wang，Aihe）：*Cosmology and Political Culture in Early China.* Cambridge：Cambridge University Press.《中国早期的星相学与政治文化》，剑桥，剑桥大学出版社，2000。

王德毅：《宋代江西的史学》，载《台大历史学报》，1997（21）：147～173页。

汪高鑫：《朱熹和史学》，载《史学史研究》，1998（3）：43～50页。

王赓武（Wang，Gungwu）：“The Chiu Wu-tai Shih and History-writing during the Five Dynasties,” *Asia Major*（new series）.《五代时期的〈旧五代史〉和历史编撰》，载《亚洲主体》（新系列），1957，6 卷（1）：1～22 页。

——：“Feng Tao：An Essay on Confucian Loyalty,” In *Confucian Personalities*，edited by Arthur F. Wright and Denis Twitchett. Stanford：Stanford University Press.《冯道：兼论儒家的忠诚观念》，见芮沃寿和杜希德编：《儒家人格》，斯坦福，斯坦福大学出版社，1962。

——：“Some Comments on the Later Standard Histories,” In *Essays on the Sources for Chinese History*，edited by Donald D. Leslie，Colin Mackerras，and Wang Gungwu. Columbia：University of South Carolina Press.《关于后期正史的几点评论》，见唐纳德·莱斯利、科林·马克林、王赓武编：《中国历史资料论文集》，哥伦比亚，南卡罗来纳大学出版社，1975。

王国维：《释“史”》，参见《王国维学术经典集》，第 2 卷，南昌，江西人民出版社，1997。

王家俭：《魏源的史学与经世史观》，载《台大历史学报》，1993（21）：155～172 页。

王明荪：《金修国史及金史源流》，载《书目季刊》，1988，22 卷（1），1988：47～60 页。

——：《辽金之史馆与史官》，载《国史馆馆刊》，1989（6）：15～28 页。

——：《近代士人之历史思想》，载《中兴大学历史学报》，2000（11）：1～24 页。

王晴佳（Wang，Q. Edward）：“Time Perception in Ancient Chinese Historiography,” *Storia della Storiografia*.《中国古代史学中的时间自觉》，载《史学史》，1995（28）：69～86 页。

——：“History，Space，and Ethnicity：The Chinese Worldview,” *Journal of World History*.《历史、空间、种族：中国人的世界观》，载《世界历史》，1999，10 卷（2）：285～305 页。

——：“Historical Writings in Twentieth Century China：Methodological

Innovation and Ideological Influence," In *Assessment of 20th Century Historiography, edited by Rolf Torstendahl. Stockholm*: *The Royal Academy of Letters*, History and Antiquities.《二十世纪中国的历史书写：方法的创新及思想的影响》，见罗尔夫·托斯坦达尔编：《20世纪史学的评估》，斯德哥尔摩，皇家科学院的信件、历史和文物，2000（a）。

——："Objectivity, Truth, and Hermeneutics: Re-reading the Chunqiu," In *Classics and Interpretations*: *The Hermeneutic Tradition in Chinese Culture*, edited by Ching-i Tu. New Brunswick: Transaction Publishers.《客观性、真理、诠释学：重读〈春秋〉》，见涂经贻编：《经典与诠释：中国文化的诠释传统》，新不伦瑞克省，交易出版社，2000（b）。

——：*Inventing China through History*: *The May Fourth Approach to Historiography*. Albany: State University of New York Press.《整理国故，再造文明：五四时期的史学特征》，阿尔伯尼，纽约州立大学出版社，2001。

——："Time, History, and Dao: Zhang Xuecheng and Martin Heidegger," *Dao*: *A Journal of Comparative Philosophy*.《时间、历史、道：章学诚与海德格尔》，载《道：比较哲学杂志》，2002，1卷（2）：251~226页。

王树民：《中国史学史纲要》，北京，中华书局，1997。

华兹生（Watson, Burton）：*Ssu-ma Ch'ien*: *Grand Historian of China*. New York: Columbia University Press.《司马迁与〈史记〉》，纽约，哥伦比亚大学出版社，1958。

——：*Records of the Historian*: *Chapters from the Shih chi of Ssu-ma Ch'ien*. New York: Columbia University Press.《司马迁〈史记〉选》，纽约，哥伦比亚大学出版社，1969。

——译：*The Tso Chuan*: *Selections from China's Oldest Narrative History*. New York: Columbia University Press.《〈左传〉：中国最早的叙事史书选编》，纽约，哥伦比亚大学出版社，1989。

魏侯玮（Wechsler, Howard J.）：*Offerings of Jade and Silk*: *Ritual and Symbol in the Legitimation of the T'ang Dynasty*. New Haven: Yale University Press.《冥玉和丝绸：唐代合法性的仪式和符号》，纽黑文，耶鲁大学出版社，1985。

魏鸿:《钱大昕历史考证方法述论》,载《史学史研究》,1998 (4): 53 ~60 页。

《文心雕龙》,香港,香港中文大学出版社,1983。

奚若谷 (West, Stephen H.): "Chilly Seas and East-Flowing Rivers: Yüan Hao-wen's Poems of Death and Disorder, 1233—1235," In *China under Jurchen Rule: Essays on Chin Intellectual and Cultural History*, edited by Hoyt Cleveland Tillman and Stephen H. West. Albany: State University of New York Press.《寒冷的海洋和向东流淌的河流:元好问死亡之诗与障碍,1233—1235年》,见田浩和奚若谷编:《女真治下的中国:女真知识与文化史论文集》,阿尔伯尼,纽约州立大学出版社,1995。

海登·怀特 (White, Hayden): "The Burden of History," *History and Theory*.《历史的包袱》,载《历史与理论》,1966 (5): 113 ~134 页。

——: *The Content of the Form: Narrative Discourse and Historical Representation*. Baltimore: The Johns Hopkins University Press.《形式的内容:叙事话语与历史再现》,巴尔的摩,约翰·霍普金斯大学出版社,1987。

威尔逊 (Wilson, Thomas A.): "Confucian Sectarianism and the Compilation of the Ming History," *Late Imperial China*.《儒家门户之见与〈明史〉的编纂》,载《清史研究》,1994, 15卷 (2): 53 ~84 页。

——: *Genealogy of the Way: The Construction and Uses of the Confucian Tradition in Late Imperial China*. Stanford: Stanford University Press.《家谱之道:儒家传统在近代中国的建设和使用》,斯坦福,斯坦福大学出版社,1995。

——: "The Ritual Formation of Confucian Orthodoxy and the Descendants of the Sage," *Journal of Asian Studies*.《儒家道统仪式的形成与圣人的后裔》,载《亚洲学刊》,1996, 55卷 (3): 559 ~584 页。

汪荣祖:《西方史家对所谓"儒家史学"的认识与误解》,载《台大历史学报》,2001 (27): 125 ~149 页。

沃尔夫 (Woolf, D. R.) 编: *A Global Encyclopedia of HistoricalWritings*. NewYork: Garland Publishing.《全球历史著作的百科全书》,纽约,加兰出版社,1998。

芮玛丽（Wright, Mary C.）：“What's in a Reign Name：The Uses of History and Philology,” *Journal of Asian Studies*.《年号意味着什么：历史与哲学的使用》，载《亚洲学刊》，1958（18）：103～106页。

吴光明（Wu, K. T.）：“Ming Printers and Printing,” *Harvard Journal of Asiatic Studies*.《明代画家与绘画》，载《哈佛亚洲学刊》，1942—1943（7）：203～260页。

吴天任：《刘知幾与郑樵史学之探讨》，载《东方杂志》（复刊），1989，22卷（9）：20～28页。

吴泽：《魏源的变易思想和历史进化观点》，载《历史研究》，1962，9卷（5）：33～59页。

谢贵安：《睿宗、崇祯及南明诸朝〈实录〉纂修考述》，载《史学史研究》，1999（2）：57～61页。

许冠三：《龚、魏之历史哲学与变法思想》，载《中华文史论丛》，1980（1）：69～104页。

徐泓：《〈明史纪事本末·严嵩用事〉校读》，载《暨大学报》，1997，1卷（1）：17～60页。

山井湧（Yamanoi, Yū）：《明末清初における経世致用の学》，载《東方學論集》，1954（1）：135～150页。

杨联陞（Yang, Lien-sheng）：“A Theory about the Titles of the Twenty-Four Dynastic Histories,” *Harvard Journal of Asiatic Studies*.《二十四史标题的理论》，载《哈佛亚洲学刊》，1947，10卷（1）：41～47页。

——：“The Organization of Chinese Official Historiography：Principles and Methods of the Standard Histories from the T'ang through the Ming Dynasty,” In *Historians of China and Japan*, edited by W. G. Beasley and E. G. Pulleyblank. London：Oxford University Press.《中国官方史学的组织机制：唐至明正史编撰的原则和方法》，见比斯利和蒲立本编：《中日史家》，伦敦，牛津大学出版社，1961。

杨艳秋：《〈明光宗实录〉、〈三朝要典〉的编修》，载《史学史研究》，1998（4）：48～52页。

——：《明中后期的史学思潮》，载《史学史研究》，2001（2）：36～

44 页。

杨耀坤、伍野春:《陈寿、裴松之评传》，南京，南京大学出版社，1998。

姚新中（Yao, Xinzhong）: *An Introduction to Confucianism*. Cambridge: Cambridge University Press.《儒学入门》，剑桥，剑桥大学出版社，2000。

尹达编:《中国史学发展史》，郑州，中州古籍出版社，1985。

余英时（Yü, Ying-shih）: "Some Preliminary Observations on the Rise of Ch'ing Intellectualism," *Tsing Hua Journal of Chinese Studies*.《清代智识主义兴起的初步观察》，载《清华学报》，第 11 卷，1975: 105 ~ 146 页。

——:《论戴震与章学诚: 清代中期学术思想史研究》，香港，龙门书店，1976（a）。

——:《清代思想史的一个新解释》，见余英时编:《历史与思想》，台北，联经出版社，1976（b）。

——:《中国知识阶层史论: 古代篇》，台北，联经出版社，1980。

——:《戴震与朱子传统》，见陈炳良等编:《香港大学冯平山图书馆金禧纪念论文集》，香港，香港大学冯平山图书馆，1982。

——: "Individualism and the Neo-Taoist Movement in Wei-Chin China," In *Individualism and Holism: Studies in Confucian and Taoist Values*, edited by Donald Munro. Ann Arbor: University of Michigan Press.《中国魏晋时期的个人主义与新道学运动》，见孟旦编:《个人主义与整体主义: 儒家和道家价值观的研究》，安阿伯，密歇根大学出版社，1985。

曾贻芬:《钱大昕的历史文献学》，载《史学史研究》，1998（1）: 64 ~ 71 页。

——:《全祖望的史学与"七校"、"三笺"》，载《史学史研究》，1999（2）: 62 ~ 69 页。

——:《隋唐时期四部分类法的确立》，载《史学史研究》，2000（3）: 46 ~ 52 页。

张大可:《司马迁评传》，南京，南京大学出版社，1994。

张大可、俞樟华等:《司马迁一家言》，西安，陕西人民教育出版社，1995。

张三夕：《批判史学的批判：刘知幾及其〈史通〉研究》，台北，文津出版社，1992。

张寿安：《龚定庵与常州公羊学》，载《书目季刊》，1979，13卷(2)：3~20页。

张素卿：《叙述与解释：〈左传〉经解研究》，台北，书林出版公司，1998。

张湏：《万季野与〈明史〉》，见《〈明史〉编纂考》，台北，学生书局，1968。

张元：《宋代理学家的历史观》，台湾大学博士学位论文，1975。

赵令扬：《论龚自珍的历史观念》，见陈炳良等编：《香港大学冯平山图书馆金禧纪念论文集》，香港，香港大学冯平山图书馆，1982。

赵生群：《春秋经传研究》，上海，上海古籍出版社，2000。

周少川：《元代史学思想研究》，北京，社会科学文献出版社，2001。

周予同、汤志钧：《章学诚"六经皆史"说初探》，载《中华文史论丛》，1962（1）：211~227页。

庄常义：《司马光〈资治通鉴〉的魏蜀论》，载《中国文化月刊》，2001（258）：106~126页。

《左传》，见吴根友点注：《四书五经》，北京，中国友谊出版公司，1993。

许理和（Zürcher，Erik）：*The Buddhist Conquest of China*：*The Spread and Adaptation of Buddhism in Early Medieval China*. 2nd edition. 2 Vols. Leiden：E. J. Brill.《佛教征服中国：佛教在中国中古早期的传播与适应》，第2版，2卷，莱顿，E. J. 布里尔出版社，1972。

关键词索引

Mirroring the Past: The Writing and Use of History in Imperial China
By On-cho Ng and Q. Edward Wang

图书在版编目（CIP）数据

世鉴：中国传统史学/伍安祖，王晴佳著；孙卫国，秦丽译．—北京：中国人民大学出版社，2013．9
（海外中国研究文库）
ISBN 978-7-300-18100-4

Ⅰ．①世…　Ⅱ．①伍…②王…③孙…④秦…　Ⅲ．①史学史-研究-中国
Ⅳ．①K092

中国版本图书馆 CIP 数据核字（2013）第 225239 号

海外中国研究文库
世鉴：中国传统史学
［美］伍安祖　王晴佳　著
孙卫国　秦　丽　译
Shijian：Zhongguo Chuantong Shixue

出版发行	中国人民大学出版社		
社　　址	北京中关村大街 31 号	邮政编码	100080
电　　话	010－62511242（总编室）		010－62511398（质管部）
	010－82501766（邮购部）		010－62514148（门市部）
	010－62515195（发行公司）		010－62515275（盗版举报）
网　　址	http://www.crup.com.cn		
	http://www.ttrnet.com(人大教研网)		
经　　销	新华书店		
印　　刷	涿州市星河印刷有限公司		
规　　格	160 mm×230 mm　16 开本	版　　次	2014 年 1 月第 1 版
印　　张	21 插页 2	印　　次	2014 年 1 月第 1 次印刷
字　　数	317 000	定　　价	52.00 元